Gonglu Qiaoliang Shensuo Zhuangzhi Shiyong Shouce

公路桥梁伸缩装置实用手册

（第二版）

U0785493

李杨海　程潮洋
鲍卫刚　郑学珍　编著

人民交通出版社

内 容 简 介

本书全面、系统地介绍了国内外常用的各类桥梁伸缩装置的构造、设计、施工、更换及改造等内容。主要包括：对接式桥梁伸缩装置、钢制式桥梁伸缩装置、橡胶式桥梁伸缩装置、模数式桥梁伸缩装置、无缝及三维伸缩装置、桥梁结构伸缩量计算与伸缩装置类型选择、GQF－MZL 型模数式桥梁伸缩装置的研制开发、桥梁伸缩装置的施工、更换与改造以及 4 个附录。

本书主要供桥梁设计、施工、养护部门，桥梁伸缩装置的生产厂家等相关技术与管理人员使用，亦可供大专院校相关专业师生参考使用。

图书在版编目（CIP）数据

公路桥梁伸缩装置实用手册/李杨海等编著. —2 版.
北京：人民交通出版社，2007.11
ISBN 978-7-114-06664-1

Ⅰ.公... Ⅱ.李... Ⅲ.公路桥-桥面-伸缩缝-技术手册 Ⅳ.U448.143.31-62

中国版本图书馆 CIP 数据核字（2007）第 099099 号

书　　名： 公路桥梁伸缩装置实用手册
著 作 者： 李杨海　程潮洋　鲍卫刚　郑学珍
责任编辑： 曲　乐
出版发行： 人民交通出版社
地　　址： (100011)北京市朝阳区安定门外外馆斜街 3 号
网　　址： http://www.ccpress.com.cn
销售电话： (010)85285656，85285838，85285995
总 经 销： 北京中交盛世书刊有限公司
经　　销： 各地新华书店
印　　刷： 北京鑫正大印刷有限公司
开　　本： 787×1092　1/16
印　　张： 16.25
插　　页： 1
字　　数： 403 千
版　　次： 1997 年 8 月　第 1 版　　2007 年 11 月　第 2 版
印　　次： 2007 年 11 月　第 1 次印刷　总第 5 次印刷
书　　号： ISBN 978-7-114-06664-1
印　　数： 0001－5000 册
定　　价： 35.00 元

再版前言

公路桥梁伸缩装置同其他桥梁附属构件一样，随着桥梁技术进步和应用的需要，新的品种不断出现，各方面性能也有了进一步的改善。本书前版所介绍过的国内外商品化的各种类型的桥梁伸缩装置，经过多年工程的实际应用，已充分反映出各自的特点和存在的不足，并在总结以往经验的基础上不断改进与完善，产品质量也不断提高。同时，有关桥梁伸缩装置设计、施工等方面的国内相关标准规范也相继进行了修订，因此，我们对原书进行了修订再版，希望尽可能将较新产品和有关的设计参数在本书再版时有所反映。值此再版机会，为了便于读者比较系统地了解各类桥梁伸缩装置的最新情况，编者对原书的内容进行了必要的充实和修改，对章节编排也作了较大幅度的调整，并将书名改为《公路桥梁伸缩装置实用手册》。

1. 将原书的第一章和第二章的内容进行较大的调整，章节也重新作了安排，即将专用名词术语、桥梁伸缩装置的发展、分类和基本要求，归在第一章概述中，并对分类表中的5种不同的类别单独成章的同时，将有关新的产品作了相应的补充。

2. 根据目前国内桥梁的现状，也为反映伸缩装置实际状况，本书增加了桥梁伸缩装置更换的内容，并将原书第二章中桥梁伸缩装置的使用情况调查和破坏原因分析归并在第十章。

3. 对原书的其他章节，除做了必要的章节序号调整和补充内容外，基本维持原书的安排。

4. 由于再版的第七章有关混凝土收缩徐变计算，涉及到《公路钢筋混凝土及预应力混凝土桥涵设计规范》（原编号为 JTJ 023—85），鉴于该规范已进行了修订新编号为 JTG D62—2004，虽然新旧规范计算结果差别不大，但为保持规范使用的连续性而仍维持原版编排，但将新规范中有关的基本规定和方法编在附录C中，以提示读者注意。

5. 本书后记可以说是编著者主要观点的反映，所以对发展思路方面也进行了补充与表述，这些思路有些已经实现，而有些有待今后进一步改进和发展。

经上述调整后，全书共分为十章和四个附录。第一章至第六章、第十章和附录B由中交公路规划设计院李杨海撰写；第七章由中交公路规划设计院鲍卫刚撰写；第八章由中交公路规划设计院郑学珍撰写；第九章由陕西省高等级公路管理局程潮洋撰写。全书由李杨海汇总定稿。

新版尽管经过较大的调整，系统性有些改善，但也有不尽如人意的地方。如果本书对读者能有所帮助，万幸。总之，由于作者水平有限，难免有一些不妥之处，恳请指正。

编著者

2007年8月

前　言

随着我国经济建设的迅猛发展，以高速公路为代表的高等级公路雨后春笋般地出现，公路交通量急剧增加，公路上行驶车辆的行驶速度和车辆的轴重在增长，人们对行车舒适性等要求也越来越高，因此以往桥梁设计、施工中重视不够的有关伸缩装置的问题，变得越来越突出，迫使桥梁设计、施工、养护和管理部门对此予以充分的重视。

公路桥梁伸缩装置，在桥梁结构中直接承受车轮荷载的反复冲击作用，而且长期暴露在大气中，使用环境比较恶劣，是桥梁结构最易遭到破坏而又较难以修补的部位。桥梁伸缩装置在设计、施工上稍有缺陷或不足，就会引起其早期破坏。这不仅直接使桥梁通行者感到不舒适，缺乏安全感，有时还会影响到桥梁结构本身。为此，国内外桥梁工作者经过艰苦努力，提出了一系列不同结构形式的伸缩装置，以适应当时实际工程的需要，但终因所用材料性能问题和结构不尽合理、施工安装精度不够高等原因，这些伸缩装置普遍出现早期破坏，影响了桥梁的正常使用，养护管理部门不得不进行早期维修或提前更换，造成不同程度的经济损失和不良影响。

为配合交通行业标准《公路桥梁伸缩装置》的修订，更好地为设计、生产、科研和施工服务，为桥梁伸缩装置的进一步研制开发和改进提供参考，特对本专著进行了一次较大范围的修订。

全书共分五章，系统地介绍了国内外常用的各类桥梁伸缩装置的构造及其特点；调查分析了各类桥梁伸缩装置破坏的原因，对桥梁伸缩装置的设计施工和养护管理提出了要求；介绍了伸缩量的计算方法和选择桥梁伸缩装置的基本原则；介绍了 GQF-MZL 型系列模数式桥梁伸缩装置的研制开发和试验研究；介绍各类桥梁伸缩装置的施工，强调施工的重要性；同时，重点增列桥梁伸缩装置更换一章，以适应今后实际工作的需要。书后还附上交通部部颁行业标准《公路桥梁伸缩装置》、国内主要生产厂家的系列产品介绍和日本桥梁伸缩装置的概况，供设计、生产、选型和科研参考。

本书的第一、二章、附录 B 由中交公路规划设计院李杨海撰写；第三章由中交公路规划设计院鲍卫刚撰写；第四章由中交公路规划设计院郑学珍撰写；第五章由陕西省高等级公路管理局程潮洋撰写。全书由李杨海汇总定稿。

如果本书对读者能有所帮助，万幸。但由于水平有限，难免有一些不妥之处，恳请指正。

编著者

目　　录

第一章 概 述

第一节 桥梁伸缩装置的发展

我国桥梁上使用的伸缩装置,伴随着我国交通运输事业的发展而发展。根据我国公路桥梁建设的数量增多、规模的扩大及桥梁长大化的进程,相应用于桥梁接缝处的伸缩装置形式的发展,大体经历了以下 3 个主要发展阶段。

1. 初期阶段

这一阶段是指新中国建立初期,也就是公路交通的创建时期。这时期各地公路交通部门组织人力、物力完成各项支前任务,迅速修复原有公路的同时,开展了大规模的公路建设。到 1957 年,全国公路通车里程达到 25.4 万 km。原来没有通公路的 185 个县通了汽车。但这些公路的标准较低,简易公路占 85% 以上。在此期间,由于缺乏钢材、水泥,公路桥梁建设以木桥为主,在山区公路上就地取材修建了一些石拱桥,因此,桥梁永久化的程度仅占 34.9%。所以从总体上看,桥梁规模小,跨径、梁长均较小,且多为简支梁桥。一般对伸缩装置的要求也不很严格。在这个时期,常用的伸缩装置主要有沥青木板填塞对接型、U 型镀锌铁皮对接型及钢板叠合型伸缩装置。

2. 中期阶段

1957 年至 1978 年的 20 年,可以划归为桥梁伸缩装置的中期阶段。期间,公路交通事业继续得到发展。据统计,新增公路通车里程 34.66 万 km,新建特大桥 157 座,9.9 万延米。桥梁的永久化水平,也从 1956 年的 57.2% 提高到 1978 年的 92.6%。危桥改造任务也基本完成。到 1978 年底,基本实现了社社通公路的目标。在这 20 年间,较大规模公路桥梁的出现和公路路线等级的不断提高,对桥梁伸缩装置的技术性能提出了更高的要求,出现了以橡胶为主体的各种形式的伸缩装置。应用较为广泛的有矩形和管形橡胶条型及组合式橡胶条型填塞对接型伸缩装置,M 型、W 型、SW 型等嵌固对接型伸缩装置,以及采用橡胶和加强钢板组合加工制成,具有相当刚度、一定柔度相结合的板式橡胶伸缩装置,钢齿板型伸缩装置也有一定的市场。

3. 近、远期阶段

1978 年,党的十一届三中全会以来,我国开始了建设有中国特色的社会主义的新时期,也可以说是我国公路建设开创新局面的时期。此间,公路建设得到了迅速的发展,一批高等级公路和特大型公路桥梁相继建成。到 1987 年底,全国新增公路通车里程 9.2 万 km,新建一、二级公路 7724km(其中一级公路 919km)。相继建成了湖北黄柏树桥、山东济南黄河桥、河南郑州黄河桥、西藏达孜拉萨河桥、贵州剑河桥、湖南常德沅水桥、黑龙江哈尔滨松花江桥等一批特大型桥梁。1978 年以后,桥梁建设的规模更大,新的桥型更多、更先进,桥梁的长大化更为明显。作为桥梁组成构件之一的伸缩装置,用量越来越大,使用范围越来越广,形式也越来越多。对桥梁伸缩装置的耐久性和防水性等提出了更高的要求。有鉴于此,有不少桥梁工作者,在深入调查分析以往使用过的各类伸缩装置问题的基础上,借鉴国外的成功经验,对国内已有伸缩装置的结构形式和构成材料不断加以改进,并研制开发了采用各种形式联动机构模数式大变位的伸缩装置,以适应公路桥梁的客观需求。因此,也出现以模数式伸缩装置逐步代替板式橡胶型伸缩装置,到目前为止基本结束了我国公路桥梁以板式橡胶型伸缩装置为主的局面。在这期间,对于大型桥梁工程,也采用或引进了一些模数式伸缩装置。同时,对中小型桥梁结构的无缝化研究和应用也取得了实质性进展。

第二节　专用名词术语

在以往的设计图纸上,或一些教科书及有关的技术文件中,常笼统地称桥梁中使用的伸缩装置为伸缩缝。其实,工程技术人员通常所指的伸缩缝,应是桥梁接缝处安设的一整套伸缩装置。为了确切表述这些基本概念,依据国家标准《道路工程术语标准》(GBJ 124—88),并参考有关资料,对有关桥梁伸缩装置专用名词术语订正如下。

1. 伸缩装置

为使车辆平稳通过桥面并满足桥面变形的需要,在桥面伸缩接缝处设置的各种装置的总称。

2. 伸缩量

以设置伸缩装置时为准,把桥梁结构在伸缩装置处由于温度升高引起的伸长量、由于温度下降引起的收缩量、由于混凝土收缩徐变影响引起的收缩量等的绝对值的合计值,即伸缩装置的拉伸值和压缩值的总和,称为伸缩量。

伸缩装置的伸缩量这一专用术语,以前有种种用法,但这里只表示桥梁结构的伸缩量,且将这个伸缩量值作为选择伸缩装置形式的基本依据。

3. 富裕量

因考虑桥梁结构的挠度产生的变位、由结构形式应考虑的必需余量以及伸缩装置加工和安装时的误差等因素的影响而预留之余量,称之为富裕量。这里的富裕量包括伸缩装置拉开与压缩两种状态下的预留量值。

4. 伸缩缝

为适应材料胀缩变形对结构的影响,而在结构的两端设置的间隙。

因此,伸缩量加富裕量,其形成的距离即为伸缩间隙。以钢齿板型伸缩装置为例,间隙按结构、形式可分为梁(桥)端间隙(设计的主要考虑参数)、桥面板间隙、接缝间隙及钢齿间隙等,如图 1-1 所示。

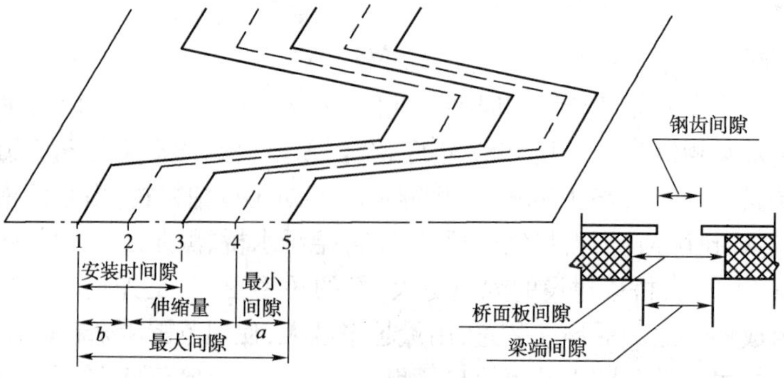

图 1-1　间隙的确定

5. 初始压缩量

对于橡胶型伸缩装置，在设置时，必须预先压缩其伸长量，以使在最大间隙时，橡胶伸缩体不出现拉力作用，而在最小间隙时，橡胶伸缩体不致出现挤压鼓出现象，这时的压缩量称为初始压缩量。对板式橡胶型伸缩装置，当在低于设计安装温度的情况下安装时，预先拉开一定伸长量，也可称为初始预拉量。

其他形式的伸缩装置，出厂前按设计要求的初始定位值，也可称为初始压缩量。

第三节　公路桥梁伸缩装置的分类

到目前为止，在我国公路桥梁和城市桥梁工程上使用的伸缩装置的种类已相当多，要把这些伸缩装置很明确地加以划分，是相当困难的。但为了后面有关内容论述的方便，侧重于伸缩装置的传力方式及其构造特点，就我国公路桥梁工程中采用过的伸缩装置情况略作表 1-1 的分类。不同种类的伸缩装置其具体施工方法及要求将在第九章中予以阐述。

桥梁伸缩装置分类　　表 1-1

种　类	类　型	示　例	说　明
对接式	填塞对接型	沥青、木板填塞型	以沥青、木板、麻絮、橡胶等材料填塞缝隙的构造（在任何情况下都处于压缩状态）
		U 型镀锌铁皮型	
		矩形橡胶条型	
		组合式橡胶条型	
		管形橡胶条型	
	嵌固对接型	W 型、SW 型、M 型、SD Ⅱ 型、PG 型、FV 型、GNB 型、GQF-C 型	采用单缝钢、边梁钢和其他不同形状的钢构件将不同形状橡胶条（带）嵌固，以橡胶条（带）的拉压变形吸收梁体变位的异形钢单缝式构造
	波形	GAI-TOP 型	由钢波形板、U 型底槽、锚固钢筋、泡沫棒和专用密封胶等组成的构造
		GT 型	
		KD 型	
钢制式	钢制型	钢梳齿板型	采用面层钢板或梳齿钢板的构造
		钢板叠合型	
橡胶式	板式橡胶型	UG 型、JB、JH、SD、SC、SB、SG、BSL 型、CD 型	伸缩体由橡胶、钢板或角钢硫化为一体的构造
	组合式橡胶型	BF 型、SEG 型 SEJ 型	伸缩体由橡胶板和钢托板组合而成的构造
模数式	模数型	TS 型、J-75 型、SSF 型、SG 型、XF 型、GQF-MZL 型	采用异型钢材或钢组焊件与橡胶密封带组合的支承构造
无缝式	暗缝型	GP 型（桥面连续）	路面施工前安装的伸缩构造
		TST 弹塑体	以路面等变形吸收梁变位的构造
		EPBC 弹性体	以弹塑体的变形吸收梁变位的构造
		LB 无缝型	以弹塑体的变形吸收梁变位的构造
		TCS 接缝弹塑体	以弹塑体的变形吸收梁变位的构造

第四节　桥梁伸缩装置的基本要求

对于公路桥梁伸缩装置,如设计、施工和养护管理等任何一个环节存有缺陷或不足,就会造成伸缩装置的破坏。因此,有必要对桥梁伸缩装置在设计、施工和养护管理方面提出必须做到的基本要求。

一、设计施工上的基本要求

1. 能适应桥梁由温度变化引起的伸缩

合理选定恰当伸缩量的缝隙极为重要,缝隙越大伸缩装置越容易遭到破坏。通过实际调查,发现取用的缝隙过大或过小的例子很多,同时,没有考虑安装时的温度而调整间隙的示例也不少,特别是板式橡胶型伸缩装置。因此,设计要求按照实际温度调整时,施工现场必须作出修正后,方可允许施工。

2. 能适应桥梁由挠度变化等引起的变位

实际调查表明,即使是固定端,因梁的下挠同样会引起梁端的变位。所以,即使是连续桥面,在面层铺装上往往也会出现裂纹。因此,要求采用预先切割桥面,设置接缝,或用较软的铺装层来吸收裂缝,或者安设小型的伸缩装置来适应。

在较大纵坡的情况下,如不设置考虑适应竖向变位的构造,也容易产生缺陷,引起破坏。伸缩装置沿桥面纵向即使伸缩量小,也存在挠度差大的问题,因此,在伸缩装置构造上要给予重视。

3. 选用行驶性能良好的构造

桥面的平坦程度直接影响行驶性能的好坏。为了使伸缩装置和前后桥面的平坦衔接,目前,大都采用先做好连续桥面,完工后在需要的部位进行切割,再设置伸缩装置,这可以说是比较好的施工方法。而采用预留槽口将钢制伸缩装置固定于桥面板、钢梁等加以调整的施工方法,如果前后桥面铺装得不到充分碾压,将会形成缺陷,因此,采用这种施工方法,必须特别注意。对于伸缩装置在内的前后桥面的平坦精度,应严格遵守有关标准规范的规定,精心施工。

4. 具有良好的整体性、高刚度和耐久性

伸缩装置与梁体结合成等强的整体无疑是提高其使用效能的重要手段。

钢制型伸缩装置是能与梁体桥面板完全固定,能方便进行混凝土施工的构造,而且也是刚度较大的构造,但必须搞好配合部分的施工。

除模数式伸缩装置之外的其他类型的桥梁伸缩装置,与桥面板的固定、结合往往不够充分,效果不甚理想,一般构造尺寸较小,刚度不足,而且对新材料的特性、配合等研究不够深入,所以在选型时应充分地比较研究。另外,由于重型车辆增多,车速高,车轮的冲击作用很大,有必要考虑加大其结合部位的长度和宽度,对偶角部位应尽可能给予充分加强。

5. 具有良好的排水性和防水性

我国公路桥梁使用过的钢制伸缩装置,可以说大部分没有很好的排水和防水功能,易造成钢组件和支座的锈蚀。为防止因雨水引起的漏水现象,虽然在一些钢制伸缩装置中,对配合部位采取插入密封橡胶,或将排水装置或铺装面层做成容易清扫的形式,或在整个缝隙中灌注填入防水材料,但在施工上有难度,效果也不理想,因此,今后应该进一步加以改进。

伸缩装置的两侧填接材料往往容易脱落,因此对防水和填接材料的性质、结合方法和防脱落等，应进行研究，提出合理可行的方案。

对于桥面的雨水，一般应在伸缩装置附近设集中排水口。对不能在日常养护做多次涂漆等防护的钢构件上，应采用优质耐久的防护材料进行有效地处理。

6. 加强设置伸缩装置的桥面板端部

往往因安设伸缩装置的桥面板端部没有进行必要的加强，使锚固不充分而破坏的情况很多。因此，对悬臂板或薄翼缘板的结构，在伸缩装置的高度比桥面板的厚度大而侵占桥面板厚度时，除了对断面尺寸进行必要调整以满足锚固需要外，同时还应适当增加受力钢筋的用量，起码应切实遵守设计规范的规定进行设计和施工。

总之，设置伸缩装置的桥面板端部是最薄弱的部位，所以需要在设计施工中充分考虑。

7. 选用构造简单、施工与维修容易的形式

由于伸缩装置所处的部位和恶劣的环境条件的影响，用构造复杂和小的构件组装而成的伸缩装置多半缺陷较多；而构造简单、受力明确合理、整体性好的伸缩装置则耐久性也是较好的。同时，还应该是能在短时间内完成安装、易于施工的构造。一般要求设计出基本上无需花费很高维护费用的结构形式。

二、维护管理上的基本要求

桥梁伸缩装置是最容易遭破坏而又相对难以加强与修复的部位，因此，它也是公路桥梁维护管理上存在问题最多的部位之一。如果置于小的破损于不顾，势必会发展成严重的破坏，以至危及行车安全。所以，注意做好经常性检查、养护、及时修补等工作，是非常重要的。

1. 建立桥梁档案

为进行全面维修，要做好各施工阶段记录的整理建档工作。每座桥梁可按表 1-2 的形式和内容做好记录，以备查用。

桥梁档案记录本　　表 1-2

桥 梁 编 号	记录构造简图	桥 梁 编 号	记录构造简图
设计记录 ①桥梁种类形式 ②伸缩装置形式 ③桥梁伸缩长度	施工记录 ①安装日期 ②安装温度 ③安装时的间隙尺寸	设计记录 ④伸缩量 ⑤安装时的设计温度 ⑥设计间隙尺寸	施工记录 ④通车日期 ⑤其他记录 ⑥维修记录

2. 常规检查及其处理

桥梁伸缩装置一旦有缺陷，就容易引起破损。根据目前国内桥梁的发展，对桥梁常见病的研究和防治工作已经引起广大设计、施工、管理单位的高度重视。因此，做好有计划、有组织的经常性检查，注意早期小范围的修补，已形成共识。为了做好检查和处理，应注意下面的检查部位和内容要求：

(1)伸缩装置前后桥面出现凹凸不平大于 5mm 时，最好及时进行修补。

(2)在伸缩装置前后，发现裂纹或发出响声时，可从桥面板下面的状况、伸缩装置的状况和声音、振动等方面进行观察调查，以确定破损的具体部位和严重程度，提出修补方案及时进行修补。

(3)伸缩装置上表面间，如填塞泥沙或杂物，应立即清除干净。对于表面裂缝，清除泥沙杂物后，再灌注填充材料，特别在冬季应及时处理。

(4)对于钢制梳齿板和钢平板叠合式伸缩装置，通常容易被沙土堆积、堵塞，妨碍自由伸

缩,应经常巡视,及时进行清扫。

(5)雨季前,要注意全面检查,及时清除排水装置中的沙、土和杂物,对已锈蚀部分应作防护处理,以确保排水通畅。

(6)对伸缩装置的隅角处的裂纹、坑槽和破坏处,要尽快清除,填筑修补。

3. 修补方法

经平常检查,对伸缩装置已破坏部位及时进行了小规模的修补后,还不能达到完好的构造时,在没有发生行驶危险之前,进行大修或重新更换是十分必要的。这时,大多数情况是不能完全断绝交通来施工的,因此,一般可根据实际情况按如下原则来实施:

(1)如果夜间施工,白天开放交通时,应使用桥面盖板的方法,加盖保护。

(2)夜间应进行交通管制,在桥面宽度半幅(或特殊情况高速公路的1/4宽度)内进行施工,白天采取加盖板保护桥面伸缩装置的办法。

不管哪种修补办法的情况,都希望施工时间尽可能短,因此,必须考虑采用构造简单、施工快捷方便的方法。在施工前有必要对材料性质、构造形式和施工方法进行充分研究,通过综合判断来确定。

第二章 对接式桥梁伸缩装置

桥梁伸缩装置,在我国公路的不同建设时期采用的种类也不同。它随着我国公路交通事业的发展而发展。城市桥梁工程和铁路桥梁工程采用的伸缩装置也是如此。对接式伸缩装置是我国桥梁工程最早使用的构造简单的伸缩装置形式,目前在桥梁工程中基本上已不再使用。对接式伸缩装置,根据其构造形式和受力特点的不同,大致可分为填塞对接型、嵌固对接型和波形3种。填塞对接型伸缩装置是以沥青、木板、麻絮、橡胶等材料填塞缝隙,伸缩体在任何情况下都处于受压状态。该类伸缩装置一般用于伸缩量在40mm以下的常规桥梁工程,但目前已不多见。嵌固对接型伸缩装置利用不同形状的钢构件将不同形状的橡胶条(带)嵌牢固定,并以橡胶条(带)的拉压变形来吸收梁体的变形,其伸缩体可以处于受压状态,也可以处于受拉状态。该类伸缩装置被广泛应用于伸缩量在80mm及其以下的桥梁工程。而波形桥梁伸缩装置是由钢板弯制成的波形板、专用密封胶、U形底槽、锚固钢筋和泡沫棒等组件构成的一种结构形式。这种结构形式主要体现在其使用的专用密封胶的技术上。下面就其概况分别作简要介绍。

第一节 填塞对接型伸缩装置

一、木板填塞型伸缩装置

此类伸缩装置是用一般松木板经浸粘沥青后进行填塞,并以沥青混凝土将顶面封严(图2-1),多用于中小跨径桥梁。此类装置缺点是容易引起铺装层开裂。

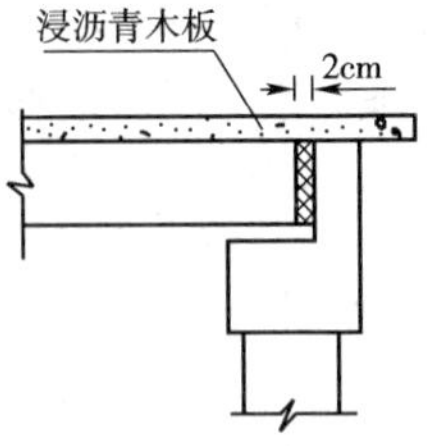

图2-1 木板填塞型构造示意图

二、"U"形镀锌铁皮伸缩装置

这类伸缩装置是以单层或双层锌、铝或镀锌铁皮等金属薄板制成"U"形作为跨缝材料,然后在其上放置石棉纤维过滤器和沥青胶等填充而成(图2-2),一般多用于中等跨径桥梁工程。

三、矩形橡胶条型伸缩装置

这类产品目前国内各厂家使用的代号各异,但结构原理和施工方法基本上是相同的,其构造如图2-3所示。其中代号为"JH"的技术参数见表2-1所列。

主要技术参数　　表2-1

伸缩量(mm)	槽口深H(mm)	伸缩范围(mm)		安装定位值A(mm)
		C_{max}	C_{min}	
20	130	50	20	80 - 10(梁缩短量)
30	130	50	30	80 - 10(梁缩短量)
40	130	80	40	120 - 10(梁缩短量)
50	130	80	50	120 - 10(梁缩短量)

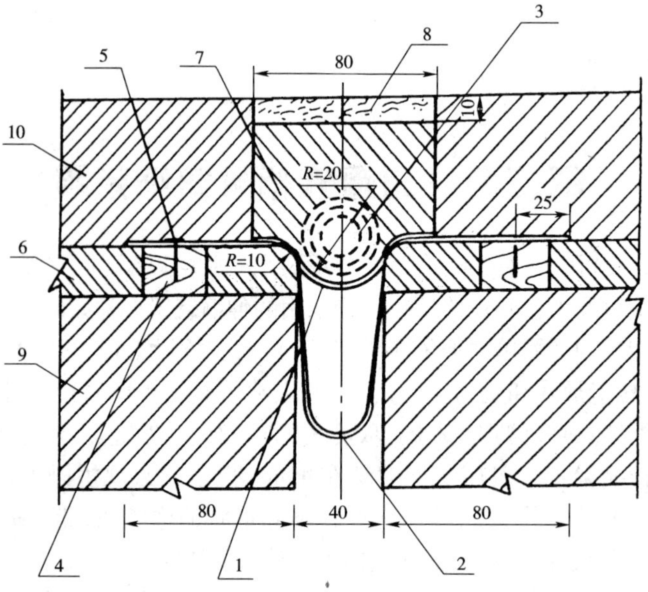

图 2-2 “U”形镀锌铁皮伸缩装置构造示意图(尺寸单位:mm)

1-上层锌铁皮(120mm×1mm);2-下层锌铁皮(330mm×1mm);3-石棉纤维过滤管;4-小木块(20mm×20mm);5-钢钉;6-三角垫层;7-沥青膏;8-砂子;9-行车道块件;10-行车道铺装层

四、组合式橡胶条型伸缩装置

组合式橡胶条型是用两个或两个以上以矩形橡胶条组合而成的,伸缩量为 30～60mm,其构造如图 2-4 所示。

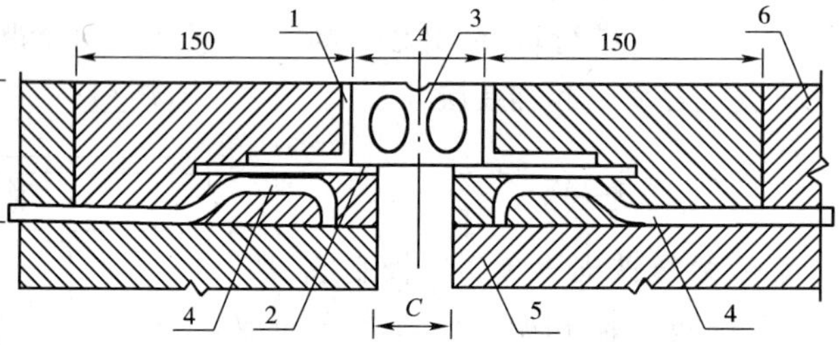

图 2-3 矩形橡胶条型伸缩装置构造示意图(尺寸单位:mm)

1-角钢;2-钢板;3-橡胶条;4-锚固钢筋;5-行车道块件;6-桥面铺装

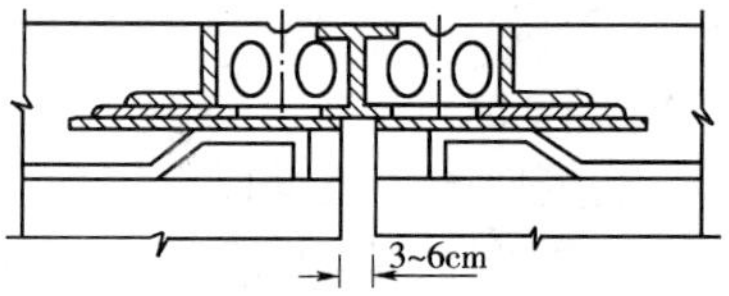

图 2-4 组合式橡胶条型伸缩装置构造示意图

五、管形橡胶条型伸缩装置

管形橡胶条型伸缩装置,是 20 世纪 80 年代交通部公路规划设计院设计的,其构造如图 2-5所示,主要设计参数见表 2-2 所列。

主要设计技术参数 表 2-2

伸缩量(mm)	槽口深 H(mm)	伸缩范围(mm)		安装定位值 A(mm)
		C_{max}	C_{min}	
10	>80	30	20	200－10(梁缩短量)
20	>80	40	20	200(梁缩短量)
30	>80	50	20	200＋10(梁缩短量)

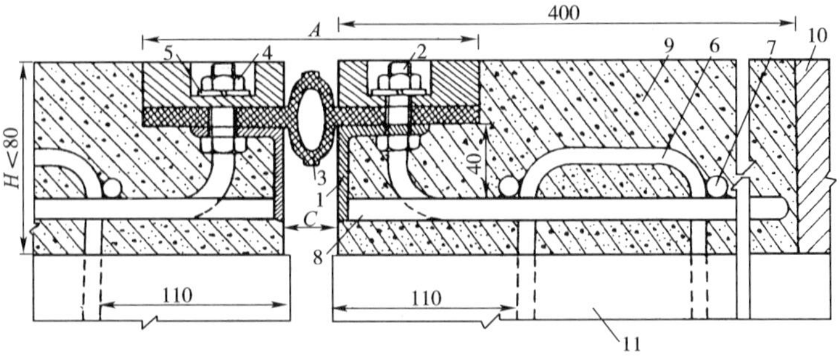

图 2-5　管形橡胶条型伸缩装置构造示意图(尺寸单位:mm)

1-角钢;2-锚固螺栓;3-橡胶伸缩体;4-螺母;5-垫圈;6-工地预埋钢筋;7-水平钢筋;8-角钢上焊接钢筋;9-现浇 C30 混凝土;10-路面铺装;11-行车道块件

第二节　嵌固对接型伸缩装置

一、W 形橡胶伸缩装置

这种伸缩装置是 1991 年上海市市政工程研究所设计的,它是由“L”形钢(用钢板弯制而成的——编者注)和“W”形橡胶条组合而成的构造(图 2-6)。橡胶条嵌在“J”形钢内,安装时根据当时温度调整 A 值后焊接于锚固件上,然后浇筑槽口混凝土。该伸缩装置的伸缩量可达 30 ~ 40mm,安装比较简单方便。

二、SW 形橡胶伸缩装置

该伸缩装置由两片钢板骨架及“W”形橡胶条组合而成的(图 2-7)。钢板骨架与混凝土联结,依靠高强螺钉将钢板骨架和铆钉座铆紧,钢板呈 45°倾斜。这种联结方式可将来自车轮的冲击力,经橡胶条缓冲后再均匀地传给混凝土,并使两侧混凝土得以保护。该伸缩装置的伸缩量一般可达 40mm 左右。

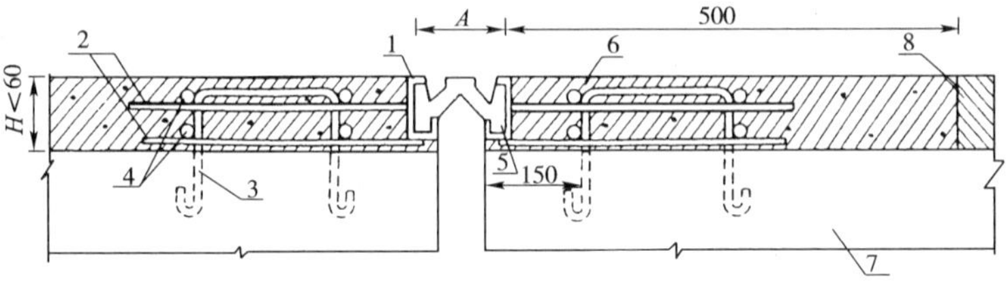

图 2-6　W 形伸缩装置横断面示意图(尺寸单位:mm)

1-用钢板弯制的 L 形钢;2-锚固钢筋;3-预埋钢筋;4-水平加强钢筋;5-W 形橡胶条;6-现浇 C30 混凝土;7-行车道上部构件;8-桥面铺装

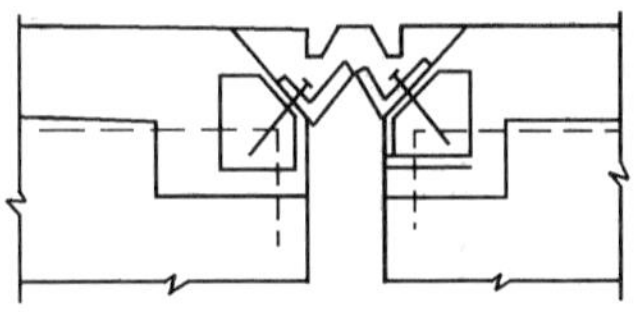

图 2-7　SW 形橡胶伸缩装置构造示意图

三、M 形橡胶伸缩装置

M 形橡胶伸缩装置,是 20 世纪 80 年代由交通部公路规划设计院设计的,这种伸缩装置是由“M”形橡胶条、定位型钢和锚固系统组合而成的结构(图 2-8)。该伸缩装置施工时,对型钢定位、锚固精度要求稍高,一般伸缩量可做到 30 ~ 40mm 左右。

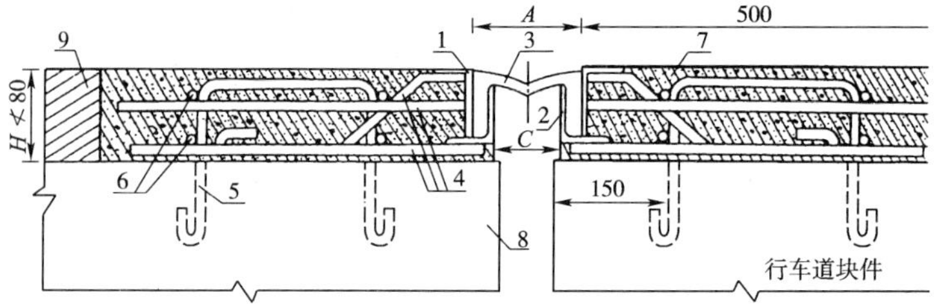

图 2-8　M 形橡胶伸缩装置构造示意图(尺寸单位:mm)

1-上角钢;2-下角钢;3-M 型橡胶条;4-锚固钢筋;5-预埋钢筋;6-水平加强钢筋;7-现浇 C30 混凝土;8-行车道上部构件;9-桥面铺装

四、SDⅡ型橡胶伸缩装置

SDⅡ型橡胶伸缩装置是由陕西省公路局设计的,该装置由钢组件及橡胶条组成。钢组件由角钢组焊成“F”形,橡胶条采用耐候氯丁橡胶材料加工,按折叠型密封构思设计,并通过特殊的几何造型,采用弹性自锚连接。橡胶条上下面一般低于钢组件上平面 3 ~ 5mm,以避免行车碾压磨损。钢组件侧面焊接锚固钢筋,并直接锚于桥面铺装层混凝土内。同时,行车道、人行道、路缘石、中央分隔带、隔离墩以及新泽西护栏,均可采用同一断面结构,具有全缝贯通的特点。该装置有 SDⅡ-50 型(单波)、SDⅡ-80 型(双波)、SDⅡ-80Ⅴ型(元波)等不同类型,最大伸缩量分为 50mm、80mm,其构造如图 2-9 所示。

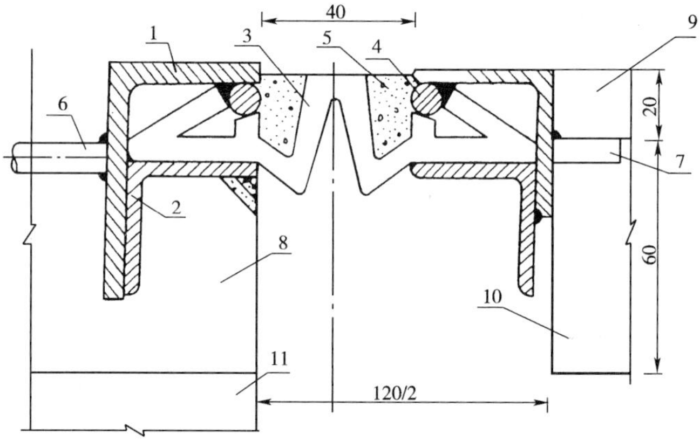

图 2-9　SDⅡ型橡胶伸缩装置构造示意图(尺寸单位:mm)

1-上角钢;2-下角钢;3-橡胶条;4-锁扣钢筋;5-填充料;6-锚固钢筋;7-预埋钢筋(40mm × 60mm);8-C40 桥面铺装混凝土;9-人行道铺装;10-人行道板;11-主梁

五、GNB 型橡胶伸缩装置

GNB 型橡胶伸缩装置由钢卡板、角钢、橡胶封条和锚固钢筋 4 部分组成(图 2-10)。V 形橡胶条形状特殊,它被钢卡板与梁端加强角钢紧密咬合,不易脱落,而易更换。同时,V 形橡胶条为连续无接缝,防水性能较好。梁端加强角钢有效地加强了接缝处梁端的薄弱环节,使梁端能经受起车辆荷载的反复冲击作用。锚固系统由 L 形螺栓与梁体预埋筋及 C50 环氧树脂混凝土组成,安全可靠,其规格系列见表 2-3 所列。

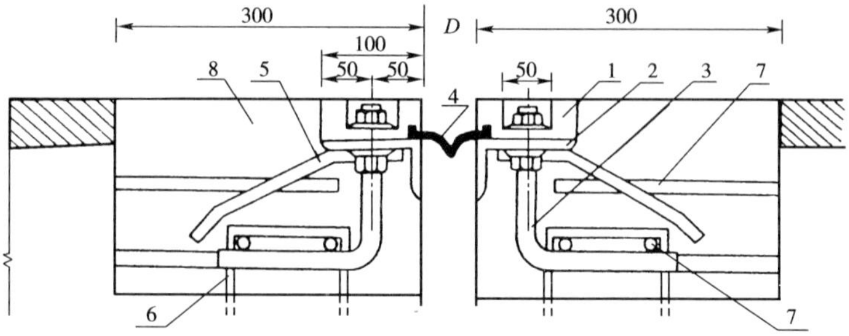

图 2-10　GNB 型伸缩装置构造示意图(尺寸单位:mm)

1-钢卡板;2-梁端加强角钢;3-L 形锚固螺栓;4-橡胶封条;5-锚固钢筋;6-预埋钢筋;7-水平加强钢筋;8-现浇 C50 混凝土

GNB 型橡胶伸缩装置规格表(单位:mm)　　表 2-3

型　式	伸缩范围		伸缩量
	min	max	
GNB-30	15	45	30
GNB-45	15	60	45
GNB-60	15	75	60

六、GQF-C 型伸缩装置

GQF-C 型伸缩装置是中交公路规划设计院于 1994 年开发的新产品。该装置采用国产热轧整体成型的"C"字钢为主要构件,嵌固防水密封橡胶带为伸缩体,配以锚固系统所组成,如图 2-11 所示。该装置适用于伸缩量 80mm 以下的各种桥梁工程,其设计参数见表 2-4 所列。

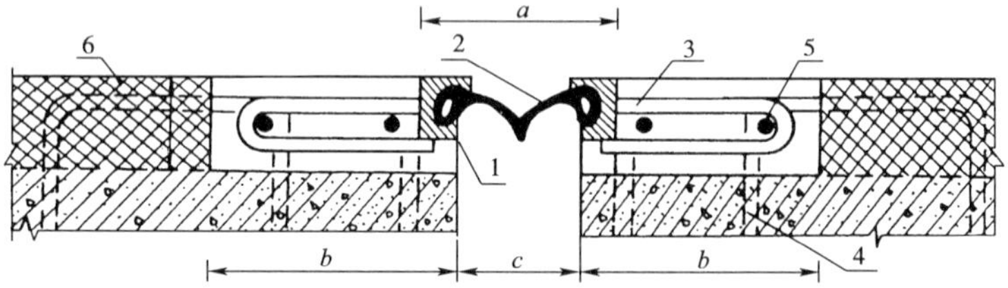

图 2-11　GQF-C 型伸缩装置构造

1-C 型异型钢;2-密封橡胶带;3-锚固钢筋;4-预埋钢筋;5-水平加强钢筋;6-桥面铺装

GQF-C 型伸缩装置设计参数表(单位:mm)　　表 2-4

型号-伸缩量	伸缩装置宽度 a		伸缩缝间隙量 c		混凝土预留槽尺寸	
	a_{min}	a_{max}	c_{min}	c_{max}	h	b
C-20	80	100	14	34	≥100	≥250
C-40	80	120	14	54	≥100	≥250
C-60	80	140	14	74	≥150	≥300
C-80	80	160	14	94	≥150	≥300

GQF-C 型伸缩装置具有以下特点:

①GQF-C 型桥梁伸缩装置,由热轧整体一次成形的异型钢、密封橡胶条和锚固系统 3 个部分组成,构造简单可靠。

②鸟形密封橡胶条形状特殊,它被异型钢嵌固,不易脱落,而易更换。

③锚固系统是焊接在异型钢上的钢筋及 C50 环氧树脂混凝土组成,锚固牢固。

④它比板式橡胶伸缩装置具有较高的变形灵活性。

⑤接缝端部使用轧制的异型钢,在长期使用中,有良好的耐久性。

⑥建筑高度较低,特别适合于旧桥伸缩装置的改造。

七、德国毛勒(Monel)单缝伸缩装置

毛勒单缝式,基本是由异型钢嵌固密封橡胶条和锚固系统构成。根据密封橡胶条形状分两种:箱形(图 2-12),适用伸缩量为 60mm;鸟形(图 2-13),适用伸缩量为 80mm。

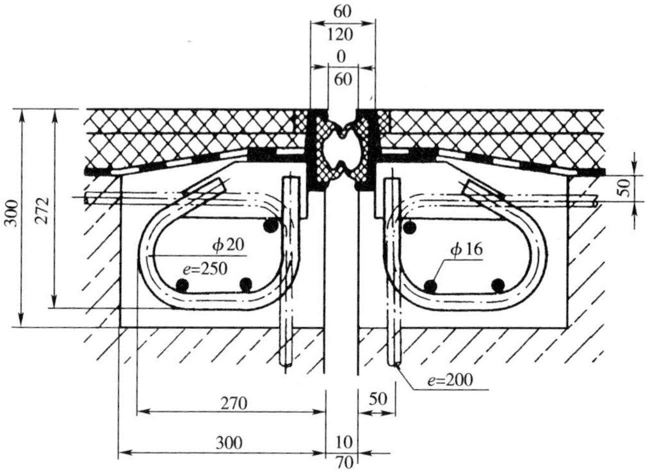

图 2-12　毛勒单缝伸缩装置箱形构造(尺寸单位:mm)

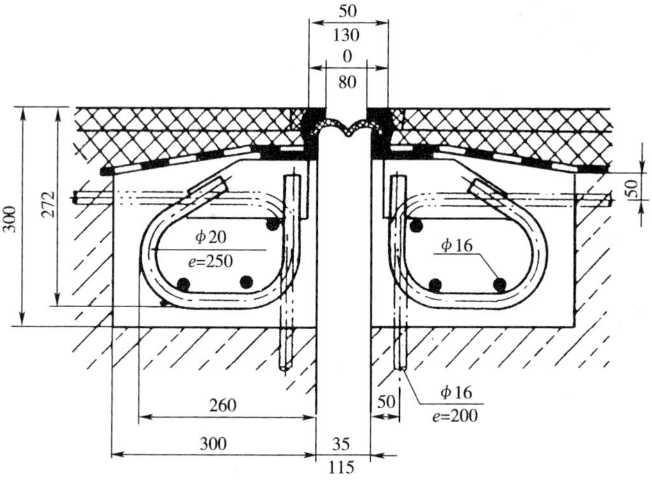

图 2-13　毛勒单缝伸缩装置鸟形构造(尺寸单位:mm)

八、美国沃特森(Wotson)单缝伸缩装置

沃特森单缝伸缩装置适用的伸缩量为 80mm。它采用多种锚固方式的构造,如图 2-14 和图 2-15 所示。

九、加拿大安大略省 BI 型伸缩装置

加拿大安大略省在公路桥梁上使用的 BI 型单缝伸缩装置,并称为展开式接合系统。根据伸缩量大小和构造形式的差异,可分为 BI-25、BI-35、BI-45、BI-50 和 BI-75 共 5 种类型,基本构

造如图 2-16 ~ 图 2-18 所示。其相应的技术指标见表 2-5 所列。

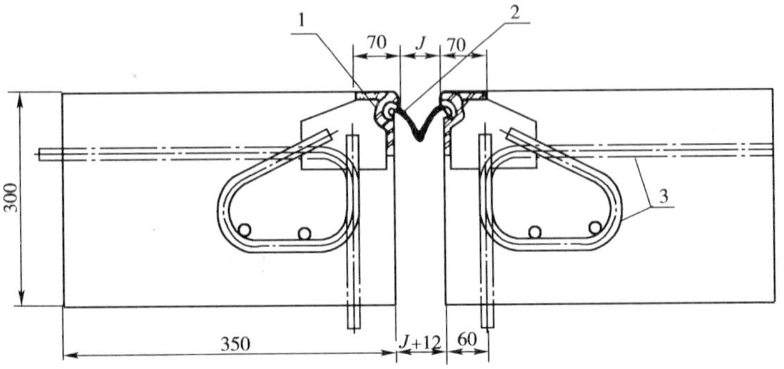

图 2-14　沃特森单缝伸缩装置锚固钢筋构造（尺寸单位：mm）

1-M 形型钢；2-SE-300 密封条（80mm 伸缩量）；3-预埋钢筋（$\phi16$，间距 250mm）

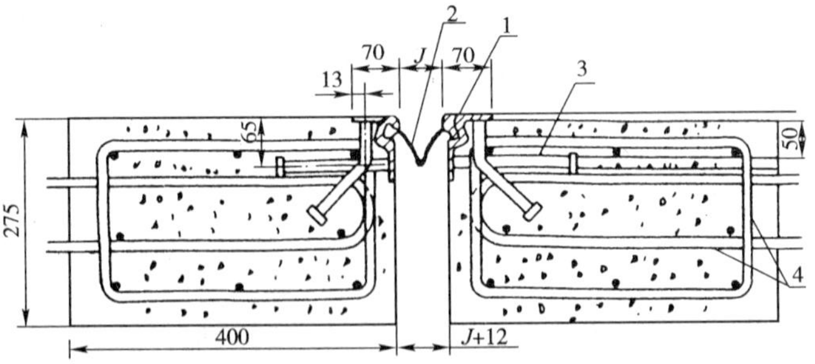

图 2-15　沃特森单缝伸缩装置锚钉构造（尺寸单位：mm）

1-M 形型钢；2-SE-300 密封条（80mm 伸缩量）；3-错列锚钉（$\phi13 \times 152$mm）；4-预埋钢筋（$\phi16$，间距 150mm）

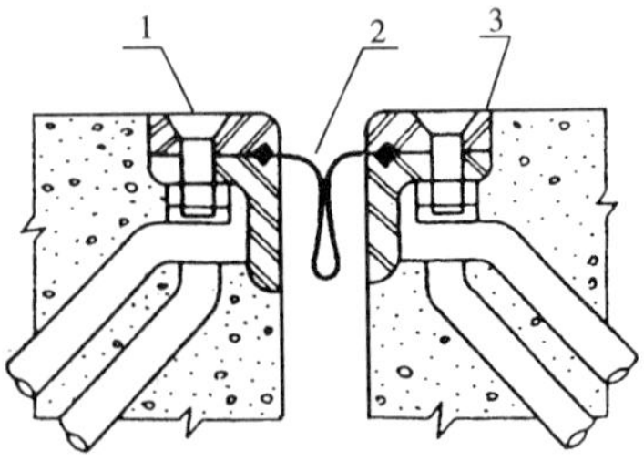

图 2-16　BI-25、BI-35 型伸缩装置构造

1-经防锈的钢螺钉；2-密封橡胶带；3-聚四氟乙烯耦合防护带

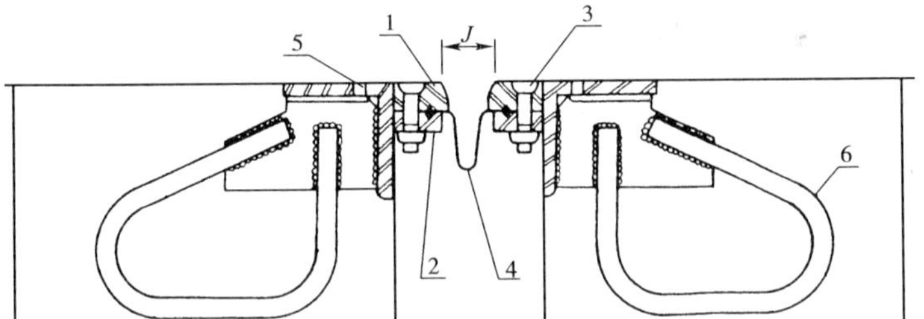

图 2-17　BI-45、BI-50 型伸缩装置构造

1-上护板；2-下护板；3-表面防锈的不锈钢螺钉；4-密封橡胶带；5-12mm 导流洞；6-锚固钢筋

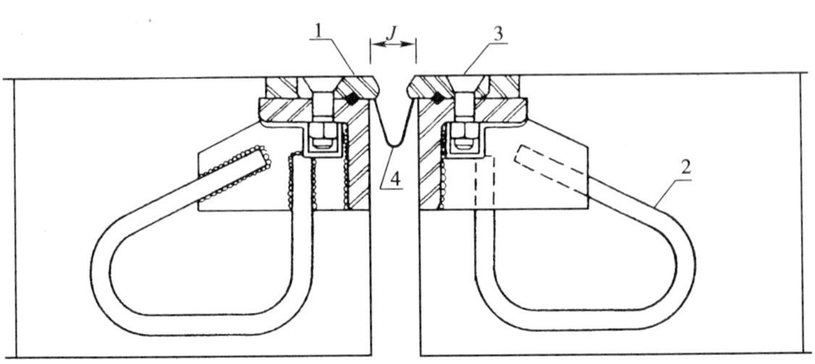

图 2-18　BI-75 型伸缩装置构造

1-上挡板；2-锚固钢筋；3-表面防锈的不锈钢螺钉；4-密封橡胶带

BI 型伸缩装置技术指标 表 2-5

型 号	活动范围 J(mm)	有效伸缩量(mm)	型 号	活动范围 J(mm)	有效伸缩量(mm)
BI-25	35 ~ 125	90	BI-50	35 ~ 125	90
BI-35	35 ~ 125	90	BI-75	35 ~ 125	100
BI-45	35 ~ 125	90			

十、瑞士马格巴(Mageba)嵌固对接型伸缩装置

1. Robek 体系的单缝形伸缩装置

这种装置可以说是既简便又简单的伸缩装置,它是以氯丁橡胶作为密封橡胶带的弹性材料用作防水的构造形式。

该装置所有边梁均采用 ST37-2 级钢焊接而成,连续型氯丁橡胶带嵌入与混凝土结构浇筑在一起的边梁内。该类装置允许顺桥向伸缩量为 80mm,横桥向的伸缩量为 40mm,因而该类伸缩装置可用于斜桥以及改变伸缩方向的场合。

该类伸缩装置有 RE(Elast)、RS(针对于重交通荷载情况)、RL(针对轻交通荷载情况)和 RK(小型单缝)共 4 大类。在单独使用时,根据路面性质又区分为两种,即 A(适用于沥青路面)和 B(适用于水泥混凝土路面)。

Robek 体系伸缩装置的基本构造如图 2-19 ~ 图 2-25 所示,其相应的设计参数见表 2-6 所列。

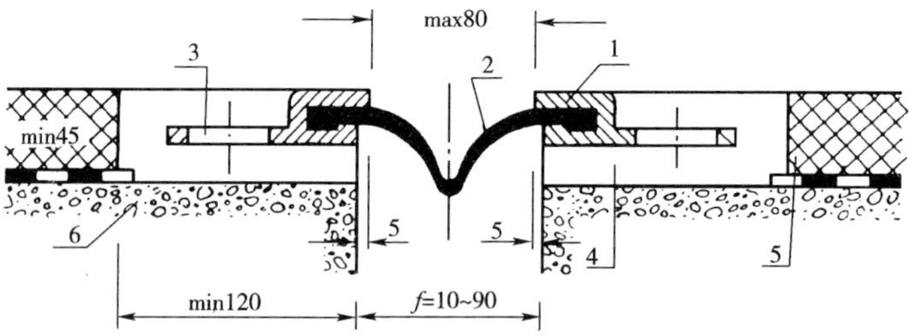

图 2-19 RE 型伸缩装置(尺寸单位:mm)

1-异形钢;2-密封橡胶带;3-锚杆(ϕ40,间距 75mm);4-弹性体;5-沥青;6-主梁

Robek 伸缩装置设计参数 表 2-6

型 号	伸缩量(mm)	预留槽尺寸(mm)		梁端间隙(mm)		重量(kg/m)
		高	宽	f_{min}	f_{max}	
RE	80	45	120	10	90	230
RS-A	80	300	250	70	150	70
RS-B	80	150	150	70	150	40
RL-A	80	150	200	10	90	28
RL-B	80	150	150	10	90	20
RK-A	80	30	—	10	90	18
RK-B	80	100	100	10	90	15

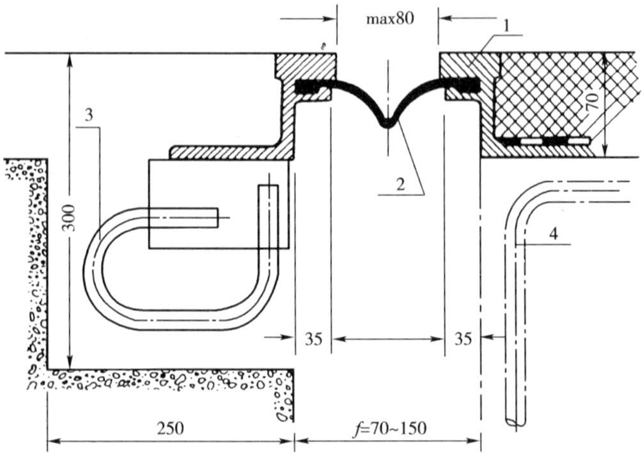

图 2-20　RS-A 型伸缩装置（尺寸单位：mm）

1-异形钢；2-密封橡胶带；3-锚固钢筋（间距 250mm）；4-预埋钢筋（ϕ16，间距 200mm）

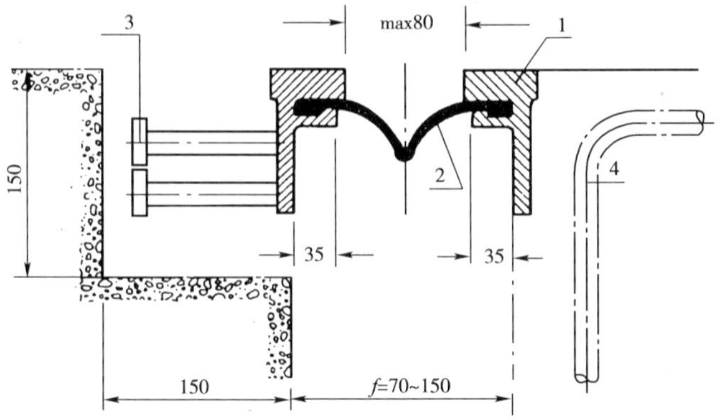

图 2-21　RS-B 型伸缩装置（尺寸单位：mm）

1-异形钢；2-密封橡胶带；3-剪力钉锚固（160mm×100mm，间距 150mm）；4-预埋钢筋（ϕ16，间距 200mm）

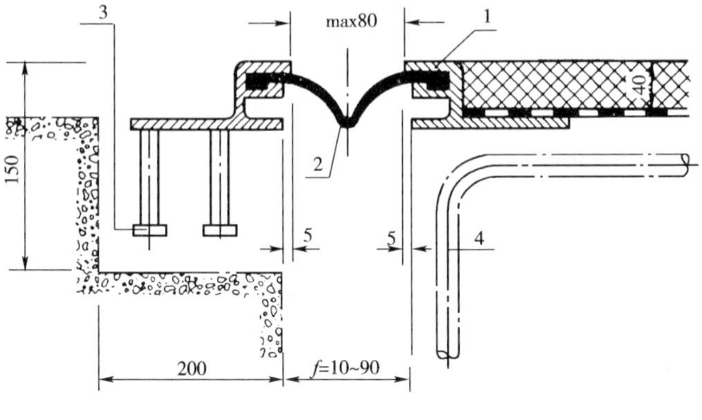

图 2-22　RL-A 型伸缩装置（尺寸单位：mm）

1-异形钢；2-密封橡胶带；3-剪力钉锚固（12mm×75mm，间距 125mm）；4-预埋钢筋（ϕ12，间距 200mm）

2. ETIC 型伸缩装置

该类装置是由金属件、加强拉杆和弹性密封件等部分组成。其中 EJ50 和 EJX80 型适用于伸缩量不超过 80mm 的结构的位移。金属件为 3m 长的挤压成形的铝材，每侧的每米有 5 根拉杆用于锚固,如图 2-26 所示。

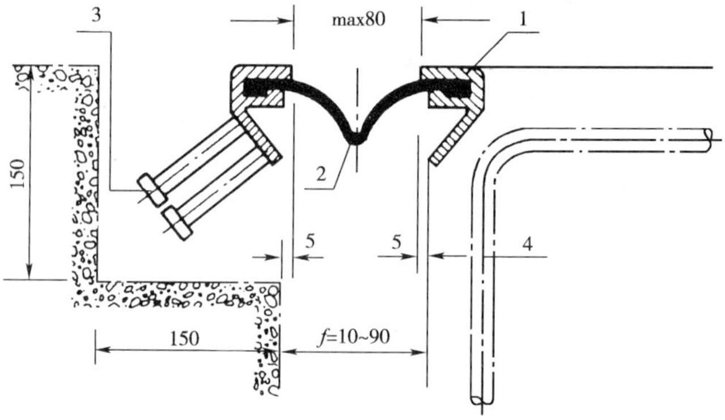

图 2-23 RL-B 型伸缩装置(尺寸单位:mm)

1-异形钢;2-密封橡胶带;3-剪力钉锚固(12mm×75mm,间距 125mm);4-预埋钢筋(ϕ12,间距 200mm)

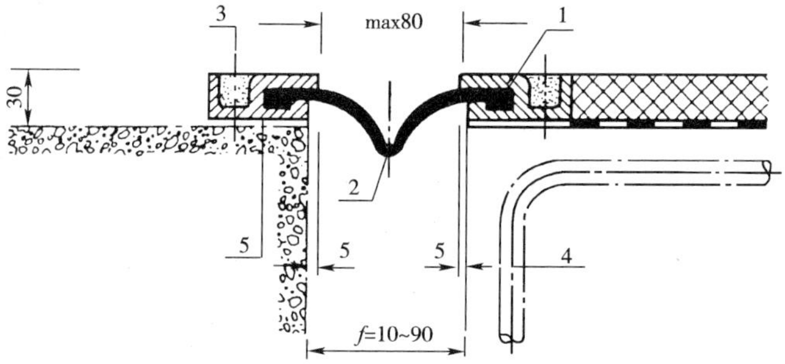

图 2-24 RK-A 型伸缩装置(尺寸单位:mm)

1-异形钢;2-密封橡胶带;3-弹性体(M10,间距 125mm);4-预埋钢筋(ϕ12,间距 200mm);5-环氧砂浆

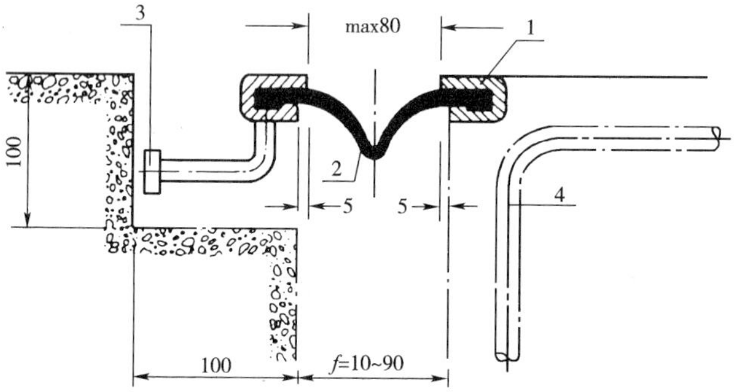

图 2-25 RK-B 型伸缩装置(尺寸单位:mm)

1-异形钢;2-密封橡胶带;3-剪力钉锚固(12mm×100mm,间距 125mm);4-预埋钢筋(ϕ12,间距 200mm)

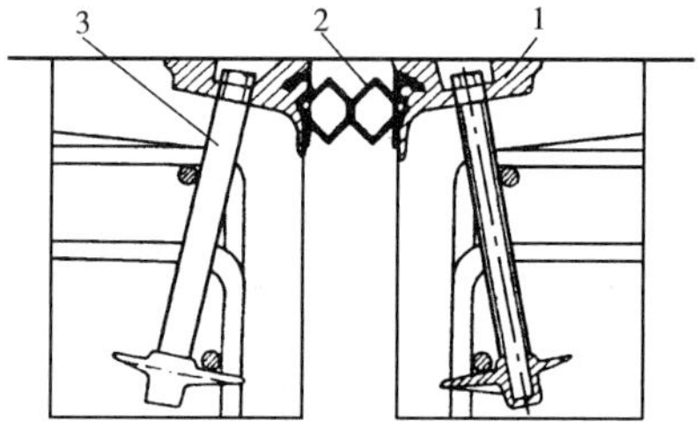

图 2-26 EJ50 和 EJX80 型伸缩装置构造

1-金属件;2-弹性密封件;3-锚固拉杆

3. EJ50S 和 EJX80S 型伸缩装置

该类装置通常安装于沥青铺装层内,特别适用于更换伸缩装置的场合。该伸缩装置用于重和密集交通荷载下结构位移不超过 80mm 的结构,其构造如图 2-27 所示。

4. ETIPARK 型伸缩装置

此类伸缩装置通常适用于停车场和匝道附近,可以适应轻或重交通荷载的情况,并设有专门防水层,最适用于商业中心、机场等场所使用,其构造如图 2-28 所示。

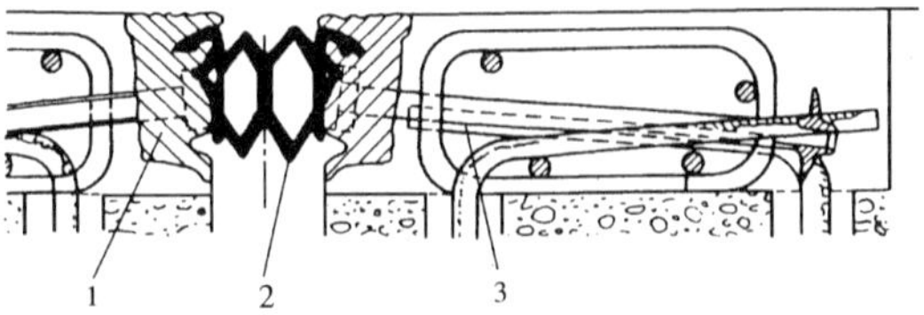

图 2-27　EJ50S 和 EJX80S 型伸缩装置构造
1-金属件;2-弹性密封件;3-锚固拉杆

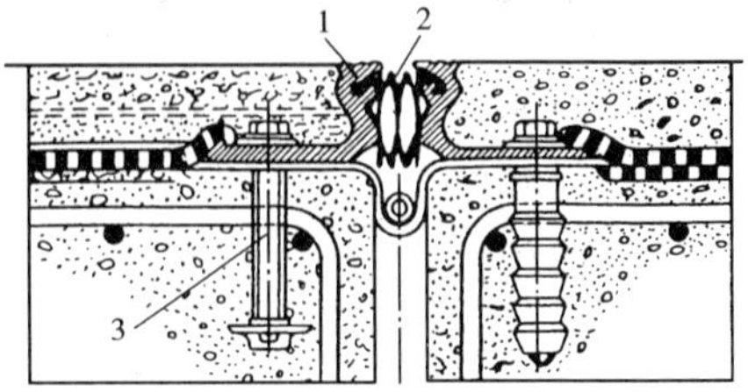

图 2-28　ETIPARK 型伸缩装置构造
1-金属件;2-弹性密封件;3-锚固拉杆

第三节　波形伸缩装置

波形桥梁伸缩装置是由钢板弯制成的波形板、专用密封胶、U 形底槽、锚固钢筋和泡沫棒等组件构成的一种结构形式。这种结构形式主要体现在其使用的专用密封胶的技术上。20 世纪 60 年代开始在日本出现，1969 年至 1976 年期间我国台湾地区的桥梁工程上广泛应用。到 20 世纪末国内也相继研究开发于应用，并在 2003 年制定了《公路桥梁波形伸缩装置》交通行业标准。这类伸缩装置一般多用在伸缩量小于 200mm 的桥梁工程上，而台湾 GAI-TOP 波形伸缩装置产品最大伸缩量为 150mm，日本 GT 波形伸缩装置产品规定的最大容许伸缩量为 175mm。

一、波形伸缩装置的基本类型与概况

1. GT 波形伸缩装置

GT 波形伸缩装置是日本中外道路株式会社开发的产品之一。现将其主要部分引入供读者参考。

1)构造

GT 波形伸缩装置是主要由波形板、U 形底槽、锚固钢筋和专用密封胶等部分组成,其构造如图 2-29 所示。

GT 波形伸缩装置安装的标准断面如图 2-30 所示。

GT-20 型和 GT-25 型波形伸缩装置标准产品的构造如图 2-31 所示。

2)种类的划分

GT 型波形伸缩装置适用于钢桥、预应力混凝土桥、钢筋混凝土桥、钢桥面板和桥台部分的新建及改建工程。根据桥梁的结构和长度划分的种类见表 2-7 所列。

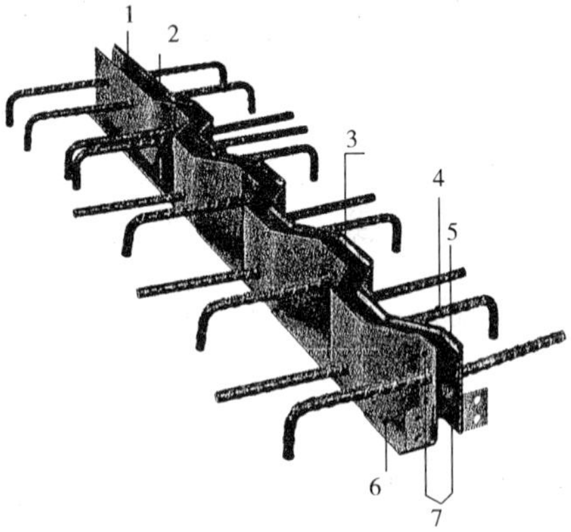

图 2-29　GT 型伸缩装置构造示意图
1-端板;2-连接件;3-密封胶;4-锚固钢筋;5-橡胶;6-底板;7-指示板

GT 型波形伸缩装置的分类　　表 2-7

型　式	容许伸缩量(mm)	容许斜角(°)	最大宽度(mm)
GT-30-45	0 ~ 30(±15)	90 ~ 45	102
GT-50-45	0 ~ 50(±25)		142
GT-80-50	0 ~ 80(±40)	90 ~ 50	197
GT-100-45	0 ~ 100(±50)	90 ~ 50	237

型　　式	容许伸缩量(mm)	容许斜角(°)	最大宽度(mm)
GT-125-45	0~125(±62.5)	90~45	287
GT-150-60	0~150(±75)	90~60	337
GT-175-60	0~175(±87.5)	90~60	387
GT-30-25	0~30(±15)	90~25	102
GT-50-25	0~50(±25)		142
GT-80-30	0~80(±40)	90~30	197
GT-100-35	0~100(±50)	90~35	237
GT-125-25	0~125(±62.5)	90~25	287
GT-150-30	0~150(±75)	90~25	337
GT-175-45	0~175(±87.5)	90~30	387

注:GT型伸缩装置适用于正桥、斜桥和弯桥。

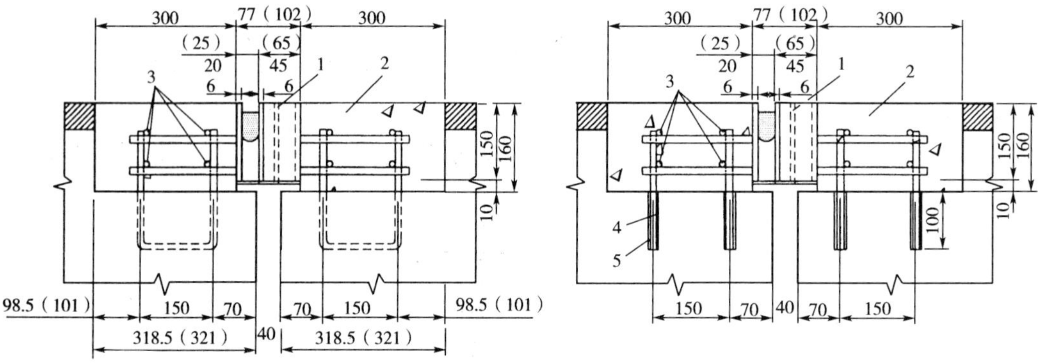

a)　　b)

注:括号(　)内的尺寸为GT-25型的数据。

图2-30　GT-20型波形伸缩装置安装标准断面图(尺寸单位:mm)

a)设预埋钢筋时;b)未设预埋钢筋时

1-导向缝(GT20或25-45型使用);2-后浇锚固混凝土;3-ϕ13水平加强钢筋;4-ϕ16×220mm钢筋;5-树脂类黏结剂

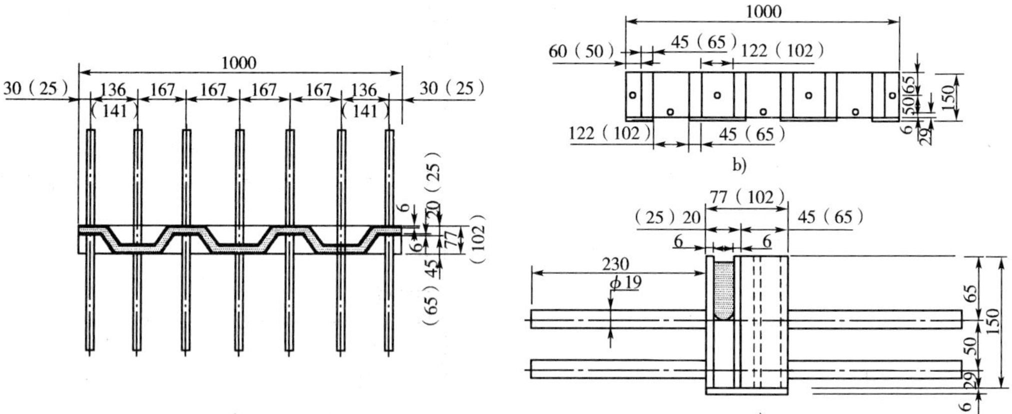

a)　　c)

注:括号(　)内的尺寸为GT-25型的数据;产品的高度根据需要可按150~100mm之间制作。

图2-31　GT-20型波形伸缩装置标准构造图(尺寸单位:mm)

a)平面图;b)侧面图;c)横断面图

3)构件材质的要求

GT 波形伸缩装置构件使用的材料质量应符合以下规定：

(1)钢材。GT 指型钢板符合 SS41 标准;GT 锚固钢筋符合 NSD41 标准的规定。

(2)嵌缝橡胶。GT 波形伸缩装置使用的嵌缝橡胶物理性能应符合表 2-8 的规定。

(3)GT 密封垫块。尺寸为 $1t \times 30 \times l = 25 \times 30 \times l$。

(4)GT 背部填料为 4 号砂。

(5)GT 专用密封胶。

GT 波形伸缩装置嵌缝橡胶的物理性能 表 2-8

试验项目		单位	规格	产品值	试验方法
老化前	抗拉强度	MPa	12	13.6	JISK 6301 之 3
	伸长率	%	300	540	JISK 6301 之 3
	硬度	度	55 ± 10	50	JISK 6301 之 5.2
老化后	抗拉强度	MPa	12 以下	143	JISK 6301 之 6.3
	伸长率	%	20 以下	520	JISK 6301 之 6.3
	硬度	度	+10 以下	55	JISK 6301 之 6.3
永久压缩变形		%	25 以下	17.4	JISK 6301 之 10

4)GT 波形伸缩装置宽度的规定

GT 波形伸缩装置的最小宽度、标准宽度、最大宽度及全宽的规定见表 2-9 所列。

GT 波形伸缩装置缝隙宽度的规定 表 2-9

型式	最小时		标准时		最大时		标准高度(mm)
	缝宽(A)	全宽(B)	缝宽(A)	全宽(B)	缝宽(A)	全宽(B)	
GT-30-45	15	72	30	87	45	102	150
GT-50-45	15	92	40	117	65	142	
GT-80-50	10	117	50	157	90	197	
GT-100-45	10	137	60	187	110	237	220
GT-125-45	10	162	72.5	224.5	135	287	
GT-150-60	10	187	85	262	160	337	
GT-175-60	10	212	97.5	299.5	185	387	
GT-30-25	15	72	30	87	45	102	150
GT-50-25	15	92	40	117	65	142	
GT-80-30	10	117	50	157	90	197	
GT-100-35	10	137	60	187	110	237	220
GT-125-25	10	162	72.5	224.5	135	287	
GT-150-25	10	187	85	262	160	337	
GT-175-30	10	212	97.5	299.5	185	387	

5）安装时波形钢板内侧缝隙尺寸的确定

GT 波形伸缩装置安装时，根据不同的安装温度确定波形钢板内侧缝隙 X，如图 2-32 所示，其各型号的尺寸见表 2-10 所列。

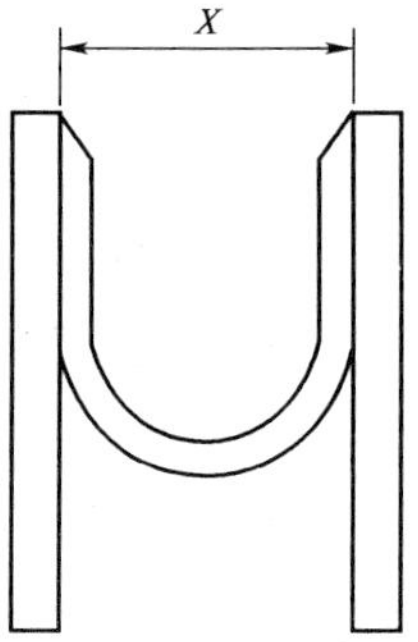

图 2-32　GT 波形伸缩装置安装缝隙

GT 波形伸缩装置安装宽度也可按以下公式估算：

$$d = (\Delta w \times L \times 0.000\,012 \times 1.2) + \Delta l$$

式中：d——安装宽度（mm）；

Δw——安装时温度至最高温度时的温差（℃）；

L——计算梁长（m）；

Δl——接头的最小宽度，其中 GT-30 ~ GT-50 型为 15mm，GT-80 ~ GT-175 型为 10mm。

GT 波形伸缩装置安装缝隙宽度 *X*（mm）　　表 2-10

类　型	GT-30			GT-50		GT-80			GT-100		GT-125			GT-150			GT-175		
梁（m） 温度（℃）	10	20	30	40	50	60	70	80	90	100	110	120	125	130	140	150	160	170	175
-10	40	40	40	60	60	60	70	80	95	95	100	120	120	140	140	140	160	160	160
0	37	37	37	50	50	55	60	70	80	80	100	100	100	120	120	120	135	135	135
10	35	35	35	45	45	45	50	55	70	70	80	80	80	95	95	95	110	110	110
20	30	30	30	35	35	35	40	45	55	55	65	65	65	75	75	75	85	85	85
30	25	25	25	30	30	30	30	35	40	40	45	45	45	55	55	55	60	60	60
40	20	20	20	25	25	20	20	20	25	25	30	30	30	30	30	30	35	35	35
50	15	15	15	15	15	10	10	10	10	10	10	10	10	10	10	10	10	10	10
基准梁长（m）	30			50		80			100		125			150			175		

6）沿路宽方向的设置

沿路宽方向设置，一般由下列 3 种构件组成：

（1）定长构件。其值 $l = 1000$mm。

（2）连接构件（GTC 型）。GT-30 型，$l = 150$mm；GT-50 型，$l = 170$mm；GT-80 型，$l = 200$mm；GT-100 型，$l = 220$mm；GT-125 型，$l = 250$mm；GT-150 型，$l = 270$mm；GT-175 型，$l = 290$mm。

（3）各种端部剩余尺寸构件（GTE 型）。

GT 波形伸缩装置沿路宽方向安装宽度，也即由以下原则与方法确定以上 3 种构件的数量和用法：

①以桥面宽度中心或桥梁中心线，在有横向坡度时则以其顶点约 1/2 处来划分。例如，若桥梁宽度为 7 500mm 时，即 7 500/2 = 3 750，而分割为 3 750 和 3 750。

②按半桥宽分割后的各长度，以定长构件的倍数和端部剩余尺寸构件组成。

③端部剩余尺寸构件（1m 以内）长度，必要时可参照表 2-11 确定。

各种伸缩量的端部剩余尺寸构件的确定方法 表 2-11

类　型	剩余尺寸(mm)	剩余尺寸的确定(mm)	*El* 与 *Cl* 尺寸(mm)
GT-30-45	999 ~ 818	668 + 150 + *El*	*El* = 0 ~ 181
	817 ~ 768	668 + *Cl*	*Cl* = 100 ~ 149
	767 ~ 484	334 + 150 + *El*	*Cl* = 0 ~ 283
	483 ~ 434	334 + *Cl*	*Cl* = 100 ~ 149
	433 ~ 150	150 + *El*	*El* = 0 ~ 283
	149 ~ 100	*Cl*	*Cl* = 100 ~ 149
	99 ~ 0	加上前面定长 1m 考虑之,668 + 150 + *El*	*El* = 182 ~ 281
GT-30-25	999 ~ 650	500 + 150 + *El*	*El* = 0 ~ 349
	649 ~ 600	500 + *Cl*	*Cl* = 100 ~ 149
	599 ~ 150	150 + *El*	*El* = 0 ~ 449
	149 ~ 100	*Cl*	*Cl* = 100 ~ 149
	99 ~ 0	加上前面定长 1m 考虑之,500 + 150 + *El*	*El* = 350 ~ 449
GT-50-45	999 ~ 838	668 + 170 + *El*	*El* = 0 ~ 161
	837 ~ 788	668 + *Cl*	*Cl* = 120 ~ 169
	787 ~ 504	334 + 170 + *El*	*Cl* = 0 ~ 283
	503 ~ 454	334 + *Cl*	*Cl* = 120 ~ 169
	453 ~ 170	170 + *El*	*El* = 0 ~ 283
	169 ~ 120	*Cl*	*Cl* = 120 ~ 169
	119 ~ 0	加上前面定长 1m 考虑之,668 + 170 + *El*	*El* = 162 ~ 281
GT-50-25	999 ~ 670	500 + 170 + *El*	*El* = 0 ~ 329
	669 ~ 620	500 + *Cl*	*Cl* = 120 ~ 169
	619 ~ 170	170 + *El*	*El* = 0 ~ 449
	169 ~ 120	*Cl*	*Cl* = 120 ~ 169
	119 ~ 0	加上前面定长 1m 考虑之,500 + 170 + *El*	*El* = 330 ~ 449
GT-80-50	999 ~ 868	668 + 200 + *El*	*El* = 0 ~ 131
	867 ~ 818	668 + *Cl*	*Cl* = 150 ~ 199
	817 ~ 534	334 + 200 + *El*	*Cl* = 0 ~ 283
	533 ~ 484	334 + *Cl*	*Cl* = 150 ~ 199
	483 ~ 200	200 + *El*	*El* = 0 ~ 283
	199 ~ 150	*Cl*	*Cl* = 150 ~ 199
	99 ~ 0	加上前面定长 1m 考虑之,668 + 200 + *El*	El = 182 ~ 331

续上表

类　型	剩余尺寸(mm)	剩余尺寸的确定(mm)	*El* 与 *Cl* 尺寸(mm)
GT-80-30	999 ~ 700	500 + 20 + *El*	*El* = 0 ~ 299
	69 ~ 65	500 + *Cl*	*Cl* = 15 ~ 19
	649 ~ 200	200 + *El*	*El* = 0 ~ 449
	199 ~ 150	*Cl*	*Cl* = 150 ~ 199
	149 ~ 0	加上前面定长 1m 考虑之,500 + 200 + *El*	*El* = 300 ~ 449
GT-100-45 GT-100-35	999 ~ 720	500 + 220 + *El*	*El* = 0 ~ 279
	719 ~ 670	500 + *Cl*	*Cl* = 170 ~ 219
	669 ~ 220	220 + *El*	*El* = 0 ~ 449
	219 ~ 170	*Cl*	*Cl* = 170 ~ 219
	169 ~ 0	加上前面定长 1m 考虑之,500 + 220 + *El*	*El* = 280 ~ 449
GT-125-45 GT-125-25	999 ~ 750	500 + 250 + *El*	*El* = 0 ~ 249
	749 ~ 700	500 + *Cl*	*Cl* = 200 ~ 249
	699 ~ 250	250 + *El*	*El* = 0 ~ 449
	249 ~ 200	*Cl*	*Cl* = 200 ~ 249
	199 ~ 0	加上前面定长 1m 考虑之,500 + 250 + *El*	*El* = 250 ~ 449
GT-150-60 GT-150-25	999 ~ 770	500 + 270 + *El*	*El* = 0 ~ 229
	769 ~ 720	500 + *Cl*	*Cl* = 220 ~ 269
	719 ~ 270	270 + *El*	*El* = 0 ~ 449
	269 ~ 220	*Cl*	*Cl* = 220 ~ 269
	219 ~ 0	加上前面定长 1m 考虑之,500 + 270 + *El*	*El* = 230 ~ 449
GT-175-60 GT-175-30	999 ~ 790	500 + 290 + *El*	*El* = 0 ~ 209
	789 ~ 740	500 + *Cl*	*Cl* = 240 ~ 289
	739 ~ 290	290 + *El*	*El* = 0 ~ 449
	289 ~ 240	*Cl*	*Cl* = 240 ~ 289
	239 ~ 0	加上前面定长 1m 考虑之,500 + 290 + *El*	*El* = 210 ~ 449

注:①表中 *Cl* 为连接构件长度(GTC 型),*El* 为剩余尺寸构件长度(GTE 型);

②表中尺寸 668、500 和 334 是指从定长构件之端部,以此尺寸截断。

(4)沿路宽方向的布置示例。以 7500mm 路宽及采用 GT-50-45 型伸缩装置为例,则其横向布置和端部剩余尺寸的处理如图 2-33 所示。在路缘石部分的防水构造如图 2-34 所示。高速公路上的中央分隔带的防水构造如图 2-35 所示。

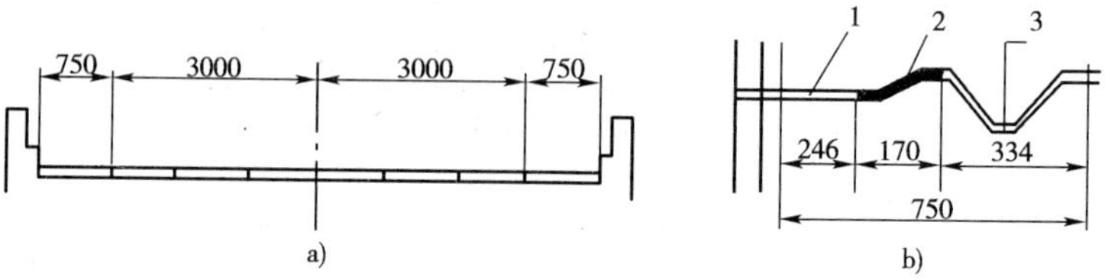

图 2-33　GT-50-45 型伸缩装置的布置(尺寸单位:mm)

a)横断面图;b)端部剩余尺寸详图

1-端部剩余尺寸构件;2-连接构件;3-定长构件截断位置

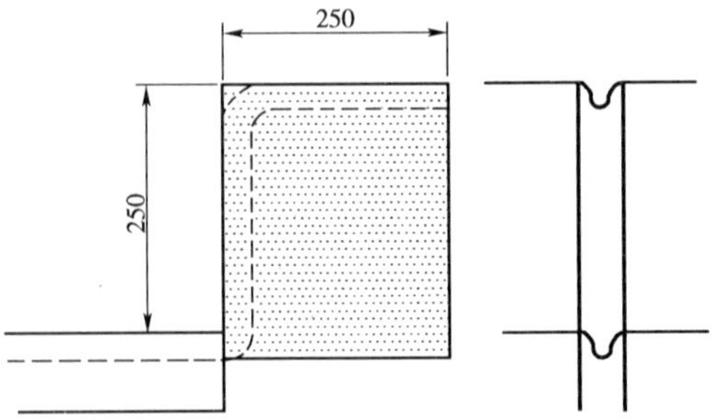

图 2-34　路缘石部分的防水构造（尺寸单位：mm）

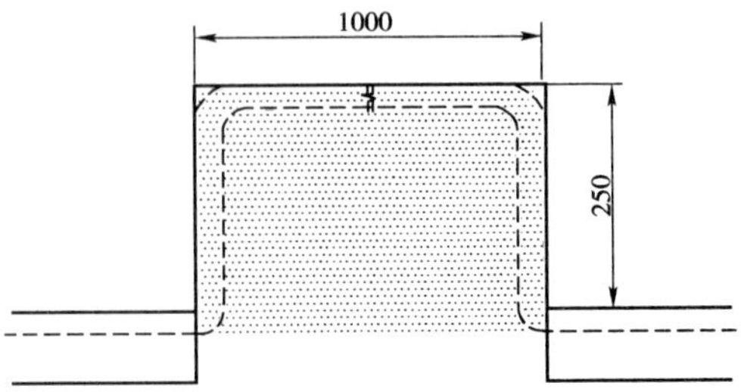

图 2-35　中央分隔带的防水构造（尺寸单位：mm）

2. GAI-TOP 波形伸缩装置

GAI-TOP 波形伸缩装置与日本 GT 波形伸缩装置同属一类产品。GAI-TOP 波形伸缩装置是我国台湾连福橡胶制品股份有限公司与日本中外道路株式会社技术合作在台湾生产的专利产品。连福橡胶制品股份有限公司成立于 1962 年，是制造、销售、设计和安装的专业生产厂家。由于 GAI-TOP 波形伸缩装置有些参数也有所差异，故将其主要部分引入供读者参考。现就其 GAI-TOP 波形伸缩装置的主要方面介绍如下。

1）构造

GAI-TOP 波形伸缩装置主要是由波形板、U 形底槽、锚固钢筋和专用密封胶等部分组成，其构造与日本的 GT 型相同（图 2-29）。

2）种类的划分

GAI-TOP 波形伸缩装置适用于钢桥、预应力混凝土桥、钢筋混凝土桥、钢桥面板和桥台部分的新建及改建工程。根据桥梁的结构和长度划分的种类见表 2-12 所列。

GAI-TOP 波形伸缩装置的分类　　表 2-12

类　型	容许伸缩量（mm）	容许斜角（°）	最大宽度（mm）
GT-30-45A	0～30（±15）	90～45	102
GT-50-45A	30～50（±25）		142
GT-100-45A	50～100（±50）		232
GT-150-60A	100～150（±75）	90～60	332
GT-30-25A	0～30（±15）	45～25	102
GT-50-25A	30～50（±25）		142
GT-100-25A	50～100（±50）		232
GT-150-25A	100～150（±75）	60～25	332

注：A 型是正桥、斜桥和弯桥可共用的形式。

3）构件材质的要求

GAI-TOP 波形伸缩装置构件使用的材料质量应符合以下规定：

（1）钢材

GT 指板（GT FINGERPLATE）、GT 底板（GT SOLEPLATE）应符合 SS-4-1 标准；GT 锚固钢筋（GT ANCHOR）应符合 SD-2B 标准的规定。

（2）嵌缝橡胶（GT RUBBER）

GAI-TOP 波形伸缩装置使用的嵌缝橡胶物理性能应符合表 2-13 的规定。

（3）GT 密封垫（GT SEALER）

3t × 30 × l (GT SEALER BOND)，尺寸为 25 × 30 × l。

GAI-TOP 波形伸缩装置嵌缝橡胶的物理性能 表 2-13

试验项目		单位	规格	产品值	试验方法
老化前	抗拉强度	MPa	12	13	JISK 6301 之 3
	伸长率	%	300	350	JISK 6301 之 3
	硬度	度	55 ± 10	50	JISK 6301 之 5.2
老化后	抗拉强度	MPa	10	12	JISK 6301 之 6.3
	伸长率	%	250	320	JISK 6301 之 6.3
	硬度	度	+ 10	55	JISK 6301 之 6.3
永久压缩变形		%	25	17.4	JISK 6301 之 10

(4) GT 背部(GT BACKUP)使用材料

GT 背部使用材料为 4 号砂(材料为 GT SAND 4 号)。

(5) GT 专用密封胶(GT SEALS)

4) GAI-TOP 波形伸缩装置宽度的规定

GAI-TOP 波形伸缩装置的最小宽度、标准宽度、最大宽度及全宽的规定见表 2-14 所列。

GAI-TOP 波形伸缩装置宽度的规定 表 2-14

类型	最小时		标准时		最大时	
	缝宽(mm)	全宽(mm)	缝宽(mm)	全宽(mm)	缝宽(mm)	全宽(mm)
GT-30-45A	15	72	30	87	45	102
GT-50-45A	15	92	40	117	65	142
GT-100-45A	10	132	60	182	110	232
GT-150-60A	10	182	85	257	160	332
GT-30-25A	15	72	30	87	45	102
GT-50-25A	15	92	40	117	65	142
GT-100-25A	10	132	60	182	110	232
GT-150-25A	10	182	85	257	160	332

5) 安装时波形钢板内侧缝隙尺寸的确定

GAI-TOP 波形伸缩装置安装时，根据不同的安装温度确定，波形钢板内侧缝隙的尺寸见表 2-15 所列。

GAI-TOP 波形伸缩装置安装宽度 表 2-15

类型	GT-30			GT-50		GT-100					GT-150				
梁长(m) / 温度(℃)	10	20	30	40	50	60	70	80	90	100	110	120	130	140	150
-10	40	40	40	60	60	80	80	80	95	95	125	125	125	140	140
0	37	37	37	50	50	70	70	70	80	80	105	105	105	120	120
10	35	35	35	45	45	60	60	60	70	70	85	85	85	100	100
20	30	30	30	35	35	45	45	45	55	55	70	70	70	75	75
30	25	25	25	30	30	35	35	35	40	40	50	50	50	55	55
40	20	20	20	25	25	25	25	25	25	25	30	30	30	35	35
50	15	15	15	15	15	10	10	10	10	10	10	10	10	10	10
基准梁长(m)	30			50		80			100		130			150	

GAI-TOP 波形伸缩装置安装宽度也可按以下公式估算：

$$d = (\Delta w \times L \times 0.000\,012 \times 1.2) + \Delta l$$

式中：d——安装宽度（mm）；

Δw——安装时温度至最高温度时的温差（℃）；

L——计算梁长（m）；

Δl——接头的最小宽度，GT-30 型为 15mm，GT-50 型为 15mm，GT-100 型为 10mm，GT-150 型为 10mm。

6）沿路宽方向的设置

沿路宽方向设置，一般由下列 3 种构件组成：

（1）定长构件。其值 $l = 1\,000$mm。

（2）连接构件（GTC 型）。GT-30 型，$l = 150$mm，GT-50 型，$l = 170$mm，GT-100 型，$l = 220$mm，GT-150 型，$l = 270$mm。

（3）各种端部剩余尺寸构件（GTE 型）。

GAI-TOP 波形伸缩装置沿路宽方向安装宽度，也即由以下原则与方法确定以上 3 种构件的数量和用法：

①以桥面宽度中心或桥梁中心线，在有横向坡度时则以其顶点约 1/2 处来划分。例如，若桥梁宽度为 7 500mm 时，即 7 500mm/2 = 3 750mm，而分割为 3 750mm 和 3 750mm。

②按半桥宽分割后的各长度，以定长构件的倍数和端部剩余尺寸构件组成。

③端部剩余尺寸构件（1m 以内）长度，必要时可参照表 2-16 确定。

各种伸缩量的端部剩余尺寸构件的确定方法 表 2-16

类　型	剩余尺寸（mm）	剩余尺寸的确定（mm）	El、Cl 尺寸（mm）
GT-30 45A	999 ~ 818	668 + 150 + El	El = 0 ~ 181
	817 ~ 768	668 + Cl	Cl = 100 ~ 148
	767 ~ 484	334 + 150 + El	Cl = 0 ~ 283
	483 ~ 434	334 + Cl	Cl = 100 ~ 149
	433 ~ 150	150 + El	El = 0 ~ 283
	149 ~ 100	Cl	Cl = 100 ~ 149
	99 ~ 0	加上前面定长 1m 考虑之，668 + 150 + El	El = 182 ~ 281
GT-50 45A	999 ~ 838	668 + 170 + El	El = 0 ~ 161
	837 ~ 788	668 + Cl	Cl = 120 ~ 169
	787 ~ 504	334 + 170 + El	Cl = 0 ~ 283
	503 ~ 454	334 + Cl	Cl = 120 ~ 169
	453 ~ 170	170 + El	El = 0 ~ 283
	169 ~ 120	Cl	Cl = 120 ~ 169
	119 ~ 0	加上前面定长 1m 考虑之，668 + 170 + El	El = 162 ~ 281
GT-30 25A	999 ~ 650	500 + 150 + El	El = 0 ~ 349
	649 ~ 600	500 + Cl	Cl = 100 ~ 149
	599 ~ 150	150 + El	El = 0 ~ 449
	149 ~ 100	Cl	Cl = 100 ~ 149
	99 ~ 0	加上前面定长 1m 考虑之，500 + 150 + El	El = 350 ~ 449

续上表

类　型	剩余尺寸(mm)	剩余尺寸的确定(mm)	El、Cl 尺寸(mm)
GT-50 25A	999～670	500+170+ El	El=0～329
	669～620	500+ Cl	Cl=120～169
	619～170	170+ El	El=0～449
	169～120	Cl	Cl=120～169
	119～0	加上前面定长1m考虑之,500+170+El	El=330～449
GT-100 45A 25A	999～720	500+220+ El	El=0～279
	719～670	500+ Cl	Cl=170～219
	669～220	220+ El	El=0～449
	219～170	Cl	Cl=170～219
	169～0	加上前面定长1m考虑之,500+220+El	El=280～449
GT-150 60A 25A	999～770	500+270+ El	El=0～229
	769～720	500+ Cl	Cl=220～269
	719～270	270+ El	El=0～449
	269～220	Cl	Cl=220～269
	219～0	加上前面定长1m考虑之,500+270+El	El=230～449

注:①表中 Cl 为连接构件长度(GTC 型),El 为剩余尺寸构件长度(GTE 型);

②表中尺寸668、500和334是指从定长构件之端部,以此尺寸截断。

(4)沿路宽方向的布置示例。以7 500mm路宽及采用GT-50-45A型伸缩装置为例,其横向布置和剩余尺寸的处理与日本的GT型类似(图2-33)。

3. GAI-TOP(PP)型伸缩装置

GAI-TOP(PP)型伸缩装置是在20世纪90年代由上海彭浦橡胶制品总厂引进生产的桥梁伸缩装置。GAI-TOP(PP)型伸缩装置与台湾GAI-TOP型伸缩装置基本上是同一类型的伸缩装置,它也适用于钢桥、预应力混凝土桥、钢筋混凝土桥、钢桥面板和桥台部分的新建桥梁及老桥改造的桥梁工程。GAI-TOP(PP)型伸缩装置构造如图2-36所示。GAI-TOP(PP)型伸缩装置的规格系列见表2-17所列。安装完成后的效果如照片2-1所示。

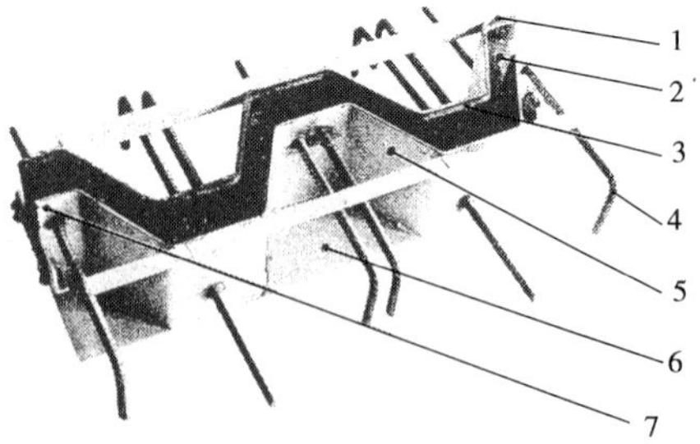

图2-36　GAI-TOP(PP)型伸缩装置构造

1-端板;2-橡胶;3-封口;4-锚筋;5-连接器;6-底钢板;7-顶钢板

照片2-1　GAI-TOP(PP)安装完成后效果

GAI-TOP(PP)型伸缩装置规格 表 2-17

类　型	容许伸缩量(mm)	容许斜角(°)	制品最大宽度(mm)
GT-30　45A	0~30(±15)	90~45	102
GT-50　45A	30~50(±25)		142
GT-100　45A	50~100(±50)		232
GT-150　60A	100~150(±75)	90~60	332
GT-30　25A	0~30(±15)	45~25	102
GT-50　25A	30~50(±25)		142
GT-100　25A	50~100(±50)		232
GT-150　25A	100~150(±75)	60~25	332

4. KD 波形伸缩装置

KD 型公路桥梁波形伸缩装置是安徽省科达技术开发有限公司依托交通部“八五”科研成果,并以专利的形式转化为实用的产品。为进一步规范公路桥梁波形伸缩装置产品质量和施工要求,促进产品标准化、系列化,2003 年交通行业标准《公路桥梁波形伸缩装置》作了详细的规定。

KD 型伸缩装置的结构是由波形板、专用密封胶、U 形底槽、锚固钢筋与泡沫棒等组成,外形设计为波浪形状。该类装置适用于伸缩量的范围为 20~100mm,采用分段制作,每段长为 1m,实际提供的产品按伸缩量的大小分为 20mm、40mm、60mm、80mm、100mm 共 5 级。

1)构件材料和性能要求

根据该伸缩装置的结构特点,其主要构件为波形板、专用密封胶、U 形底槽、锚固钢筋和泡沫棒。这些构件使用的材料和性能要求在交通行业标准《公路桥梁波形伸缩装置》中均作了明确的规定:

(1)波形板

波形板材料是采用机械性能不低于 Q345B 的不等厚异形钢板材,并要求采用一次热轧成形工艺形成的波形板。

(2)专用密封胶

使用的密封胶是一种适用于环境温度为 -50℃ ~ +75℃的专用材料,其技术性能指标见表 2-18 所列。

专用密封胶技术性能指标 表 2-18

项　目		性能指标	项　目		性能指标
密度(g/cm^3)		1.60~1.70	加热失重(%)		<10
适用期(h)		2~6	热空气老化试验	试验条件(℃×h)	70×96
表干时间(h)		<24		拉伸强度降低率(%)	≤15
渗出性指数		<4		黏结强度降低率(%)	≤25
流平性		光滑平整	紫外线老化试验	试验条件(℃×h)	60×500
低温柔性(℃)		-45		外观	无龟裂
拉伸黏结强度(MPa)		≥0.45		拉伸强度降低率(%)	<10
最大伸长率(+25℃)(%)		>300		黏结强度降低率(%)	<10
恢复率(%)		>80	耐臭氧老化(25~50pphm)(20%伸长)	试验条件(℃×h)	40×96
拉伸—压缩循环性能	级别	不低于 8020		外观	无龟裂
	黏接破坏面积(%)	<10	耐油污性膨胀率(一号机油,室温×70h)(%)		<45

(3)U 形底槽

U 形底槽使用的材料为强度不低于 Q235C 的普通薄钢板，并应与波形板成一整体，且应能保证伸缩装置的刚度和均匀变形。

(4)锚固钢筋

该伸缩装置的锚固钢筋采用螺纹钢筋，其直径不小于 ϕ18，长度不小于 300mm，并采用直连和弯连两种形式，安装时交替组合。

(5)泡沫板

泡沫板是采用强度适中、有一定弹性的聚乙烯材料发泡成形，并安放在 U 槽内。其技术性能指标见表 2-19 所列。

泡沫板技术性能指标 表 2-19

项　目	性能指标	项　目	性能指标
表观密度(kg/m^3)	>25	23℃ ×72h 压缩回弹率(压缩 50%)(%)	≥70
撕裂强度(N/cm)	>2.5		

2)施工安装要求

(1)该类伸缩装置一般采用反切法施工安装，先组装后锚固，再进行混凝土施工，各环节应严格施工安装质量。

(2)安装前应按照设计图纸核对施工完的梁、板端部及桥台处，安装伸缩装置的预留槽尺寸，检查预埋钢筋与梁(或板)、桥台锚固程度，将预留槽内的石子、杂物、混凝土清扫干净并打毛。锚固钢筋与桥面板钢筋或台背预埋钢筋应分别焊成一体，同时两侧分别增加两条横向连接钢筋，与锚固系统焊接成网状结构。注意在组焊时不得撬击、捶打伸缩装置。

(3)焊接不得有未焊透、夹渣、气泡等缺陷，焊渣应清除干净。

(4)伸缩装置的波形板沿口及桥面的标高应与钢纤维混凝土的表面相吻合，保证车辆行车舒适、无跳感，伸缩装置的直线度不得低于 5mm/10m。

(5)在每段伸缩胶体连接处，应采用现场灌胶黏结等防渗水处理。

(6)伸缩装置两侧应使用高强度高韧性的钢纤维混凝土或其他高性能混凝土，并做好防污措施。

二、波形伸缩装置的主要特点

波形伸缩装置根据其构造特点，从开发研究到实质性使用具有以下明显特点：

(1)由于纯属垂直齿状形的构造，所以具有如下优点：

①两侧锚固混凝土容易浇筑，使伸缩装置与混凝土为一个整体，易保证混凝土的浇筑质量。

②不需要使用特殊模板，故施工简单快速。

③在压缩时 GT 专用橡胶是向下方变形，故表面橡胶不出现鼓起现象，汽车行驶时不损伤橡胶又不发生冲击作用，行驶性和耐久性较好。

④由于 GT 橡胶除上述易压缩的特性外，因橡胶不直接与车轮接触，故与其他各种橡胶伸缩装置相比较，不发生橡胶与钢齿板之间的剥离现象。

⑤由于 GT 伸缩装置采用锚杆埋入混凝土内，故绝对不会发生螺帽松动引起螺帽部位的填充料的破损。

(2)伸缩装置本身空隙为齿状,车轮荷载可以比较平顺通过,由于不出现一般橡胶伸缩装置的鼓起现象,而减轻汽车行驶时之冲击作用,保证了比较好的行驶性。

(3)由于上述较好的行驶性,则可同时抑制噪声及振动等公害的发生。

(4)伸缩装置空隙间使用的是特殊专用密封胶,可以完全防水,故不需要另外增加排水设施,达到完全防水的构造。

(5)与一般钢齿板伸缩装置比较,安装也较为简单,同时又可避免一般橡胶伸缩装置在安装时需使用特殊模板,然后再安装伸缩装置的双重工序,因而工期可大大缩短。

(6)因不需要特殊模板及避免一些烦琐的工序,可以有效防止施工上的错误和平整度差的问题。

(7)容许采用后装、先装及超先装等多种施工方法的选择。

(8)最大伸缩量可达150mm的多种形式种类,可适用于斜角最小25°斜桥的各种桥梁工程。

(9)可任意安装在桥面板、大梁上及桥面上。铺装时不易损伤伸缩装置。

第三章　钢制式桥梁伸缩装置

钢制式的伸缩装置是用钢材装配制成的，能直接承受车轮荷载的一种构造。以前这种伸缩装置多用于钢桥，现也用于混凝土桥梁。钢制支承式伸缩装置的形状、尺寸和种类繁多。其中，面层板成齿形，从左右伸出桥面板间隙处相互啮合的悬臂式构造，或者面层板成悬架的支承式的构造，统称为钢梳齿板型伸缩装置。国内常见的为钢梳齿板型和折板型。面层板成为矩形的叠合悬架式的构造，称作钢板叠合型伸缩装置。

第一节　钢梳齿板型伸缩装置

这种伸缩装置是将钢板做成梳齿状，跨越伸缩缝间隙后，搭在另一端预埋钢板上，伸缩量可达40mm以上。该种装置可承受较大的水平变位，一般多用于中、大跨径的桥梁。由于这种装置结构本身刚度较大，抗冲击力强，因此在工程中广泛采用。

一、国内钢梳齿型和折板型伸缩装置

钢梳齿型伸缩装置构造如图3-1所示，折板型伸缩装置构造如图3-2所示。伸缩板下设有“U”形截水槽，可起防水、排水作用。主要产品有SGF-120型、PGF钢齿型和LB封缝式钢梳齿板型等形式。

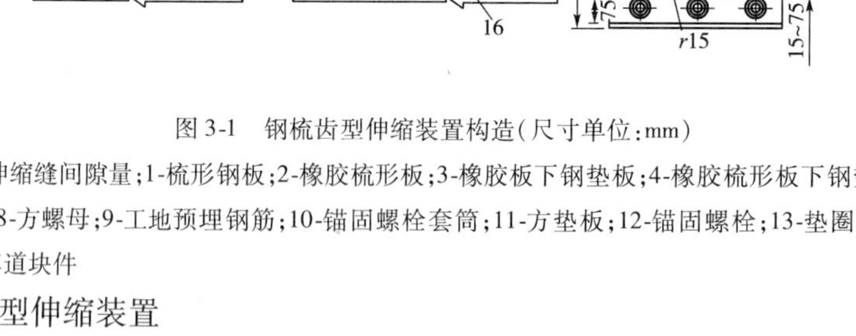

图3-1　钢梳齿型伸缩装置构造（尺寸单位：mm）

A-伸缩装置宽度；*C*-伸缩缝间隙量；1-梳形钢板；2-橡胶梳形板；3-橡胶板下钢垫板；4-橡胶梳形板下钢垫板；5-橡胶板；6-橡胶防水带；7-水平钢筋；8-方螺母；9-工地预埋钢筋；10-锚固螺栓套筒；11-方垫板；12-锚固螺栓；13-垫圈；14-现浇C30混凝土；15-桥面铺装；16-行车道块件

1. SGF-120型伸缩装置

SGF-120型伸缩装置是上海彭浦橡胶制品总厂开发生产的产品。该伸缩装置采用挤出齿型钢，型钢表面采用热镀锌防腐工艺，并以W形氯丁橡胶伸缩密封条嵌入型钢内作为防尘和防水的结构。适用的伸缩量范围为0～120mm，其构造如图3-3所示，图中的B和B_1值与安装温度关系见表3-1所列，安装完成后的效果如照片3-1所示。

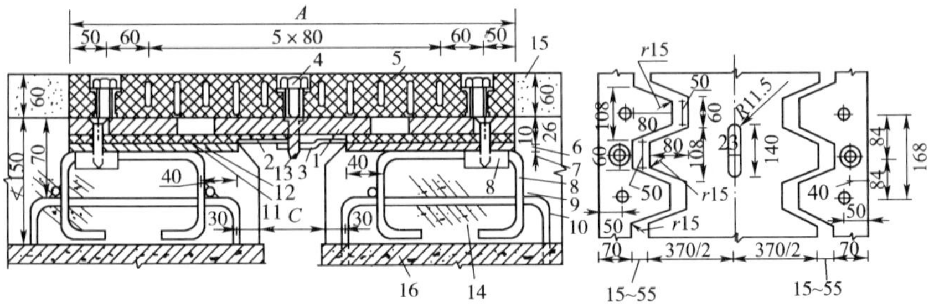

图 3-2　折板型伸缩装置构造(尺寸单位:mm)

1-折形钢板;2-定位连杆;3-变形定位连杆;4-固定螺栓;5-橡胶伸缩体;6-沉头螺钉;7-方螺母;8-锚固加强钢筋;9-水平钢筋;10-工地预埋钢筋;11-橡胶板;12-钢板;13-销钉;14-现浇 C30 混凝土(顺桥方向宽度不小于 400mm);15-桥面铺装;16-预制主梁

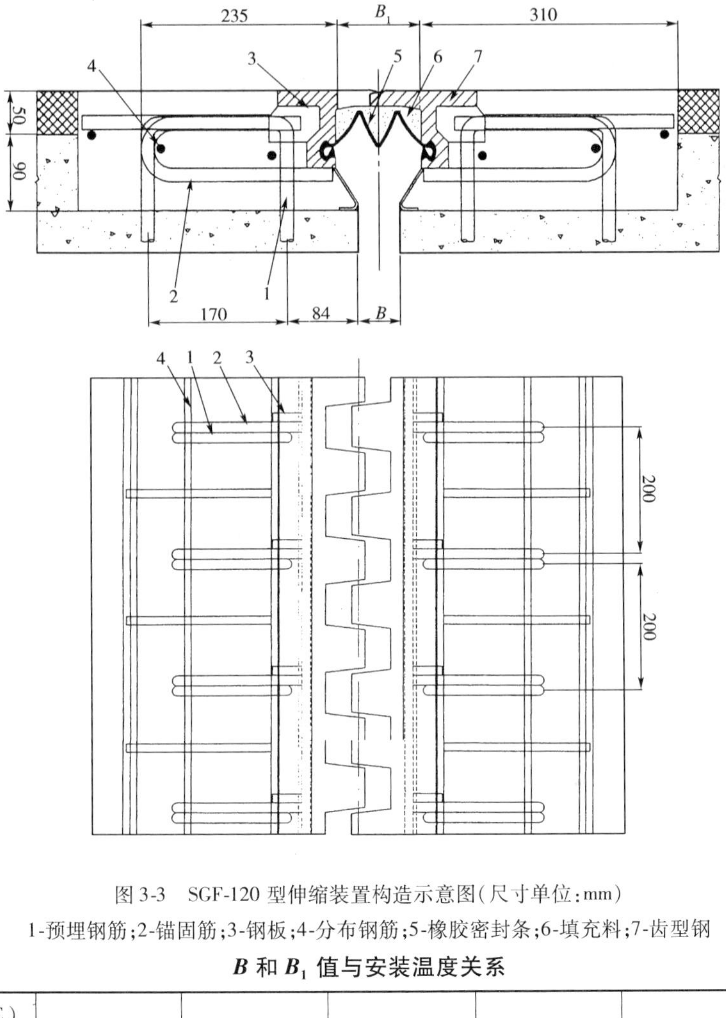

图 3-3　SGF-120 型伸缩装置构造示意图(尺寸单位:mm)

1-预埋钢筋;2-锚固筋;3-钢板;4-分布钢筋;5-橡胶密封条;6-填充料;7-齿型钢

B 和 B_1 值与安装温度关系　　表 3-1

项目 \ 温度(℃)	-10	0	10	20	30	40
B(mm)	125	100	75	50	25	5
B_1(mm)	185	160	135	110	85	65

注:预埋钢筋必须与梁体的构造钢筋连接,埋入长度大于 350mm。

2. PGF 钢齿型伸缩装置

PGF 钢齿型伸缩装置是上海彭浦橡胶制品总厂开发生产的产品。该伸缩装置的主要特点为面层板采用梳齿形防滑槽钢板（图 3-4），从左右伸出桥面板间隙处相互啮合的支承式构造，结构刚度较大，可承受较大的水平变位，伸缩量可达 420mm。其一般构造如图 3-5 所示，对应各规格的尺寸见表 3-2 所列，气温与安装宽度对照见表 3-3 所列。该伸缩装置的安装及效果如

照片 3-1

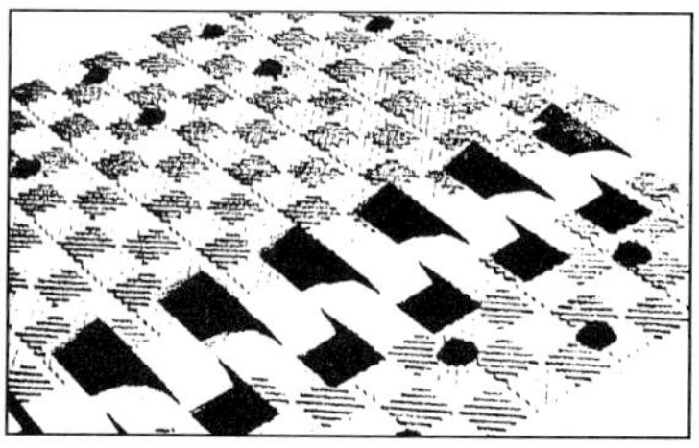

图 3-4　PGF 防滑钢齿板

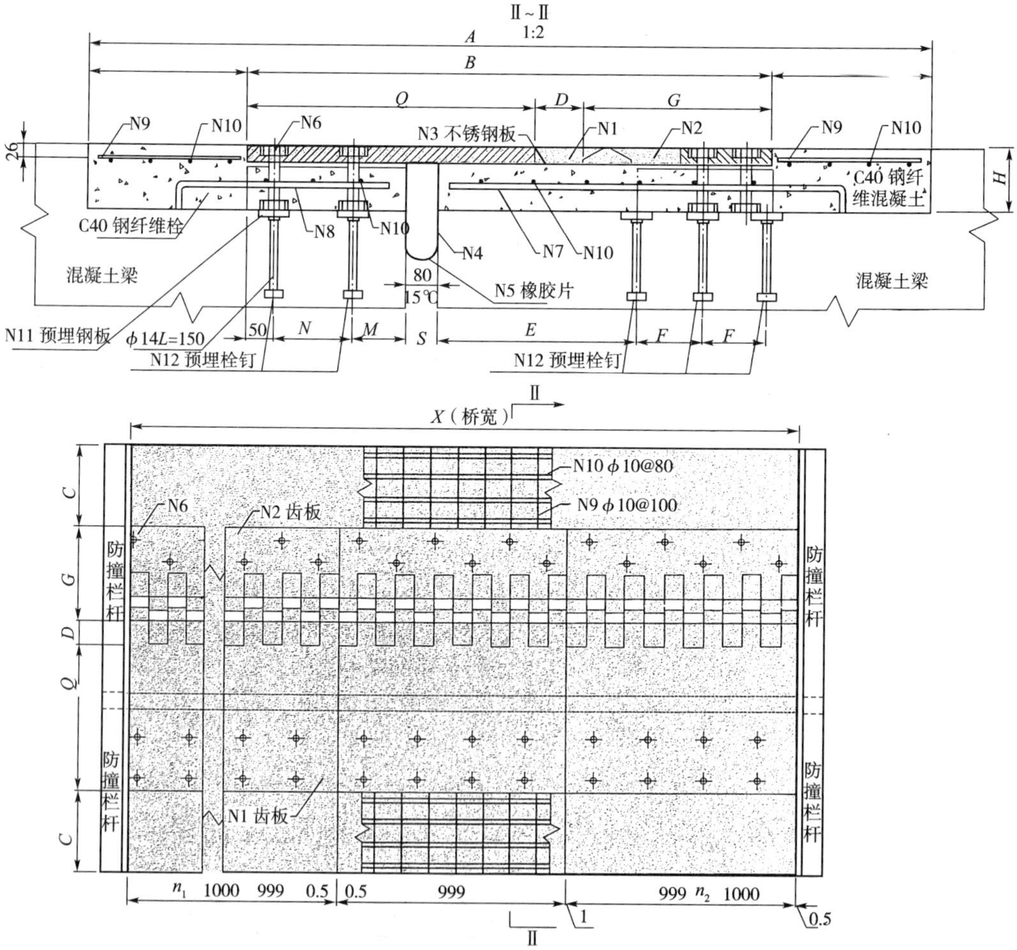

图 3-5　PGF 钢齿型伸缩装置一般构造（尺寸单位：mm）

照片 3-2～照片 3-4 所示。

PGF 钢齿型伸缩装置规格尺寸 表 3-2

规格（mm）	*A*	*B*	*C*	*D*	*E*	*F*	*H*	*N*	*M*	*S*	*G*	*Q*
120	1 470～1 590	1 470～990	300	0～130	320	120	≥120	150	100	0～120	320	540
160	1 530～1 690	1 530～1 090	300	10～170	380	120	≥120	150	100	0～160	360	560
240	1 790～2 030	1 790～1 330	350	10～250	540	120	≥120	150	100	0～240	440	640
300	2 110～2 410	2 110～1 610	400	10～310	700	120	≥130	180	130	0～300	510	790
320	2 150～2 470	2 150～1 670	400	10～330	730	130	≥130	180	130	0～320	530	810
400	2 310～2 710	2 310～1 910	400	10～410	890	130	≥130	180	130	0～400	610	890

PGF 钢齿型伸缩装置安装宽度与温度对照表 表 3-3

规　格	气温（℃）	－10	0	15	25	35
120 型	*B*（mm）	960	944	920	904	888
	D（mm）	100	84	60	44	28
160 型	*B*（mm）	1 050	1 030	1 000	980	960
	D（mm）	130	110	80	60	40
240 型	*B*（mm）	1 275	1 245	1 200	1 170	1 140
	D（mm）	195	165	120	90	60
300 型	*B*（mm）	1 550	1 510	1 450	1 410	1 370
	D（mm）	250	210	150	110	70
320 型	*B*（mm）	1 613	1 568	1 500	1 455	1 410
	D（mm）	273	228	160	115	70
400 型	*B*（mm）	1 838	1 783	1 700	1 645	1 590
	D（mm）	338	283	200	145	90

照片 3-2

照片 3-3

照片 3-4

3. LB 封缝式钢梳齿型伸缩装置

LB 封缝式钢梳齿型钢伸缩装置是宁波路宝交通科技有限公司的专利产品，它是采用梳形钢与弹性材料组合的结构，适用于伸缩量在 80mm 以内的桥梁工程。该装置的结构与安装结构分别如图 3-6 和图 3-7 所示。

二、法国的钢梳齿板伸缩装置

法国的钢梳齿板桥梁伸缩装置伸缩量可达 300mm，其构造形式如照片 3-5 和照片 3-6 所示。它的锚固系统是采用预应力技术。预应力是通过拧紧锚固螺杆而得到的。它的防水与防尘是通过放在梳齿下的橡胶伸缩体来完成。结构的受力如照片 3-7 所示。

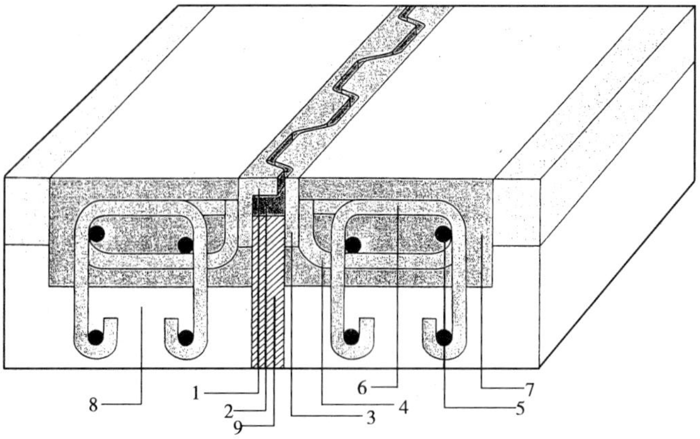

图 3-6　LB 封缝式梳型钢伸缩装置结构示意图

1-梳齿板;2-路宝(LB)弹性体;3-支承板;4-ϕ16 锚固钢筋;5-ϕ14 螺纹钢筋网;6-ϕ 预埋钢筋;7-大于 C40 钢纤维混凝土;8-梁体;9-弹塑性发泡体

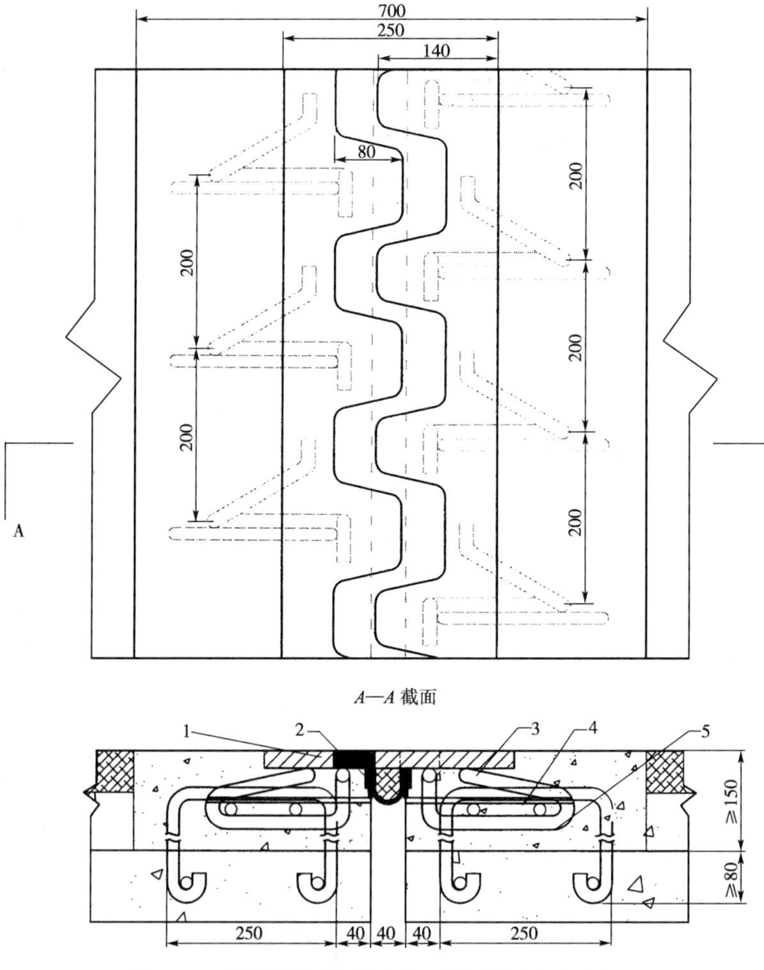

图 3-7　LB 封缝式梳型钢伸缩装置安装结构(尺寸单位:mm)

1-梳形钢板;2-伸缩止水条;3-锚固钢筋;4-横向钢筋;5-预埋钢筋

照片 3-5

照片 3-6

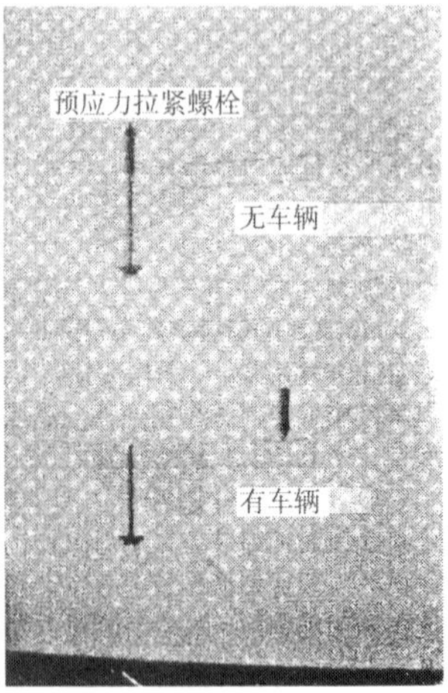

照片 3-7

三、瑞士马格巴(Mageba)钢制型伸缩装置

瑞士马格巴(Mageba)钢制型伸缩装置,有 EJ80-EJ110-EJ160 和 EJF 型桥梁伸缩装置,它们同属于钢梳齿板形式的一类伸缩装置。

EJ80-EJ110-EJ160 为专利系统产品,适用于 80~160mm 的位移量。金属件由铸造的铝合金制成,以便于更换。其构造如图 3-8 所示。

EJF 型多用于大位移量的场合,2m 长的金属件段由钢制成,可适应反复交通荷载的作用,并适合于在斜桥中使用,其构造如图 3-9 所示。

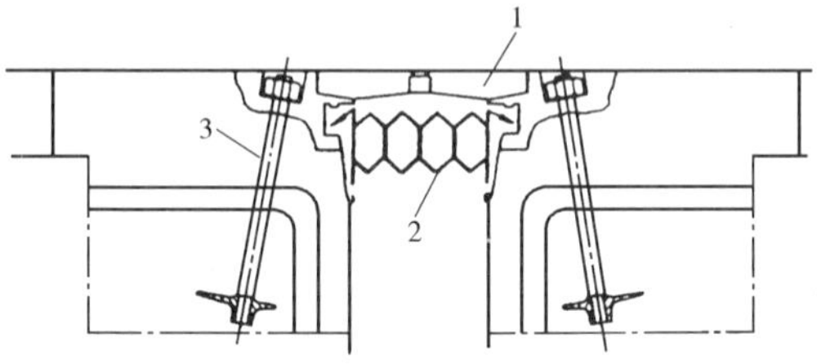

图 3-8　EJ80-EJ110-EJ160 型伸缩装置构造

1-金属片;2-弹性密封件;3-锚固拉杆

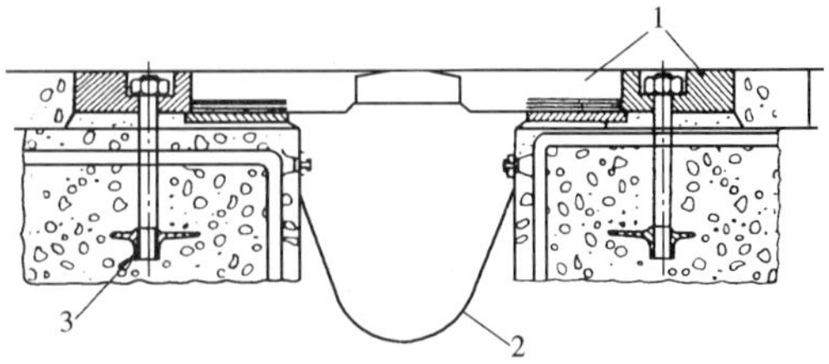

图 3-9　EJF 型伸缩装置构造

1-金属件;2-截水导槽;3-锚固拉杆

第二节　钢板叠合型伸缩装置

钢板叠合型伸缩装置,又称平板式伸缩装置。伸缩量小于 30mm 时,通常用铆钉装配角钢和钢板,面层板使用条纹钢板的钢板叠合式伸缩装置,一般构造如图 3-10 所示。由于焊接技术的发展。铆接构造变成了焊接构造。根据这种伸缩装置的受力特点和防水性差的问题,对防水和锚固方法都作了改进,如图 3-11 所示。

一、SFP 型伸缩装置

SFP 型伸缩装置属于钢叠合板型的伸缩装置,是由上海彭浦橡胶制品总厂生产的产品。其结构主要由梳形钢板、不锈钢板、氯丁橡胶防水层和高强螺栓等组成,梳形钢板通过锚固螺栓锚固于桥面结构,直接承受车辆冲击荷载作用,氯丁橡胶防水层起止水作用,同时伸缩装置全部采用耐候材料的"三防"结构。该伸缩装置目前厂家提供产品的最大伸缩量为240mm，其规格尺寸系列见表3-4所列。SFP型伸缩装置整体高度为30~40mm，一般情况下不用改变原梁端结构，浅埋设就能达到有效锚固强度。SFP型伸缩装置设置了两层氯丁橡胶防水层，并在梳形钢板伸缩间隙内浇灌防水油膏，起到较好的防水和防尘作用，伸缩装置全部采用耐候材料，使用双排螺栓锚固，接缝区整体刚性较好，一般不易损坏，其安装构造如图3-12所示。

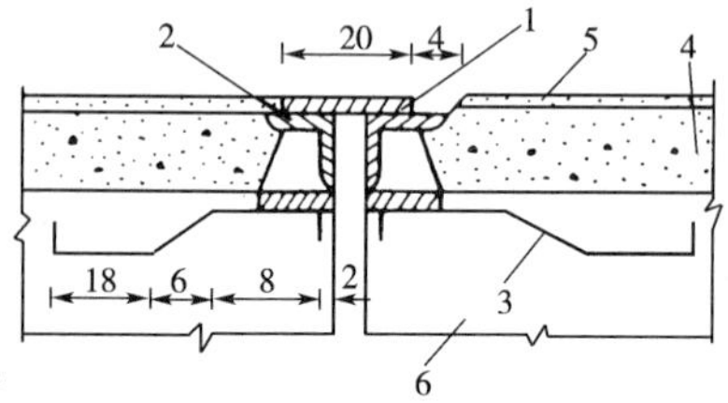

图3-10　钢板叠合型伸缩装置构造示意图(尺寸单位:mm)

1-钢板;2-角钢(8mm×5mm);3-锚固钢筋;4-混凝土铺装;5-沥青铺装;6-主梁

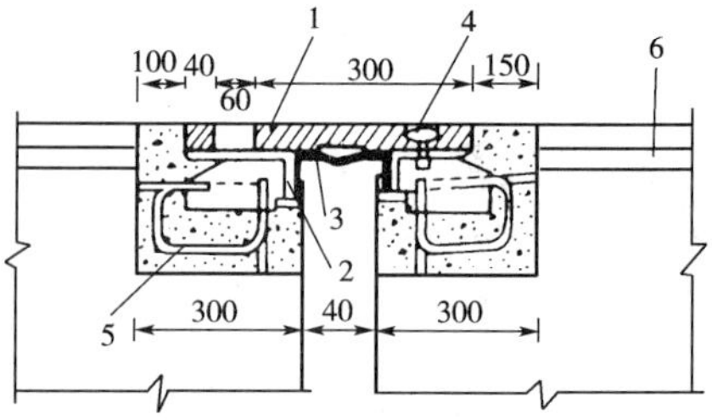

图3-11　钢板叠合型伸缩装置(改进型)构造示意图(尺寸单位:mm)

1-钢板;2-角钢;3-排水导槽;4-沉头螺钉;5-锚固钢筋;6-桥面铺装

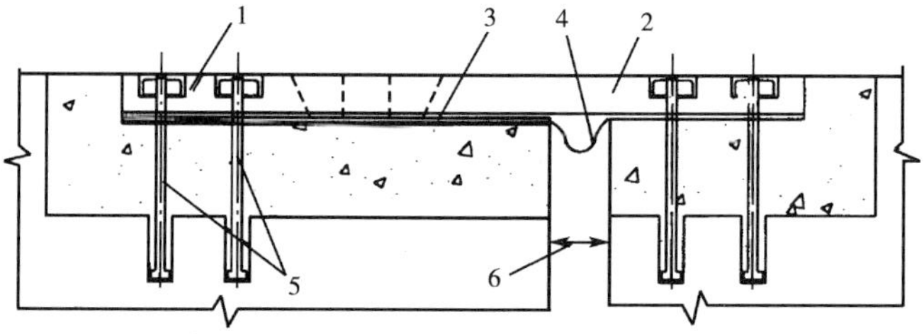

图3-12　SFP型伸缩装置安装示意图

1-1号梳形钢板;2-2号梳形钢板;3-不锈钢滑板;4-氯丁橡胶防水层;5-锚固螺栓;6-伸缩间隙

SFP型伸缩装置规格尺寸　　表3-4

型　号	允许伸缩量(mm)	钢板厚度(mm)	锚固螺栓(mm)	结构宽度(mm)	结构高度(mm)	设置面层高度(mm)
SFP80	80	28	M18×180	650	33	120
SFP160	160	30	M20×200	910	35	120
SFP240	240	32	M22×220	1250	37	150

二、LB梳形板伸缩装置

LB梳形板伸缩装置是宁波路宝交通科技有限公司研制生产的系列产品，该产品已获得《国家技术发明奖》二等奖(证书号:2006-F-221-2-01-R01)和《中国公路学会科学技术奖》一等奖(证书编号:A06-1-009-001)。并已在国内的杭州湾跨海大桥、舟山连岛桥梁工程、九江长江大桥和珠江黄埔大桥等大型桥梁工程应用。其结构构造如图3-13所示，实桥安装完成情况如照片3-8及照片3-9所示。该系列产品包括LBSD大变位量梳形板伸缩装置和LBSZ装配式梳形板伸缩装置两种类型。同时LB梳齿形伸缩装置可根据桥梁的斜交要求加工与安装成斜缝，下面分别作简要的介绍。

1. LBSD型梳形板伸缩装置

LBSD 型梳形板伸缩装置是宁波路宝交通科技有限公司的专利产品。适用于伸缩量在 350mm 以上的桥梁工程,其构造如图 3-14 所示。在混凝土桥梁上的安装结构如图 3-15 所示,在钢箱梁与混凝土梁上的安装结构如图 3-16 所示。LB 梳齿形伸缩装置的斜缝安装构造如图 3-17 所示。

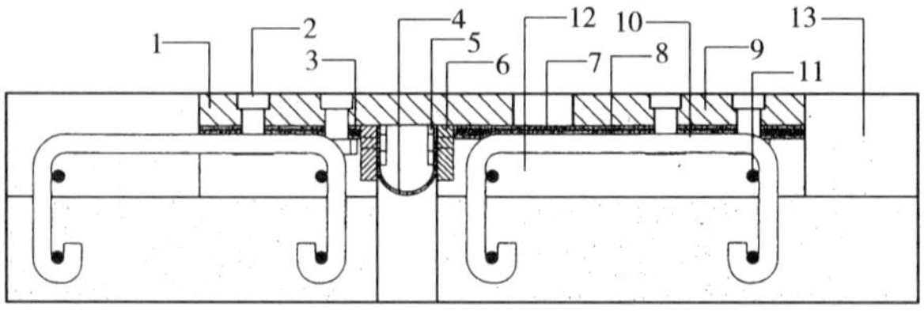

图 3-13　LB 系列梳形伸缩装置结构构造

1-活动梳形钢板;2-M20 内六角螺栓;3-1 号支承托架;4-防尘止水伸缩橡胶条;5-伸缩橡胶压板与固定螺栓;6-支承板;7-2 号支承托架;8-滑板;9-固定梳形钢板;10-ϕ16 预埋钢筋;11-横向钢筋网;12-大于 C30 钢纤维混凝土;13-梁体

照片 3-8

照片 3-9

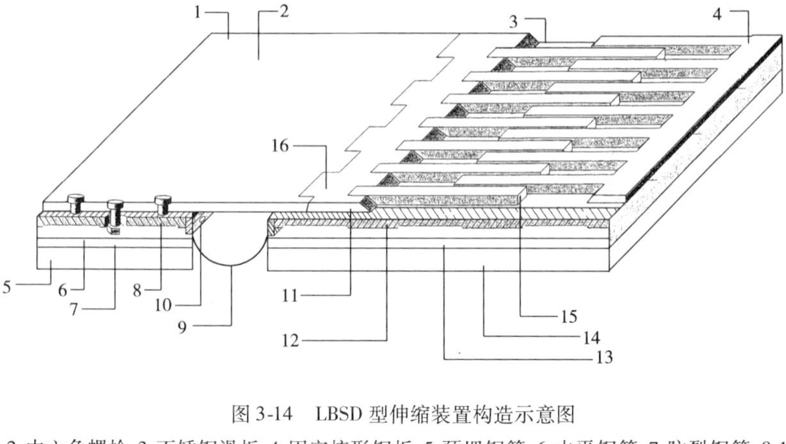

图 3-14　LBSD 型伸缩装置构造示意图

1-活动梳形钢板;2-内六角螺栓;3-不锈钢滑板;4-固定梳形钢板;5-预埋钢筋;6-水平钢筋;7-防裂钢筋;8-1 号支承托板;9-防尘止水橡胶条;10-伸缩橡胶条压板和固定螺栓;11-连接销轴;12-2 号支承托板;13-预留槽内浇灌大于 C40 钢纤维混凝土;14-梁体;15-活动梳形齿;16-活动连接钢板

2. LBZP 装配式梳形板伸缩装置

LBZP 装配式梳形板伸缩装置适用于伸缩量在 80 ~ 350mm 之间的高等级公路桥梁上安装使用。该装置的结构与安装构造分别如图 3-18、图 3-19 和图 3-20 所示。

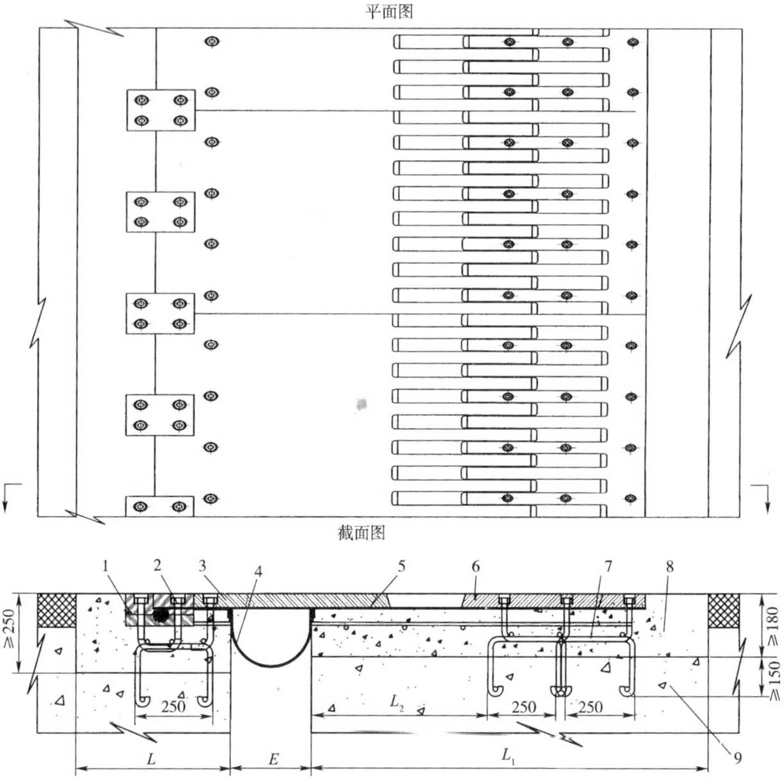

图 3-15　LBSD 型伸缩装置在混凝土桥梁上的安装结构

1-控制座;2-安装螺栓组;3-转轴跨缝板;4-防尘止水伸缩橡胶条;5-滑板;6-固定梳形板钢;7-预埋钢筋;8-浇灌大于 C40 钢纤维混凝土;9-梁体

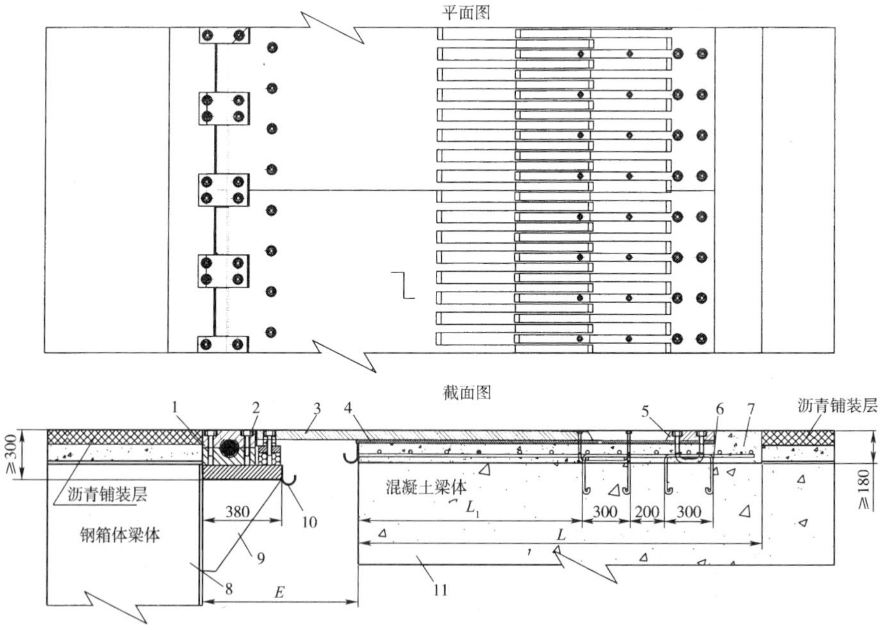

图 3-16　LBSD 型伸缩装置在钢箱梁与混凝土桥梁上的安装结构(尺寸单位:mm)

1-控制座;2-安装螺栓组;3-转轴跨缝板;4-不锈钢滑板;5-固定梳形板;6-预埋钢筋;7-浇灌大于 C40 钢纤维混凝土;8-钢箱梁梁体;9-安装托架;10-防水结构装置;11-混凝土梁体

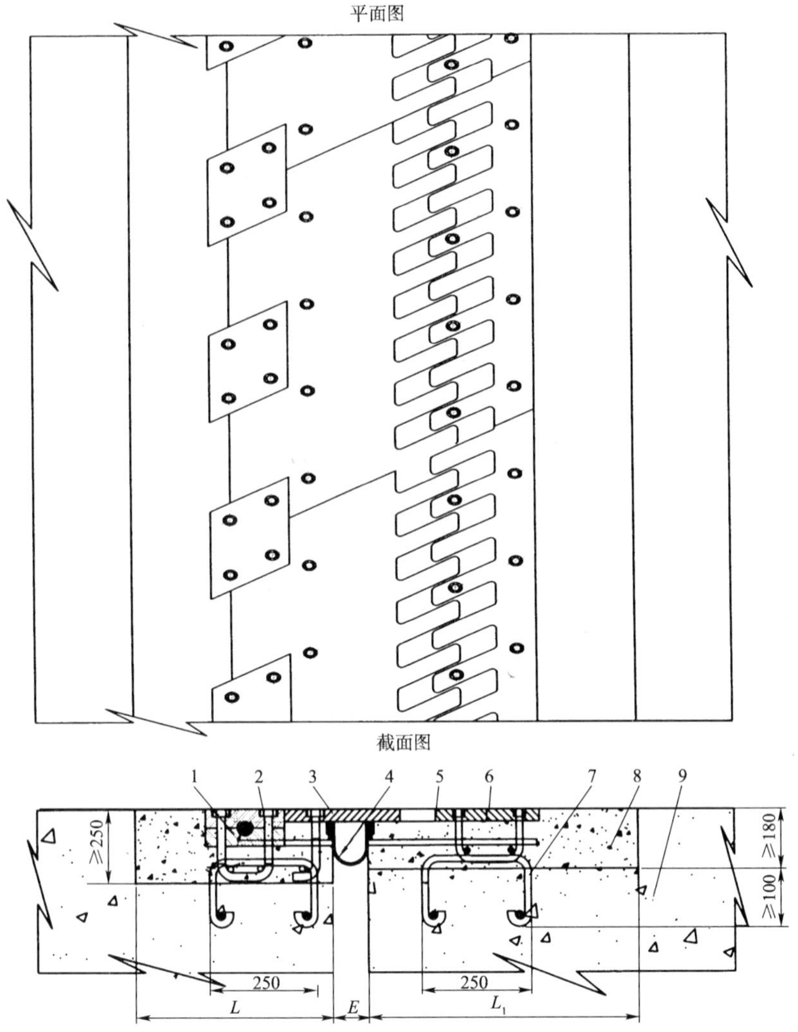

图 3-17　LB 型伸缩装置斜缝安装结构(尺寸单位:mm)

1-控制座;2-安装螺栓组;3-转轴跨缝板;4-防尘止水伸缩橡胶条;5-滑板;6-固定梳形板;7-预埋钢筋;8-浇灌大于 C40 钢纤维混凝土;9-梁体

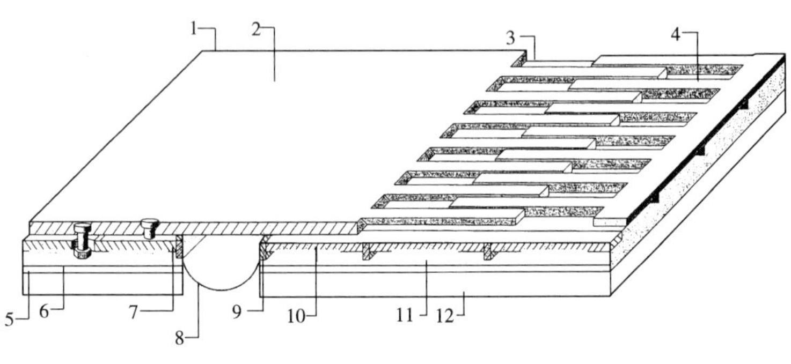

图 3-18　LBZP 型伸缩装置构造示意图

1-活动梳形钢板;2-内六角螺栓;3-不锈钢滑板;4-固定梳形钢板;5-预埋钢筋;6-水平钢筋;7-1 号支承托板;8-防尘止水橡胶条;9-伸缩橡胶条压板和固定螺栓;10-2 号支承托板;11-预留槽内浇灌大于 C40 钢纤维混凝土;12-梁体

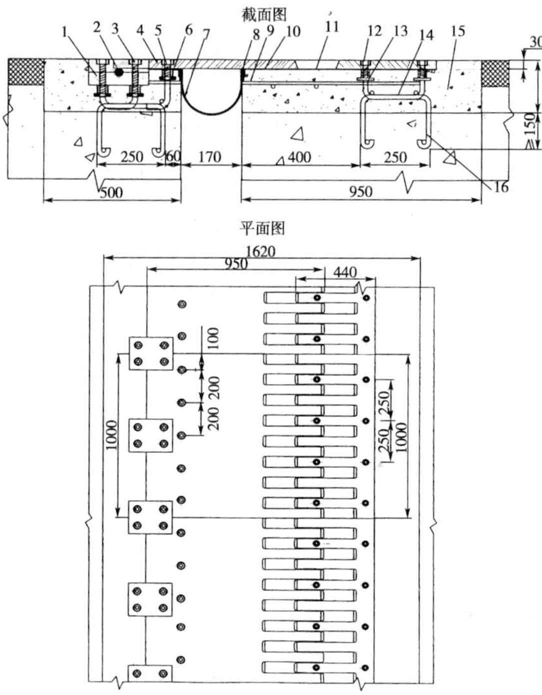

图 3-19　LBZP 型伸缩装置正缝安装结构(尺寸单位:mm)

1-控制座;2-支承轴;3-M24“U”形螺栓组;4-轴转跨缝板;5-微调橡胶垫;6-支承板;7-防尘止水伸缩橡胶条;8-橡胶条托架;9-托架钢筋;10-滑板;11-固定梳形钢板;12-M16“U 形螺栓组”;13-横向网筋;14-ϕ18 预埋钢筋;15-C50 钢纤维混凝土;16-梁体

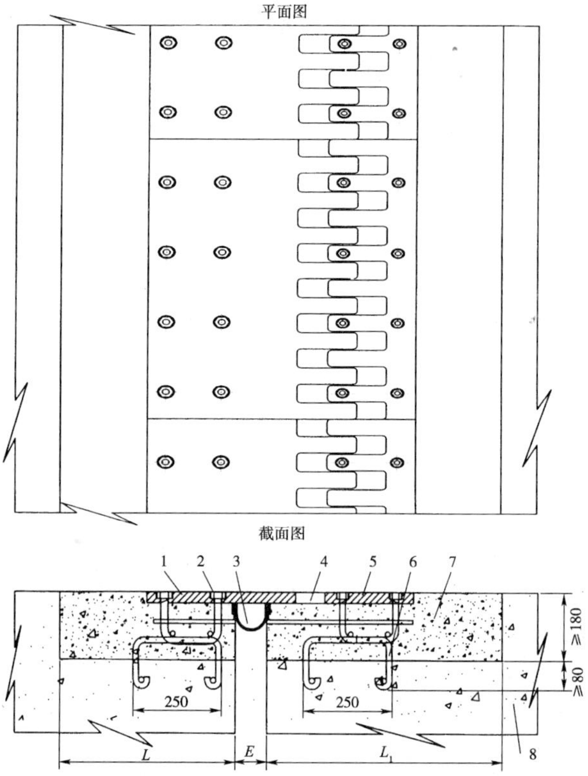

图 3-20　LBZP 型伸缩装置斜缝安装结构(尺寸单位:mm)

1-活动梳形钢板;2-安装螺栓组;3-防尘止水伸缩橡胶条;4-滑板;5-固定梳形板钢;6-ϕ16 预埋钢筋;7-大于 C40 钢纤维混凝土;8-梁体

第三节　钢制式伸缩装置存在的主要问题

钢制式伸缩装置在交通行业标准《公路桥梁伸缩装置》(JT/T 327—2004)统称梳齿板式伸缩装置,包括梳齿板式和叠合板式两大类。从其支承方式来看有悬臂式及支承式,而梳齿板式一般为悬臂方式,叠合板式通常做成支承方式。它们存在的主要问题大同小异,大体可归纳如下几个方面。

1. 伸缩量适用范围方面

钢制式伸缩装置原则上最好使用在总伸缩量大于20mm的桥梁上。从过去使用的实际情况的调查来看,其失败多数是由于制作误差和施工上不细致所致。而经过周密设计和精心施工的,则在各种桥梁中似乎是最好的。但是,由于这种伸缩装置的结构特点所限,其伸缩量的容许范围应该有所限制,不是多大都可以,不能像模数式那样任意延伸,这点应该引起注意。在交通行业标准《公路桥梁伸缩装置》(JT/T 327—2004)中规定一般伸缩量不大于300mm的公路桥梁工程,而且要满足拉伸、压缩时最大水平摩阻力应小于等于5kN/m的基本条件不是没有道理的。所以,在设计、生产和选型上应该引起足够的重视。

2. 排水性方面

很清楚,由于其结构原因,如何解决好排水是该类伸缩装置的重要环节。因此,世界各国对此类伸缩装置的排水装置提出过各种不同结构方案,目的就是尽可能解决好其排水问题。通常对于伸缩量小的,由于扫除和修补非常困难,一般可推荐不设排水装置。但此时必须考虑支座防水、台座排水和清扫等。对于伸缩量较大的,最好考虑安装上可以拆卸的排水装置。排水装置一般容易进入尘土和杂物堆积现象,在通常的构造中,由于不能完全清除这些堆积物,即使能够伸缩,也不能充分排水,往往从梳齿部分和栏杆底座处漏水。因此,到桥面施工完了用铁板覆盖接缝,或者设置其他的装置,必须保证使排水装置能够充分发挥其功能。也就是说此类伸缩装置的排水机构与其他类型的伸缩装置相比是不完备的,所以在不容许有漏水的桥梁(如大部分的城市桥梁)应慎重考虑采用。

3. 锚固方面

该类伸缩装置通常采用高强螺栓进行锚固,所以它适用于重型交通、大跨径的钢梁。在混凝土桥梁的情况下,设计时需要充分考虑,以便能够与混凝土完全锚固。根据以往实际使用的情况调查,由于这类伸缩装置中的悬臂式结构经车辆的反复作用锚固螺栓容易松动或被剪断造成钢齿板脱落等破坏,而多数的叠合板结构也是因结构形式容易出现较大的伸缩摩阻力,使螺栓锚固很难考虑足够地充分,造成螺栓断裂等问题。同时,由于梁端的转动,在伸缩的滑动端齿容易出现脱空造成断齿的问题。所以,对于这类结构形式的伸缩装置的锚固形式和方法,也是今后值得进一步探讨和研究的课题。

4. 防锈及防滑方面

钢齿板伸缩装置安装以后不能再油漆的地方很多,因此安装前或在工厂里涂刷环氧煤沥青系,或者可做与上述效果相同的某种处理。另外,也可事先做镀锌等处理。对于叠合板型,由于跨缝板面积较大,解决好防滑是一个重要方面。

5. 施工及养护方面

安装施工应仔细进行,不应出现不平、扭曲及其他的变形。由于不平、扭曲、变形等形成了冲击增大、破损的原因,因此要充分注意安装。安装时,可使用各种衬垫将其垫平,以便均匀传递荷载，并且要仔细安装，以保证在浇注固定部分的混凝土时不因振捣器等引起摇动。常用的方法是在钢桥的梁和伸缩装置的下翼缘之间插入调整用的衬垫板，适当变更衬垫板的厚度，来改变施工高度。另外，也有的只是简单地插入衬垫板的情况，但考虑长期的振动，需要穿以螺栓或加以焊接，用适当的方法牢固地固定。在混凝土桥的情况下，要考虑梁的施工高度而进行高度调整，有必要利用钢筋、型钢等用焊接的方法牢固地设置。

由于该类伸缩装置存在容易沉积灰尘和砂土的原因，及时地进行清除是平常的养护工作。特别对于叠合板结构，如果不及时进行清理所堆积的杂物，就容易引起构件的锈蚀和伸缩的失灵等早期破坏。

第四章　橡胶式桥梁伸缩装置

橡胶式桥梁伸缩装置一般分为板式橡胶伸缩装置和组合式橡胶伸缩装置两种。在20世纪90年代前后是我国公路桥梁工程上使用较为广泛的桥梁伸缩装置形式,目前也已由钢制型、模数式和其他结构形式的桥梁伸缩装置逐步所代替。但是,橡胶式伸缩装置在公路桥梁的发展史上和实际的应用上都有着重要的一面,并且发展迅速品种繁多,作为桥梁伸缩装置发展史上的一页,从总结经验的角度给出介绍很有必要,何况到目前仍在公路桥梁工程上使用,因此,下面就其基本类型与概况以及其存在的主要问题进行简要叙述。

第一节　板式橡胶伸缩装置的基本类型与概况

板式橡胶伸缩装置中的伸缩体是由橡胶、钢板或角钢硫化为一体的构造,它是利用橡胶材料剪切模量低的原理设计制造而成。即剪切型橡胶伸缩体设有上下凹槽,橡胶体内埋设承重钢板和锚固钢板,并设有预留螺栓孔,通过螺栓与梁端连成整体。它是依靠上下凹槽之间的橡胶体剪切变形来满足梁体结构的相对位移。橡胶伸缩体内预埋钢板,跨越梁端间隙,承受车辆荷载。另外在橡胶伸缩体内两侧预埋两块锚固钢板,通过螺栓与梁端连接的受力原理形成的结构构造,一般适用于伸缩量小于60mm的公路桥梁工程。通常一般橡胶板构造如图4-1所示,其伸缩体使用的橡胶材料力学性能指标见表4-1所列。

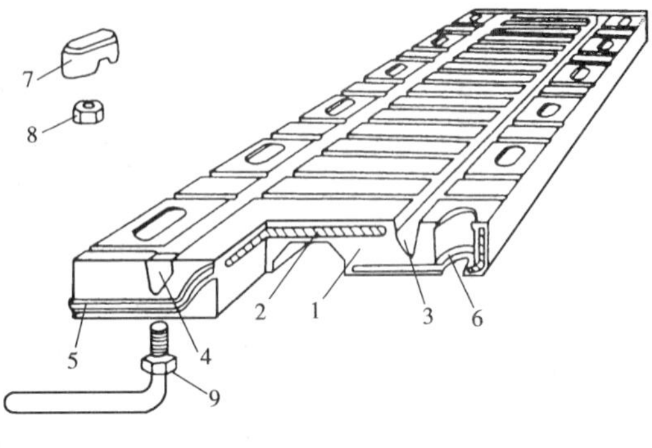

图4-1　板式橡胶伸缩装置一般构造

1-橡胶;2-加强钢板;3-伸缩用槽;4-止水块;5-嵌合部;6-螺帽垫板;7-腰形盖帽;8-螺帽;9-螺栓

橡胶式伸缩装置伸缩体用橡胶材料力学性能指标　　表4-1

技术指标 \ 胶料 / 项目		氯丁橡胶(适用于-25℃~60℃地区)	天然橡胶(适用于-35℃~60℃地区)	氯丁橡胶(适用于-40℃~60℃地区)
硬度(IRHD)		60±5	60±5	60±5
拉伸强度(MPa)		≥15	≥16	≥14
扯断伸长率(%)		≥400	≥400	≥350
脆性温度(℃)		≤-40	≤-50	≤-60
恒定压缩永久变形(室温×24h)		≤20	≤20	≤20
耐臭氧老化(25~50pphm)20%伸长40℃×96h		无龟裂	无龟裂	无龟裂
热空气老化试验(与未老化前数值相比发生最大变化)	试验条件(℃×h)	70℃×96h	70℃×96h	70℃×96h
	拉伸强度(%)	±15	±15	±10
	扯断伸长率(%)	±25	±25	±20
	硬度变化(IRHD)	0~+10	-5~+10	0~10

续上表

技术指标 胶料 项目		氯丁橡胶（适用于 -25℃～60℃地区）	天然橡胶（适用于 -35℃～60℃地区）	氯丁橡胶（适用于 -40℃～60℃地区）
橡胶与钢板黏结剥离强度（kN/m）		>7	>7	>7
耐盐水性（23℃ ×14d，浓度4%）	体积变化（%）	≤+10	≤+10	≤+10
	硬度变化（IRHD）	≤+10	≤+10	≤+10
耐油污性（一号标准油，23℃ ×168h）	体积变化（%）	-5～+10	<+45	<+45
	硬度变化（IRHD）	-10～+5	<-25	<-25

一、UG 型橡胶伸缩装置

UG 型伸缩装置是由 Ω 形橡胶伸缩止水带与边压块组成。Ω 形止水带中间有织物加劲，以防刺破、龟裂和扭曲变形。采用橡胶边压块来锚固 Ω 形止水带，使伸缩装置与桥梁连成一体，边压块可按任意长度拼接，Ω 形止水带按桥宽做成整体的连接长度。UG 型伸缩装置可分为伸缩量 40mm、60mm、80mm 共 3 种规格。其适应温度范围为：氯丁橡胶型（+70℃～-25℃）、三元乙丙橡胶型（+70℃～-45℃）。其构造如图 4-2 所示，主要技术设计参数见表 4-2所列。

UG 型伸缩装置主要技术设计参数（单位：mm） 表 4-2

型号	设计伸缩量	边压块间距 D		伸缩缝宽度 B		边压块高度 H	总高度 $\sum H_i$	加劲钢板厚度 δ	螺栓孔间距
		min	max	min	max				
UG-40	40	20	60	180	220	32	40	10	250
UG-60	60	20	80	180	240	40	48	12	250
UG-80	80	20	100	180	260	58	66	6	250

二、BSL 型橡胶伸缩装置

BSL 型橡胶伸缩装置是采用连续橡胶伸缩件、连续橡胶压块、橡胶底面处包胶钢板、外角钢等组合而成。其构造如图 4-3 所示，其规格系列见表 4-3 所列。

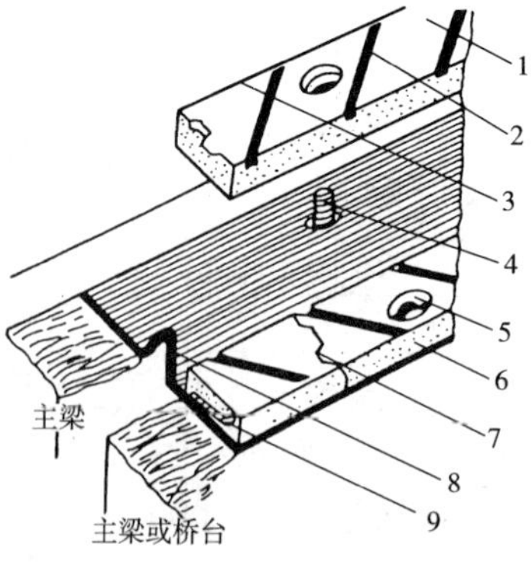

图 4-2 UG 型橡胶伸缩装置构造图

1-氯丁橡胶边压块；2-防滑槽；3-铺装边缘；4-锚固螺栓；5-预留螺栓孔；6-铺装边接边压块；7-边压块的凹凸接合槽；8-Ω 形止水带；9-加强钢板

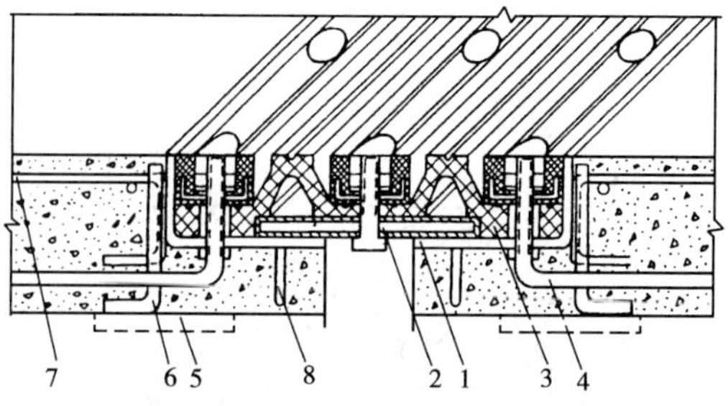

图 4-3 BSL 型橡胶伸缩装置构造图

1-外角钢；2-托底钢板；3-橡胶板；4-锚固螺栓；5-梁预埋钢筋；6-联系钢筋；7-锚固钢筋 1 号；8-锚固钢筋 2 号

BSL 型橡胶伸缩装置规格　　表 4-3

型　号	伸缩全量(mm)	压缩量(mm)	拉伸量(mm)	型　号	伸缩全量(mm)	压缩量(mm)	拉伸量(mm)
40	40	20	20	120	120	60	60
60	60	30	30	160	160	80	80
80	80	40	40	200	200	100	100
100	100	50	50				

三、CD 型橡胶伸缩装置

CD 型橡胶伸缩装置,其伸缩槽采用波浪形而非传统的直槽,橡胶接缝板做成连续整体,固定部位采用设有防松措施专用螺栓与异型钢结合锚固的构造,如图 4-4 所示。现生产有 CD-40、CD-60、CD-80、CD-120 型 4 种规格,其他规格可根据需要设计加工,安装完成后的情况见照片 4-1 所示。

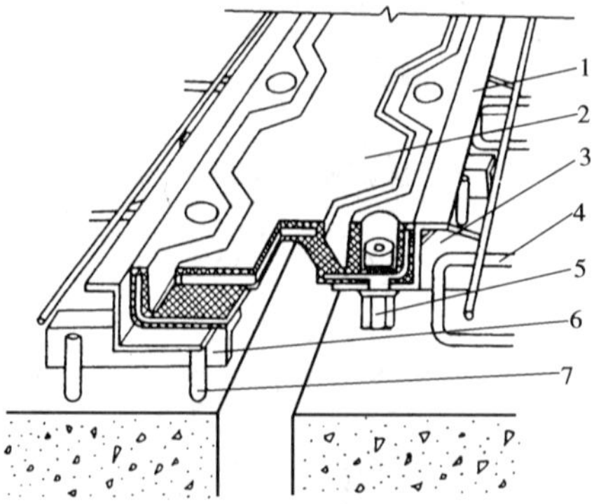

图 4-4　CD 型橡胶伸缩装置构造图

1-异形角钢;2-橡胶板;3-加劲钢板;4-锚固钢筋;5-M20 螺栓螺母;6-连接角钢;7-预埋钢筋

照片 4-1　CD 形橡胶伸缩装置

第二节　组合式橡胶型伸缩装置基本类型与概况

组合式橡胶型伸缩装置,其伸缩体是由橡胶板和钢托板组合而成的构造,这类伸缩装置是一种具有刚柔结合的装置。它承受荷载之后,有一定的竖向刚度,所以具有跨越间隙能力大(即伸缩量大)、行车平稳的优点。国外产品最大伸缩量已做到 330mm,因此,国内外均广泛采用。但由于其结构特点所致,其一般伸缩摩阻力比较大,国内部分厂家生产的板式橡胶伸缩装置,经产品检验测试,每延米的最大摩阻力高达 26kN/m,故加工和施工安装稍不注意,往往会产生早期破坏。鉴于存在这方面的问题,桥梁工程师和生产厂家经过不断研究,并加以完善与改进,结合各地情况、不同条件,生产出了各种形式的组合式橡胶伸缩装置,投放到国内桥梁工程中应用。到目前为止,国内生产具有代表性的产品有 BF 型、SEG 型和 SEJ 型等。

一、BF 型板式橡胶伸缩装置

BF 型橡胶伸缩装置是由 1991 年原上海市市政工程研究所提出的结构方案,并且完成设计。该装置在技术转让、投产、应用的过程中,不断完善和修改。有关生产厂家也根据各自的生产实践经验，对其进行局部的加强和改进，并冠以不同名称代号，实际上结构大同小异，类似的产品如 JB 型、JH 型、SD 型、SC 型、SB 型、SG 型和 SEG 型等，都属于这一类性质的产品。该类产品几经完善改进，性能和适应性不断提高，促进了这类伸缩装置的发展。以 BF 型或 SD 型为例，其一般结构如图 4-5 所示，横断面布置和主要技术参数，如图 4-6 和表 4-4 所列。

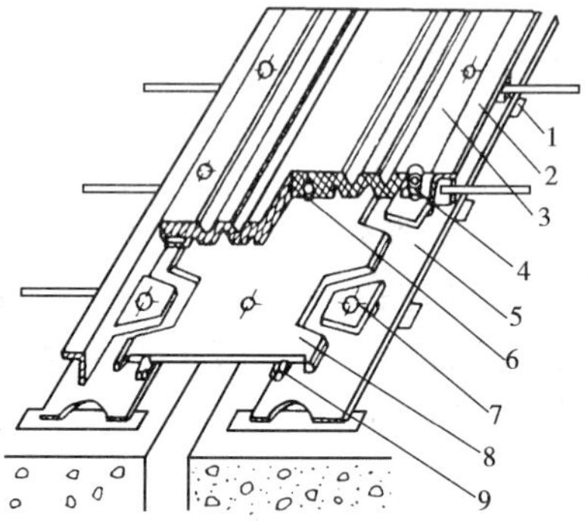

图 4-5 BF 型伸缩装置一般构造

1-预埋铁；2-边角铁；3-橡胶伸缩装置；4-内六角螺栓；5-底钢板；6-螺栓；7-固定齿板；8-托板；9-限位块

BF 系列伸缩装置主要技术参数 表 4-4

型号	板宽(mm)		缝宽(mm)		H(mm)	t(mm)	G(mm)
	B_{min}	B_{max}	F_{min}	F_{max}			
BF-40	210	250	20	60	40	14	35
BF-60	285	345	20	80	45	18	40
BF-80	360	440	40	120	45	18	40
BF-120	440	560	40	160	50	20	40
BF-160	500	660	40	200	60	20	50
BF-200	590	790	40	240	75	25	60

注：①本表仅可供作选择伸缩装置型号之用，绘施工图需用制造厂的技术条件说明书；

②设计时应向有关厂家索取有关该厂的产品技术说明。

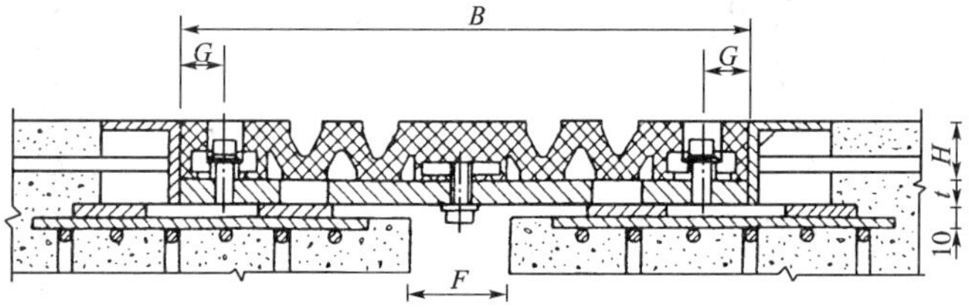

图 4-6 BF 型伸缩装置横断面布置(尺寸单位：mm)

二、SEG 型(改进型)伸缩装置

SEG 型伸缩装置为一般板式橡胶伸缩装置作了较大改进后的改进型伸缩装置。SEG 型装置主要由角钢、支承钢板、橡胶板固定装置组成，其结构构造如图 4-7 所示。该装置伸缩量的适应范围为 20～200mm，其规格系列见表 4-5 所列，其安装时技术参数见表 4-6 所列。

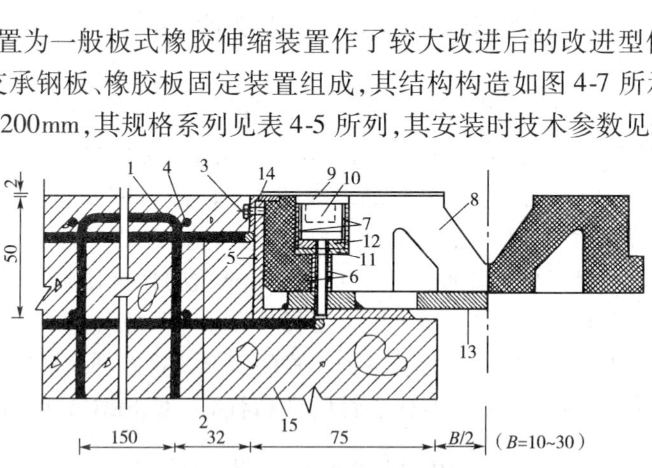

图 4-7 SEG 型(改进型)橡胶伸缩装置示意图(尺寸单位：mm)

1-梁预埋钢筋；2-角钢锚固筋；3-锚固螺栓；4-通长拉筋；5-角钢；6-铁管；7-铁管；8-橡胶条；9-橡胶防尘器；10-内六角螺栓；11-平垫片；12-弹簧垫片；13-跨缝支承钢板；14-等边角钢；15-二期混凝土

SEG 型伸缩装置规格系列　　表 4-5

型　　号	规　　格	压缩量(mm)	最宽缝时梁缝隙(mm)
改 0 ~ 20	L×170×36	20	20+10
改 1 ~ 40	L×260×49	40	40+10
改 2 ~ 60	L×280×50	60	60+10
改 3 ~ 80	L×370×48	80	80+10
改 4 ~ 100	L×400×47	100	100+15
改 5 ~ 120	L×430×48	120	120+15
改 6 ~ 160	L×500×48	160	160+20
改 7 ~ 180	L×560×48	180	180+20

安装时气温、梁长与压缩量计算对照(mm)　　表 4-6

压缩量 / 梁长(m) / 安装时温度(℃)	30	60	100	130	160	200	250	300
+40	21	42	70	88	106	130	160	190
+20	15	30	50	62	74	90	110	130
0	12	18	30	36	42	50	60	70
-10	9	12	20	23	26	30	35	40
-20	3	6	10	10	10	10	10	10
采用规格(建议)型号	20 ~ 40	40 ~ 60	60 ~ 80	80 ~ 100	100 ~ 120	120 ~ 140	160 ~ 180	180 ~ 200

SEG 型(改进型)橡胶伸缩装置的结构特点主要表现在以下几个方面:

①该装置是由橡胶体和钢支承结构两部分组成,按桥面宽度设置长度,橡胶体整条铺装,无接缝,防水性好。

②该装置由螺栓从上向下与角钢连接,万一发生螺栓断裂、滑牙,无需掀起橡胶条,凿开混凝土,也无需电焊,直接松开螺栓更换方便。同时,安装时在螺栓固定橡胶条的过程中是由顶管直接受力扣紧,并由弹簧垫片锁牢,具有较好的整体性和防水性。

③该装置在安装时应进行预压缩,主要是在梁体伸长时,自由压缩,梁体缩短时,自由松开,水平阻力小,有效地对桥梁起到较好的保护作用,延长使用寿命,有效地吸收行车所产生的垂直荷载及冲击荷载和梁体伸缩等方面所产生的变形。

三、SEJ 型橡胶伸缩装置

SEJ 型橡胶伸缩装置,也是属改进的板式橡胶伸缩装置之一。该装置由上海市市政工程研究院设计,上海彭浦橡胶制品总厂生产的产品。该装置由钢板作支承,橡胶伸缩体按桥面宽度做成连续整体,平整及整体性较好。采用了螺栓紧锁装置,不易发生脱落。其构造如图 4-8 所示,其规格系列见表 4-7 所列。

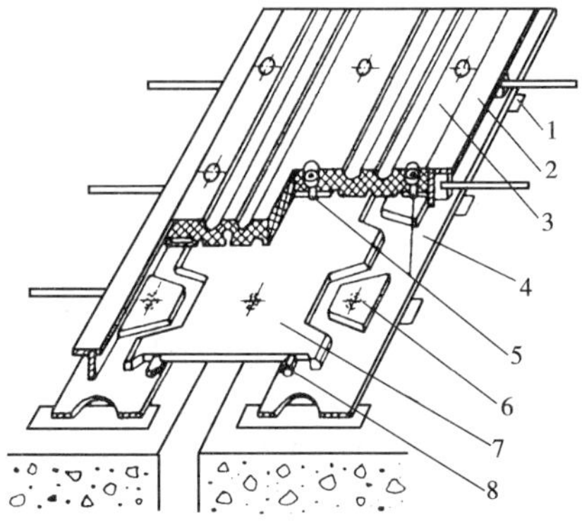

图 4-8　SEJ 改进型伸缩装置构造图

1-预埋铁;2-边角铁;3-橡胶板;4-底钢板;5-内六角螺栓;6-固定齿板;7-托板;8-限位板

SEJ 改进型伸缩装置规格 表 4-7

型　号	规格 长×宽×高(mm)	拉伸量与压缩量 (mm)	型　号	规格 长×宽×高(mm)	拉伸量与压缩量 (mm)
SEJ40	$L\times250\times45$	+10，-30	SEJ120	$L\times580\times51$	+20，-100
SEJ60	$L\times280\times51$	+10，-50	SEJ140	$L\times600\times58$	+40，-120
SEJ80	$L\times350\times51$	+20，-60	SEJ160	$L\times620\times58$	+40，-120
SEJ100	$L\times550\times51$	+20，-80	SEJ200	$L\times740\times72$	+40，-160

注：L 为桥面宽度，“+”为拉伸量，“-”压缩量。

第三节　橡胶式伸缩装置存在的主要问题

橡胶式伸缩装置，包括板式橡胶伸缩装置和组合式橡胶伸缩装置在内，经过多年的实际应用结果表明，因为结构不尽合理，再加上产品质量满足不了设计要求，所以破坏相当严重，且使用寿命很短，很不适应我国高速公路和高等级公路的发展需要。归结起来板式橡胶伸缩装置和组合式橡胶伸缩装置存在以下主要问题：

1. 伸缩摩阻力过大，不能很好的自由伸缩，出现早期破坏的现象严重

在 20 世纪 90 年代以前为了摸清橡胶式支座的拉、压摩阻力的问题，曾由北京市政工程研究院专门研制一套专用的试验设备，该设备的全貌为照片 4-2 所示，并对板式 30 型压缩 20mm（照片 4-3）、板式 60 型压缩 20mm（照片 4-4）、板式 60 型拉伸 20mm（照片 4-5）和板式 30 型拉伸 15mm（照片 4-6）等规格及内容的试验研究，但当时我国公路桥梁伸缩装置的产品还没有

照片 4-2

照片 4-3

照片 4-4

照片 4-5

进入规格化、系列化和标准化，同时，也对各种伸缩装置的检测手段还相当缺乏，检测的内容和要点也不明确。因此，交通部于 1990 年下达制定公路桥梁橡胶伸缩装置技术标准的任务，并由中

交公路规划设计院(原交通部公路规划设计院)主持编写。编写单位为了进一步摸清橡胶式伸缩装置的问题,为标准的制定提供比较可靠的试验数据的依据,于1996年与原上海工程橡胶厂合作专门研制一套测试装置(照片4-7~照片4-9)对各有关生产厂家提供的一批不同规格的橡胶式伸缩装置进行了较全面水平伸缩摩阻力的测试,其结果汇总于表4-8。

照片4-6

照片4-7

照片4-8

照片4-9

从表4-8的结果可以看出,拉伸时最大摩阻力达24.5 kN/m,平均摩阻力也达到18.5kN/m;压缩时最大摩阻力为34.4 kN/m,平均摩阻力为20.9 kN/m。这样大的水平摩阻力要使伸缩装置自由伸缩是比较困难的,出现早期破坏也必然的。

橡胶式伸缩装置伸缩摩阻力测试结果 表4-8

试件编号	伸缩量(mm)	拉伸试验			压缩试验		
		拉伸值(mm)	伸缩摩阻力(kN/m)	垂直变形值(凹)(mm)	拉伸值(mm)	伸缩摩阻力(kN/m)	垂直变形值(凸)(mm)
1	30	-15	15.72	2.87	+15	19.00	1.86
2	30	-15	12.20	2.33	+15	14.90	3.85
3	30	-15	18.70	2.92	+15	17.70	2.48
4	30	-15	17.53	1.78	+15	20.57	2.34
5	40	-20	23.68	2.29	+20	24.00	3.16
6	40	-20	23.99	3.31	+20	23.37	3.04
7	40	-20	17.06	2.34	+20	18.74	2.56
8	40	-20	24.10	2.50	+20	23.80	3.15
9	40	-20	18.70	2.56	+20	23.40	3.02
10	40	-20	17.10	2.34	+20	24.00	3.31
11	45	-22.5	24.53	3.03	+20	34.37	3.90

下面就国内外主要类型的模数式伸缩装置的基本情况作简要的介绍。

一、J-75 型伸缩装置

J-75 型桥梁伸缩装置，是由交通部公路规划设计院、长安大学（原西安公路学院）、西安自力化学工业公司（原西安自力橡胶厂）协作研制的系列伸缩装置，属于模数式一类产品。

1. 构造特点及原理

J-75 型桥梁伸缩装置的主体原是组焊钢件和橡胶件的组合物，并由钢件形成的梁式系统和控制箱用以承受车辆荷载的支承机构，牵动梁式系统位移的由钢件制作的操纵杆和控制臂以控制伸缩装置张闭的传动机构，以及橡胶密封装置、锚固设施和辅助件所组成。

1）支承机构

由平行于桥梁接缝方向，采用厚钢板焊接而成的纵向钢梁（目前采用整体成型的异型钢，简称纵梁）和平行于桥轴方向的横向支承钢梁（简称横梁）所组成。纵梁又分为具有不同截面形式的中纵梁和边纵梁。对于单缝式，只设边纵梁，不设中纵梁和横梁，其构造布置如图 5-1 所示。多缝式伸缩装置的支承机构如图 5-2 所示。

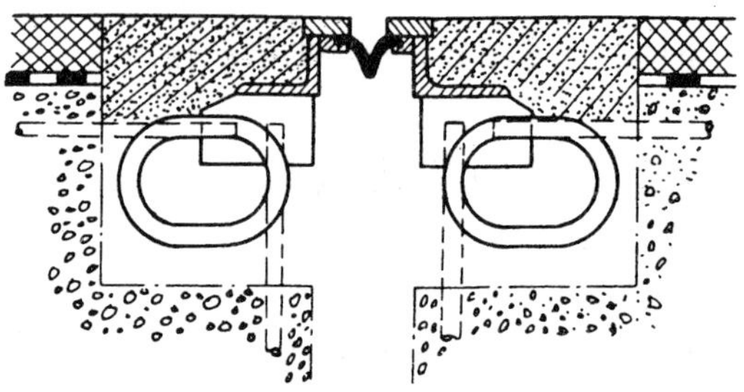

图 5-1　J-75 型单缝式伸缩装置构造布置示意图

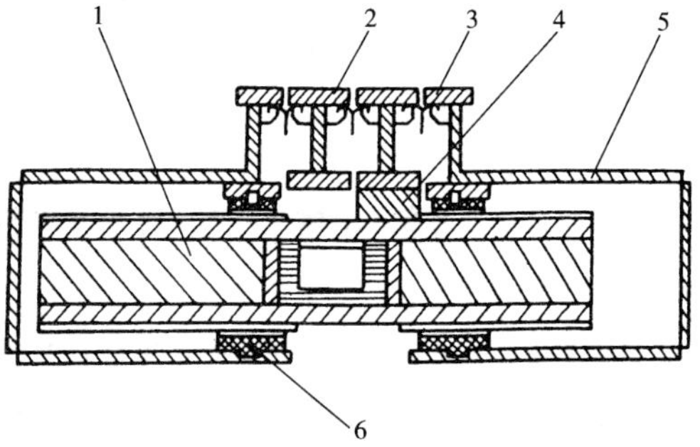

图 5-2　J-75 型多缝式伸缩装置支承机构示意图

1-横梁；2-中纵梁；3-边纵梁；4-纵梁垫块；5-控制箱；6-横梁弹性支座

J-75 型多缝式伸缩装置，由于构造上的需要，中纵梁以图 5-3 布置的接点与横梁相连接。即每组横梁根数与中纵梁根数相等。

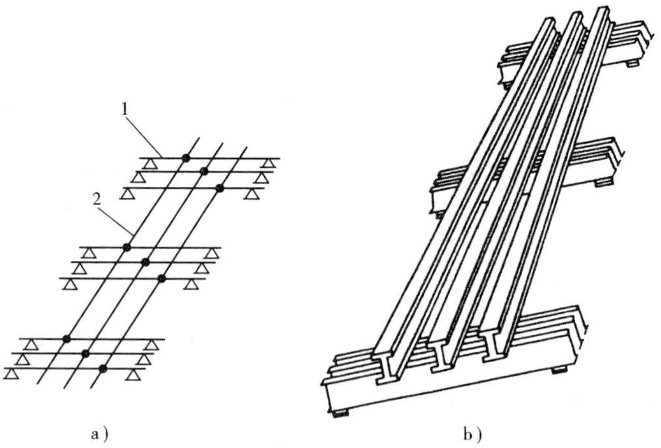

图 5-3　J-75 型伸缩装置中纵梁与横梁连接点布置

a）连接点布置；b）中纵梁与横梁配置

1-横梁；2-中纵梁

2）传动机构

多缝式 J-75 型桥梁伸缩装置的传动机构，是由控制臂、操纵杆及其他辅助件组成。操纵杆从横梁腹板中穿过，在该处并设有圆柱形轴承配合，如图 5-4 所示。传动机构将作如下的机械运动：埋置在梁体内的箱体带动了控制臂，控制臂迫使操纵杆旋转，操纵杆推动横梁沿桥轴向滑动，横梁又促使中纵梁作横向平行移动。

3）橡胶密封装置

由燕形橡胶条与不锈钢夹条和夹块组成。即将橡胶条带有齿纹的边块压入夹条的凹槽内，夹条外沿纵向每隔一定距离套以夹块，用不锈钢螺栓穿过夹块，将橡胶条夹紧于纵梁上翼缘之下，如图 5-5 所示。

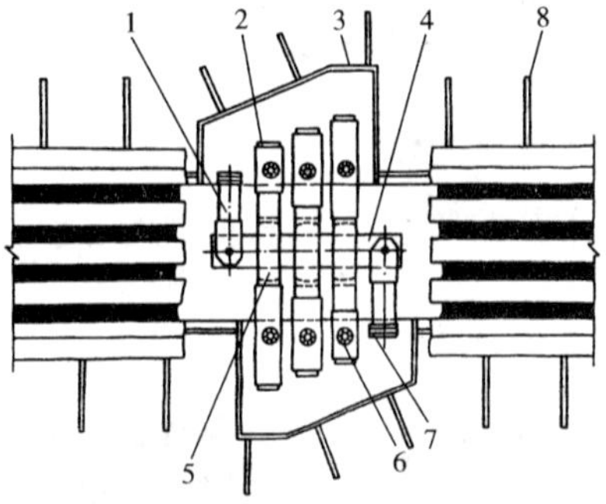

图 5-4　J-75 型伸缩装置传动机构示意图

1-控制臂；2-横梁；3-箱体；4-操纵杆；5-圆柱面轴承；6-预压弹性块；7-座板；8-锚固钢筋

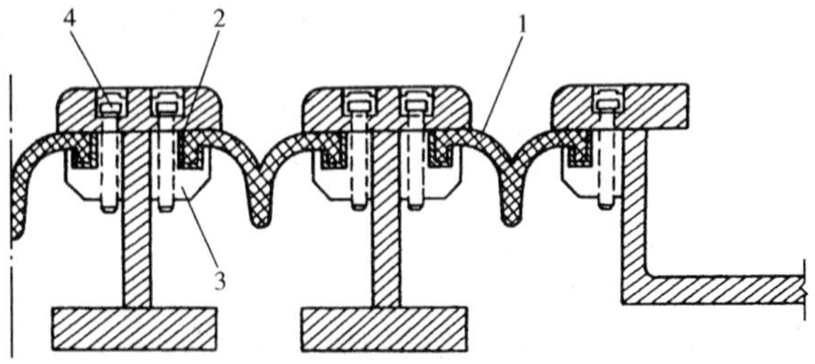

图 5-5　J-75 型伸缩装置橡胶密封装置示意图

1-橡胶条；2-夹条；3-夹块；4-螺栓

2. 规格系列及设计技术参数

J-75 型伸缩装置系列产品的伸缩量范围为0～1 040mm。其安装预留槽口尺寸、型号及设计技术参数，如图 5-6 所示和表 5-2 所列。

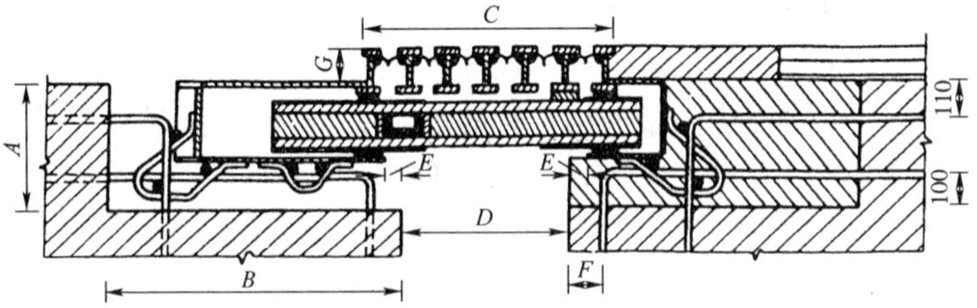

图 5-6　J-75 型伸缩装置预留槽示意图（尺寸单位：mm）

J-75 型槽口尺寸、型号及设计参数（单位：mm）　　表 5-2

型　号	*A*	*B*	min*C*	max*C*	min*D*	max*D*	*E*	*F*	*G*
D80	230	250	132	212	68	148	0	50	73
D160	360	505	212	372	40	200	10	60	88
D240	360	600	292	532	90	330	25	75	88
D320	360	680	372	692	170	490	25	75	88
D400	370	840	452	852	200	600	50	100	96

续上表

型　号	A	B	minC	maxC	minD	maxD	E	F	G
D480	370	920	532	1 012	280	760	50	100	96
D560	400	1 020	612	1 172	310	870	75	125	100
D640	400	1 100	692	1 332	390	1 030	75	125	100
D720	410	1 210	772	1 492	420	1 140	100	150	100
D800	410	1 290	852	1 652	500	1 300	100	150	100
D880	460	1 450	1 152	2 032	700	1 580	130	200	100
D960	460	1 530	1 252	2 212	800	1 760	130	200	100
D1040	460	1 610	1 352	2 392	900	1 940	130	200	100

二、TS 型桥梁伸缩装置

TS 型桥梁伸缩装置，是天津市市政工程研究所和天津市公路管理处联合研制的，适应伸缩量范围为 80 ~ 800mm 的模数式系列产品。

其结构主要由下列部件组成：

1. 密封防水系统

由氯丁橡胶密封带、压条和压条螺栓构成，如图 5-7 所示。

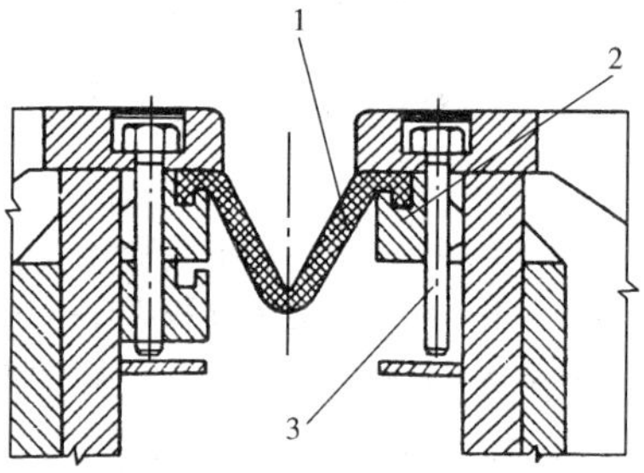

图 5-7　TS 型伸缩装置密封防水系统

1-密封橡胶带；2-压条；3-螺栓

2. 边梁及锚固系统

边梁及锚固系统为整体组焊件，即由边梁主体、边梁锚固件（锚固板及锚固环）、箱体（包括箱体上焊接的锚固螺栓，单缝无此构件）组成。

3. 弹性支承系统

弹性支承系统主要由刚性连接的中间梁及支承梁、上下支承垫、控制弹簧构成，即中间梁横向排列，每根中间梁固定间距为 1 600mm 的若干根支承梁（横梁——编注）上，以保证中间梁的运动稳定性。支承梁安装在滑动弹性下支承垫上。为防止支承梁离开下支承垫，用嵌入支承梁上端的弹性上支承垫将支承梁压紧，以保持支承梁端部有持久压紧力。支承梁之间、支承梁与边梁箱体之间设置了低刚度的控制弹簧，使其形成弹性链的作用。

4. 横向位移控制系统

横向位移控制系统主要由导向套、滑动轴及中间梁上的定位环构成。该系统是为中间梁运动时导向，中间梁横向产生位移时，控制其最大位移量，保持梁端部整齐排列，保证每条密封带吸收 ±50mm 位移量。

三、SSF 型伸缩装置

SSF 型伸缩装置，是由铁道部科学研究院、交通部新津筑路机械厂和常熟橡胶制品厂共同研制开发的模数式系列产品之一。

1. 构造特点

SSF 型伸缩装置为型钢与橡胶件组合式伸缩装置。其结构主要由传力支承体系和位移控制体系两大部分组成。

1）传力支承体系

传力支承体系由中间梁、边梁、支承横梁和支承支座及压紧支座组成，如图 5-8 所示。以钢焊接结构代替整体成型异型钢，即中间梁用铁路钢轨加工而成，边梁与横梁等部件用一般结构钢加工制作。

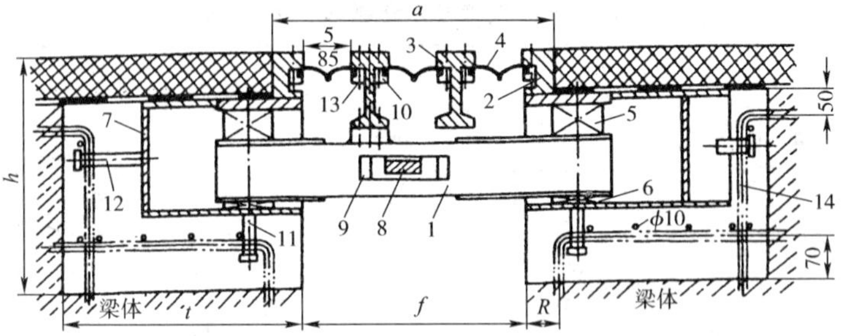

图 5-8　SSF 型伸缩装置构造示意图（尺寸单位：mm）

1-支承横梁；2-边梁；3-中间梁；4-伸缩橡胶带；5-压紧支座；6-支承支座；7-位移控制箱；8-位移控制梁；9-弹性元件；10-压条；11-下锚筋；12-侧锚筋；13-内六角螺钉；14-预埋钢筋（ϕ16mm，间距 259mm）

2）位移控制系统

位移控制系统主要由防水伸缩橡胶带及位移控制系统组成。SSF 型伸缩装置采用弹性控制系统，即在横梁与扁担梁之间设有弹性元件，通过扁担梁的转动控制位移，如图 5-9 所示。也即采用杠杆式位移控制系统，通过杠杆将一组横梁连接起来，杠杆与横梁之间安放橡胶弹性元件，中间梁伸缩时横梁纵向位移，杠杆与横梁之间的转角由橡胶弹性元件吸收，杠杆通过连接杆与位移控制箱相连来传递水平力，连接杆与控制箱之间也有橡胶元件吸收连接杆的转角变位，实现位移控制，达到各缝均匀伸缩。

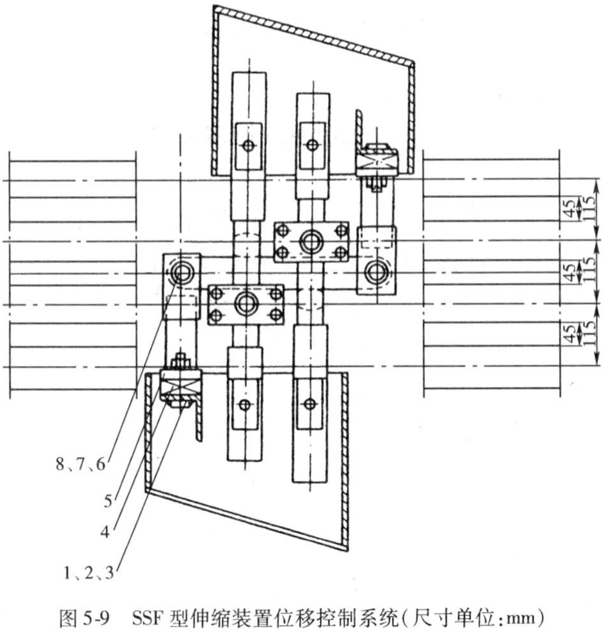

图 5-9　SSF 型伸缩装置位移控制系统（尺寸单位：mm）

1-圆头螺杆带螺栓；2-六角槽形螺母；3-开口销；4-水平橡胶减震垫；5-连杆；6-销槽；7-平垫圈；8-开口销

3）橡胶密封装置

橡胶密封装置由鸟形橡胶带与夹块（或压条）组成，即将橡胶条带压入夹块（或压条）的凹槽内,夹块(或夹条)外沿纵向每隔一定距离,用钢螺栓穿过夹块把橡胶条带夹紧于中间梁或边梁上翼缘之下,如图 5-9 所示。

2. 规格系列和技术设计参数

SSF 型桥梁伸缩装置,最大位移量为 640mm。从 80 ~ 640mm,以 80mm 为一级划分,大于 640mm 伸缩量可根据需要单独设计。其技术设计参数,见表 5-3 所列。

SSF 型伸缩装置技术参数表(单位:mm) 表 5-3

型号	伸缩量	混凝土截面尺寸						位移尺寸	
		凹槽		间距		梁缝宽			
		h	t	R	r	f_{min}	f_{max}	a_{min}	a_{max}
SSF-80	80	250	300	50	100	15	95	115	195
SSF-160	160	400	380	50	100	90	250	190	350
SSF-240	240	400	450	50	100	165	405	265	505
SSF-320	320	420	480	50	100	240	560	340	660
SSF-400	400	450	640	50	100	315	715	415	815
SSF-480	480	450	720	50	100	390	870	490	970
SSF-560	560	480	800	50	100	465	1 025	565	1 125
SSF-640	640	480	900	50	100	540	1 180	640	1 280

注:上述技术参数供设计选用时参考,具体结构尺寸及梁端预埋件布置可根据实际桥式设计安装。

四、SG 型伸缩装置

SG 型桥梁伸缩装置,是由上海市市政工程设计院、上海橡胶总厂工程橡胶厂和湖南省公路桥梁建设公司于 1991 年联合研制开发的模数式伸缩装置产品。

1. 构造特点及原理

SG 型伸缩装置由两个基本部分组成:横跨的桥式结构——由横梁跨过伸缩缝间隙,承受车辆的动荷载,并传递给桥梁结构;中间的工字形钢梁——在边梁和中间梁之间或两根中间梁之间采用扣板结构,将氯丁橡胶垫片单元置于平行伸缩缝的位置上,形成一连续的隔离层的结构形式。该装置采用普通工字钢制成分离式钢梁,在分离式钢梁的顶面设有凹板,它与盖板用高强螺栓相联结形成橡胶嵌条(鸟形)的紧固装置。活动横梁采用厚度为 15 ~ 28mm 的钢板焊接而成,并经过热处理以消除焊接应力,其布置间距为 1.5m。

该装置位移的控制系统分成两大部分:一是在活动横梁的侧面和横梁支承箱底面上设有螺栓锚钉,两者相配合以控制最大的位移量;二是在分离式工字梁的腹板上设有螺栓限位器,当缝隙拉伸至最大值时由螺栓加以限制,压缩至最小值时由弹簧座相碰来控制。另外,腹板中弹簧座内设置穿心杆,配以特殊设计的弹簧来控制各单元之间的等距离位移(即实现保证各缝隙伸缩均匀性的方法——编者注),其构造如图 5-10 所示。

2. SG 型伸缩装置规格系列及外形尺寸参数

SG 型伸缩装置横截面布置如图 5-11 所示。其规格系列及外形尺寸参数见表 5-4 所列。

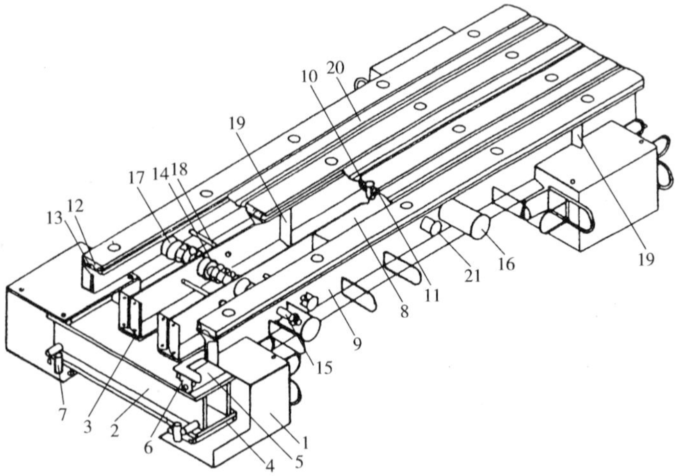

图 5-10　SG 型(模数式)伸缩装置构造图

1-横梁支承箱;2-活动横梁;3-滑板;4-四氟板橡胶支承垫;5-橡胶滚轴;6-滚轴支架;7-限位栓;8-工字形中间梁;9-工字形边梁;10-弹簧;11-下盖板;12-边上盖板;13-边下盖板;14-弹簧;15-钢穿心杆;16-套筒;17-弹簧插座;18-限位栓;19-腹板加劲;20-橡胶伸缩带;21-限位栓

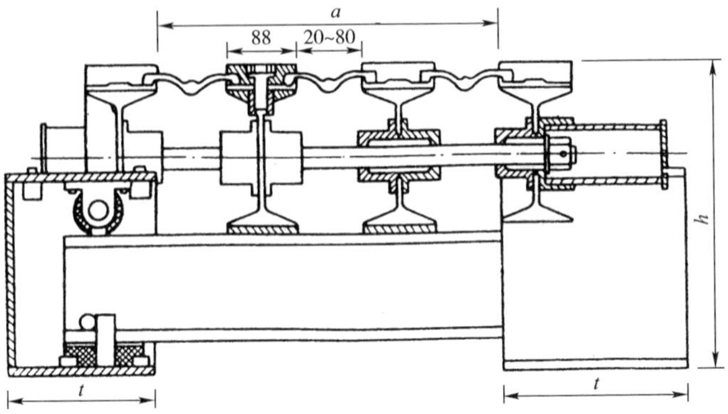

图 5-11　SG 型(模数式)伸缩装置横截面图(尺寸单位:mm)

SG 型伸缩装置规格系列及外形尺寸一览表　　表 5-4

型　　号	伸缩量(mm)	总高 h(mm)	最大缝宽 a(mm)	支承箱长 t(mm)
SG-240	240	361	584	270
SG-300	300	361	752	310
SG-360	360	361	920	340
SG-420	420	361	1 088	360
SG-480	480	361	1 256	390
SG-540	540	361	1 424	420
SG-600	600	361	1 592	460
SG-660	660	361	1 760	490
SG-720	720	361	1 928	510
SG-780	780	361	2 096	540
SG-840	840	361	2 264	570
SG-900	900	361	2 432	610
SG-960	960	361	2 600	640
SG-1 020	1 020	361	2 768	660

五、XF 型伸缩装置

XF 型伸缩装置属于斜向支承式桥梁伸缩装置，是由铁道部科学研究院铁建所、河北衡水市橡胶股份有限公司和石家庄地区交通勘测设计院于 1993 年联合研制开发的模数式系列产品。

1. 构造特点及原理

XF 型伸缩装置，主要由边梁、中梁、密封橡胶带、斜向支承梁、承压和压紧支座、位移控制箱和锚固钢筋组成。其边梁和中梁采用国内挤压成形的异型钢材。其横截面布置如图 5-12 所示。

XF 斜向支承式伸缩装置的传力原理，是由平行于桥梁接缝方向的中梁、边梁与接缝方向成一定交角的斜向支承梁及位移控制箱组成伸缩装置的支承传动机构，即当梁体相连的一侧边梁伸缩时，斜向支承梁与中梁的交错角度发生变化，并使中梁发生与边梁方向相同的伸缩位移，且使各条缝间的间隙基本均匀，如图 5-13 所示。而中梁与支承梁相互作用时力的分配如图 5-14 所示。

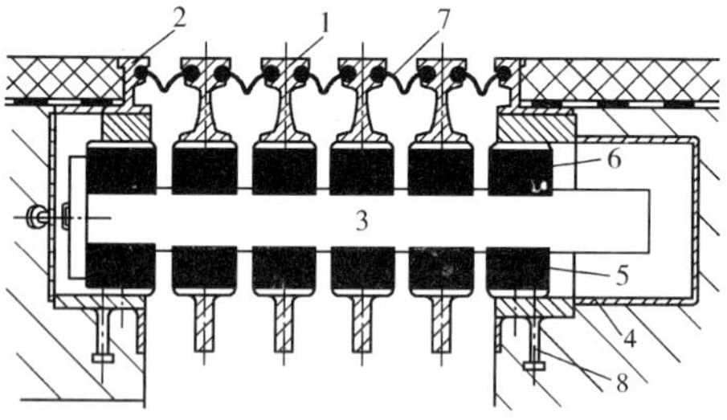

图 5-12　XF 斜向支承式桥梁伸缩装置示意图

1-中梁；2-边梁；3-斜向支承梁；4-位移控制箱；5-承压支座；6-压紧支座；7-密封橡胶带；8-锚固钢筋

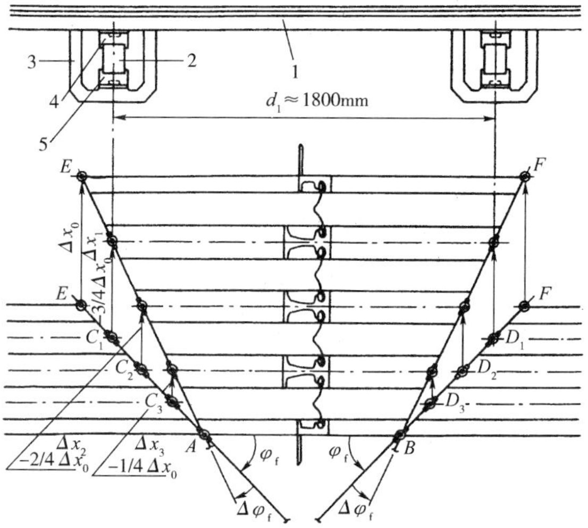

图 5-13　XF 斜向支承的转动以及伸缩装置的伸缩

1-中梁；2-支承梁；3-吊梁；4-支座；5-支座

XF 斜向支承式桥梁伸缩装置，在不管有几根中梁的情况下，仅在中梁的下部设置一根斜向支承梁，斜向支承梁的间距一般为 1. 8m 左右，故可使斜向支承梁的根数最少，从而减小了位移控制箱的结构尺寸。

2. 主要技术设计参数

XF 型伸缩装置，根据支承梁不同的布置形式分为 A 型、B 型和 C 型 3 种。其有关设计参数以 A 型为例如图5-15所示及表 5-5 所列。

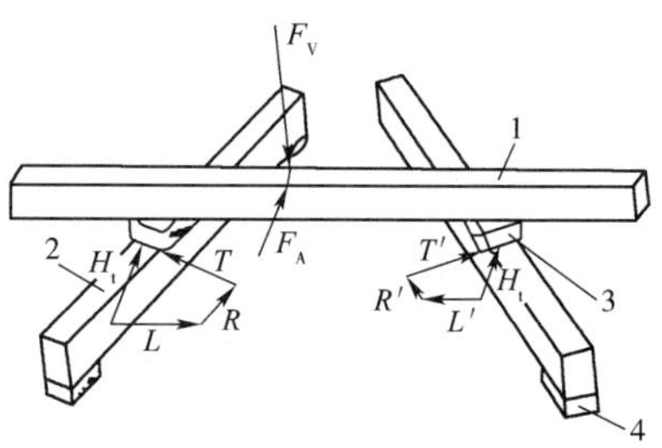

图 5-14　XF 型伸缩装置的中梁与支承梁传力体系示意图

1-中梁；2-支承梁；3-支座；4-支座

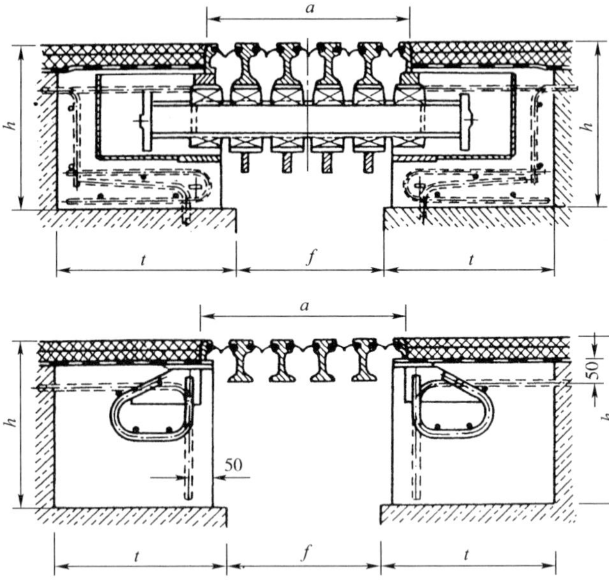

图 5-15　XF-A 型斜向支承方式的预留槽(尺寸单位:mm)

XF-A 型斜向支承梁布置方式的预留槽尺寸　　表 5-5

型　号	伸缩量(mm)	预留槽尺寸(mm)				伸缩装置尺寸(mm)	
		槽口尺寸		梁端间隙			
		h	t	f_{min}	f_{max}	a_{min}	a_{max}
XF-80A	80	300	270	0	80	80	160
XF-160A	160	400	350	80	240	160	320
XF-240A	240	420	400	160	400	240	480
XF-320A	320	450	450	190	510	320	640
XF-400A	400	460	480	270	670	400	800
XF-480A	480	470	525	300	780	480	960
XF-560A	560	480	550	380	940	560	1 120
XF-640A	640	490	575	460	1 100	640	1 280
XF-720A	720	500	620	490	1 210	720	1 420
XF-800A	800	510	650	570	1 370	800	1 600
XF-880A	880	520	675	650	1 530	880	1 760
XF-960A	960	530	700	680	1 640	960	1 920
XF-1040A	1 040	540	725	760	1 800	1 040	2 080
XF-1120A	1 120	560	750	840	1 960	1 120	2 240
XF-1200A	1 200	580	775	920	2 120	1 200	2 400

六、GQF-MZL 型伸缩装置

GQF-MZL 型桥梁伸缩装置,是 1993 年结合我国交通行业标准《公路桥梁橡胶伸缩装置》的制定开发研制的模数式伸缩装置系列产品。该产品已完成伸缩量 80 ~ 2 000mm 范围系列设计,可供各类新建桥梁使用,也可供旧桥伸缩装置更换时选用。该产品是采用连杆链条式的连动机构，具有良好的伸缩均匀性，并获1999年交通部科学技术进步三等奖，有关GQF-MZL型伸缩装置的详尽介绍见第八章。其典型横截面的预留槽及定位托梁预留槽如图5-16和图5-17所示，则相应的设计参数和规格系列见表5-6所列。

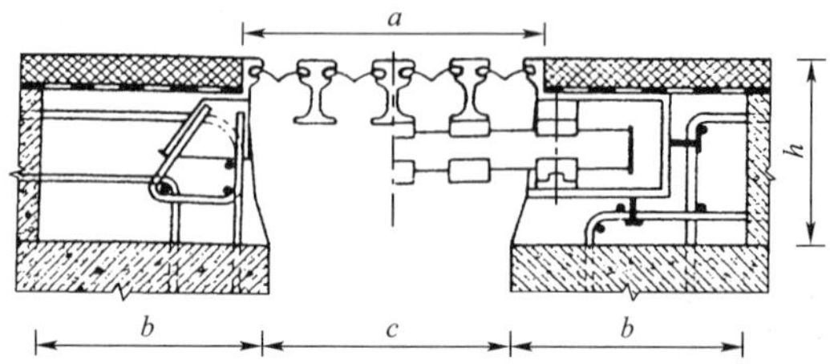

图5-16　GQF-MZL型伸缩装置预留槽示意图

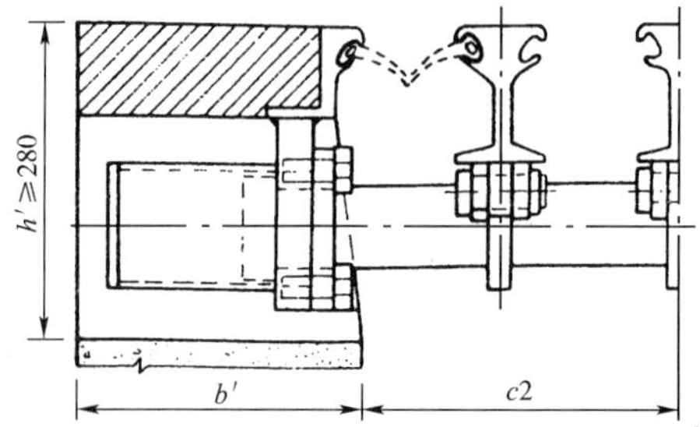

图5-17　GQF-MZL型伸缩装置定位托梁预留槽示意图

MZL型伸缩装置设计参数表(单位:mm)　　表5-6

型　号	伸缩量 f	支座中心至梁端距离 R	伸缩装置宽度		伸缩缝间隙量		预留槽尺寸			
							主槽处		托梁处	
			a_{min}	a_{max}	c_{min}	c_{max}	h	b	h'	b'
MZL-80	80	—	80	160	50	130	≥250	300	≥280	235
MZL-160	160	90	160	320	80	240	≥250	340	≥280	235
MZL-240	240	90	240	480	160	400	400	380	≥280	275
MZL-320	320	100	320	640	220	540	450	440	≥280	315
MZL-400	400	100	400	800	300	700	450	500	≥280	355
MZL-480	480	100	480	960	380	860	450	560	≥280	395
MZL-560	560	115	560	1 120	430	990	450	640	≥280	435
MZL-640	640	115	640	1 280	510	1 150	450	700	≥280	475
MZL-720	720	115	720	1 440	590	1 310	450	760	≥280	515
MZL-800	800	140	800	1 600	620	1 420	500	820	≥280	555
MZL-880	880	140	880	1 760	700	1 580	500	880	≥280	595
MZL-960	960	140	960	1 920	780	1 740	500	940	≥280	635
MZL-1040	1 040	165	1 040	2 080	810	1 850	500	1 000	≥280	675
MZL-1120	1 120	165	1 120	2 240	890	2 010	500	1 060	≥280	715
MZL-1200	1 200	165	1 200	2 400	970	2 170	500	1 120	≥280	755
MZL-1280	1 280	165	1 280	2 560	1 050	2 330	550	1 160	≥280	795
MZL-1360	1 360	165	1 360	2 720	1 130	2 490	550	1 200	≥280	835
MZL-1440	1 440	165	1 440	2 880	1 210	2 650	550	1 240	≥280	875
MZL-1520	1 520	165	1 520	3 040	1 290	2 810	550	1 280	≥280	915
MZL-1600	1 600	165	1 600	3 200	1 370	2 970	550	1 320	≥280	955
MZL-1680	1 680	165	1 680	3 360	1 450	3 130	550	1 360	≥280	995
MZL-1760	1 760	165	1 760	3 520	1 530	3 290	550	1 400	≥280	1 035
MZL-1840	1 840	165	1 840	3 680	1 610	3 450	550	1 440	≥280	1 075
MZL-1920	1 920	165	1 920	3 840	1 690	3 610	550	1 480	≥280	1 115
MZL-2000	2 000	165	2 000	4 000	1 770	3 770	550	1 520	≥280	1 155

七、德国毛勒(Maurer)伸缩装置

毛勒模数式伸缩装置,其受力边梁和中梁钢采用分层(段)轧制后焊接而成的异型钢。早期使用箱形中梁钢、槽形边梁钢与箱式橡胶条组成的构造(图 5-18),并提供以 60mm 和 80mm 为单元模数的两种系列产品(表 5-7)。近期较多采用 Z 形边梁和王字形中梁与鸟形橡胶带组合构造(图 5-19),以 80mm 为单元模数的规格系列见表 5-8 所列。

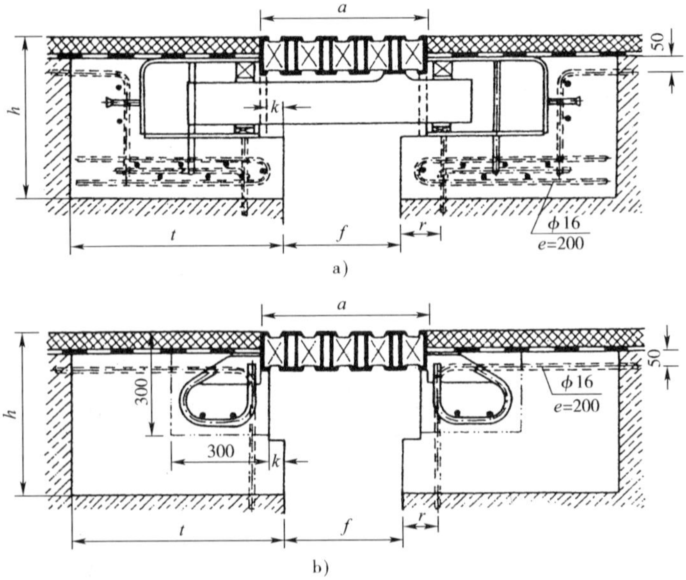

图 5-18　毛勒伸缩装置箱形构造(尺寸单位:mm)

毛勒箱形技术设计参数及规格系列　　表 5-7

型　号	伸缩量(mm)	重量(kg/m)		预留槽尺寸(mm)				梁间隙(mm)		伸缩装置尺寸(mm)	
				槽口		留空间		行车道			
		行车道	人行道	h	t	k	r	f_{min}	f_{max}	a_{min}	a_{max}
60 模数											
D60	60	80	65	300	300	0	50	10	70	60	120
D120	120	190	100	425	450	25	75	35	155	135	255
D180	180	240	135	425	525	25	75	110	290	210	390
D240	240	400	170	450	600	50	100	135	375	285	525
D300	300	460	200	475	650	50	100	210	510	360	660
D360	360	645	235	475	750	75	125	235	595	435	795
D420	420	745	270	500	800	75	125	310	730	510	930
D480	480	1 025	305	500	875	75	125	385	865	585	1 065
D540	540	1 275	340	525	925	75	125	460	1 000	660	1 200
D600	600	1 650	375	525	975	75	125	535	1 135	735	1 335
D660	660	1 750	410	525	1 000	75	125	610	1 270	810	1 470
D720	720	2 030	445	525	1 050	75	125	685	1 405	885	1 605

续上表

型号	伸缩量(mm)	重量(kg/m)		预留槽尺寸(mm)				梁间隙(mm)		伸缩装置尺寸(mm)	
				槽口		留空间		行车道			
		行车道	人行道	h	t	k	r	f_{min}	f_{max}	a_{min}	a_{max}
80 模数											
D81	80	80	65	300	300	0	50	10	90	60	140
D161	160	190	100	425	450	25	75	35	195	135	295
D241	240	240	135	425	525	25	75	110	350	210	450
D321	320	400	170	450	600	50	100	135	455	285	605
D401	400	460	200	475	750	50	100	210	610	360	760
D481	480	645	235	500	800	75	125	235	715	435	915
D561	560	745	270	525	925	75	125	310	870	510	1 070
D641	640	1 025	305	525	975	75	125	385	1 025	585	1 225
D721	720	1 370	340	525	1 100	100	150	410	1 130	660	1 380
D801	801	1 750	375	525	1 200	100	150	485	1 285	735	1 535
D881	880	2 060	410	525	1 250	100	150	560	1 440	810	1 690
D961	960	2 600	445	625	1 350	100	150	635	1 595	885	1 845

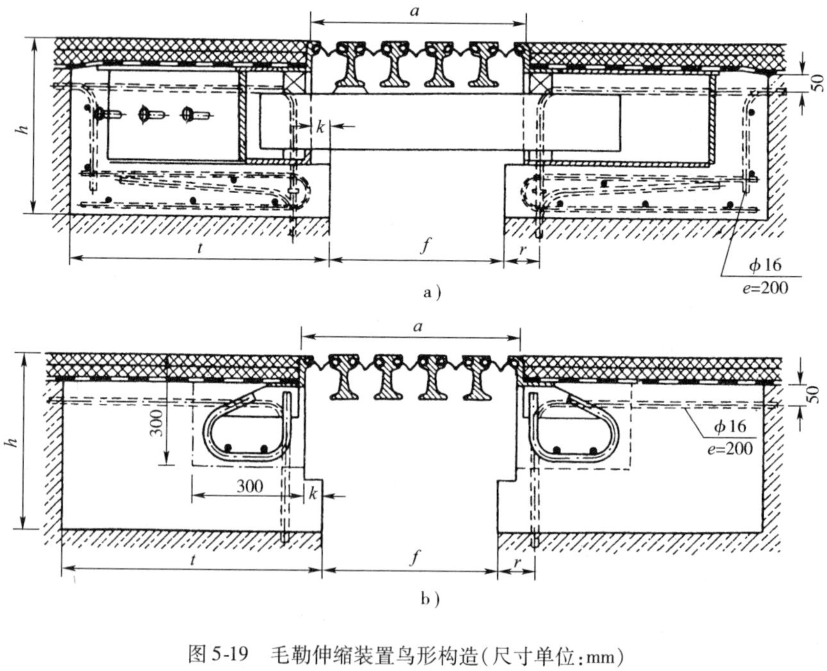

图 5-19　毛勒伸缩装置鸟形构造(尺寸单位:mm)

其位移控制系统,除曾提出过利用横梁斜置的角度变化达到伸缩的方案外,而采用弹性系统为其主要位移控制机理(图 5-20)。

毛勒鸟形技术设计参数及规格系列　　表 5-8

型　号	伸缩量 (mm)	重量(kg/m)		预留槽尺寸(mm)				梁间隙(mm)		伸缩装置尺寸 (mm)	
				槽口		留空间		行车道			
		行车道	人行道	h	t	k	r	f_{min}	f_{max}	a_{min}	a_{max}
D80B	80	70	55	300	300	0	50	50	130	60	140
D160B	160	160	100	400	350	25	75	80	240	140	300
D240B	240	230	140	420	400	25	75	160	400	220	460
D320B	320	350	180	450	520	50	100	190	510	300	620
D400B	400	470	220	470	700	50	100	270	670	380	780
D480B	480	630	260	470	800	75	125	300	780	460	940
D560B	560	750	300	500	900	75	125	380	940	540	1 100
D640B	640	1 000	340	500	970	75	125	460	1 100	620	1 260
D720B	720	1 230	380	520	1 100	100	150	490	1 210	700	1 420
D800B	800	1 530	420	520	1 150	100	150	570	1 370	780	1 580
D880B	880	1 820	460	520	1 250	100	150	650	1 530	860	1 740
D960B	960	2 230	500	540	1 350	125	175	680	1 640	940	1 900
D1040B	1 040	2 600	540	540	1 400	125	175	760	1 800	1 020	2 060

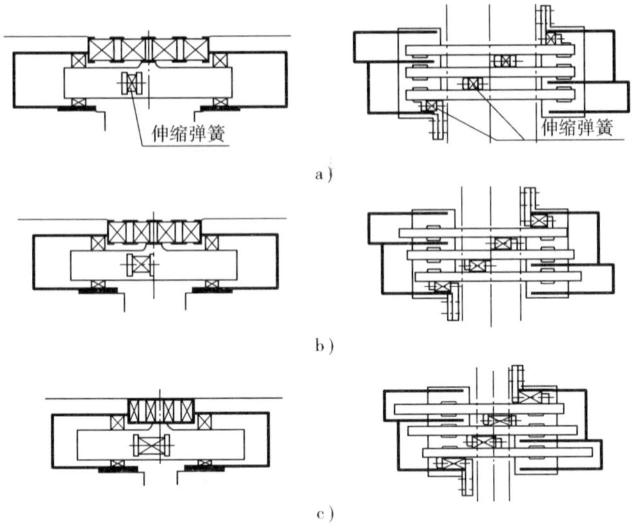

图 5-20　德国毛勒伸缩装置位移控制系统示意图

八、瑞士马格巴(Mageba)伸缩装置

瑞士马格巴箱形截面模式伸缩装置为过去 20 多年的惯用形式。而作为该类设计良好的伸缩装置的替代产品,即带状截面(鸟形橡胶带)模式,在技术上有所改进和发展。其预留槽(图 5-21)和相应的技术设计参数及规格系列见表 5-9 所列。

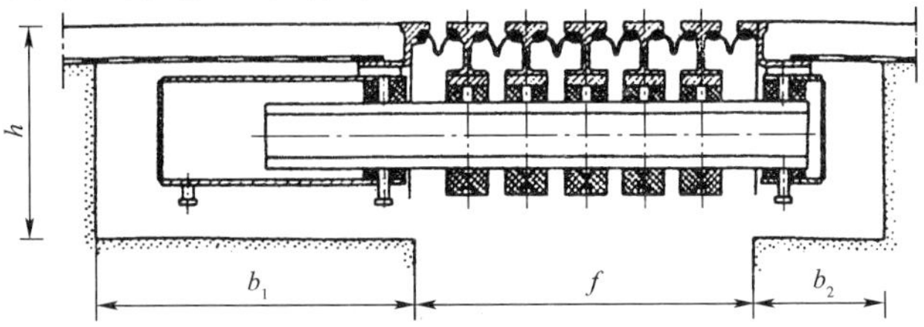

图 5-21　瑞士马格巴伸缩装置预留槽示意图

瑞士马格巴伸缩装置技术设计参数及规格系列　　表 5-9

型号＼项目	b_1 (mm)	b_2 (mm)	h (mm)	f_{min} (mm)	f_{60} (mm)	f_{70} (mm)	f_{80} (mm)	G (kg/m)
LR2	400	300	400	140	260	280	300	180
LR3	480	300	400	220	400	430	460	280
LR4	560	300	400	300	540	580	620	390
LR5	640	300	400	380	680	730	780	500
LR6	720	300	400	460	820	880	940	600
LR7	800	300	420	540	960	1 030	1 100	700
LR8	880	300	440	620	1 100	1 180	1 260	810
LR9	960	300	450	700	1 240	1 330	1 420	920
LR10	1 040	300	460	780	1 380	1 480	1 580	1 060
LR12	1 200	300	500	940	1 660	1 780	1 900	1 340

无论带状和箱形截面伸缩装置，其总体截面尺寸相同。它们都具有相同的基本结构，并且均按标准 ST52-3 的焊接构件制造。

1. 支承系统

模数式伸缩装置的基础是成功应用了 20 多年的 Mageba 原理，即每个钢梁构件刚性焊接于与其相应的托梁（横梁）上，这可为所有单元及其托梁提供伸缩装置横方向的支承力，并可通过弹性预压摩阻支承力防止倾斜。预压同时要加强所有支承点的接触及各单元的扭转弹性。

2. 位移控制系统

弹性位移控制弹簧和与其相协调的各个可动中梁及橡胶密封带共同形成一个完整的运动系统（图 5-22）。控制弹簧控制各单元间隙内的伸缩路径，同时以弹性屈服的方式减小其影响力。

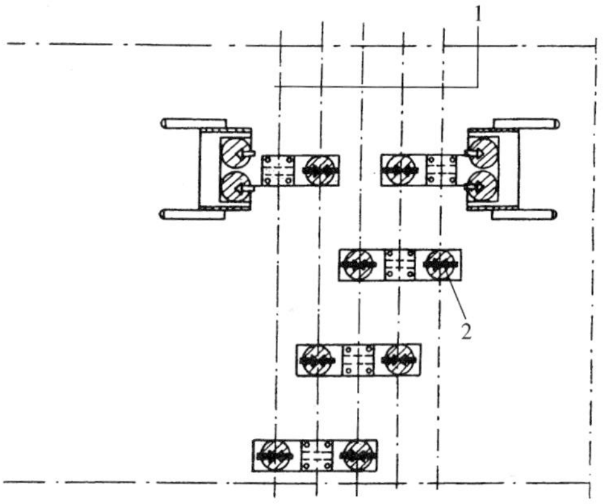

图 5-22　瑞士马格巴伸缩装置弹性位移控制系统
1-纵（中）梁轴线；2-滑移弹簧

作用于端部边梁处的控制弹簧的反力，可采用作用于位移方向的极值通过计算得到。对于带状截面型：压缩时 4kN/m，拉伸时 3kN/m；对于箱形截面型：压缩时 6kN/m，拉伸时 3kN/m。

上述极限值与中梁和伸缩单元数无关。

九、美国沃特森（Wotson）伸缩装置

沃特森伸缩装置的主要部件异型钢，即边梁、中梁均采用低碳优质耐腐蚀钢材（即符合美国 ASTM 标准 A-588 型钢）制造。型钢孔型采用数控机床车削而成，孔型比较标准。密封橡胶条嵌固可靠，防水性能好，根据密封橡胶条形状可分为箱形和鸟形两种形式，均以 80mm 为单元模数。其基本构造和设计参数为：箱形如图 5-23 所示及表 5-10 所列；鸟形如图 5-24 所示及表 5-11 所列。

沃特森箱形技术设计参数及规格系列(单位:mm)　　表 5-10

型　号	密封橡胶条数量	总位移	尺　寸							重量(kg/m)
			J		*A*	*B*	*C*	*D*	*H*	
			min	max						
E-80	1	80	0	80	—	330	—	—	280	80
E-160	2	160	41	201	230	330	192	274	370	190
E-240	3	240	83	323	310	410	192	274	370	240
E-320	4	320	124	444	390	490	206	288	380	400
E-400	5	400	165	565	470	570	211	293	390	460
E-480	6	480	206	686	550	700	216	298	390	650
E-560	7	560	248	808	630	780	221	303	400	750
E-640	8	640	289	929	710	860	225	307	410	1 030
E-720	9	720	330	1 050	710	940	230	312	410	1 400
E-800	10	800	371	1 171	870	1 020	235	317	420	1 800
E-880	11	880	413	1 293	950	1 050	250	332	430	2 100
E-960	12	960	699	1 659	1 030	1 130	301	383	490	2 700
E-1040	13	1 040	762	1 802	1 110	1 210	306	388	490	3 400
E-1120	14	1 120	826	1 946	1 190	1 290	316	398	500	4 000
E-1200	15	1 200	889	2 089	1 270	1 370	341	423	530	4 700

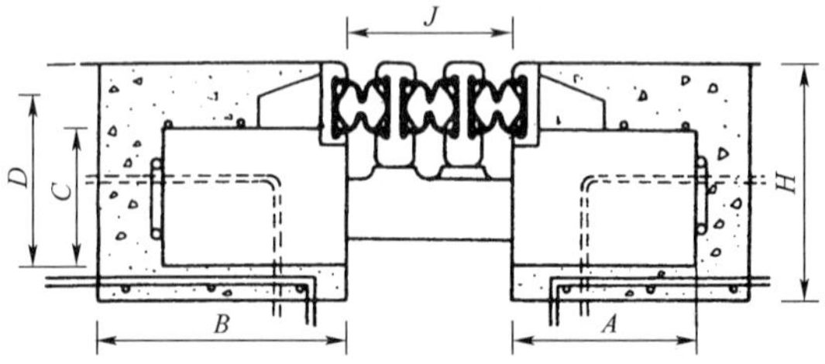

图 5-23　沃特森伸缩装置箱形构造布置

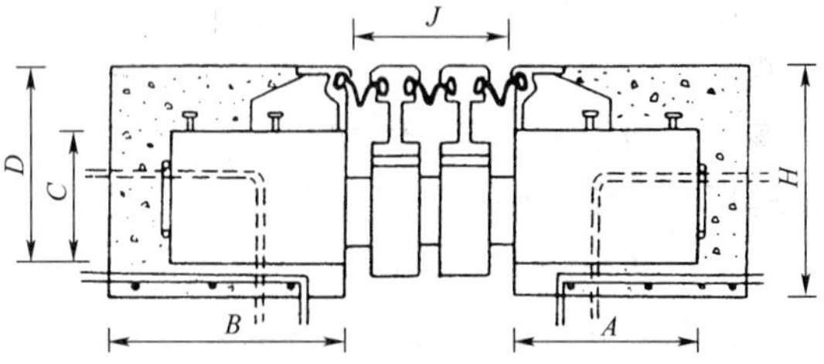

图 5-24　沃特森伸缩装置鸟形构造布置

沃特森鸟形技术设计参数及规格系列(单位:mm)　　表 5-11

型　号	密封橡胶条数量	总位移	尺　寸							重量(kg/m)
			J		*A*	*B*	*C*	*D*	*H*	
			min	max						
SD-80	1	80	0	80	—	330	—	—	250	60
SD-160	2	160	64	224	230	440	198	281	400	200
SD-240	3	240	128	368	310	520	211	294	410	300
SD-320	4	320	192	512	390	600	226	309	420	400
SD-400	5	400	256	656	470	680	236	319	430	540
SD-480	6	480	320	800	600	760	246	329	450	700
SD-560	7	560	384	944	680	840	256	339	460	850
SD-640	8	640	448	1 088	760	920	261	344	470	1 060
SD-720	9	720	512	1 232	840	1 000	266	349	480	1 250

续上表

型　号	密封橡胶条数量	总位移	尺　寸							重量(kg/m)
			J		A	B	C	D	H	
			min	max						
SD-800	10	800	576	1 376	920	1 080	275	358	490	1 530
SD-880	11	880	640	1 520	950	1 160	290	373	505	1 800
SD-960	12	960	704	1 664	1 030	1 240	341	424	520	2 150
SD-1040	13	1 040	768	1 808	1 110	1 320	346	429	540	2 500
SD-1120	14	1 120	832	1 952	1 190	1 400	356	439	550	2 920
SD-1200	15	1 200	896	2 096	1 270	1 480	381	464	570	3 350
SD-1280	16	1 280	960	2 240	特定设计	1 560	特定设计	特定设计	580	
SD-1360	17	1 360	1 024	2 384	特定设计	1 640	特定设计	特定设计	590	
SD-1440	18	1 440	1 088	2 528	特定设计	1 720	特定设计	特定设计	610	
SD-1520	19	1 520	1 152	2 872	特定设计	1 800	特定设计	特定设计	620	
SD-1600	20	1 600	1 216	2 816	特定设计	1 880	特定设计	特定设计	630	
SD-1680	21	1 680	1 280	2 960	特定设计	1 960	特定设计	特定设计	640	
SD-1760	22	1 760	1 344	3 104	特定设计	2 040	特定设计	特定设计	660	
SD-1840	23	1 840	1 408	3 248	特定设计	2 120	特定设计	特定设计	670	
SD-1920	24	1 920	1 472	3 392	特定设计	2 200	特定设计	特定设计	680	
SD-2000	25	2 000	1 536	3 536	特定设计	2 280	特定设计	特定设计	690	

1. 支承系统

该伸缩装置的支承横梁支承在可缓冲制动冲击的弹性支座上，使整个结构的偏斜移动易于调节。每根中梁设在各自的一组支承横梁上，并采用刚性连接（图 5-25）。这样，固定在支承横梁上的中梁在承受制动水平力时不会倾斜，由于整个支承横梁作为组合件的基础，形成非常稳定的格栅结构。

2. 位移控制系统

该伸缩装置在支承箱的各根支承横梁之间均安装聚氨酯泡沫控制弹簧，它们可从一侧滑伸到另一侧，当装置张开到最大程度时，控制弹簧产生的压力最大。反之，压缩到最小间隙时，控制弹簧即完全松弛，达到等距离调节的目的，如图 5-26 所示。

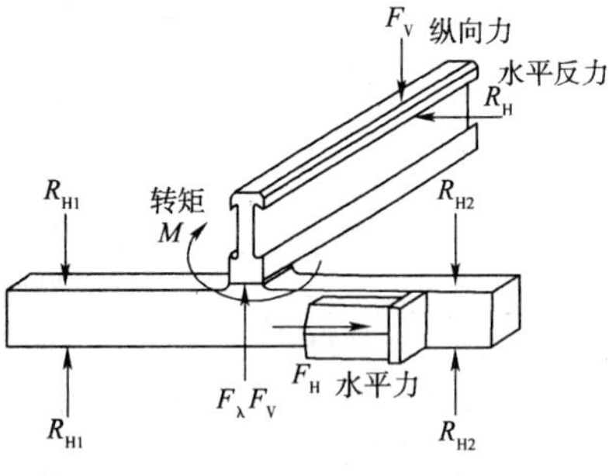

图 5-25　沃特森伸缩装置中、横梁刚性连接

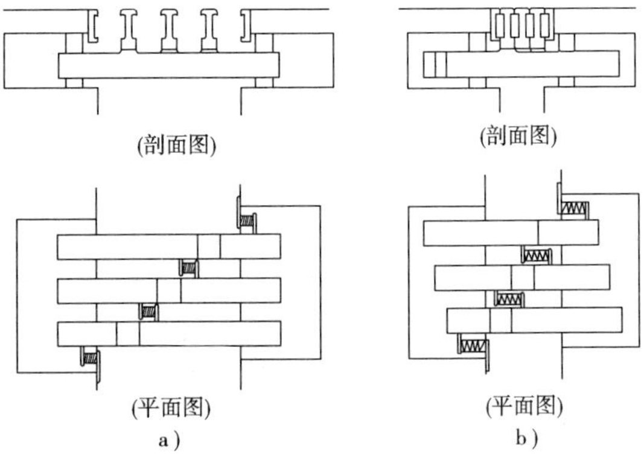

图 5-26　沃特森伸缩装置位移控制系统示意图（密封条略）

a）伸缩缝压缩最小时；b）伸缩缝压缩最大时

十、英国霍内尔(Honel)伸缩装置

该伸缩装置也是由边梁、中梁、横梁、密封件、位移控制系统和锚固系统等部分组成，如图5-27所示。它是以80mm为模数单元的系列产品。该装置采用弹性弹簧和机械控制相配合的位移控制系统(图5-28)。有关Honel-163～Honel-172型设计参数和规格系列见表5-12所列。

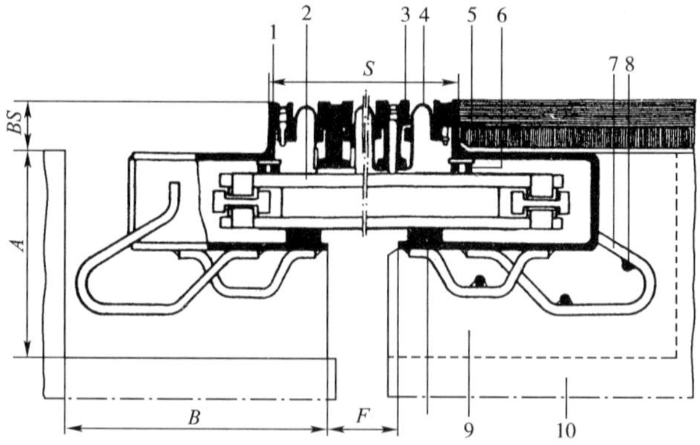

图5-27　霍内尔伸缩装置构造示意图

1-钢边梁；2-横梁；3-钢中梁；4-连续密封件；5-防水层；6-竖向振动吸收器；7-锚固筋；8-横向钢筋；9-凹槽滑动支座；10-梁(板)体

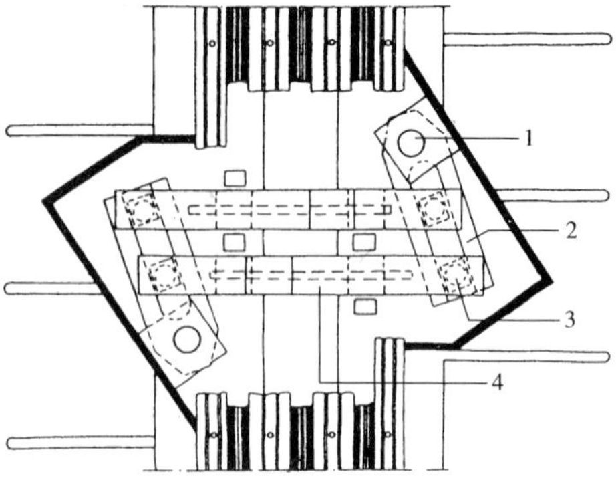

图5-28　霍内尔伸缩装置位移控制系统

1-转动轴；2-控制臂；3-导向销；4-横梁

霍内尔伸缩装置设计参数及规格系列(单位：mm)　　表5-12

型　号	伸缩量	预留槽尺寸		间隙宽度		装置宽度	
		A	B	F_{min}	F_{max}	S_{min}	S_{max}
Honel-163	240	350	550	55	295	243	483
Honel-164	320	350	650	75	395	313	633
Honel-165	400	400	700	145	545	383	783
Honel-166	480	400	750	215	695	453	933
Honel-167	560	400	850	285	845	523	1 083
Honel-168	640	450	950	355	995	593	1 233
Honel-169	720	450	1 000	425	1 145	663	1 383
Honel-170	800	500	1 200	495	1 295	733	1 533
Honel-171	880	500	1 300	565	1 445	803	1 783
Honel-172	960	500	1 350	635	1 595	873	1 933

第二节　模数式桥梁伸缩装置基本性能的判别

模数式桥梁伸缩装置，是进入20世纪90年代以后成为世界各国在桥梁工程上应用最为广泛的主要伸缩装置的形式。特别是在异型钢材的整体成形轧制技术取得重大突破以后，不论在异型钢材的供应量上以及钢材的质量上都有明显的进步。模数式桥梁伸缩装置是一种在伸缩量的适应上可以任意延伸的结构，其主要组件可以做到标准化和系列化，满足大型桥梁工程的需要。因此，正如本章前面所介绍的目前在市场上包括国内和国外的品种型式繁多，有可能会越来越多，就从其技术性能来看有所差异，但不是十分明显，各有利弊，可以说都不是十分

完善的结构。那么如何来判别一种结构的相对好与差，作为设计、制造和应用者都不能回避的重要问题。对桥梁工程的正常使用也是不可忽视的。编者就如下方面提出不成熟的看法，供读者参考。

1. 合理的连动机构

连动机构对于模数式伸缩装置来说是极其关键性的部件，它决定伸缩装置拉伸、压缩的灵活性，更是变位均匀性重要的先决条件。由于模数式伸缩装置的结构组成特点，从设计一开始就先要提出实现拉伸和压缩的传力的连动机构方案，通过设计、试制、试验测试及完善等一系列的研发过程，才能达到投放市场的产品。从本章上面介绍的国内外主要的此类产品所采用的传力连动机构来看，不外乎是刚臂型、弹性元件型、横梁斜置型和连杆链条型等几类。对一种连动机构的合理性判断，认为主要应从其受力明确和对变位均匀性来判断，这样采用机械原理的刚臂型和连杆链条型最好，其次是弹性元件型，而采用几何角度变化来实现伸缩变位的横梁斜置型相对比较差些，尽管生产厂家对自己的产品优点说得都很好，甚至为我最好，但这是直观上就可以判断的。当然伸缩装置是一个系统结构，比较复杂，其好坏应该作全面的评价是比较妥当的。但问题是各种形式的模数式伸缩装置除了传力连动机构不同外，可以说其他部件都是大同小异的。因此，首先从其采用的连动机构形式进行认识与分析它是必然的。但目前所采用的各种连动机构可以说都各有利弊，今后都有待于科研、设计和生产各个方面去革新、改进和不断完善。

2. 容易方便更换

很明显，桥梁伸缩装置所处的环境是比较恶劣的，也是最容易损坏的桥梁部位中的构件，不可能是一劳永逸的，出现损坏与更换是必然的，所以，一种伸缩装置的方便更换是应该考虑到的问题。一般对于伸缩量在 160 ~ 240mm 的两级在出现局部构件损坏时处理起来比较困难，通常都是整条挖出重新更换。但对于伸缩量在 320mm 及以上的型号，一般在其下面具有足够的操作空间，希望在出现局部构件损坏时能够在桥下进行方便地更换等等的构思。

3. 可靠的锚固

到目前为止，各方面都认识到锚固系统的重要性。因为锚固系统一旦处理不好就容易出现早期破坏，最好的伸缩装置也就不能正常使用。所以，可靠的锚固随时都应该引起各方面的足够重视。

4. 较好的防水性能

采用密封橡胶带(条)作为伸缩和防水的模数式桥梁伸缩装置，较钢齿板伸缩装置在防水方面来得好，只要处理得好一般不容易漏水，而表水可以从桥面上排走。但是，从目前的情况来看，由于密封橡胶带与异型钢嵌固不密实或处理不细致导致漏水等问题，这样就对支座造成危害，特别对有严格要求的城市桥梁，由于漏水造成破坏环境的不良影响等。也就是说，伸缩装置的防水问题长期以来成了桥梁工程界的一块心病。所以，应引起设计和生产厂的足够重视，必须及早解决好这方面的问题。

第三节 今后应解决的主要问题

一、疲劳强度与抗震性能

从目前出现中梁钢断裂情况来看，除异型钢生产厂注意提供合格的产品外，伸缩装置生产厂对使用的中梁钢必须重视其探伤工作，如果原材料稍有问题，在重车辆荷载（或超限运输）的反复作用下就可能早期出现疲劳破坏的现象。就目前国内的情况来看，可以说所有产品都没有做比较象样的疲劳和抗震性能的项目试验，这方面与国外相比有较大的差距。对于交通日益发展的形势下，这方面的研究试验工作应该提上日程上来。

二、横向、竖向变位的适应性

对于特定的三维伸缩装置可满足一定范围纵向、横向和竖向伸缩变形外，考虑到加工、安装的精度误差情况的出现，就一般只考虑纵向变形需要设计的伸缩装置，也应该对横向及竖向有其一定的适应性，类似 GQF-MZL 型模数式伸缩装置，通过特定的模拟试验测试后，摸清对于横向和竖向都有一定量的适应范围，这样只使出现加工或施工安装不可预见的误差，只要误差值在其允许范围内也不至于出现失灵而不能正常使用的危险。这样的要求不能说不是一种不可能，而对这类产品的安全来看，应该说是一种必要的余量。

三、对纵坡的适应性

在有纵坡的桥梁上设置伸缩装置的例子往往是存在的，特别是在高等级公路的桥梁会越来越多地出现，这是一种现实问题。如果伸缩装置被安装在有纵坡的桥梁上，则其受到的外力就更为复杂，特别是遇到下坡的车辆荷载的冲击作用，中梁钢就产生较大的扭矩作用导致倾覆。如果结构处理没有考虑到这方面的因素，经过外力的反复作用就有可能出现钢梁断裂等破坏现象。而一般伸缩装置是通过连动机构和承压及压紧支座来吸收这种变形的，采用弹性元件作为连动机构的在这方面的适应能力会强些，主要其连动机构设置在接近中梁钢的中部重心较高的可以约束中梁钢倾覆的原因。而采用连杆链条方式的连动机构的，由于其重心比中梁钢的底面还要低，对中梁钢的倾覆起不了多大的作用，几乎只靠承压支座和压紧支座来吸收中梁钢的倾覆变形，所以相对差一些。这方面国内的产品基本上没有做什么试验研究，几乎没有考虑这方面的因素，是一大缺陷。在德国的最新伸缩装置产品标准中，明确给出适应桥梁纵坡为 3% ~6% 。因此，国内也应朝这方面做出努力。

四、对已有产品的改进与完善

从目前市场供应的产品上、桥梁工程的实际应用上来看，更像样的优质产品不多，而多数都是照搬、重复也没有什么特色，原有的问题仍然存在这是一种现实。当然，希望有更多的、好的新产品投放市场，但是，对已有的产品如何进行改进与完善恐怕是主要的，因为已有产品已经有较多工程的实践考验，有什么问题也已暴露出来了，需要改进和完善的地方也很清楚了，现实上仍然停留原来的水平，甚至为了争市场出现粗制滥造的现象，这是有目共睹的。也就是说，一种产品一开始都不可能那么十全十美的，都会存在一些不足或缺陷是不足为奇的，而需要加大投入去改进、完善和提高它是十分必要的。这点应该向国外学习，树立良好的企业形象，把它视作企业的生命线极为重要。

第六章　无缝式及三维伸缩装置

第一节　国内无缝式伸缩装置的概况

无缝式伸缩装置，是接缝构造不露出桥面时，在桥梁端部的伸缩间隙中填入弹性材料并铺上防水材料，然后在桥面铺装层铺筑黏弹性复合材料，使伸缩接缝处的桥面铺装与其他铺装部分形成一连续体，以连接缝的沥青混凝土等材料的变形承受伸缩的一种构造，如我国常用的桥面连续、TST 弹塑体等。这类伸缩装置的主要特点为：

(1)能适应桥梁上部构造的伸缩变形和小量转动变形。

(2)将使桥面铺装形成连续体，行车时不致产生冲击、振动等，适应性较好。

(3)形成多重防水构造，防水性也较好。

(4)在寒冷地区，易于机械化除雪养护，不至破坏接缝。

(5)施工简单，一般易于维修和更换。

鉴于这类形式的结构特点，是在路面铺装完成后再用切割器切割路面，并在其槽口内注入嵌缝材料而成的构造。这种接缝仅适用于较小的接缝部位，适用范围有所限制。

一、TST 型弹塑体伸缩装置

TST 型弹塑体型伸缩装置，是由西安市自力化学工业公司研制开发的一种伸缩装置形式。

1. 构造与原理

TST 型弹塑体伸缩装置，是 TST 型弹塑体与碎石填充型伸缩装置，它适用于伸缩量为 50mm 以下的场合，主要用于路面及桥面切缝。它由 TST 型弹塑体和碎石组合而成的一种伸缩装置(图 6-1)。

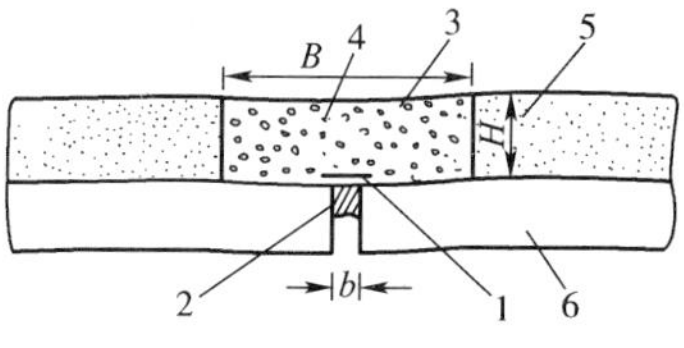

图 6-1　TST 碎石填充伸缩装置构造
1-跨缝板；2-海绵体；3-TST 弹塑体；4-碎石；5-桥面铺装层；6-梁体

TST 型弹塑体是由多种高分子聚合物与沥青混合，并加有防老化剂等多种配合剂而成。它的力学特点是：承受瞬时荷载与高频振动时完全显示弹性，而在低频缓力作用下，则完全显示塑性。即当车轮驶过时，桥梁振动是高频振动，TST 弹塑体显示弹性；当温度变化桥梁发生伸缩时，属于低频缓力，TST 弹塑体显示的完全是塑性。因此，水平应力很小，所以黏合面不易脱裂而又可达到伸缩的目的。

2. TST 型弹塑体伸缩装置技术设计参数

设计工程师在选用该装置时，可根据上述原理确定槽口尺寸，该公司建议可按表 6-1 的规定取值。

对于新建桥梁可按标准槽口预留，无需设计锚固系统，也可铺装后再行切割形成。

对于旧桥更换时，应清除原有伸缩装置，槽口应做得尽可能接近标准槽口尺寸，横桥向的钢筋应割掉，顺桥向钢筋和垂直钢筋可以保留，但应保证不影响跨缝板的放置，且槽底一定要平整。

填筑 TST 弹塑体时,应使用专用施工设备。

TST 弹塑体伸缩装置技术设计参数(单位:mm)　　表 6-1

伸缩量	10	20	30	40	50
槽口宽度 B	80 ~ 100	160 ~ 200	240 ~ 300	320 ~ 400	400 ~ 500
槽口深度 H	≥20	≥50	≥75	≥100	≥120
梁端间隙 b	15	20	25	30	35

注:①表中所给尺寸是指在平均温度时,槽口宽度 B 值取(8 ~ 10)ΔB,H 值取(2 ~ 2.5)ΔB;
②ΔB 为伸缩体的伸缩量(一般可适应任何值)。

二、GP 型桥面连续构造

桥面连续构造,是我国在多跨小跨径桥梁工程尤其在高等级公路的桥梁工程上常采用的接缝形式。其构成形式有多种多样,一般有如图 6-2 及图 6-3 所示的构造形式。

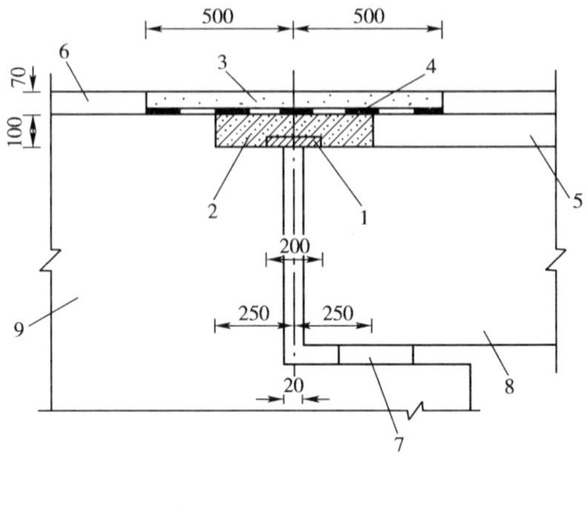

图 6-2　GP 型(桥面连续构造)之一(尺寸单位:mm)
1-钢板(A_3,200mm × 500mm × 12mm);2-I 型改性沥青混凝土;3-II 型改性沥青混凝土;4-编织布;5-桥面现浇混凝土层;6-沥青混凝土铺装;7-板式橡胶支座;8-预制板;9-背墙

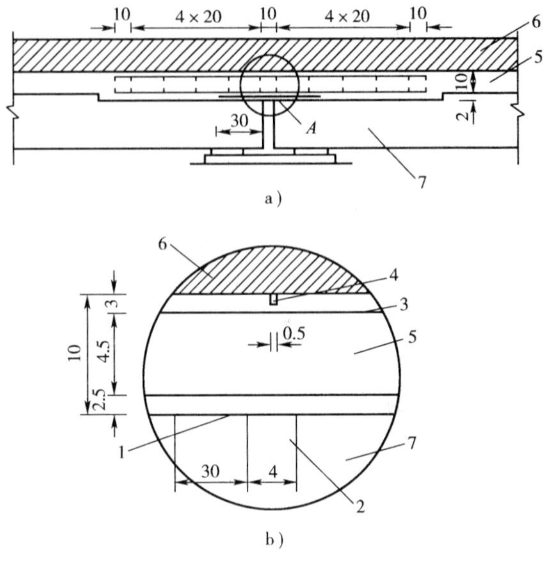

图 6-3　GP 型(桥面连续构造)之二(尺寸单位:mm)
1-刷二遍沥青,铺一层塑料薄膜;2-塞聚乙烯泡沫板;3-加强钢筋;4-锯缝(5mm × 25mm),填沥青马蹄脂;5-现浇桥面层;6-桥面铺装层;7-预制板

三、EPBC 型伸缩装置

EPBC 型桥梁伸缩装置,是由江苏省镇江市公路管理处和东南大学联合研制的采用高分子聚合物基复合材料作为伸缩缝的黏结料和填充料的构造,适用于接缝缝隙小于 40mm 以下的桥梁的场合。该产品已获 1995 年国家实用新型专利权(专利号:ZL95202471.3),其结构如图 6-4 所示。

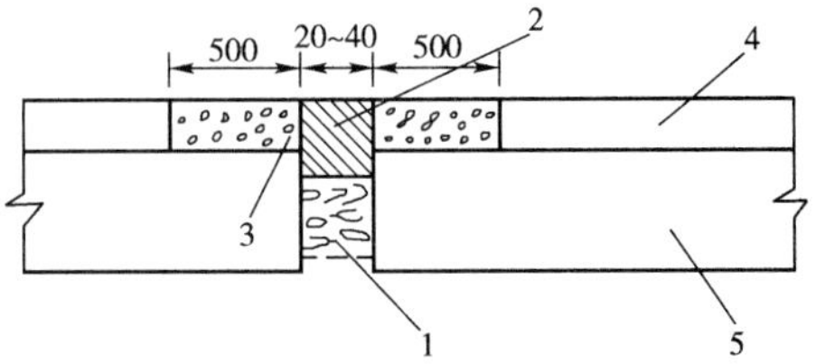

图 6-4　EPBC 弹性体伸缩装置构造示意图(尺寸单位:mm)
1-软木或蜂窝板;2-EPBC 弹性体;3-钢纤维混凝土;4-桥面铺装;5-梁体

四、LB 无缝简易型伸缩装置

LB 无缝简易型伸缩装置是宁波路宝交通科技有限公司开发的产品，适用于伸缩量在30mm 以下的高等级公路与市政桥梁工程上使用。LB 无缝简易型伸缩装置构造如图 6-5 所示。施工完成后的情况如照片 6-1。

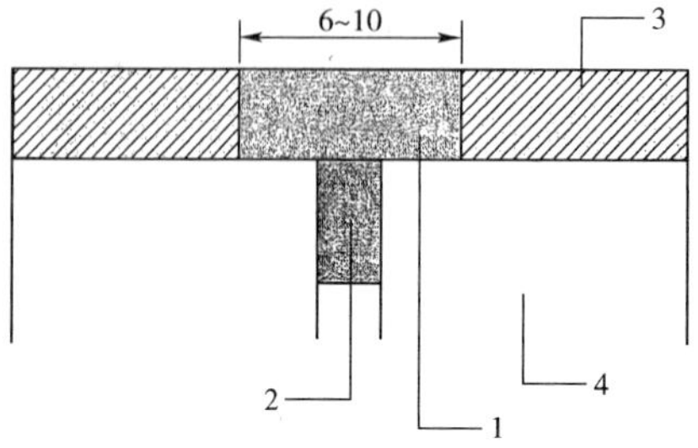

图 6-5　LB 无缝简易型伸缩装置构造

1-路宝（LB）弹性材料；2-橡塑发泡体；3-过渡段桥面铺装层；4-梁板

照片 6-1

五、TCS 填充式桥梁接缝弹塑体

1. 原理与结构

TCS 填充式桥梁接缝弹塑体是河北衡水宝力工程橡胶有限公司开发的一种无缝式（暗缝型）伸缩装置。其原理是将宝力公司研制的一种既有弹性又有塑性的专利 RS 复合橡胶材料（其主要成分为高分子聚合物和沥青等）加热到 190～210℃熔溶成流体后，灌入经加热的碎石中，形成“TCS 桥梁接缝弹塑体”。碎石是直接承受车辆荷载，在施工时并使用 TCS-Z 专用黏合剂涂刷切槽两边以保证界面的强度的一种结构，如图 6-6 所示。专用特制的弹塑体主料 RS 复合橡胶的力学性能指标见表 6-2 所列。

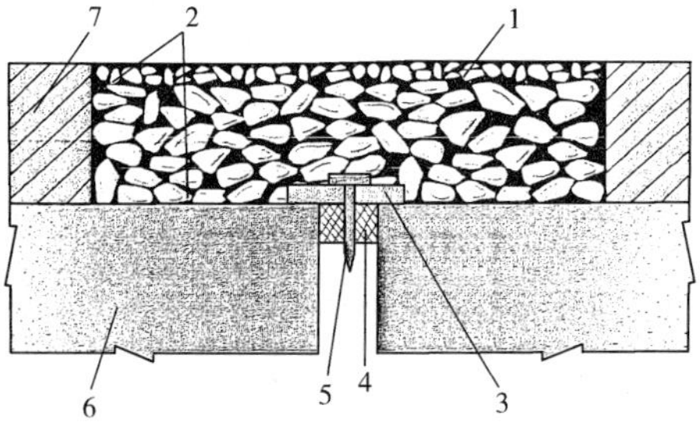

图 6-6　TCS 填充式桥梁接缝弹塑体结构

1-TCS 弹塑体；2-黏合剂；3-钢盖板；4-泡沫板；5-铁钉；6-混凝土梁体（板）；7 桥面铺装

RS 复合橡胶力学性能指标　　表 6-2

项　　目		单位	性能指标
密度		g/cm³	1.20～1.25
扯断强度		MPa	0.20～0.30
扯断伸长率		%	≥800
扯断永久变形（15min）			40～60
耐热试验（163±1℃，5h）	扯断强度变化率		－15～＋15
	扯断伸长变化率		－20～＋10
耐水增重率（23±2℃，144h）			≤4.0
针入度（25±0.1℃，100±0.01g.5s）		0.1mm	55～65
软化点（环球法）		℃	≥100
闪点（COC 法）			≥240
脆点（弗拉斯法）			≤－40

2. 适用范围与结构形式

TCS 填充式桥梁接缝弹塑体适用于－25～＋60℃温度的地区，伸缩量在 50mm 以下的公路桥梁、城市立交桥和高架桥的伸缩接缝。按照桥梁纵坡的大小可分为两种结构形式，即TCSI

型(图6-7),适合于纵坡小于2%的桥梁;TCSII 型(图6-8),适用于纵坡大于等于2%的桥梁。两者的区别仅在于是否设置膨胀螺栓和钢筋,其对应的结构尺寸见表6-3所列。

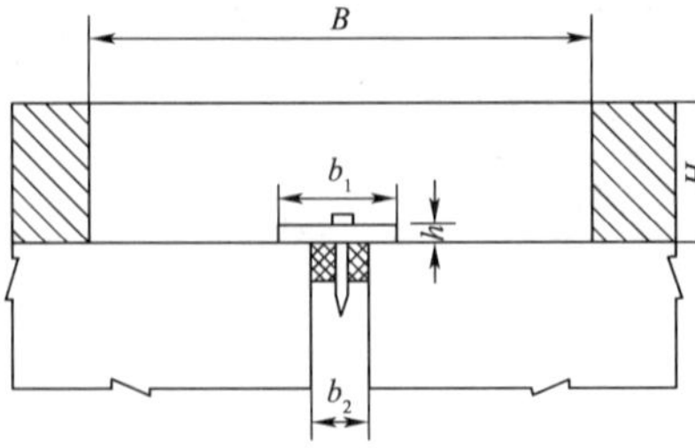

图6-7　TCSI 型结构

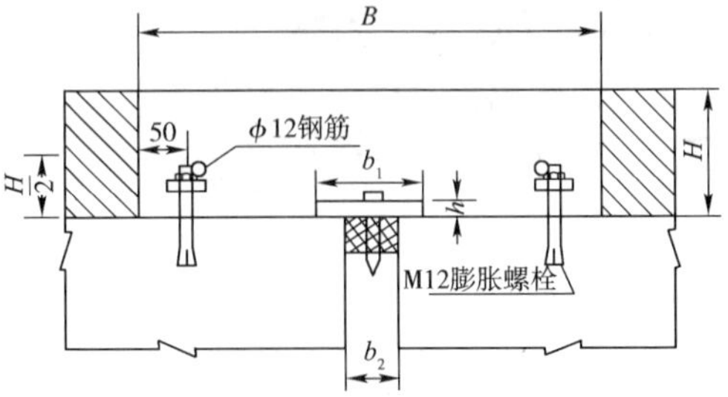

图6-8　TCSII 型结构

TCS 填充式桥梁接缝弹塑体结构尺寸　　表6-3

伸缩量 ΔB (mm)	槽口宽 B (mm)	槽口深 H (mm)	梁端间隙 b_2 (mm)	钢盖板 $b_1 \times h$ (mm)
10	200	60	20	120×6
20	300	60	20	140×6
30	400	80	30	160×6
40	500	80	40	180×6
45	600	80	40	200×6
50	700	80	40	220×6

3. 施工要领与实例

根据TCS填充式桥梁接缝弹塑体的结构原理,必须严格掌握施工的各主要环节:①一般应使用嵌挤性好的坚硬岩石经加工的碎石,其规格主层为20~40mm,面层为5~10mm,并要求其压碎值不大于30%,扁平及细长石料含量应少于15%~20%,同时必须使用专用设备进行加热,加热温度应控制在100~150℃左右;②专用RS复合橡胶,加热温度在190~210℃,短时间为230℃,保温时间不得超过2h;③应注意在风力大于3级、温度低于10℃的天气情况下,不宜施工。对于不同伸缩量,即根据不同槽口的尺寸,TCS填充式桥梁接缝弹塑体每延米的材料用量见表6-4所列。其实际施工流程大体可按照切槽(照片6-2)→清槽(照片6-3)→烘干槽口(照片6-4)→涂黏合剂(照片6-5)→碎石加热(照片6-6)→摊铺碎石(照片6-7)→浇注RS复合橡胶(照片6-8)→整平完成(照片6-9)。

TCS 填充式桥梁接缝弹塑体每延米材料用量　　表6-4

伸缩量 ΔB (mm)	槽口尺寸 $B \times H$ (mm)	钢盖板 $b_1 \times h$ (mm)	碎石 m^3	RS 橡胶 kg	黏合剂 kg	泡沫板 厚50,宽100 (mm)	铁钉 个	钢筋 m	膨胀螺栓 个
10	200×60	120×6	0.012	7.92	0.10	1 000	4	2	8
20	300×60	140×6	0.018	11.88	0.13	1 000	4	2	8
30	400×80	160×6	0.032	21.12	0.17	1 000	4	2	8
40	500×80	180×6	0.040	26.40	0.20	1 000	4	2	8
45	600×80	220×6	0.048	31.68	0.23	1 000	4	2	8
50	700×80	220×6	0.056	36.96	0.26	1 000	4	2	8

照片 6-2　切槽

照片 6-3　清槽

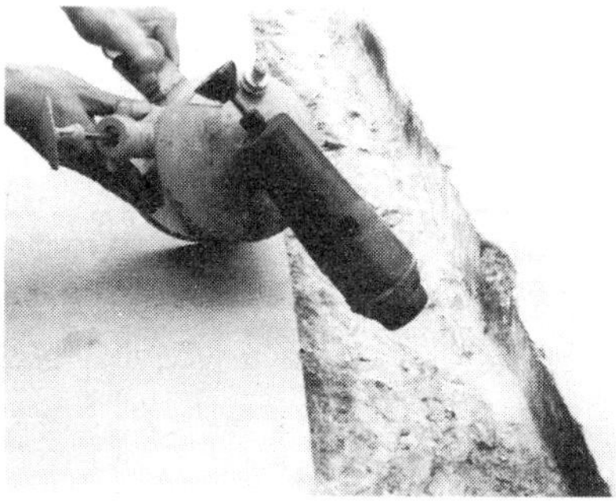

照片 6-4　烘干槽口

照片 6-5　涂黏合剂

照片 6-6　碎石加热

照片 6-7　摊铺碎石

照片 6-8　浇注 RS 橡胶

照片 6-9　整平完成

六、无缝式伸缩装置的基本要求

无缝式(即暗缝型)伸缩装置一般适用于伸缩量较小的紧密接缝的桥梁种类,其必要条件是在结构上梁长较短、伸缩量小、其转角也较小,同时不用担心桥面开裂或破损的桥梁工程。

这种接缝通常适用于沥青桥面,而对于混凝土桥面铺装一般应慎重使用。主要原因是:这类接缝构造特点是利用沥青性质混合料的伸缩性来代替锯成的预留槽接缝材料,而且这种混合料是由专门的公司以特殊配合进行的,难于作为一般材料搞到的,因此,只是少量使用,同时一般要按桥梁前后桥面铺装施工情况加以选择。这种接缝对如下方面有其一些特殊要求。

1. 接缝混合材料应防水

防水接缝材料是一种抗风化性优良,与壁面黏结力强,能抵抗重复伸缩,可以应付变化相当大的伸长和具有恢复能力的材料。防水接缝材料一般最好可用常温灌入类型的弹性接缝材料。根据国外经验,其一般性质见表6-5所列。

防水接缝材料的一般性质　　表6-5

项　目	性　质	项　目	性　质
外观(包括主要材料、固化剂)	黑色高黏状及淡黑红色膏状	伸长率	300% ~500%
硬化时间	24 ~72h	抗拉强度	0.7 ~1.4 MPa
可使用时间	混合后2 ~3h内	压缩变形	50% ~80%
硬化物的外观	橡胶状弹性体	温度敏感性	非常小
比重	1.34 ~1.38		

注:表中所谓可使用时间是指在不影响使用目的的情况下,施工可能的时间。

防水接缝材料在施工时必须充分考虑增加其黏接性。在施工中,如果采用加热的防水接缝材料时,则填塞物的性质可能要受影响。因此,最好使用常温式的防水灌入接缝材料。不得已使用加热式时,要尽可能使其低温,并要充分注意不要损伤填塞物。

2. 伸缩缝隙填塞物

用于伸缩缝隙的填塞物主要是防止接缝材料漏落,它应具有防水性及抵抗伸缩的性质,并且即使接缝缝隙宽度达到最大时,在其厚度方向仍是处于受压状态为好。以前使用的全带式防水材料和泡沫橡胶之类的填塞物,如果没有采取充分的初期压缩量,就不能保持其功能。因此,设计上、施工上需要充分注意。再者,填塞物处于受拉状态的情况,如有缺陷,就变得很脆弱。

3. 栏杆或中央分隔底座带部位的处理

栏杆底座以及中央分隔带相接部分,如图6-9所示,应该把填塞物做成曲折、不漏水的结构。在栏杆底座和中央分隔带处,混凝土常出现缝隙,从这些缝隙里就有雨水漏出。这往往就是主梁和支座生锈和破损的原因。因此,在缝隙处,必须嵌入防水材料,以防止漏水。再者,为使嵌缝材料更好地与栏杆底座或中央分隔带充分黏结,可以涂刷黏结剂。

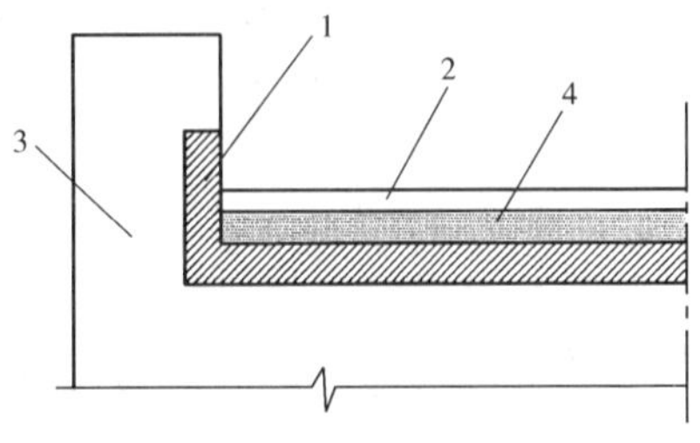

图6-9　栏杆底座部分处理示例

1-填塞物(橡胶系封缝材料);2-桥面铺装;3-栏杆底座;4-防水接缝材料

4. 预留槽宽度的确定要合理

这类伸缩接缝是靠接缝处填料的变形来吸收梁体的伸缩变位的结构形式。也就是预留槽内填料作为伸缩体在梁体伸缩时不应出现过大的凹下或凸起,即不应超过桥面规定的高差要求,否则会影响行车的舒适性。因此,设计和施工上应特别注意。

5. 颜色应协调

这种伸缩接缝形式,有可能被用在沥青混凝土或水泥混凝土的桥面铺装的场合,而通常采用的接缝的弹塑体都是黑色的多，用在沥青混凝土桥面铺装的情况是比较协调的，而用在采用水泥混凝土桥面铺装的场合时，就其颜色上就不那么协调了。所以，建议应该从颜色上作出处理是非常必要的。

6. 施工注意事项

1）表面处理

弹塑体与桥面板黏结是否充分良好，取结于黏结面以前的处理工作做得如何。因此要尽可能将预留槽内的底面及侧面彻底清理干净。

2）涂刷黏合剂

为了增加黏结力，在填塞物和接缝材料施工前，在黏结面上需要涂刷黏合剂。一般情况下，此种操作采用涂抹进行。但必要的地方，需要充分进行涂刷。当施工时，因为各个生产厂产品的使用方法不同，因此充分了解各种产品是重要的。

3）填塞物的施工

为了防止填塞物脱落，可使用黏结剂等措施进行固定。放入填塞物时，由于混凝土桥面板的边角等容易破损，故必须非常仔细地处理。

4）灌注弹塑体时，必须完全清除水、灰尘等杂物，并在预留槽完全干燥后灌注。可使用灌注机械进行充分填筑。

第二节　三维方向变形的伸缩装置

前面所叙述的诸多形式的伸缩装置，都是只能适应桥梁结构的纵向与竖向变形，三维方向变形的桥梁伸缩装置则可适应纵、横、竖 3 个方向变形的需要。目前，由于交通事业的高速发展，桥梁结构形式的不断更新，城市互通式立交桥的增多，适用于异形桥跨结构变形需要的三维方向变形的桥梁伸缩装置就显得十分重要了。

一、国内外三维伸缩装置的应用情况

1. 日本 SG 型三维伸缩装置

三维方向变形的伸缩装置，在日本常见的有 SG-30 ~ SG-110 伸缩装置，该装置具有 3 个方向变形功能，如图 6-10 所示。

这种装置整体采用橡胶制成，根据橡胶材料的巧妙组合，其固定不需要螺栓或黏接剂，它横向变形时，构件之间不会上下错动，保持了车辆行驶的平稳性，行驶中也不会产生噪音。它具有耐久性、耐磨性与较好的防水性。

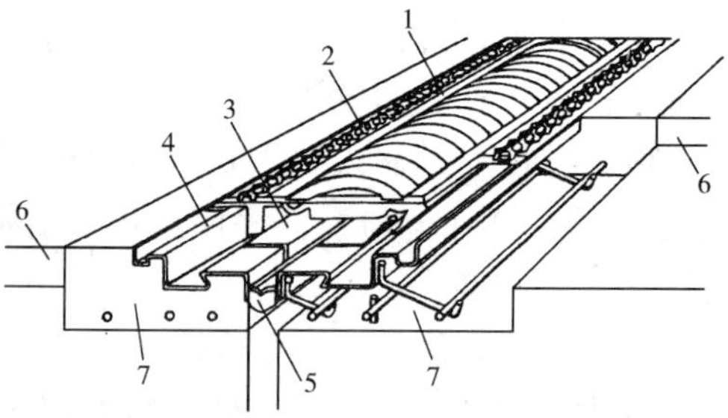

图 6-10　三维方向变形的伸缩装置（日本）

1-橡胶组件；2-锁固杆；3-塑料盖板；4-钢底板；5-密封橡胶；6-铺装；7-梁（板）

2. 我国的三维伸缩装置

另外一种三维方向变形的桥梁伸缩装置，是我国比较早使用过的三维方向变形的伸缩装置之一。其构造是由卡板、滑槽、橡胶体、锚固系统 4 大配件组成，如图 6-11 所示。此种伸缩装置曾用于江西省南昌市司马庙蝶形互通立交桥的匝道与主桥的连接部位，经多年使用，情况良好，其布置如图 6-12 所示。

该装置的工作原理是Y形橡胶体一端被上下卡板固定,另一端在特制的滑槽内作顺桥向与垂直于槽向进行滑动,橡胶体内夹有纤维物质,它具有一定的刚度。滑槽由不锈钢板黏贴四氟板组成,它的摩擦系数很小,易于滑动。Y形橡胶体的两端被压入滑槽内,故有较好的密封性能,防水效果好,锚固系统可靠。

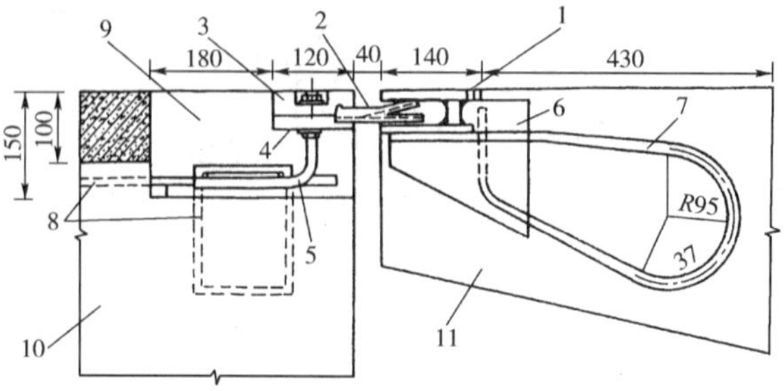

图 6-11 我国三维伸缩装置一般构造(尺寸单位:mm)

1-钢槽体(用3块1000mm×140mm×22mm、1000mm×40mm×16mm、1000mm×120mm×16mm的钢板与1块2mm×1000mm×50mm不锈钢板组成);2-橡胶体;3-A型板;4-B型板;5-锚固螺栓;6-锚板;7-锚筋;8-预埋钢筋;9-C50环氧树脂混凝土;10-匝道桥箱梁;11-主桥翼板

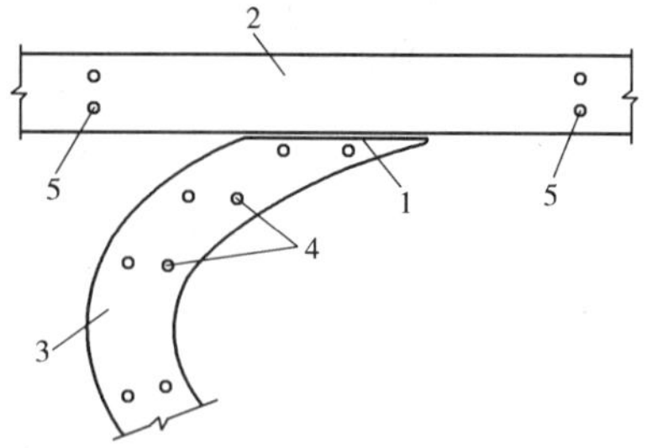

图 6-12 南昌市司马庙立交匝道桥与主桥衔接示意图

1-伸缩接缝;2-主桥跨;3-匝道桥;4-匝道桥墩;5-主跨桥墩

3. 英国的霍纳尔(Honel)三维伸缩装置

英国的霍纳尔(Honel)三维伸缩装置,其构造基本上是由焊接成形或轧制、或挤压成形的异型钢材夹嵌连续密封橡胶带和锚固系统组合而成的一种构造(图6-13)。按不同的锚固形式,可分为Honel-132FS、GS等,其相应的技术指标见表6-6所示。

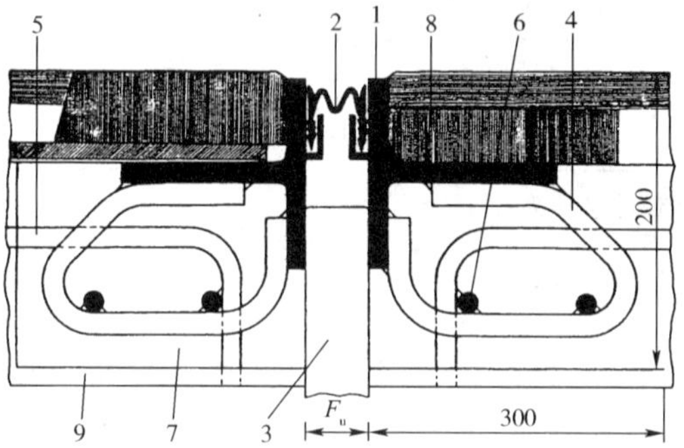

图 6-13 Honel-132FS构造(尺寸单位:mm)

1-异型钢边梁;2-连续密封件;3-填缝件;4-锚固筋;5-预埋钢筋;6-横向水平筋;7-预留槽;8-桥面铺装;9-梁体

Honel 三维伸缩装置技术指标 表 6-6

型号	伸缩适应范围(mm)		
	纵向	横向	竖向
Honel-132FS	50~75	30~35	±30~±35
Honel-132GS	50~75	30~35	±30~±35

注:伸缩阻力为400N/m;横向变化50mm时,阻力为700N/m。

4. 新泽式的伸缩装置

新泽式的伸缩装置是一种防撞护栏的伸缩装置形式,可以说也是一种适应3个方向变形的伸缩装置,如图6-14所示。

5. GQF-MZL 型伸缩装置

从GQF-MZL型伸缩装置除正常的纵向性能试验外,并对特定的横向错位35mm及44mm的模拟试验,实测伸缩时的水平摩阻力增加很小,位移均匀性实测单个缝隙宽度与标准值相比相差约2mm,此时各中梁水平错位偏差很小,几乎相等,说明GQF-MZL型伸缩装置对横向错位有很强的适应性。也就是说,GQF-MZL 型伸缩装置用正常的部件及密封橡胶带组装和安装的情况下,可适应 44mm 的横向变位而可以达到正常使用要求。

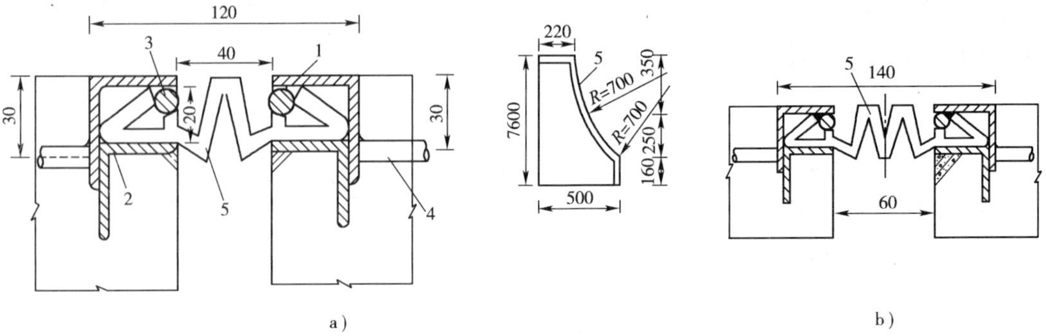

图 6-14　防撞护栏处的伸缩装置型式(尺寸单位:mm)

a)横断面图;b)橡胶条连接图

1-角钢(L40mm×4mm);2-角钢(L40mm×4mm);3-锁扣钢筋(ϕ8mm);4-锚固钢筋(ϕ8mm);5-橡胶条

根据对于 GQF-MZL480 型,即伸缩装置的最大宽度为 480mm 并形成 5% 纵坡时的竖向错位模拟试验,在两边高差达 24mm 的情况下,虽然伸缩摩阻力比正常位置状态时增加 15% 左右,而且高差愈大摩阻力增加愈多的倾向,但在纵坡 5% 时仍能正常伸缩,即中梁和横梁在此状态下受力时,可通过承压支座及压紧支座不等量变形和横梁下转动支承轴、滑移转动支座的调整,完全能适应一定量的竖向变形的要求,并且保持位移均匀、摩阻力小的特点。证明 GQF-MZL 型伸缩装置能满足装置宽度方向成 5% 纵坡时的高差那样的竖向变位。则其 3 个方向的伸缩适应范围从理论上可归纳为表 6-7。

GQF-MZL 型伸缩装置技术指标　　表 6-7

型　号	伸缩适应范围(mm)		
	纵向	横向	竖向
GQF-MZL160～2000	160～2 000	44	16～200

注:表中给出的横向及竖向伸缩适应范围,在使用上建议取表值的 80% 为宜。

二、三维伸缩装置的发展趋势

随着我国公路事业的迅速发展,高等级公路互通立交桥桥梁也在不断出现,主线桥与匝道桥之间的连接处往往形成 3 个方向变位的结构,这就需要有能适应这种变形的伸缩装置机构来满足其要求。目前的情况,主要有如下两种发展趋势。

1. 现有的伸缩装置的改进与完善

这种做法一般应在设计一开始就有这方面的考虑才能谈得上改进与完善的问题,如像 GQF-MZL 类型的伸缩装置结构。而设计时就没有这样的考虑留有一定的余地就很困难。而且其适应量也是很有限的。由于这种处理做法没有很好的针对性,故恐怕不是主要的考虑的方法。

2. 针对性结构的研制开发

因为三维方向变位的现实问题,应该首先研究和开发它才能真正解决问题。像上面提到日本提出的三维方向变形的伸缩装置和在江西南昌市司马庙互通立交桥使用三维伸缩装置等就是一种实质性设计。这样采用有针对性设计出来的伸缩装置是比较安全的。这也是今后应该考虑的主要方法,也是我们必须考虑并及早解决的问题。

第七章　桥梁结构伸缩量计算与伸缩装置类型选择

第一节　桥梁结构伸缩量计算

一、伸缩量计算应考虑的基本因素

1.温度变化

桥梁结构暴露在自然环境中，经受着各种自然条件的影响。其中，受吸收和释放太阳辐射热、周围空气温度的波动以及大气流动等因素的影响，桥梁结构的温度在不断地变化。同时，桥梁结构自身外表面还通过反射、逆辐射，并受空气对流的影响与周围环境时刻进行着热能的交换。

桥梁结构的温度变化主要取决于如下因素：①桥梁所处的地理纬度；②季节和时刻；③桥梁受日照壁面的朝向和对太阳的方位；④大气透明度；⑤桥梁结构材料的热性能；⑥桥梁结构外表面的粗糙度和颜色。

垂直于太阳光线的直接辐射在夏季最为强烈，冬季最弱，并受制于大气透明度。太阳辐射部分被结构吸收，部分被结构外表面反射。被吸收的太阳辐射热使桥梁结构壁面温度升高，并逐步传递至结构内部，也有一部分热量因结构壁面与周围空气之间的对流热交换和辐射而遭损失。对流热交换随结构表面处的风速的增大而增大。在白天，结构从外界进入净热量，从而使桥梁结构的温度升高；相反，在夜晚，储存于结构内的热量因结构表面温度高于周围空气温度，经对流热交换和辐射热交换而散热降温。

为便于计算分析和实际应用，习惯上将桥梁结构因上述原因产生的温度变化细分为两部分：线性温度变化（体系温度）和非线性温度变化（温度梯度）。在桥梁结构的设计中，应当考虑温度的作用。其中，线性温度变化引起的桥梁结构的伸缩量占结构全部伸缩量的绝大部分。

分析线性温度变化对桥梁结构的作用，关键是要确定桥梁结构的温度变化范围，即最高有效温度值和最低有效温度值。国内外的研究成果表明，桥梁结构的日平均气温近似等于大气的日平均气温。表7-1和图7-1示出了我国在某座混凝土桥梁上实测得到的平均气温和平均桥温年变化过程，其最大差值仅在1℃左右，因此，确定上述桥梁结构的最高和最低有效温度值可转变为确定大气环境的最高与最低有效温度值。

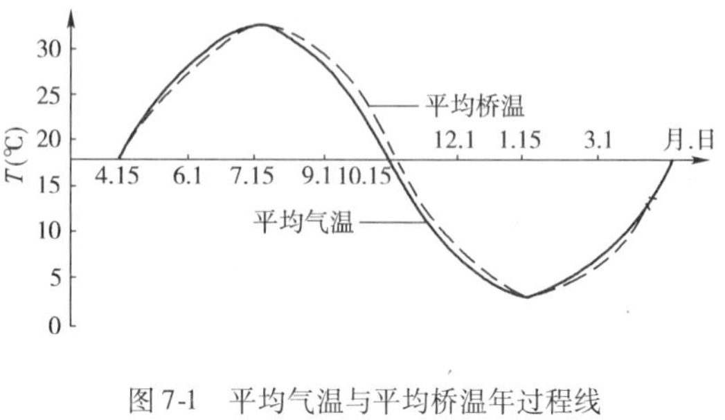

图7-1　平均气温与平均桥温年过程线

在《公路桥涵设计通用规范》（JTJ 021—89）中规定：桥梁结构的温度变化范围应根据建桥地区的气温条件而定。钢结构可按当地最高和最低气温确定；圬工、钢筋混凝土和预应力混凝土结构，一般按当地月平均最高和最低温度确定。

平均气温与平均桥温年变化过程 表 7-1

月日	4.15	6.1	7.15	9.1	10.15	12.1	1.15	3.1	图例
平均气温(℃)	18	28.6	33.0	28.6	18.0	7.4	3.0	7.4	—
平均桥温(℃)	18	27.1	32.8	29.7	19.9	8.9	3.3	6.3	—

鉴于我国幅员辽阔、地形复杂、气候种类繁多的特点,规范未作具体数值方面的规定。经对全国 6 大片区东北、华北、西北、华东、西南和华南片区各具代表性气候特征的哈尔滨、北京、兰州、上海、成都和广州气象台站实际记录的日平均气温资料的统计分析,设计基准期 100 年内最高日平均气温和最低日平均气温概率分布的 0.95 分位值见表 7-2 所列。

设计基准期内最高和最低日平均气温概率分布的 0.95 分位值 表 7-2

项目 地区	最高日平均气温(℃)	最低日平均气温(℃)
华北片区(北京)	35.4	-21.6
东北片区(哈尔滨)	33.2	-42.4
西北片区(兰州)	32.6	-21.5
华东片区(上海)	35.4	-2.7
华南片区(广州)	34.8	-11.2
西南片区(成都)	32.7	-4.5

从表 7-2 可以看出,最高日平均气温基本上在 +33℃ ~ +35℃之间,仅相差 2℃左右,因此,对全国而言,混凝土桥梁结构的最高有效温度可取为定值,但最低有效气温宜分地区而定。钢结构的最高有效气温宜在上述混凝土桥温值的基础上增加或降低 10℃左右。

表 7-2 数值及其含义与现行规范规定的月平均最高或最低气温有所不同,应该说,基于实际资料统计分析得出的结果更具合理性和科学性。

而在修订后的《公路桥涵设计通用规范》(JTG D60—2004)中也对计算桥梁结构因均匀作用引起外加变形或约束变形时,作出了应从受到约束时的结构温度开始,考虑最高和最低有效温度的作用效应的明确规定,同时,当缺乏实际调查资料时,给出了公路混凝土结构和钢结构的最高和最低有效温度标准值见表 7-3 所列。

公路桥梁结构的有效温度标准值 表 7-3

气温分区	钢桥面板钢桥		混凝土桥面板钢桥		混凝土、石桥	
	最高	最低	最高	最低	最高	最低
严寒地区(℃)	46	-43	39	-32	34	-23
寒冷地区(℃)	46	-21	39	-15	34	-10
温热地区(℃)	46	-9(-3)	39	-6(-1)	34	-3(0)

注:表中括弧内数值适用于昆明、南宁、广州、福州地区。

从表 7-3 可看出,规范的规定值略比实际调查的分析结果高一些,作为确定伸缩装置伸缩量,采用此规定值进行计算,应该说是偏于安全的。

日本提出的用于确定伸缩装置伸缩量的规定与表 7-2 基本一致,其规定是:处于普通地区的混凝土桥梁的温度变化范围为 -5℃ ~ +35℃,钢结构桥一般为 -10℃ ~ +40℃;处于寒冷地区的混凝土桥梁的温度变化范围为 -15℃ ~ +35℃,钢结构桥一般为 -20℃ ~ +40℃。日本位于北纬 30° ~45°(九州至北海道),相当于我国的上海至哈尔滨一带,其气温特征也与我国的上海至哈尔滨一带相似，有关的规定对我们具有较高的参考价值。

德国规范规定：钢桥相对竣工温度 +10℃，变化幅度采用 -35℃ ~ +35℃，有覆盖层以防温度变化过剧的构件，可按 +15℃和 -35℃。圬工桥相对于竣工温度为 +10℃，温度变化范围采用 -30℃ ~ +20℃，但最小厚度为 700mm 或者通过填土使得温度变化较小时，可取 -25℃ ~ +15℃。

加拿大安大略省公路桥梁设计规范中有关温度的取值见表 7-4 所列，并依梁的高度对有效温度值作一定的折减（图 7-2）。

安大略省公路桥梁设计规范规定的有效温度值　　表 7-4

结构类型	最高有效温度	最低有效温度
钢桥面系的钢梁、箱梁或桁架；下承式桁架桥	日平均最高温度 +25℃	日平均最低温度 -15℃
混凝土桥面系的钢梁箱梁或桁架	日平均最高温度 +20℃	日平均最低温度 -5℃
混凝土桥	日平均最高温度 +10℃	日平均最低温度 -5℃

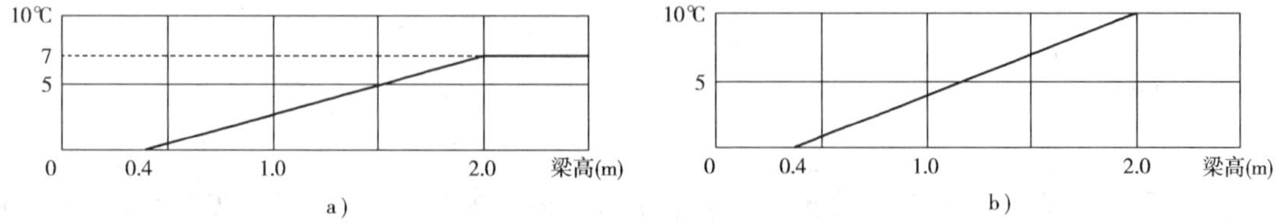

图 7-2　有效温度折减

a）最高有效温度折减；b）最低有效温度折减

非线性温度变化（即 JTG D60—2004 规范规定的梯度温度）在结构内部会产生相当的应力和一定的变形，应力变化是主要的，而变形量相对较小，因此，目前在确定伸缩装置的伸缩量时，一般不考虑非线性温度变化产生的变形量。

2. 混凝土收缩徐变

混凝土收缩和徐变是混凝土材料本身所固有的一种特性，是一种高度随机的现象，它受许多主客观因素的影响，如混凝土的水灰比坍落度、空气含量、水泥品种、混凝土中细集料的比例、构件厚度、温度、相对湿度、混凝土加载龄期、持荷时间和混凝土强度等。对于混凝土桥梁，无论是钢筋混凝土桥还是预应力混凝土桥，在伸缩量计算时均必须考虑混凝土的收缩引起的变位；对预应力混凝土桥梁，还必须考虑由于混凝土徐变引起的梁的收缩。混凝土的收缩和徐变在一般设计中以相应的收缩系数和徐变系数予以反映。

混凝土的收缩和徐变在初期发展较快，逐步减缓，约经过 1 ~ 2 年的时间基本趋于稳定。混凝土的收缩和徐变与其相应终极值的比例关系如图 7-3 所示。图中的 A_h 为结构构件混凝土截面面积，u 为与大气接触的截面周边长度。

公路桥梁结构设计时，习惯将混凝土收缩的影响转化为温度下降来处理，《公路桥涵设计通用规范》（JTJ 021—89）规定：

（1）整体式浇筑的混凝土结构的收缩影响力，对于一般地区相当于降温 20℃，干燥地区为 30℃；整体浇筑的钢筋混凝土结构的收缩影响力，相当于降低温度 15℃ ~20℃。

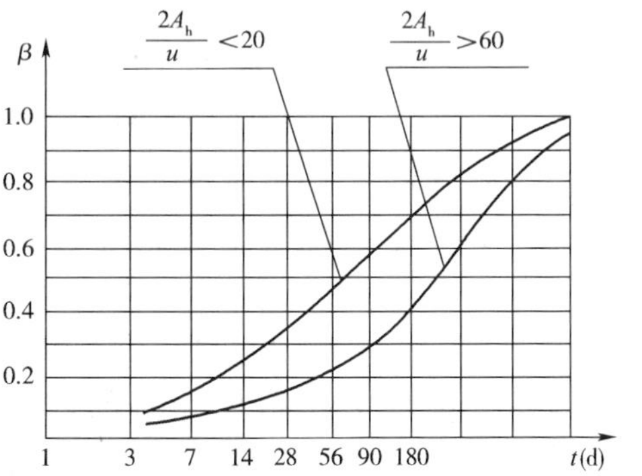

图 7-3　混凝土收缩和徐变与其相应终极值的关系曲线

(2)分段浇筑的混凝土或钢筋混凝土结构的收缩影响力，相当于降温10℃～15℃。

(3)装配式钢筋混凝土结构的收缩影响力，相当于降温5℃～10℃。

《公路钢筋混凝土及预应力混凝土桥涵设计规范》(JTJ 023—85)针对硅酸盐水泥配制的中等稠度的普通混凝土提出的混凝土收缩系数的建议取值见表7-5所列。对于先张预应力混凝土构件，混凝土的收缩值应在表7-5的基础上增加1.0×10^{-3}。

混凝土收缩系数和徐变系数 表7-5

大气条件		相对湿度75%		相对湿度55%	
项目	条件理论厚度	$\frac{2A_h}{u}$(mm)		$\frac{2A_h}{u}$(mm)	
	受荷时混凝土龄期(d)	≤200	≥600	≤200	≥600
徐变系数 $\varphi(t_\infty,r)$	3～6	2.7	2.1	3.8	2.9
	7～60	2.2	1.9	3.0	2.5
	>60	1.4	1.7	1.7	2.0
收缩系数 $\delta(t_\infty,r)\times10^3$	3～6	0.26	0.21	0.43	0.31
	7～60	0.23	0.21	0.32	0.30
	>60	0.16	0.20	0.19	0.28

修订后的《公路钢筋混凝土及预应力混凝土桥涵设计规范》(JTG D62—2004)收缩应变和徐变系数对原规范进行了修正，并提出了混凝土名义收缩系数和混凝土名义徐变系数。有关《JTG D62—2004规范》混凝土收缩应变和徐变系数计算基本规定和具体的计算方法详见本书的附录C。

对于预应力混凝土结构，除仔细考虑混凝土的收缩影响外，还需详细分析混凝土徐变的影响。原桥规(JTJ 023—85)中有关混凝土徐变系数的计算基本取自CEB-FIP1978年版的模式规范，即认定混凝土的徐变有3个部分组成，即瞬时徐变、滞后徐变和老化徐变。3者分别代表加载瞬时间发生的塑性变形、随时间增长的滞后弹性变形和随时间增长的滞后塑性变形。计算表达式为：

$$\varphi(t,\tau)=\varphi_a(\tau)+\varphi_d(t-\tau)+\varphi_f(t,\tau)=\varphi_a\beta_a(\tau)+\varphi_d\beta_d(t-\tau)+\varphi_f[\beta_f(t)-\beta_f(\tau)]$$

式中：t——混凝土计算龄期；

τ——混凝土的加载龄期；

φ_a——瞬时徐变终极值，规范取$\varphi_a=0.8$；

φ_d——滞后徐变终极值，规范取$\varphi_d=0.4$；

φ_f——老化徐终极值，$\varphi_f=\varphi_{f1}\cdot\varphi_{f2}$，$\varphi_{f1}$为周围环境而定的系数，按表7-6查取，$\varphi_{f2}$为依理论厚度$h$而定的系数，由图7-4查取，$h=2A_h\lambda/u$，$\lambda$为依周围环境而定的系数，由表7-6查取；

$\beta_a(\tau)$——瞬时徐变规律，$\beta_a(\tau)=1-R(\tau)/R_a$；

$\beta_d(t-\tau)$——滞后徐变规律；

$[\beta_f(t)-\beta_f(\tau)]$——老化徐变规律。规范对$\beta_a(\tau)$、$\beta_d(t-\tau)$和$[\beta_f(t)-\beta(\tau)]$都规定有相应的曲线图以供查取。

为方便电算，文献提出了相应的解析表达式：

$$\beta_a(\tau)=1.0-\frac{1}{H_0}\left(\frac{\tau}{H_1+H_2\tau}\right)^{H_3}$$

徐变基本系数 表 7-6

环境条件	相对湿度	系数	
		φ_{f1}	λ
水中	—	0.8	30
很潮湿的大气	90%	1.0	5
野外一般条件	70%	2.0	1.5
很干燥的大气	40%	3.0	1.0

$$\beta_d(t-\tau)=\sum_{i=1}^{3}B_i\left[1-e^{-\gamma_i(t-\tau)}\right]$$

$$\beta_f(t)=\sum_{i=1}^{3}A_i(1-e^{-\lambda_i t})$$

系数 H_0、H_2、H_3、B_i、γ_i、A_i 和 λ_i 分别见表 7-7 ~ 表 7-9 所列。

$\beta_a(\tau)$ 函数的参数值 表 7-7

参数名	H_0	H_1	H_2	H_3
参数值	1.247	4.371	0.898	1.483

$\beta_d(t-\tau)$ 函数的参数值 表 7-8

参数名	B_1	B_2	B_3	γ_1	γ_2	γ_3
参数值	0.372	0.354	0.302	0.362	0.012 8	0.002 22

$\beta_f(t)$ 函数的参数值 表 7-9

理论厚度 h(mm) \ 参数	A_1	A_2	A_3	λ_1	λ_2	λ_3
≤50	0.222	0.465	0.295	0.193	0.016 40	0.001 610
100	0.242	0.461	0.270	0.165	0.012 40	0.001 160
200	0.275	0.413	0.287	0.119	0.009 03	0.000 837
400	0.254	0.293	0.403	0.181	0.008 61	0.000 937
800	0.216	0.220	0.482	0.186	0.012 20	0.008 340
≥1 600	0.185	0.177	0.587	0.288	0.011 80	0.005 500

硅酸盐水泥配制的中等稠度的普通混凝土的徐变系数可近似取用表 7-5 所列值。

混凝土收缩和徐变引起的变形相当大，且主要展宽伸缩装置的作用。如果设计时未计入混凝土收缩和徐变引起的变形，则极有可能造成伸缩装置的损坏。

应注意的是，在安装伸缩装置时，混凝土的收缩和徐变已发展到一定程度，计算桥梁结构的伸缩量时，应以安装时刻作为基准计算时刻，也即对混凝土的收缩系数和徐变系数予以折减，折减系数可近似地从图 7-3 获取，或采用其他较精确的方法计算。

3. 各种荷载引起的桥梁结构的挠曲

桥梁结构在运营过程中，经常或持续受到结构自身重力、预加应力、土的重力及土侧压力、混凝土的收缩和徐变（图 7-4）、基础变位、汽车（包括其产生的冲击力和制动力及其引起的土侧压力）、人群荷载、温度（已在前面论述过）、雪荷载和地震等荷载的作用。当然，针对不同情况，荷载作用于桥梁结构的不同部分，或上部结构，或桥台，或桥墩，或基础，这些荷载的作用都会引起桥梁结构的变形，位于桥梁端部的伸缩装置也随之产生垂直向、水平向或转角变位。在计算伸缩装置的伸缩量时，应当仔细地考虑这些荷载产生的变位。图 7-5 和表 7-10 示出了简支梁、二等跨连续梁、三等跨连续梁和四等跨连续梁梁端部变位计算的 k 值与桥梁结构刚度之间的关系。

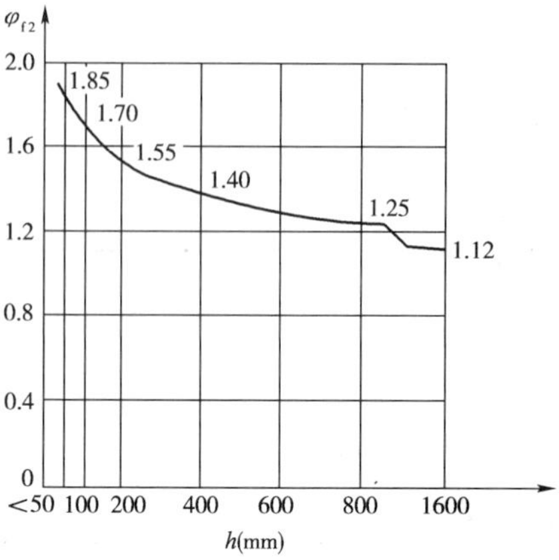

图 7-4　理论厚度与徐变系数的关系

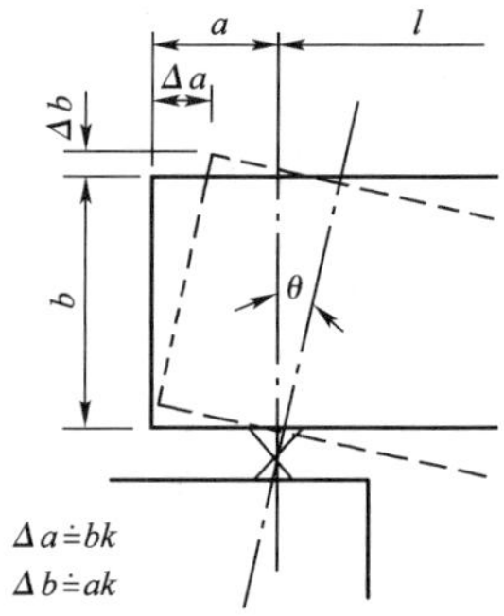

图 7-5　桥梁端部的转角变位

桥梁端部转角与 k 值的关系　　表 7-10

项　目	l/δ	400	500	600	700	800	900	1 000	1 500	2 000
二等跨连续梁	θ(rad)	1/100	1/125	1/150	1/175	1/200	1/225	1/250	1/375	1/500
	k	0.010 0	0.008 0	0.006 7	0.005 7	0.005 0	0.004 4	0.004 0	0.002 7	0.002 0
三等跨连续梁	θ(rad)	1/109	1/136	1/163	1/190	1/218	1/245	1/272	1/408	1/544
	k	0.009 2	0.007 3	0.006 1	0.005 3	0.004 6	0.004 1	0.003 7	0.002 5	0.001 8
四等跨连续梁	θ(rad)	1/108	1/134	1/161	1/188	1/215	1/242	1/269	1/403	1/538
	k	0.009 3	0.007 4	0.006 2	0.005 3	0.004 6	0.004 1	0.003 7	0.002 5	0.001 9
简支梁	θ(rad)	1/100	1/125	1/150	1/175	1/200	1/225	1/250	1/375	1/500
	k	0.010 0	0.008 0	0.006 7	0.005 7	0.005 0	0.004 4	0.004 0	0.002 7	0.002 0

注：简支梁的 k 值是按变形二次抛物线计算的，连续梁的 k 值是按作用满布均布荷载计算出来的；l 为桥梁一孔的计算跨径；δ 为简支梁跨径中点的挠度，对连续梁，为边孔 $0.4l$ 处的挠度；θ 为桥梁端部的转角位移（用弧度表示）。

对于大跨径桥结构，其梁体一般较高，梁体的挠曲变形会在梁端伸缩装置处产生较为明显的转角变位，并伴随有水平变位和垂直变位。梁体刚度较小、容易挠曲的结构也类似。对此类结构，在计算伸缩量和选择伸缩装置类型时应予足够的重视，因目前大多数的伸缩装置抵御转角变位和垂直变位的能力较差。

土的重力及土侧压力、基础变位、汽车引起的土侧压力和地震等主要涉及伸缩装置相邻结构部件间的相对变位，实际情况比较复杂，但在条件许可、掌握各方资料比较充分的情况下，还是应创造条件，尽可能作比较仔细的分析。如果设计时确实存在比较大的困难，可在设置伸缩装置富余量时予以适当兼顾。

4. 纵向坡度对伸缩变位的影响

桥梁梁端伸缩装置处于纵向坡度上而又水平向安装时，伴随着梁体的伸缩，伸缩装置除在水平向变位外，在竖向还有一垂直错位，如图 7-6 所示，垂直错位的量值为水平变位值乘以桥梁的纵向坡度。对于伸缩量较小的中小桥梁和纵向坡度不大的桥梁，垂直错位的存在对伸缩装置的影响不大。由于

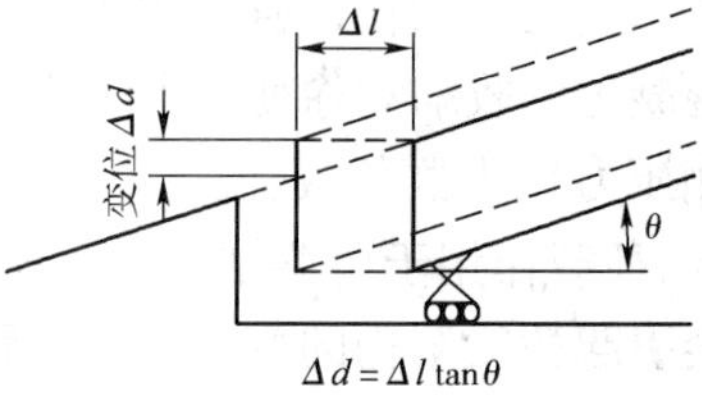

图 7-6　纵向坡度引起的变位

大多数伸缩装置主要是考虑单一方向的变位设计的，因此，数值较大的垂直向错位的存在极易损坏伸缩装置，这在桥梁纵向坡度大或伸缩量大时应特别注意。

5. 弯桥和斜桥时的变位

对于弯桥或斜桥，梁体的变位以固定支座为中心向外伸展或收缩，如图 7-7 和图 7-8 所示，非固定支座处的变位可划分为径向或垂直于顺桥方向的变位 Δs 和切向或沿顺桥方向的变位 Δd，其组合变位 Δl：

$$\begin{cases} \Delta d = \Delta l \sin\theta \\ \Delta s = \Delta l \cos\theta \end{cases}$$

式中：θ——固定支座所在位置计算伸缩变位点是连线与基准线之间夹角；

Δl——梁体计算点处所产生的伸缩变位量。

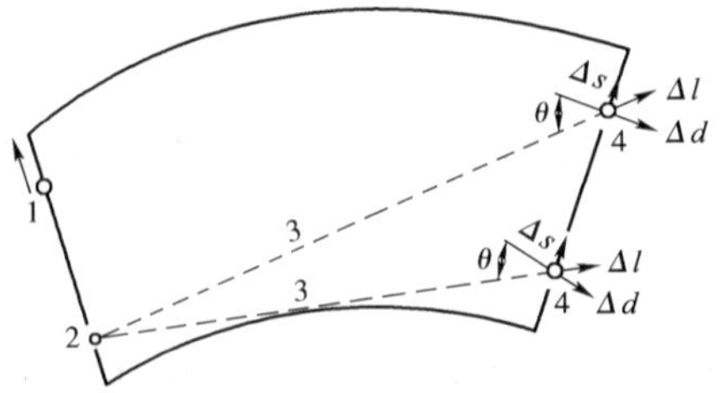

图 7-7 弯桥的变位

1-可动；2-固定支座；3-移动方向；4-活动支座

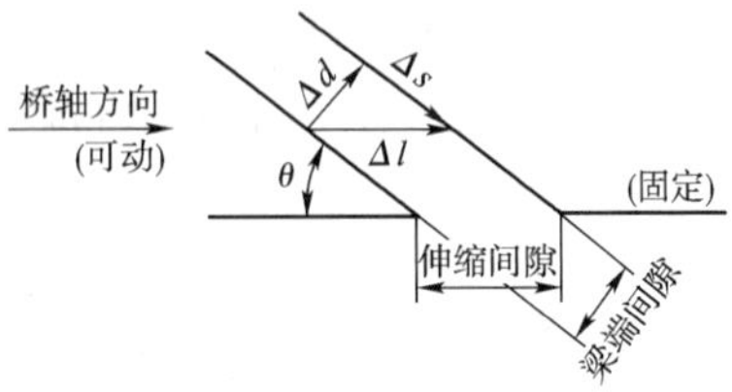

图 7-8 斜桥的变位

变位 Δs 的存在使伸缩装置在平面内既受扭又受剪，极易损坏伸缩装置，因此，在桥梁结构的设计和伸缩装置类型的选择及施工中应予重视。

二、伸缩量计算

在选定桥梁伸缩装置时，需考虑如上所述的各种因素，但一般将温度变化引起的伸缩量和混凝土的收缩、徐变引起的伸缩量，作为确定伸缩装置类型和规格的主要依据，而将其他因素引起的伸缩量以及因桥梁结构型式或布置所产生的附加伸缩量作校核用，并主要在设置伸缩装置的富余量时予以考虑。

1. 温度变化引起的伸缩量

伸缩装置安装时的温度，一般居于最高有效温度 T_{max} 和最低有效温度 T_{min} 之间。在温度作用影响下，伸缩装置会产生伸长和缩短，其变位量可按下述公式计算：

$$\Delta l_t = (T_{max} - T_{min})\alpha l$$

$$\Delta l_t^+ = (T_{max} - T_{set})\alpha l$$

$$\Delta l_t^- = (T_{set} - T_{min})\alpha l$$

式中：Δl_t——温度变化引起梁体的总的伸缩量；

Δl_t^+——温度变化引起的梁体的伸长量；

Δl_t^-——温度变化引起的梁体的收缩量；

T_{set}——伸缩装置安装时的温度；

α——材料膨胀系数，对混凝土材料，$\alpha = 10 \times 10^{-6}$，对钢结构，$\alpha = 12 \times 10^{-6}$；

l——所计算梁体的长度。

2. 混凝土收缩和徐变引起的伸缩量

时刻 t_0 至 t 时域内混凝土收缩引起的梁体的收缩量 Δl_s 可按下述公式计算：

$$\Delta l_s = \varepsilon(t,t_0)l$$

时刻 t_0 至 t 时域内的收缩系数 $\varepsilon(t,t_0)$ 可按下述公式计算，也可采用其他可靠方法计算：

$$\varepsilon(t,t_0) = \varepsilon(t_\infty,t_0)\beta$$

式中：$\varepsilon(t_\infty,t_0)$——混凝土收缩系数终极值；

β——混凝土收缩徐变的递减系数，可由图 7-3 获得。

时刻 t_0 至 t 时域内混凝土徐变引起梁体的收缩可按下述公式计算：

$$\Delta l_c = \frac{\sigma_p}{E_c} l\varphi(t,t_0)$$

式中：σ_p——由预应力荷载等引起的截面平均轴向应力；

E_c——混凝土弹性模量；

$\varphi(t,t_0)$——时刻 t_0 至 t 时域内混凝土的徐变，可按前述方法计算，也可采用下列公式计算：

$$\varphi(t,t_0) = \varphi(t_\infty,t_0)\beta$$

$\varphi(t_\infty,t_0)$——混凝土的徐变终极值。

对非整体浇筑或非通长布置预应力钢筋（束）的桥梁结构或构件，轴向力 σ_p 可取整个梁体各梁段内的加权轴向应力。分段施工桥梁的混凝土收缩和徐变应按分段施工的梁长分别计算其加权收缩系数和徐变系数：

$$\bar{\varepsilon}(t,t_0) = \frac{1}{l}\sum_{i=1}^{n} l_i \varepsilon(t,t_i)$$

$$\bar{\varphi}(t,t_0) = \frac{1}{l}\sum_{i=1}^{n} l_i \varphi(t,t_i)$$

式中，$l = \sum l_i$；l_i 为第 i 个梁段的长度；$\varepsilon(t,t_i)$ 和 $\varphi(t,t_i)$ 分别为时刻 t_0 至 t 时域内第 i 个梁段所发生的收缩和徐变。

3. 设计图纸应交代的要素

考虑到伸缩装置安装时的客观条件与设计假定值有所不同，如实际安装温度和安装季节与设计假定值不同，应根据安装时的实际情况对伸缩装置的伸缩量，包括初始预压伸缩量予以适当调整，设计图纸对有关内容的交代应清楚、明白、齐全。设计图纸需交代的主要内容有温度变化范围、计算伸缩量所采用的桥梁结构的梁长、设计所考虑的伸缩装置的安装季节和安装温度和安装伸缩装置时桥梁结构混凝土的龄期。伸缩装置如需初始预压，则还需交代预压量及其计算依据。设计图纸中还应交代因考虑伸缩装置安装季节和安装温度等与设计值不同而提出的伸缩量的调整方法和调整量，有关的内容在后面论述。施工方面的要求在有关章节阐述。

4. 安装与设计值不符时伸缩量的调整

受各种客观因素的影响，伴随着桥梁结构的变位，伸缩装置也将产生相应的伸缩变位以顺应结构的变位。目前比较常用的大多数类型的伸缩装置属于主要依靠橡胶条（块）的伸展和收缩来实现变位的，一般而言，橡胶条（块）的抗变形（抗拉或抗压）能力较差，在周期性应力，特别是高循环应力的长期作用下，很容易损坏。正因为如此，在设置伸缩装置时，需精确计算桥梁结构的伸缩量，并考虑一定富余量，以保证伸缩装置在今后的运营中始终处于良好的工作状态。

1)安装季节的影响

设计时应考虑伸缩装置安装季节对伸缩装置的影响。安装季节不同，伸缩装置的伸缩预压量或富余量应有所不同。举例来说，如令伸展变位为正，则混凝土收缩徐变引起的伸缩量始终为正，并在伸缩装置安装初期发展较快，以后渐趋稳定于某一常数，现设定该终极值为30mm。如果伸缩装置安装于夏季，此时平均温度是一年四季中最高的。暂不考虑一日之内因温度变化引起的伸缩变化量，则相对而言，在夏季除外的其他三个季度内，梁体以伸缩为主，伸缩装置的变位以伸展为主，其与混凝土收缩徐变引起的变位是一致的。如设冬季时因温度降低而引起的梁体最大收缩量位20mm，则伸缩装置的最大伸展位移发生在混凝土收缩徐变全部发生后，为30mm + 20mm = 50mm。如伸缩装置安装于冬季，则相对于冬季而言，其他三季内结构受平均温度的升高而伸长，也即伸缩装置缩短，其与混凝土收缩徐变引起的变位反向，故伸缩装置的变位在(- 20mm，30mm)范围内变化。当混凝土收缩徐变变位较小，而温度变位最大时，伸缩装置的收缩量最大。伸缩装置的最大伸缩变位为该收缩量与混凝土收缩徐变变位绝对值之和。

伸缩装置安装季节对伸缩量的影响可在计算初始预压量时予以适当考虑。对在夏季安装的伸缩装置，可考虑降温10℃ ~15℃；冬季安装的伸缩装置可考虑升温10℃ ~15℃。当与伸缩装置相关的结构长度较长，即伸缩位移量大时，应取较高温度值，反之则取较低温度值。

2)安装温度的影响

设计时一般假设伸缩装置的安装温度为最高有效温度 T_{max} 和最低有效温度 T_{min} 的中间值，但实际安装温度往往与设计假定值不同，此时，应根据实际安装温度对伸缩装置的预压量作相应调整。当实际安装温度 T 高于设计假定温度 T_{set} 时，原定伸缩装置初始预压量应减小，其减小量可按下式计算：

$$\Delta l_s = (T - T_{set})\alpha l$$

实际安装温度 T 低于设计假定温度 T_{set} 时的处理方法与前所述类似。

3)混凝土龄期的影响

混凝土龄期的影响，反映在混凝土的收缩和徐变与设计假定值有所差异，一般情况下可不予考虑，但当该差异值显著时应对伸缩装置的初始预压量作适当调整。

三、实桥计算示例

【示例1】 某预应力混凝土的伸缩梁长 $l = 50$m，温度变化范围 -5℃ ~ +35℃，混凝土线膨胀系数 $\alpha = 10 \times 10^{-6}$，收缩应变 $\varepsilon_{\infty} = 20 \times 10^{-5}$，徐变系数 $\varphi_{\infty} = 2.0$，弹性模量 $E_c = 3.3 \times 10^4$MPa，混凝土收缩徐变的折减系数 $\beta = 0.45$，预应力产生的平均截面应力 $\sigma_p = 8.0$MPa。假定伸缩装置的安装温度为10℃ ~15℃。则梁体因温度变化产生的伸缩量 Δl_t 为：

$$\Delta l_t = \alpha(T_{max} - T_{min})l = 10 \times 10^{-6} \times [35 - (-5)] \times 50 \times 10^3 = 20\text{mm}$$

10℃安装时因温度变化产生的梁体伸长量 Δl_t^+ 为：

$$\Delta l_t^+ = 10 \times 10^{-6} \times (35 - 10) \times 50 \times 10^3 = 12.5\text{mm}$$

15℃安装时因温度变化产生的梁体缩短量 Δl_t^- 为：

$$\Delta l_t^- = 10 \times 10^{-6} \times [15 - (-5)] \times 50 \times 10^3 = 10\text{mm}$$

混凝土收缩引起的梁体缩短量 Δl_s 为：

$$\Delta l_s = \varepsilon_{\infty} l\beta = 20 \times 10^{-5} \times 50 \times 10^3 \times 0.45 = 4.5\text{mm}$$

混凝土徐变引起的梁体缩短量 Δl_c 为：

$$\Delta l_c=\frac{\sigma_p}{E_c}\varphi_\infty l\beta=\frac{8.0}{3.3\times10^4}\times2.0\times50\times10^3\times0.45=10.9\text{mm}$$

从而，梁体的伸长量为 12.5mm，梁体的缩短量为 10.0 + 4.5 + 10.9 = 25.4mm，伸缩装置的基本伸缩量为 12.5 + 25.4 = 37.9mm。考虑到多方面因素的影响，在选择伸缩装置规格时，对上述基本伸缩量取约 30% 富余量，则设计伸缩量为 1.3 × 37.9 = 49.3mm。相应地，伸缩装置的设计闭口量为 1.3 × 12.5 = 16.3mm，设计开口量为 1.3 × 25.4 = 33.0mm。根据上述位移量和各种伸缩装置的具体规格，原则上可选用矩形或组合式橡胶条型、SDⅡ型、GNB-60 型、GQF-C60 型及各类相应规格的板式橡胶型伸缩装置，但应优先考虑施工安装时预压或预拉比较方便的伸缩装置，鉴于上述多数伸缩装置抗拉伸的能力相对较弱，而结构上对伸缩装置需要的开口位移又较大，故应该对伸缩装置进行适当的初始预压，以适应变形。但由于该类伸缩装置构造上的原因，初期预压难度较大，在目前的实际工程中常常不预压，当然，这样安装的伸缩装置极易遭破坏。

上述伸缩装置如选择 GQF-C60 型，则其最大预压量为 60/2 − 16.3 = 13.7mm，最小预压量为 33 − 60/2 = 3mm（若为负值则表示应预拉），这样，施工时使伸缩装置预压至 3 ~ 13.7mm 范围内的任一位置安装定位即可。但若选择了橡胶板式或组合式橡胶伸缩装置，则其预压比较困难（要想预拉几乎是不可能的）。

根据 GQF-C 型伸缩装置的设计图纸，GQF-C60 型伸缩装置的最大宽度 $a_{max}=140\text{mm}$，最小宽度 $a_{min}=80\text{mm}$，这样，在 10℃ ~ 15℃ 范围内施工安装的定位值应为：$a'=(140+80)/2-(13.7+3)/2=101.65\text{mm}$，即只要保证安装宽度 $a'=101.65\text{mm}$，伸缩装置就能工作正常。

【示例 2】 某钢筋混凝土桥梁，其伸缩梁长 $l=25\text{m}$，温度变化范围为 −10℃ ~ +35℃，混凝土的伸缩系数 $\varepsilon_\infty=20\times10^{-5}$，伸缩折减系数 $\beta=0.5$。伸缩装置的安装温度 $T_{set}=10℃$（实际设计时宜给予一适当的安装温度范围），则温度升高引起的梁体伸长量，也即伸缩装置的闭口量 Δl_t^+ 为：

$$\Delta l_t^+=10\times10^{-6}\times(35-10)\times25\times10^3=6.25\text{mm}$$

温度降低引起的梁体缩短量，也即装置的开口量 Δl_t^- 为：

$$\Delta l_t^-=10\times10^{-6}\times[10-(-10)]\times25\times10^3=5.0\text{mm}$$

混凝土收缩引起的伸缩装置开口量量 Δl_s 为：

$$\Delta l_s=20\times10^{-5}\times25\times10^3\times0.5=2.5\text{mm}$$

故基本伸缩量 Δl_0 为：

$$\Delta l_0=6.25+5.0+2.5=13.75\text{mm}$$

如果考虑约 30% 的富余量，则设计伸缩量 $\Delta l=1.3\times13.75=17.9\text{mm}$，相应地有伸缩装置的设计闭口量 1.3 × 6.25 = 8.1mm，设计开口量 1.3 × (5.0 + 2.5) = 9.8mm。据此可以选择使用有关型号和规格的伸缩装置，如 GNB-30 型、JB-30 型、TST 弹塑性体、EPBC 弹塑体等的伸缩装置，其安装定位值的确定如上例，此处不再重复。

【示例 3】 某大跨径预应力混凝土箱形截面连续梁桥，跨径组成为 87 + 7 × 114 + 87 = 972m，计算一端伸缩装置的位移量采用的伸缩梁长 $l=543\text{m}$，温度变化范围为 −5℃ ~ +30℃，混凝土的线膨胀系数 $\alpha=10\times10^{-6}$，收缩应变 $\varepsilon_\infty=20\times10^{-5}$，徐变系数 $\varphi_\infty=2.0$，弹性模量 $E_c=3.5\times10^4\text{MPa}$，收缩和徐变的折减系数平均 $\beta=0.3$，预应力产生的截面平均应力 $\sigma_p=6.5\text{MPa}$。设定伸缩装置的安装温度 $T_{set}=15℃$（实际设计时，应给予一适当温度变化范围），则梁体因温度变化产生的伸缩量 Δl_t 为：

$$\Delta l_t = 10 \times 10^{-6} \times [30 - (-5)] \times 543 \times 10^3 = 190.1\text{mm}$$

相应地，有温度升高引起的伸长量 Δl_t^+ 为：

$$\Delta l_t^+ = 10 \times 10^{-6} \times (30 - 15) \times 543 \times 10^3 = 81.5\text{mm}$$

温度降低引起的缩短量 Δl_t^- 为：

$$\Delta l_t^- = 10 \times 10^{-6} \times [15 - (-5)] \times 543 \times 10^3 = 108.6\text{mm}$$

混凝土收缩引起的梁体缩短量 Δl_s 为：

$$\Delta l_s = 20 \times 10^{-5} \times 543 \times 10^3 \times 0.3 = 32.6\text{mm}$$

混凝土徐变引起的梁体缩短量 Δl_c 为：

$$\Delta l_c = \frac{6.5}{3.5 \times 10^4} \times 2.0 \times 543 \times 10^3 \times 0.3 = 60.5\text{mm}$$

因车辆荷载作用使梁体挠曲而在伸缩装置处产生的伸缩装置开口的位移量 R 约为：

$$R = 0.04L = 0.04 \times 543 = 21.7\text{mm}$$

从而，梁体的总伸长量为 81.5mm，总缩短量 108.6 + 32.6 + 60.5 + 21.7 = 223.4mm，基本伸缩量为 81.5 + 223.4 = 304.9mm。考虑到多方面因素的影响，在选择伸缩装置的规格时，对上述基本伸缩量取约 30% 的富余量，则设计伸缩量为 1.3 × 304.9 = 396.4mm，相应地，伸缩装置的设计闭口量（梁体设计伸长量）为 1.3 × 81.5 = 106.0mm，设计开口量（梁体设计缩短量）为 1.3 × 223.4 = 290.4mm。对于如此大的伸缩量，应该采用模数式伸缩装置，如 GQF-MZL400 型伸缩装置。

如采用 GQF-MZL400 型伸缩装置，则最大预压量为 400/2 − 106 = 94mm，最小预压量为 290.4 − 400/2 = 90.4mm。由于 GQF-MZL400 型伸缩装置的最大宽度 $a_{max} = 800\text{mm}$，最小宽度 $a_{min} = 400\text{mm}$，故施工安装时的定位值为 $a' = (400 + 800)/2 - (90 + 90.4)/2 = 509.8\text{mm}$。

【示例 4】 某中央跨度为 1 385m 的单孔悬索桥，采用门式混凝土塔，重力式锚碇，钢截面主梁，矢跨比为 1/10.5。经计算其一侧主梁因温度升高引起的梁体伸长量为 178mm，因温度减低引起的梁体缩短量为 316mm，车辆荷载引起的梁体位移量分别为 723mm（梁体伸长位移）和 708mm（梁体缩短位移），从而，伸缩装置的基本伸缩量为（178 + 723）+（316 + 708）= 1 925mm。如果再计入约 30% 的富余量，则有设计伸缩量 1.3 × 1 925 = 2 502.5mm，目前国内产品只有 GQF-MZL 型伸缩装置可望适用，或需专门研制。

四、伸缩量简易计算公式

如上所述，安装桥梁伸缩装置前，应根据所要安装伸缩装置的桥梁所处的环境条件、桥梁本身的结构形式及其构成等因素，尽可能精确地计算伸缩装置预期发生的伸缩量，计算工作相对比较复杂，有时也不易判别。为此，建议在一般常规情况下或在工程可行性研究和初步设计阶段按表 7-11 计算伸缩量。对于柔性体系的桥梁，如斜拉桥或悬索桥，若采用模数式伸缩装置，则其伸缩量可取为结构伸缩梁长的 1.5‰，此时，梁长单位为 mm，伸缩量单位也为 mm。

一旦伸缩装置的安装温度 T_{set} 得以确定，即可按表 7-11 所列的对应公式计算设计伸缩量，并根据安装温度和伸缩装置的设计温度变化范围确定梁的伸长量（伸缩装置的闭口量）和梁的缩短量（伸缩装置的开口量），以及伸缩装置的初期压缩量。

伸缩量简易计算公式

表 7-11

桥梁所在地区		华东			华南			华北		
桥梁种类		钢筋混凝土桥	预应力混凝土桥	钢桥	钢筋混凝土桥	预应力混凝土桥	钢桥	钢筋混凝土桥	预应力混凝土桥	钢桥
温度	温度变化范围 ΔT(℃)	-2.7 ~ 35.4	-2.7 ~ 35.4	-12.7 ~ 45.4	-11.2 ~ 34.8	-11.2 ~ 34.8	-21.2 ~ 44.8	-21.6 ~ 35.4	-21.6 ~ 35.4	-31.6 ~ 45.4
	膨胀系数 α	10 × 10	10 × 10	12 × 10	10 × 10	10 × 10	12 × 10	10 × 10	10 × 10	12 × 10
	温度变化 $\Delta l_t = \alpha \Delta T l$	0.381l	0.381l	0.697l	0.460l	0.460l	0.792l	0.570l	0.570l	0.924l
收缩	收缩系数 ε_∞	0.2	0.2	—	0.2	0.2	—	0.2	0.2	—
	收缩折减系数 β	0.4	0.4	—	0.4	0.4	—	0.4	0.4	—
	收缩变位 $\Delta l_s = \varepsilon_\infty \beta l$	0.08l	0.08l	—	0.08l	0.08l	—	0.08l	0.08l	—
预应力	混凝土弹性模量 E_c(MPa)	—	34 000	—	—	34 000	—	—	34 000	—
	混凝土平均预加应力 σ_p(MPa)	—	70	—	—	70	—	—	70	—
	徐变系数 φ_∞	—	2.0	—	—	2.0	—	—	2.0	—
	徐变折减系数 β	—	0.4	—	—	0.4	—	—	0.4	—
	徐变变位 $\Delta l_c = (\sigma_p / E_c) \varphi_\infty \beta l$	—	0.165l	—	—	0.165l	—	—	0.165l	—
可变荷载引起的梁端截面转动量 R		—	0.04l	0.06l	—	0.04l	0.06l	—	0.04l	0.06l
基本伸缩量 $\Delta l_0 = \Delta l_t + \Delta l_s + \Delta l_c + R$		0.461l	0.666l	0.757l	0.540l	0.745l	0.852l	0.650l	0.855l	0.984l
富余量(基本伸缩量的 30%)$\Delta l'_0$		0.154l	0.200l	0.227l	0.162l	0.224l	0.256l	0.195l	0.257l	0.295l
设计伸缩量 $\Delta l = \Delta l_0 + \Delta l'_0$		0.615l	0.866l	0.984l	0.702l	0.969l	1.108l	0.845l	1.112l	1.279l

桥梁所在地区		西南			西北			东北		
桥梁种类		钢筋混凝土桥	预应力混凝土桥	钢桥	钢筋混凝土桥	预应力混凝土桥	钢桥	钢筋混凝土桥	预应力混凝土桥	钢桥
温度	温度变化范围 ΔT(℃)	-2.7 ~ 35.4	-2.7 ~ 35.4	-12.7 ~ 45.4	-11.2 ~ 34.8	-11.2 ~ 34.8	-21.2 ~ 44.8	-21.6 ~ 35.4	-21.6 ~ 35.4	-31.6 ~ 45.4
	膨胀系数 α	10 × 10	10 × 10	12 × 10	10 × 10	10 × 10	12 × 10	10 × 10	10 × 10	12 × 10
	温度变化 $\Delta l_t = \alpha \Delta T l$	0.372l	0.372l	0.686l	0.541l	0.541l	0.889l	0.756l	0.756l	1.147l
收缩	收缩系数 ε_∞	0.2	0.2	—	0.2	0.2	—	0.2	0.2	—
	收缩折减系数 β	0.4	0.4	—	0.4	0.4	—	0.4	0.4	—
	收缩变位 $\Delta l_s = \varepsilon_\infty \beta l$	0.08l	0.08l	—	0.08l	0.08l	—	0.08l	0.08l	—
预应力	混凝土弹性模量 E_c(MPa)	—	34 000	—	—	34 000	—	—	34 000	—
	混凝土平均预加应力 σ_p(MPa)	—	70	—	—	70	—	—	70	—
	徐变系数 φ_∞	—	2.0	—	—	2.0	—	—	2.0	—
	徐变折减系数 β	—	0.4	—	—	0.4	—	—	0.4	—
	徐变变位 $\Delta l_c = (\sigma_p / E_c) \varphi_\infty \beta l$	—	0.165l	—	—	0.165l	—	—	0.165l	—
可变荷载引起的梁端截面转动量 R		—	0.04l	0.06l	—	0.04l	0.06l	—	0.04l	0.06l
基本伸缩量 $\Delta l_0 = \Delta l_t + \Delta l_s + \Delta l_c + R$		0.452l	0.657l	0.746l	0.621l	0.826l	0.949l	0.836l	1.041l	1.207l
富余量(基本伸缩量的 30%)$\Delta l'_0$		0.136l	0.197l	0.224l	0.186l	0.248l	0.285l	0.251l	0.312l	0.362l
设计伸缩量 $\Delta l = \Delta l_0 + \Delta l'_0$		0.588l	0.854l	0.970l	0.807l	1.074l	1.234l	1.087l	1.353l	1.569l

因温度变化引起梁的伸长量（伸缩装置的闭口量）为：

$$\Delta l^{+}=1.3(T_{max}-T_{set})\alpha l$$

系数1.3系为考虑伸缩富余量后的提高系数。梁的缩短量，也即伸缩装置的开口量为：

$$\Delta l^{-}=\Delta l-\Delta l^{+}$$

伸缩装置的初期压缩量$\Delta l'$为：

$$(\Delta l^{-})'=\Delta l^{-}-l_{min}$$

式中：l_{min}——伸缩装置可承担的拉伸变形。

例如，某一地处华东地区的钢桥，伸缩梁长$l=80$m，设计伸缩量$\Delta l=0.984l=78.7$mm，设伸缩装置的安装温度$T_{set}=15$℃，则梁的伸长量，也即伸缩装置的闭口量为：

$$\Delta l^{+}=1.3\times(45.4-15)\times12\times10^{-6}\times80\times10^{3}=37.9\text{mm}$$

梁的缩短量，也即伸缩装置的开口量为：

$$\Delta l^{-}=78.7-37.9=40.8\text{mm}$$

如果选用伸缩量为80mm的伸缩装置，如其本身所能承担的拉伸变形$l_{min}=20$mm，则其初期压缩量应为$(\Delta l)'=40.8-20=20.8$mm。

如选用本身所能承担的拉伸变形为40mm的伸缩装置，则其初期压缩量相应地为0.8mm。

再如，某一地处西北地区的预应力混凝土桥梁，伸缩梁长$l=30$m，设计伸缩量$\Delta l=1.074l=32.2$mm。设伸缩装置的安装温度$T_{set}=10$℃，则伸缩装置的闭口量为：

$$\Delta l^{+}=1.3\times(32.6-10)\times10\times10^{-6}\times30\times10^{3}=8.8\text{mm}$$

伸缩装置的开口量为：

$$\Delta l^{-}=32.2-8.8=23.4\text{mm}$$

如果选用伸缩量为40mm的伸缩装置，本身所能承担的拉伸变形$l_{min}=20$mm，则其长期压缩量为$(\Delta l)'=23.4-20=3.4$mm，或压缩到14.4mm也可以。

第二节　伸缩装置形式的选择

一、伸缩装置选形的基本原则

桥梁伸缩装置形式的选择非常重要，必须根据所安装伸缩装置的道路性质、桥梁类型、需要的伸缩量为依据，综合考虑道路、桥梁和伸缩装置整体的耐久性、平整性、排水性和防水性、施工性、维修性及经济性等，选择恰当形式的伸缩装置。合理选择伸缩装置的形式，是保证伸缩装置尽可能与桥梁结构具有相近寿命的一个基本条件。

二、伸缩装置对桥梁种类的适应性

公路桥梁的结构形式有梁式桥（包括简支梁、板桥，连续梁、T型刚构和连续刚构等）、拱桥、斜拉桥和悬索桥等，但从其组成材料看，主要为混凝土桥和钢桥两大类。原则上，对于任何种类的桥梁，均能使用各种的伸缩装置。从施工因素考虑，钢制形式的伸缩装置多用于钢桥，用于混凝土桥的不多，这是因为在钢桥上，可以直接用螺栓牢固地将钢制形式的伸缩装置安装于钢梁的翼缘板上。但当钢制形式的伸缩装置用于混凝土桥时，则需用扁钢等固定在混凝土上，特别是对于装配式预应力混凝土梁，必须将梁切出许多切口，并加厚现场浇注的部分以便牢固地安装。因此，在混凝土桥中通常不使用钢制形式的伸缩装置。其他形式的伸缩装置用于混凝土桥，虽然同样出现如上所述的锚固问题，但毕竟可以利用预埋钢筋、浇筑预留槽混凝土一次成整体锚固予以解决。

三、各类伸缩装置的适用范围

根据我国所使用的各类伸缩装置的实际情况，其伸缩量的适用范围大致可归纳如图 7-9 所示。图中分别反映了各伸缩装置通常使用的范围或实际产品的实质范围，以及理论与一般认为可能达到的使用范围。

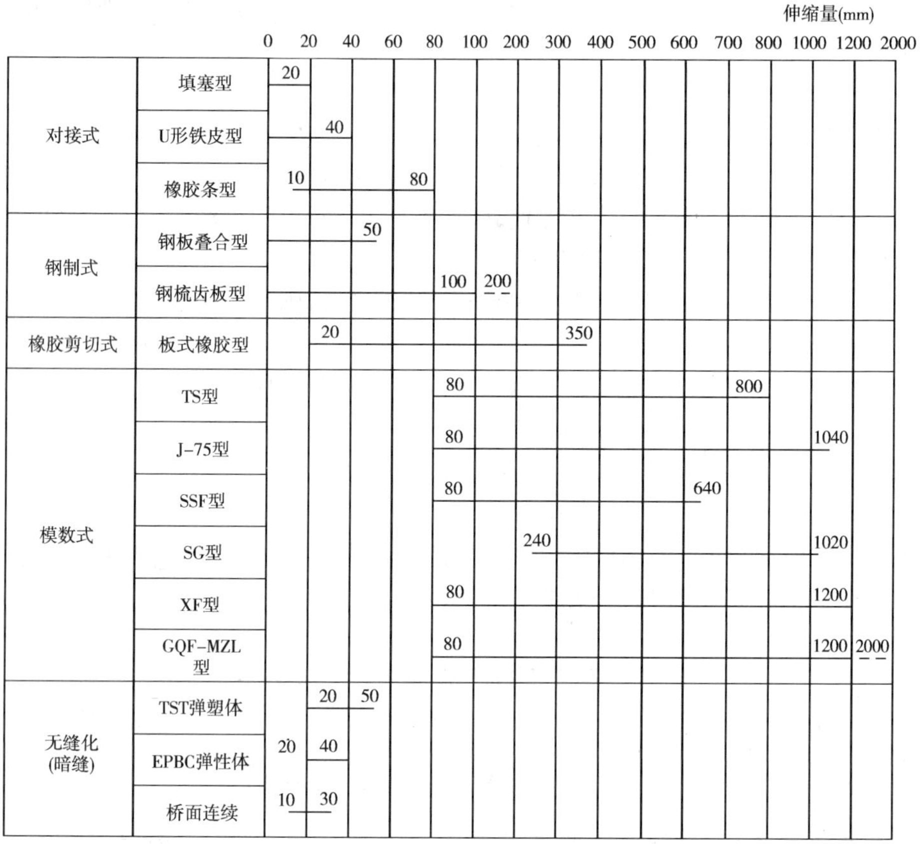

注：图中实线为设计的使用范围；虚线为理论上容许实际也能做到的使用范围。

图 7-9　由伸缩量决定的各种形式的适用范围

四、其他因素的考虑

1. 耐久性

伸缩装置的耐久性，原则上希望与桥梁结构本身的耐久性相适应。然而目前所使用的构造形式的伸缩装置几乎都不能做到这一点。一般情况下，只希望达到比桥面寿命长的耐久性，这从经济、施工等方面看，如此是比较恰当和符合实际情况的。同时，在考虑耐久性时，必须根据公路的性质判断其耐久年限。

即使是同一种伸缩装置，因施工质量的不同而造成伸缩装置使用耐久性的差异是很大的。根据耐久性来选择伸缩装置的种类时，有必要由现场的实际情况出发充分考虑其施工方法。因此，耐久性可以就同样的施工方法进行比较。

伸缩装置之所以容易破损而不耐用，一般情况下其主因并不是大交通量，而是重型车辆。因此，重型车辆交通量大的高速公路、国家或省交通主干线等，有必要选择耐久性好的伸缩装置。通常钢制形式的和采用整体成形异型钢材组合的模数式伸缩装置的耐久性较好，且被广泛采用的形式。此外，橡胶剪切式伸缩装置也有一部分耐久性强的，由于近近年来才被使用，应用年限不长，实际损坏的例子较多，需进一步考察。但橡胶形式的伸缩装置，特别是板式橡胶伸缩装置容易磨损，在严寒地区，如果采用机械除雪，磨损会更为突出，必须注意。

对沥青、木版填塞型和 U 型镀锌铁皮型这样耐久性较差的伸缩装置，一般应慎用，最好不使用。对采用桥面连续、TST 弹塑体等无缝式结构，在中小桥伸缩量不大的情况下是可以比选的。人行道部分的伸缩装置，一般认为可采用这一类简易的伸缩装置。

2. 平整性

平整性也可作为耐久性来考虑。平整性变坏不外乎有两种情况：一种是像钢制型伸缩装置的齿板变形上翘、开口、脱焊、冲击时发出噪声和板式橡胶型伸缩装置的隆起、翘曲、橡胶板脱落等伸缩装置结构本身的缺陷；另一种情况是伸缩装置与其两侧桥面之间形成高差，汽车行驶时受到冲击而跳动致使行驶性能变坏。

对于前一种情况，其产生原因或是由于焊接变形矫正不够、组装精度未达到要求，或是由于施工不好、未能牢固地固定，或由于在安装时没有达到设计要求的梁端缝隙，或是由于桥面铺装施工时梁的转动，以及施工后由于地震和地基不均匀沉降等致使下部结构变位；还有因外荷载的作用使梁产生翘曲变形而在梁端截面转动所引起的变位。这些情况通常在大跨径桥梁或梁较高或高桥上是比较明显的。在这种情况下，一般认为橡胶型伸缩装置对变位的适应性较好，理应不致出现太大的缺陷，而对钢制型或单缝的模数式伸缩装置，其影响相对较大。

对于后一种情况，主要是由于伸缩装置两侧的桥面碾压不充分，或强度不足，从而随着汽车的行驶而下沉或损坏，产生高低差，汽车行驶时形成较大的冲击，进一步加剧桥面本身的变形，使本来已形成的伸缩装置与桥面间的高差进一步扩大，平整性能不断恶化。为了避免上述情况，可选择桥面连续，或先整体桥面施工，后切割桥面体，再安装伸缩装置的后嵌做法，这只要慎重施工就可达到目的。

采用钢制型或模数式等伸缩装置，在桥面施工前必须事先紧密，使其牢固地连接在主梁或桥面板上。因此，桥面铺装不能充分碾压，常常使得路面或桥面的平整性较差。

3. 排水性和防水性

其实，伸缩装置的排水性和防水性也可作为耐久性的一个方面来考虑。伸缩装置的排水性和防水性之所以成为问题，主要是因为桥梁下面的使用环境要求，如桥下面是街道、房屋等，或是通航河流。特别是城市高架桥梁，梁端部和支座处防锈，最怕伸缩装置出现漏水问题。

伸缩装置，有的有排水装置，其中绝大部分是没有专门的排水装置，即使像钢制型设置了排水装置的伸缩装置，常因砂、土等杂物堵塞而变得不能排水。目前，伸缩装置集中落水极为普遍。排水装置之所以堵塞，主要是由于施工时混凝土、木料或其他碎屑掉入伸缩装置内而又未及时清除所致。另外，桥梁竣工后随着车辆的行驶，尘土不断落入造成伸缩装置中砂土日益堆积又未正常清除养护等。总之，多半是由于排水装置清扫困难、养护不力以至引起排水不畅。

因此，对排水要求高的桥梁，一般以不使用排水性和防水性均较差的如钢制型的伸缩装置为宜。当然，考虑到钢制型伸缩装置下面黏贴橡胶或类似的材料，以改善其排水性能和防水性能，但其效果还有待进一步的证实。

没有排水装置的伸缩装置中，如板式橡胶伸缩装置等几乎没有不透水的。但因为这种形式的伸缩装置大都用在伸缩量较小的中小桥梁上，漏水的影响不是非常显著。由于板式橡胶伸缩装置对梁端处支座和其他部件的防腐不起大的作用，因此，在对桥梁及其附属构造物，如支座等的排水防水性能要求高的场合下，还是慎重选用为宜。

除板式橡胶伸缩装置外，对于没有排水装置的伸缩装置，为保证其防水性，可以采取缝隙填塞黏结嵌缝材料的办法予以适当解决。但大多数黏填材料都是不充分的，防水性能较差，因此，施工时必须特别注意。

此外，对像橡胶条型或异型钢模数式伸缩装置，合理地进行初始压缩和充分捣实两侧混凝土是极为重要的。为使橡胶条或橡胶密封带与钢材紧密连接，建议使用黏结材料以提高其防水性能。

4. 施工性

施工性可分为两方面来考虑：一方面是单从施工角度来看，是不是费工时；另一方面是否能做到精心施工，以保证伸缩装置所期望的寿命。所谓期望的寿命，是指在精心设计、精心施工的情况下，具有所希望的耐久性、平整性、排水性和防水性的寿命。

施工是不是费工与伸缩装置本身的结构特点和伸缩量直接相关。一般来说，构造简单，施工也就容易。如填塞对接式伸缩装置或模数式单缝，因其构造简单，施工一般都比较容易。相反，钢制式伸缩装置因锚固方法的原因，相对比较费工时，特别是板式橡胶型和 TST 弹塑体等，需要将已铺好的桥面切割后再安装，当然就比较费工。大位移模数式伸缩装置的施工要求相对较高，要达到精心施工，必须费点工，但鉴于其适用范围，只要结构合理、性能可靠，费些工时还是值得的。

另外，所谓是否可以做到维持期望寿命的良好施工，是相对所希望的耐久性能、平整性能、排水性能和防水性能等而言的，情况比较复杂，一般随施工方法和施工质量的差异较大，有时非常明显。对施工要求一般的伸缩装置，如填塞对接型伸缩装置，按一般要求施工即可达到所期望的寿命。对采用整体成型的异型钢材与橡胶带组合的单缝也是比较容易的。但是，一般来说，施工精度较差，则其平整性、排水性和防水性多半是不良的。所以，务必要将其与桥面板混凝土充分锚固在一起，并使混凝土充分捣实。也就是说，周密精心的施工是保证伸缩装置具有所期望寿命的一个必要条件。因为设计即使考虑十分周全，如果施工不够完善，不够慎重，不够精心，仅此一点就会严重影响伸缩装置的使用寿命。

综上所述，施工的好坏，对伸缩装置的耐久性、平整性、防水性等的影响是很大的，所以必须十分注意进行精心施工。从现场的实际情况来说，如预计到不能充分地做到精心施工，就应尽可能避免选用过于受施工因素影响的而使耐久性、平整性、排水性和防水性等受到严重影响的伸缩装置。

5. 维修性

伸缩装置一旦破坏，一般而言，维修是比较困难的。维修的难易程度，一般要视装置破坏的严重程度而定，就其本身构造而言，应以在维修时需将桥面破坏到什么程度来决定。如填塞对接式伸缩装置，可以只破坏其周围桥台的一小部分，或将混凝土稍作处理就可以进行维修工作。对板式橡胶型或大型模数式伸缩装置，如果破坏到要对锚固系统进行维修时，则必须凿掉两侧锚固区混凝土而使锚固钢筋露出，显而易见，维修工作难度大大增加。

对安装在钢桥上的钢制式伸缩装置，有时需要露出主梁上翼缘板，不过，这要取决于其破坏情况及维修的程度，不能一概而论。例如，如果只对钢齿板焊接维修，那就不一定露出主梁的上翼缘板就能进行;如果要更换伸缩装置,则工作量明显增大。

对预应力混凝土桥,预应力锚头集中在梁的端部,因此,在安装初始就已考虑到锚固系统的处理,维修时只需将原槽口部分的混凝土凿掉即可。

综上所述,构造简单的伸缩装置,其维修也相对容易。

6. 经济性

桥梁伸缩装置的经济性不能单从各种伸缩装置的建筑单价来比较。就我国目前的现状而言,应该尽可能使伸缩装置的寿命与桥面或路面的寿命相等,也即不应认为桥梁的伸缩装置是一种易耗品。伸缩装置的经济性应结合伸缩装置本身的寿命和其费用以及应用公路的性质等经综合考虑后而加以判断。就各种伸缩装置本身的价格,当然是构造简单的越便宜。但是,正如上述有关耐久性的论述中所述的,构造越简单的寿命越短,这也是自然之事。至于一项工程中是使用价格比较低廉,同时寿命也比较短的伸缩装置而增加其后期更换次数及养护费用,还是使用单价相对较高、寿命较长的伸缩装置以减小维修次数和维修费用,这其中有一些需要建设方或业主、工程师适当选择比较的问题。

交通量的大小对伸缩装置的选择是一个重要的控制条件。公路交通量大时,为了维修伸缩装置而使部分交通中断是一个比较大的问题,而根据对伸缩装置破坏情况的调查,在交通量大及重型车辆多的公路上,伸缩装置破坏的比例也大。因此,对高速公路这样的交通主干线,应该选择寿命较长、耐久性较好的伸缩装置。对于交通量小的低等级公路,伸缩装置破坏的情况也相对少些,且即使破坏了,为维修而对交通有所限制所造成的影响也比较小,也比较容易做到。考虑到这种情况,选择价格比较便宜的简单构造也许是经济的。因此,伸缩装置是经济性问题是一个应该慎重地综合判断的问题。

第八章　GQF-MZL 型模数式桥梁伸缩装置的研制开发

第一节　专用异型钢材的开发

采用异型钢材与密封橡胶带组合系列的桥梁伸缩装置，在国外，自 20 世纪 70 年代起已广泛使用。具有代表性的公司，如德国毛勒（Manrer）、法国西佩克（CIPEC）、英国霍内尔（HONEL）、瑞士马格巴（Mageba）和美国沃特森（Wotson）等都有较为成熟的产品。它们的产品都已推向国外（包括中国在内），并被广泛使用。

我国从 20 世纪 80 年代末至 90 年代初，也有不少单位研制开发了桥梁用模数式大变位伸缩装置，如 J-75 型、SSF 型、SG 型和 XF 型伸缩装置，并已在国内桥梁工程上应用，积累了一定经验，但终因没有从根本上解决异型钢材的开发，而仅采用普通型钢或钢板焊接成形或挤压成形异型钢梁，效果均不甚理想，或因焊缝处理不好开焊而产生晃动、噪声，或因模具磨损大，孔型标准尺寸不易保证，成材率低，致使价格偏高，也影响使用效果。

为了从根本上解决模数式桥梁伸缩装置用异型专用钢材的开发、生产，在 1993 年，首先是由中交公路规划设计院提出孔型和技术参数要求，并协同北京正适科技开发所通过试验室内异型钢材 1∶2.5 小样和局部孔型 1∶1的试验，摸索及突破了异型钢材成孔工艺的技术难点，然后与江苏省无锡前洲镇三洲钢厂按合同要求进行试轧，经过反复调整试轧，经过 2 年多的艰苦努力，终于获得了成功，为我国大变位模数式桥梁伸缩装置的变革和国产化创造了十分有利条件。桥梁伸缩装置专用热轧弯曲成形生产工艺的异型钢材的轧辊技术已获得国家发明专利。此次开发完成的有用于伸缩量在 80mm 及其以下伸缩装置的“C”字钢、用于大变位模数式伸缩装置的边梁“Z”字钢和中梁“王”字钢，当时确定该 3 种专用异型钢材的材质均为 16Mn（Q345），其规格尺寸如图 8-1 所示。热轧整体成形异型钢材，当年就通过了冶金部的技术鉴定，并正式投入了批量生产，完全可满足国内生产厂生产 GQF-MZL 型及 GQF-C 型桥梁伸缩装置的用量要求（照片 8-1 ~ 照片 8-8）。

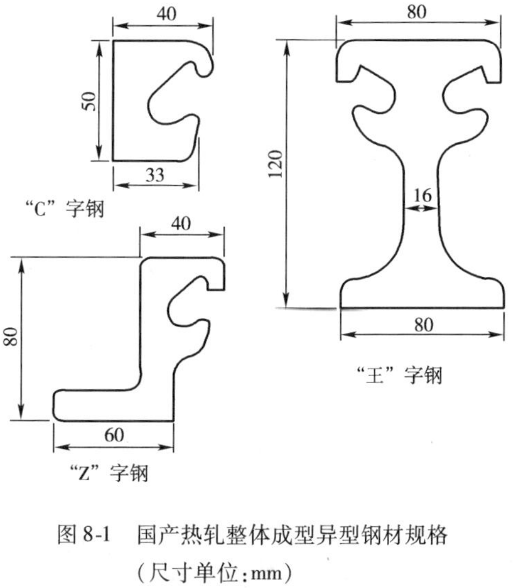

图 8-1　国产热轧整体成型异型钢材规格（尺寸单位：mm）

进入 21 世纪前夕，采用桥梁伸缩装置专用热轧弯曲成形生产工艺的异型钢材的轧辊技术的原江苏省无锡前洲镇三洲钢厂，由于种种原因已停止生产，退出了异型钢材的供应市场。尽管在市场上有挤压成形的包括铝合金异型钢材，但这种热轧弯曲成形生产工艺没有因此而消失，而是这种技术引起了广泛的注意和重视，并逐步取代了挤压整体成形的异型钢材，成了桥梁伸缩装置专用异型钢材市场供应的主流。采用热轧弯曲成形生产工艺的钢厂有四川新路桥机械有限公司、江苏省无锡市华冶钢厂和安徽省马鞍山钢厂等都生产规格尺寸基本相同,孔型大同小异的异型钢材。

照片 8-1 “C”字钢轧制

照片 8-2 “C”字钢成品在钢厂现场验收

照片 8-3 “Z”字钢成品钢厂现场验收

照片 8-4 “王”字钢成品质量现场抽查

照片 8-5 “王”字钢部分成品

照片 8-6 “C”字钢待运产品

照片 8-7 “Z”字钢待运产品

照片 8-8 “王”字钢待运产品

目前世界主要国家生产使用的桥梁伸缩装置专用异型钢材的情况见表 8-1 所列。

国内外桥梁伸缩装置专用异型钢材情况对比 表 8-1

项目／国家	异型钢品种	材　料	优 缺 点
德国(毛勒)MAURER		中梁 st52 边梁 st32	异型钢分上、下两部分轧制,然后调直、除锈,全自动焊接成形的异型钢材。机械化程度高,焊接质量较好
美国(万宝)WABO	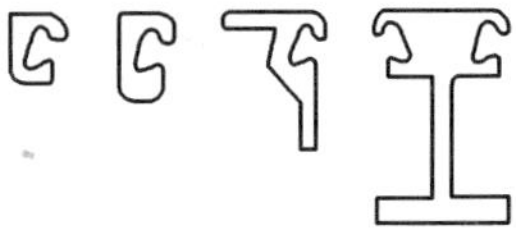	15MnVN	先轧制异型钢坯,然后异型钢孔型全部采用自动化数控机车车削整体成形异型钢材。孔型标准,胶条锚固性能好
瑞士(昂纳)HOMEL	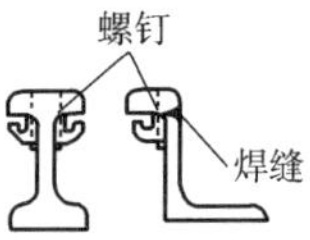	St52-3	钢材轧制成近似工字梁,然后焊接成形异型钢材。采用螺钉和带凹槽金属件来锚固橡胶带,安装或更换困难,连接处存在薄弱环节
瑞士(马格巴)Mageba		中梁 st52	异型钢轧制成工字钢,然后焊接成用于锚固橡胶密封带的异型槽孔的焊接成形异型钢材
中国挤压成形	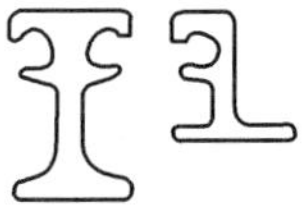		挤压整体成形的异型钢材。模具损耗大、成材率低,孔型精度不易保证,钢材外形设计使伸缩量少 10mm
中国焊接成形		Q345 Q235	异型钢分上、下两部分分别轧制,然后调直、除锈,通常焊接成异型钢材。生产工艺复杂,焊接后还要调直,大批量生产质量控制困难
中国热轧整体成形	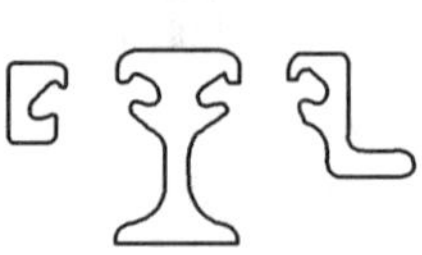	Q345	热轧整体成形异型钢材。孔型上、下带钩,密封橡胶带锚固牢固,且适应性强,工艺简便,生产效率高,克服了挤压、焊接异型钢材的缺陷

第二节　GQF-MZL 型模数式桥梁伸缩装置的结构体系和结构特点

一、结构体系的选择

对于一种性能良好的桥梁伸缩装置，应当具备下列条件：

(1)必须能适应各种不同方向作用力(包括水平、竖直、转动等位移和附加力)的作用。

(2)要与桥梁连成整体，具有较高的刚性和耐久性。

(3)构造要简单、施工要方便，易于养护与修补。

(4)能够完全排水和防水。

(5)保证桥面平坦，行驶性能良好。

(6)良好的经济性(应包括初期投资和运营后维修在内的费用综合考虑)。

根据上述要求，从伸缩性、耐久性、防水性、施工性、修补性和经济性等因素综合考虑。同时在充分研究了国内外目前使用效果较好的伸缩装置型式的基础上，结合我国具体情况，扬长避短，开发了一系列伸缩装置。GQF-MZL 型伸缩装置结构示意如图 8-2 所示。

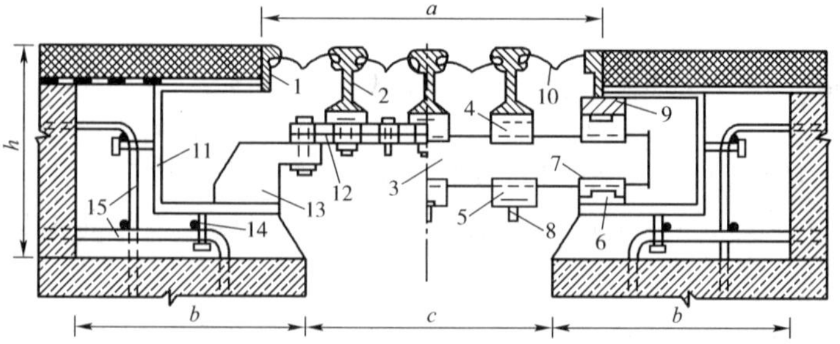

图 8-2　GQF-MZL 型伸缩装置结构示意图

1-边梁；2-中梁；3-支承横梁；4-滑动承压支座；5-滑动压紧支座；6-转动支承轴；7-滑移转动支座；8-扣架；9-边梁垫块；10-密封橡胶带；11-位移控制箱；12-连动机构；13-位移控制臂；14-位移控制箱锚固钢筋；15-桥梁端部预埋钢筋

二、结构的主要特点

GQF-MZL 系列伸缩装置是首先采用国家专利技术热轧整体成形专用异型钢材作为主要受力构件，由边梁、中梁、横梁、位移控制系统、密封橡胶带等构件组合而成的系列伸缩装置。其突出的特点是：伸缩装置的承重结构和位移控制系统分开，二者受力时互不干扰，分工明确，这样既保证了受力安全，又能达到位移均匀的目的。结构上充分考虑了除能满足水平变位需要外，还能满足桥梁横向、垂直方向和梁端转角产生变形的需要，所以对弯、坡、斜和宽桥梁均有较大的适应性。同时改变了过去通常采用的每根中梁分别支承在两根横梁的传统做法，使所有中梁在一个位移控制箱内均支承在同一根垂直横梁上的结构；并通过机械连杆连动机构控制中间梁的位移，保证每条缝隙宽度均匀变化的同步作用。因为支承横梁数量少，位移控制箱体积小，所以对大位移伸缩装置尤其有明显的经济性，能够达到产品标准化、系列化、易于互换、防水防尘、防油污、耐老化的特点，并采用最新防腐涂料在出厂前进行防护，防腐性能较好。

第三节　GQF-MZL 型伸缩装置的设计

GQF-MZL 型伸缩装置，按照《公路桥涵设计通用规范》(JTG D60—2004)和公路钢结构桥涵设计规范的规定和要求进行设计验算。

一、中梁的设计

对于 GQF-MZL 型伸缩装置,中梁间最大缝隙宽度选择 80mm 为模数,则中梁间距最大为 160mm,支承横梁间距最大控制在 1 800mm 范围内。设计荷载除中梁本身自重 q 外,以车辆荷载进行设计计算,其后轴重力标准值为 2×140kN,并考虑汽车荷载的冲击作用,冲击系数按桥涵规范取 1.3,这样作用在支承横梁间距最大值之间的一根中梁上的车轮荷载 $P=(140\times1.3)/2=91$kN,偏安全可按简支梁考虑。但中梁实为支承在横梁上的连续梁,且因为中梁与横梁连接处设有弹性承压和压紧支座及支承横梁的弹性变形的影响,应属于多跨弹性支承连续梁。为了简化计算,其内力均按刚性支承连续梁计算。这里同时作为简支梁、二跨连续梁和三跨连续梁 3 种状况进行比较计算。计算简图如图 8-3、图 8-4 和图 8-5 所示。

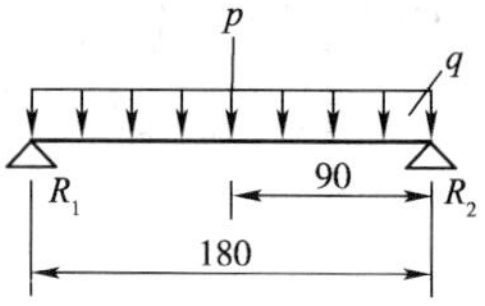

图 8-3　简支梁计算图式(尺寸单位:cm)

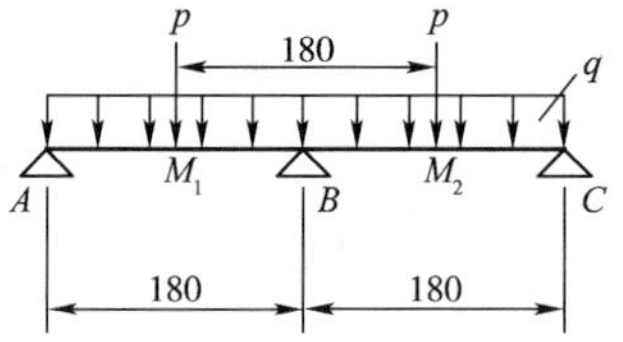

图 8-4　二跨连续梁计算图式(尺寸单位:cm)

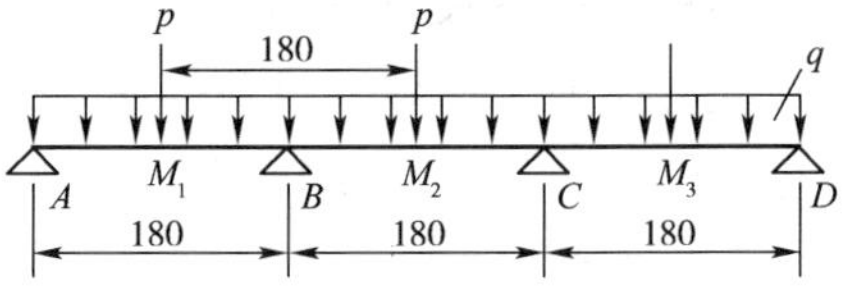

图 8-5　三跨连续梁计算图式(尺寸单位:cm)

根据采用热轧 16Mn(Q345)整体成形异型钢(王字钢)尺寸决定的几何特性,经上述计算验算,均能满足设计强度和变形的使用要求,只要支承横梁间距控制在 1800mm 以下,此类中梁具有足够的安全度。

二、支承横梁设计

支承横梁按支承在位移控制箱内转动支承轴和滑动转动支座上的简支梁计算。其计算跨径 l 以伸缩量划段分级,每级以伸缩量最大一种为准,并使每道缝隙达到 80mm 模数时,伸缩装置两边支座间的距离作为计算依据。设计荷载除考虑垂直荷载 q 和 p 的作用外,偏安全还应考虑汽车荷载刹车时产生的制动力影响。制动力根据以往桥涵规范的规定,一般按照不小于一辆重车的 30% 计算,其产生的最大水平力 $T=(140\times0.3)/2=21$kN(一个后车轮),并按垂直力 P 和水平力 T 共同作用最不利荷载组合确定横梁截面尺寸,验算其截面强度(应力),以确保其有足够安全度。其计算图式如图 8-6 所示。

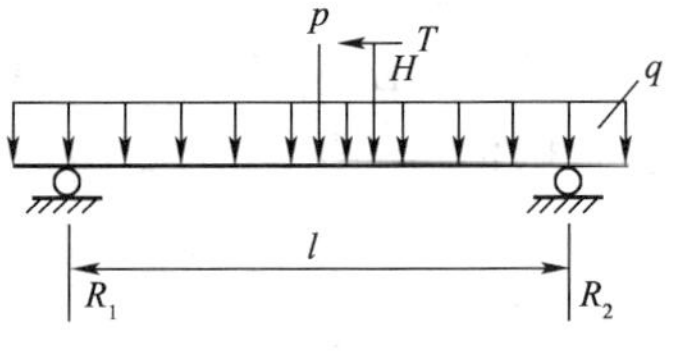

图 8-6　横梁计算图式

三、联动机构的设计

GQF-MZL 型桥梁伸缩装置联动机构的选择和设计,是保证该伸缩装置伸缩自如、位移均匀、摩阻力小、灵活可靠的重要环节。所以在设计时,经过多种方案反复计算试设计研究比较后,最后确定选用机械方式的连杆链条联动机构,并通过实际验算和局部试验确定其各部尺寸和选型,同时分两种布置形式,即连杆链条水平放置和竖直设置的两种布置方式,也就是 GQF-MZL(Ⅰ)型(水平设置)和 GQF-MZL(Ⅱ)型(竖直设置)的两种结构型式,如图 8-7 及图 8-8 所示。试验和实践证明这样选择是合理正确的,达到了预期效果和要求。GQF-MZL 型桥梁伸缩装置(直梁连杆链条式桥梁伸缩装置)联动机构的作用原理,已在专利技术申请说明书中说明,在此从略。

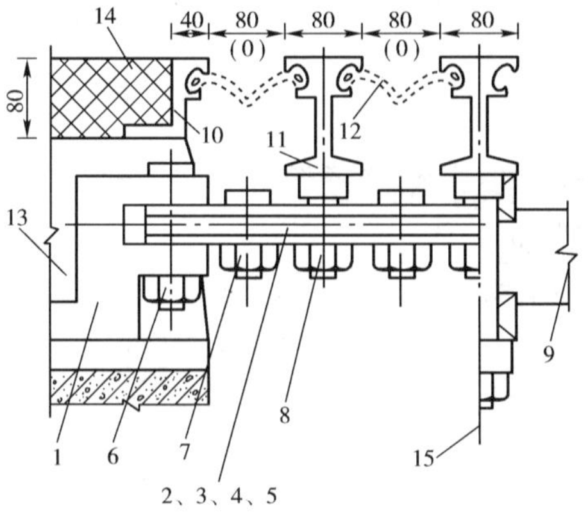

图 8-7 GQF-MZL(Ⅰ)型伸缩装置联动机构设置示意图(尺寸单位:mm)

1-位移控制臂;2-连杆 1#;3-连杆 2#;4-连杆 3#;5-连杆 4#;6-转动螺杆;7-联结螺栓;8-传动螺杆;9-支承横梁;10-边梁;11-中梁;12-密封橡胶带;13-位移箱;14-桥面铺装;15-伸缩缝中心线

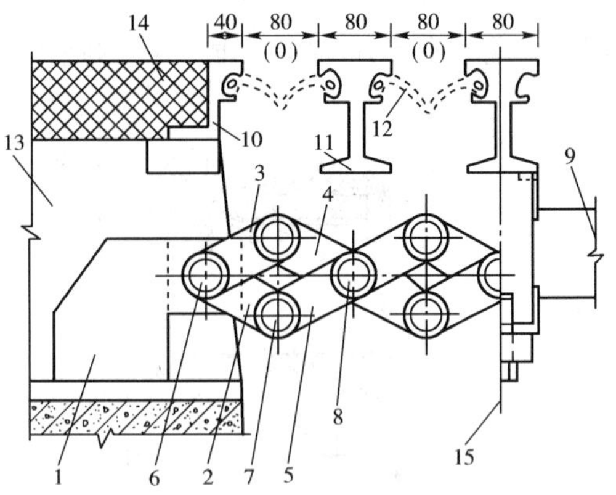

图 8-8 GQF-MZL(Ⅱ)型伸缩装置联动机构设置示意图(尺寸单位:mm)

1-位移控制臂;2-连杆 1#;3-连杆 2#;4-连杆 3#;5-连杆 4#;6-转动螺杆;7-联结螺栓;8-传动螺杆;9-支承横梁;10-边梁;11-中梁;12-密封橡胶带;13-位移箱;14-桥面铺装;15-伸缩缝中心线

GQF-MZL 型伸缩装置由于采用了连杆链条式传动机构,其结构简单,位移控制箱体积小,便于施工。由于承重梁与传动机构各成体系,联合作用,因此伸缩摩阻力小,均匀性好。另外,加工、组装及正常维修都较为方便,且采用标准构件,可根据桥梁不同伸缩量要求任意组装,满足各种桥梁工程的需要。

四、承压、压紧支座和转动支承轴、滑移转动支座的设计

对中梁下设置的承压、压紧支座,选择特殊结构形式,使其既能转动又能滑动,并起到压紧和支承中梁的作用,同时又能起到缓冲和防止钢结构产生噪音的效果。结构上应保证支座受力均匀,并能满足支座有关标准规范的要求,确保其在外力作用下正常工作。

在横梁下设置的转动支承轴和滑移转动支座,结构上也进行了有效处理,与中梁下设置的支座不同,以便使伸缩装置整个结构更能适应桥梁结构的横向、竖向、转角等变形要求,以满足弯、坡、斜桥的实际需要。同时根据实际需要,使伸缩装置两侧同时伸缩,也可使伸缩装置向一侧伸缩,供各种桥梁设计时选择。其结构可参见有关设计图纸。

五、锚固系统设计

GQF-MZL 型伸缩装置的锚固系统,是该伸缩装置结构的重要组成部分。因为伸缩装置设置在桥面板端部,是桥梁结构薄弱环节,尤其对大位移量的伸缩装置,其埋置深度较大,需要侵占梁和桥面板部分,此时必须充分考虑好锚固系统,把伸缩装置可靠地锚于梁体内,保证伸缩装置承受荷载时能将荷载有效地传递到梁体中,所以,GQF-MZL 型伸缩装置除对中梁刚度作了充分考虑外,对边梁采取下缘焊接锚固板和锚固钢筋,以增加抗弯和抗扭刚度(图 8-9)。根据国外有关试验可知,边梁上承受垂直力、水平力和扭矩作用,只要锚固板有足够刚度,即可把大约三分之二的力,通过它传递给梁体,所以边梁锚固板和锚固钢筋布置一定要合理实用。

另外，对放置横梁的位移控制箱，在箱底、箱背及侧面处也都应焊接有锚固钢筋，这些锚固钢筋尽可能与梁体预埋钢筋要一一对应焊牢；预留槽内浇注的混凝土不应低于 C50，并要求震捣密实，以确保伸缩装置锚固的可靠性，最好是在预留槽内填筑不低于 C50 环氧树脂混凝土或钢纤维混凝土等，以增加锚固系统的整体强度。

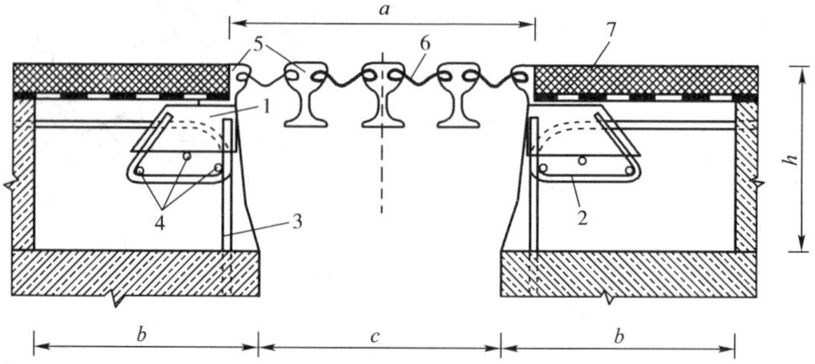

图 8-9　GQF-MZL 型单缝及多缝边梁锚固系统示意图

1-锚固钢板；2-锚固钢筋；3-预埋锚固筋；4-水平分布加强筋；5-异型钢；6-密封橡胶带；7-桥面铺装

第四节　GQF-MZL 型伸缩装置的性能试验

对于任何一种新型结构，必须通过科学试验，检验其技术指标和成品性能的优劣，以验证其是否达到预期的设计效果，同时也为编写桥梁伸缩装置行业标准提供可靠的依据。为此，对 GQF-MZL 型伸缩装置，在大型专用试验台上进行了较全面的性能检测试验。就其试验项目的全面性、规模性和检测手段的先进性，可以说在国内的类似结构试验中是无法相比的，这在我国尚属首次。现将试验情况简述如下。

一、试验段加工制作

该装置由中交公路规划设计院设计，首先由河北衡水宝力工程橡胶有限公司主动承担加工了一套 GQF-MZL 型伸缩装置试验段（以下简称第一试验段）和相应大型专用试验台（照片 8-9）。设计中充分考虑了伸缩装置的重要性，为能真实反映不同加工工艺等因素对结构的影响程度，采取加工相同两套试验段进行对比试验。为此，由上海紫江橡胶制品有限公司加工另外一套（以下简称第二试验段）及相应的专用试验台架。两套试验段长度均为 6m，由 3 根中梁、2 根边梁、4 条密封橡胶带、3 根横梁、3 对位移箱组成，单缝宽度最大为 80mm，总伸缩量为 320mm 的 GQF-MZL（Ⅰ）型大位移量的伸缩装置。同时，对 GQF-MZL（Ⅱ）型试验段，由上海彭浦橡胶制品总厂加工组装，试验段长度为 5.5m，由 5 根中梁、2 根边梁、6 条密封橡胶带、3 根横梁、3 对位移箱，单缝宽 80mm，总伸缩量达 480mm 的伸缩装置，在该厂提供的专用试验台上做了同样内容的试验测试（照片 8-10）。现就 GQF-MZL（Ⅰ）型和 GQF-MZL（Ⅱ）型共 3 套同类试验段的试验情况综合分述如下。

照片 8-9　GQF-MZL（Ⅰ）型伸缩装置试验台（工厂现场）

上述这些试验台在完成本次试验任务后基本拆除，只有河北衡水宝力工程橡胶有限公司在原有的基础上进行了改造和完善，已形成国内唯一保留的一套完整和由电脑控制技术先进的可供大型伸缩装置检测的专用设备。这套设备可满足如下试验项目的测试：

(1)最大拉伸、压缩时，伸缩装置水平摩阻力、变位均匀性试验。

(2)额定载荷时，中梁、横梁的垂直变形试验。

(3)额定水平制动力时，中梁变形试验。

(4)伸缩装置的横向错位试验。

(5)伸缩装置的纵向不均匀错位试验。

(6)伸缩装置的竖向错位试验。

这套专用试验台设备的基本情况如照片 8-11 ~ 照片 8-14 所示。

照片 8-10　GQF-MZL(Ⅱ)型伸缩装置试验台（工厂现场）

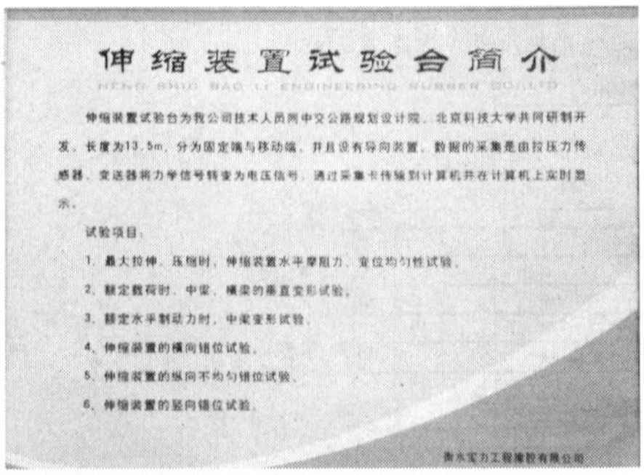

伸缩装置试验台简介

伸缩装置试验台为我公司技术人员同中交公路规划设计院、北京科技大学共同研制开发，长度为13.5m，分为固定端与移动端，并且设有导向装置，数据的采集是由拉压力传感器、变送器将力学信号转变为电压信号，通过采集卡传输到计算机并在计算机上实时显示。

试验项目：

1、最大拉伸、压缩时，伸缩装置水平摩阻力、变位均匀性试验。

2、额定载荷时，中梁、横梁的垂直变形试验。

3、额定水平制动力时，中梁变形试验。

4、伸缩装置的横向错位试验。

5、伸缩装置的纵向不均匀错位试验。

6、伸缩装置的竖向错位试验。

衡水宝力工程橡胶有限公司

照片　8-11

照片　8-12

照片　8-13

照片　8-14

试验是在长度大于4m 的专用试验台架上进行，试验台一边固定，一边可以移动，试验台设有导向装置，并用刚度较大的钢梁把位移控制箱联成整体。3 个工厂加工的试验台结构稍有不同。河北衡水宝力工程有限公司的试验台采用滑动移动，拉伸和压缩试验由大行程油泵实现，试验段和整个试验测试系统布置如图 8-10 所示。上海彭浦橡胶制品总厂和上海紫江橡胶制品有限公司的试验台采用滚动移动，进行拉伸和压缩试验，上海紫江橡胶制品有限公司由千斤顶完成，而上海彭浦橡胶制品总厂则采用大行程油泵来实现。所以，相对滑动移动来讲，试验台本身摩阻力较小，试验段和整个试验测试系统布置如图 8-11 和图 8-12 所示。

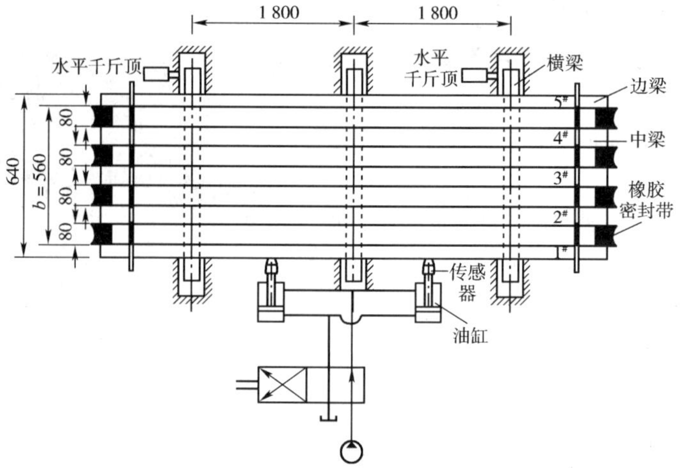

图 8-10　第一试验段测试系统示意图(尺寸单位:mm)

注:传感器接头长度 18.5cm;前垫板直径 ϕ12cm;油缸中心离底板高度 9cm。

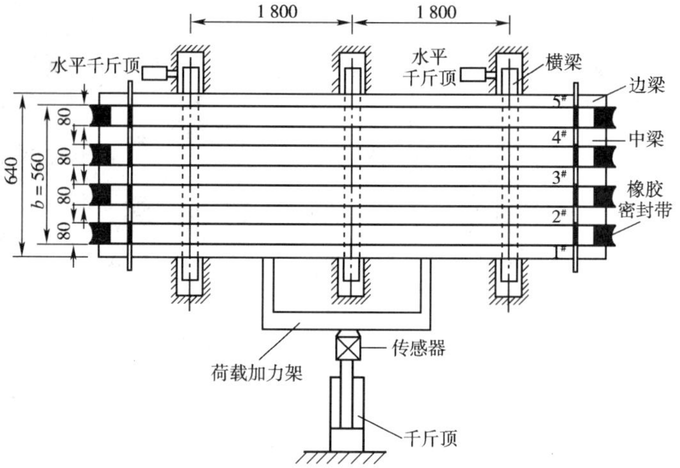

图 8-11　第二试验段测试系统示意图(尺寸单位:mm)

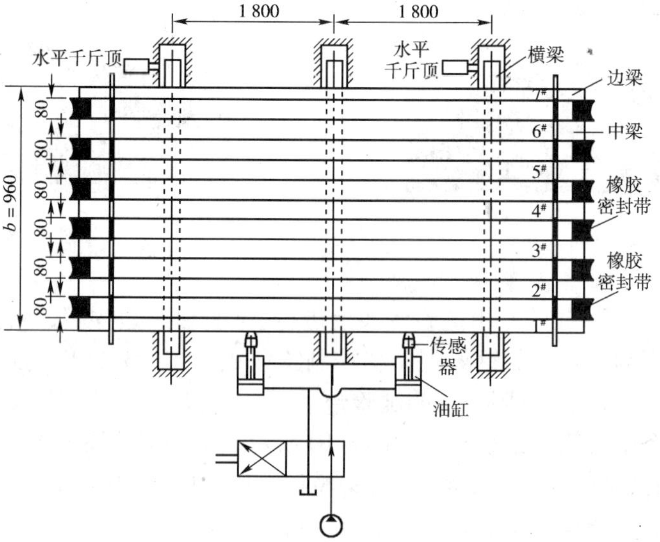

图 8-12　第三试验段测试系统示意图(尺寸单位:mm)

二、试验段的试验测试

第一、二两套试验段均属于直梁连杆式 MZL(Ⅰ)型结构,而第三试验段属于直梁连杆式 MZL(Ⅱ)型结构,试验段横梁与桥轴线平行直放,中梁全部支承在一根横梁上(一对位移箱处),靠独特的联动机构保证伸缩自如均匀的大位移量的伸缩装置,并由北京科技大学机械工程研究所负责对如下项目的各种性能进行测试分析:

(1)最大荷载时,中梁、横梁截面应力和垂直变形试验。

(2)最大水平制动力时,中梁变位、联动机构应力试验。

(3)最大拉伸、压缩时,伸缩装置水平摩阻力、变位均匀性试验。

(4)伸缩装置纵向、横向、竖向相对错位试验。

(5)伸缩装置动力特性试验。

(6)密封橡胶带防水性能与异型钢材连接牢固性试验。

(7)各部件更换、安装方便性试验。

现将以上各种试验情况分述如下。

1. 最大荷载时,中梁、横梁截面应力和垂直变形试验

进行最大荷载下伸缩装置的中梁、横梁的截面应力、垂直变形试验,主要是为了摸清该种结构体系所选择的中梁、横梁的强度和刚度是否满足设计要求,异型钢梁截面的选择是否合理可靠。因为该种结构将要完成从 80 ~ 2 000mm 伸缩量的系列设计,通过本项试验将为系列设计确定合理的中梁、横梁截面与梁高和横梁间距,为系列产品设计提供可靠依据,并验证其设计应力和挠度与实测数据的吻合性。其试验时的示意图如图 8-13 所示。

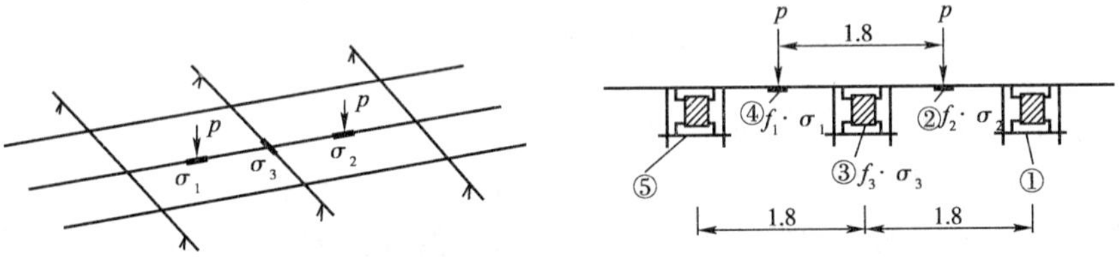

图 8-13　中梁和横梁的应力、挠度测点布置示意图(尺寸单位:m)

试验时使伸缩装置拉伸到最大伸缩量 320mm 或 480mm,然后在中间 3[#]或 4[#]中梁上模拟车辆荷载压力分级进行加载测试。第一试验段用压重加载,最大荷重达到 118.2kN,重复 4 次;第二试验段用反力架千斤顶反顶加载,最大荷重达 181.2kN,重复 4 次;第三试验段同样用千斤顶反顶加载,最大荷重达 200kN,重复 4 次。在 3[#]中梁和 4[#]中梁中点和 2 号横梁中点分别贴有应变片,用动态电阻应变仪,通过光线示波器或 A/D 采集器及康柏 486 电脑实测应力,用百分表记录变形值,试验结果见表 8-2 所列。

中梁、横梁应力和挠度实测数值汇总　　表 8-2

项目 \ 荷载 p(kN)			0	7.25	20	40	60	75	90	100
计算值	中梁	σ(MPa)	0	—	50.1	100.2	150.3	187.8	227.9	250.4
		f(mm)	0	0.47	1.29	2.5	3.88	4.8	5.82	6.4
	横梁	σ(MPa)	0	—	44.7	89.4	134.0	—	203.3	—
		f(mm)	0	0.21	0.57	1.13	1.70	2.1	2.55	2.8

续上表

项目 \ 荷载 p(kN)			0	7.25	20	40	60	75	90	100
第一试验段实测值	中梁	σ(MPa)	0	—	50.3	91.8	128.4	—	—	—
		f(mm)	0	0.412	1.31	3.15	5.01	—	—	—
	横梁	σ(MPa)	0	—	28.5	75.5	125.4	—	—	—
		f(mm)	0	0.27	0.73	1.73	2.12	—	—	—
第二试验段实测值	中梁	σ(MPa)	0	—	—	105.2	156.5	—	212.6	—
		f(mm)	0	—	—	3.15	4.28	—	5.88	—
	横梁	σ(MPa)	0	—	—	67.9	108.2	—	174.8	—
		f(mm)	0	—	—	0.86	1.28	—	2.35	—
第三试验段实测值	中梁	σ(MPa)	0	—	—	—	—	146.9	—	190.4
		f(mm)	0	—	—	—	—	4.74	—	5.86
	横梁	σ(MPa)	0	—	—	—	—	—	—	—
		f(mm)	0	—	—	—	—	0.82	—	1.10

注:①试验当加载到最大荷载时,第一试验段中梁实测应力与计算值最大偏差为 -14.6%,挠度值相差 29.2%;挠度值相差较大的原因主要是承压的支座结构未按设计要求加工,其形状系数偏低所至;横梁实测应力与计算值最大偏差 -6.6%,挠度值相差 24.7%;

②第二试验段中梁实测应力与计算值最大偏差为 -6.7%,挠度值相差 1.2%;横梁实测应力与计算值最大偏差 -14%,挠度值相差 7.7%;

③第三试验段中梁实测应力与计算值最大偏差为 -24.0%,挠度值相差 -8.4%;横梁应力未测,挠度值相差为 -25%,其偏差较大原因,因热轧整体成形异型钢材最终断面比设计理论断面稍大,刚度大,故实测数据均较计算值小,偏于安全;

④表中 f 值为包括承压和压紧支座变形值在内的总和。

从表 8-2 的结果看出,实测中梁与横梁应力、挠度与计算值相比可以说是吻合的,加载到最大荷载时,计算值与实测值的偏差均在 15% 左右。但因挠度用百分表读数,受荷载波动影响较大,又因人工读数也有偏差,故数值仅供参考。但规律性较好,中梁应力负偏差,挠度正偏差,基本上说明中梁按连续梁计算是合理的,截面选定是恰当的。当支承横梁间距不超过 1800mm 时,中梁截面可以满足整个系列产品设计要求,随着伸缩量增大,仅对横梁断面进行分级调整即可。中梁完全可以采用同一断面,这样大大减少了系列产品设计中梁规格尺寸,试验达到了预想结果。在加载过程中随时观测整个结构工作状态,认为比较理想,能够确保结构安全可靠。

2. 最大水平制动力时,中梁变位、联动机构应力测试

对 GQF-MZL 型伸缩装置整个结构进行水平制动力试验,主要是模拟当车辆荷载在结构上紧急刹车时,所产生的水平力完全由一根中梁承担。此时,整个结构工作状态和各部件承受最不利荷载时所承受应力,如中梁位移、联动机构所承受应力,以及销钉、支座等工作状态,在卸载后其恢复能力如何。

试验时,用两个水平千斤顶模拟两个车轮在伸缩装置处于最大拉伸状态时,在 $3^{\#}$、$4^{\#}$ 中梁的 3 个支承横梁跨间中点各施加 $T = 21$kN 水平力,并测定中梁水平变位值和联动机构应力;卸载后恢复到初始状态时,再做第二次加载,连续做 3 次。最后对第一试验段超载 30%,对第二试验段超载 40%,再实测中梁水平变位及联动机构应力,卸载后观测整个结构恢复情况,其

试验示意图如图 8-14 所示。试验结果见表 8-3 和表 8-4 所列。

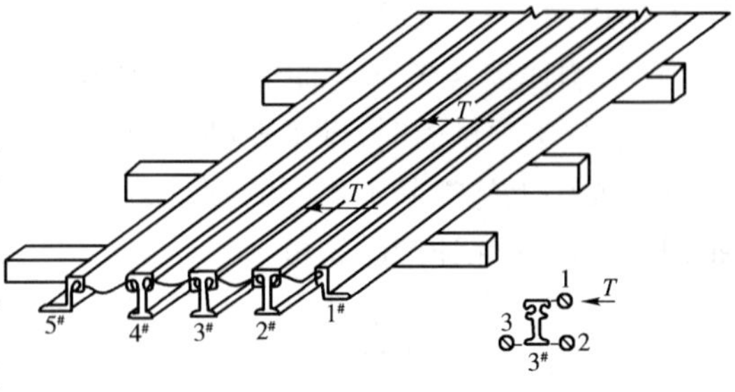

图 8-14　水平力试验加载示意图

从表 8-3 和表 8-4 的结果看,加载后最大水平变位到最大值时,卸载后所有构件及时恢复到原位,联动机构应力满足设计要求,即便在水平力超载 30% ~40% 时,卸载后所有构件复原情况良好,这充分说明该伸缩装置对水平制动力适应性很强,有足够强度和刚度,联动机构选择和设计合理。另外,从试验结果看,第一试验段水平变位比第二试验段大,反映出这与承压、压紧支座结构及强度有密切关系,所以在选择支座结构时必须适当,不容忽视。

第一、第二试验段水平力试验实测值结果汇总(3 次试验结果平均值)　　表 8-3

项　目	水平力 $2T$ (kN)	联动机构应力		$3^{\#}$中梁水平位移值(mm)					
		σ_1 (MPa)	σ_2 (MPa)	第一试验段			第二试验段		
				上缘①点	下缘②点	下缘③点	上缘①点	下缘②点	下缘③点
3 次试验结果平均值	0	0	0	77	77	78	78	78	77
	40	13.4	8.0	—	—	—	94	86	64
	41	—	—	98	87	66	—	—	—
	0	0	0	77	77	77	78	79	77
最大位移值				21	10	12	16	8	13
超载 30% ~40%	0	0	0	77	77	78	78	78	77
	54	—	—	109	89	64	—	—	—
	56	18.1	10.9	—	—	—	99	89	61
	0	0	0	77	77	78	78	78	77
最大位移值				32	12	14	21	11	16

第三试验段水平力试验实测值结果汇总(3 次试验结果平均值)　　表 8-4

项　目	水平力 T (kN)	$4^{\#}$中梁水平位移值(mm)							
		上缘①点	下缘①点	上缘②点	下缘②点	上缘③点	下缘③点	上缘④点	下缘④点
初读数	0	56	63	69	70	66	67	70	70
加载值	25.3	30	49	92	83	38	53	93	85
卸载后	0	56	63	70	70	66	68	70	71
最大位移值 (mm)		26	14	23	13	28	14	23	15

3. 最大拉伸、压缩时,伸缩装置水平摩阻力及变位均匀性试验

桥梁伸缩装置的最大拉伸、压缩时的水平摩阻力大小及变位均匀性,是衡量伸缩装置性能好坏、伸缩机构设计是否合理灵活的重要指标。它反映了伸缩装置对桥梁结构由温度变化、混凝土收缩徐变、墩台沉降和梁端转动等产生变形的适应能力。这是一项最基本的,也是极为重要的试验项目,主要内容包括:

1)支座预紧力选择与控制

GQF-MZL 型伸缩装置中设置的承压、压紧支座预紧力选择和如何保证预紧力在每组支座

上大小均匀不变，这是必须首先要解决试验准备工作重要问题之一。预紧力过大将增大其摩阻力，影响伸缩装置自由伸缩，过小则在车辆紧急刹车时将引起伸缩装置跳动或晃动等。所以，在进行该项试验时，做了3种不同预紧力对比试验，以选择最佳效果的预紧力值。为了保证各组支座上施加基本相同的预紧力，又便于工人组装时操作，也进行了探讨性研究，以便在批量生产时能保证产品质量。

2）试验准备和试验程序

进行水平摩阻力及变位均匀性试验时，首先在试验段两端和中间做好明显标记，按照已选定的预紧力把各组支座预紧固定好，用标定过的卡尺将拉伸到最大伸缩量的位置时，准确测定标记处的总宽和每条缝隙宽度的初始值，经过核对后，开始分级加力，往返预拉、预压后，正式加力读取加力值和量测伸缩装置两端总宽和每条缝隙宽度变化值，测定摩阻力大小和变位均匀性。试验时，第一试验段由于受加力油泵行程的限制，最大伸缩量只有250mm；第二试验段由于受千斤顶行程影响，最大伸缩量达到240mm；第三试验段由于受试验台影响，最大伸缩量达到400mm。实测结果见表8-5～表8-7所列。

第一试验段第二级预紧力时3次循环伸缩水平摩阻力、变位均匀性试验实测值结果汇总 表8-5

加载方式			压缩				拉伸			
伸缩量(mm)			0	80	160	250	0	80	160	250
伸缩阻力(kN/m)		静	0	1.59	1.62	1.66	0	0.82	0.96	1.21
		动	0	1.35	1.42	1.42	0	0	0.74	1.00
每次加载实测缝宽(mm)	标准值	b	560	480	400	310	310	400	480	560
		$b_1 \sim b_4$	80	60	40	17.5	17.5	40	60	80
	a_1端	b	551	477	399	311	311	400	481	551
		b_1	78	59	40	16	16	40	60	78
		b_2	81	63	42	15	15	42	62	81
		b_3	80	62	42	20	20	42	61	80
		b_4	80	61	42	14	14	42	62	80
	a_3端	b	561	478	400	315	315	406	481	561
		b_1	78	60	37	16	16	40	60	78
		b_2	81	60	41	18	18	42	63	81
		b_3	79	58	38	17	17	40	61	78
		b_4	80	60	40	19	19	42	63	81
	平均值	b	556	477	400	313	313	403	481	556
		b_1	78	59	39	16	16	40	60	78
		b_2	81	62	42	17	17	42	63	81
		b_3	79	60	40	19	19	41	61	79
		b_4	80	61	41	17	17	42	62	81
最大偏差值			2	2	2	1.5	1.5	2	3	2

注：表中最大静伸缩摩阻力为1.66kN/m；动伸缩水平摩阻力为1.42kN/m（伸缩水平摩阻力未扣除试验台本身滑动摩阻力）。

第二试验段在特定预紧力时 3 次循环伸缩水平摩阻力、变位均匀性试验实测值结果汇总

表 8-6

加载方式			压缩				拉伸			
伸缩量(mm)			0	80	160	240	0	80	160	240
伸缩阻力(kN/m)		静	0	0.62	1.62	0.66	0	0.56	0.66	0.67
		动	0	0.54	0.56	0.62	0	0.56	0.58	0.61
每次加载实测缝宽(mm)	标准值	b	640	560	480	400	400	480	560	640
		$b_1\sim b_4$	80	60	40	20	20	40	60	80
	a_1 端	b	640	560	480	400	400	480	560	640
		b_1	80	60	42	19	19	38	59	80
		b_2	80	60	40	19	19	39	59	80
		b_3	80	59	39	20	20	41	61	80
		b_4	80	59	38	19	19	41	61	80
	a_3 端	b	642	560	480	400	400	485	564	564
		b_1	81	59	39	21	21	40	60	80
		b_2	80	63	43	21	21	40	60	80
		b_3	80	61	42	21	21	42	60	80
		b_4	80	56	35	20	20	41	60	80
	平均值	b	641	560	480	400	400	483	562	642
		b_1	81	60	41	20	20	40	60	81
		b_2	80	61	42	20	20	40	60	80
		b_3	80	60	41	21	21	42	61	80
		b_4	80	58	37	20	20	41	61	80
最大偏差值			1	2	3	1	1	2	1	1

注：表中最大静伸缩摩阻力为0.67kN/m；动伸缩水平摩阻力为0.62kN/m（伸缩水平摩阻力未扣除试验台本身滑动摩阻力）。

第三试验段在特定预紧力时 3 次循环伸缩水平摩阻力、变位均匀性试验实测值结果汇总

表 8-7

加载方式			压缩						拉伸					
伸缩量(mm)			0	80	160	240	320	400	400	320	240	160	80	0
伸缩阻力(kN/m)		静	0	1.44	1.57	1.51	1.66	2.03	2.03	1.30	1.48	1.64	1.82	1.92
		动	—	—	—	—	—	—	—	—	—	—	—	—
每次加载实测缝宽(mm)	标准值	b	960	880	800	720	640	560	560	640	720	800	880	960
		$b_1\sim b_6$	80	66.7	53.3	40	26.7	13.3	13.3	26.7	40	53.3	66.7	80
	a_1	b	962	883	804	723	642	562	562	644	723	805	885	962
		b_1	84	68	55	40	27	14	14	26	41	54	66	82
		b_2	83	66	53	40	26	14	14	27	41	54	66	82
		b_3	78	67	54	41	27	12	12	26	39	52	66	78
		b_4	83	65	53	39	25	13	13	26	39	53	66	82
		b_5	79	65	52	40	26	14	14	26	40	53	66	79
		b_6	79	65	53	41	27	13	13	26	40	53	65	80

续上表

加载方式			压缩						拉伸					
伸缩量(mm)			0	80	160	240	320	400	400	320	240	160	80	0
伸缩阻力(kN/m)		静	0	1.44	1.57	1.51	1.66	2.03	2.03	1.30	1.48	1.64	1.82	1.92
		动	—	—	—	—	—	—	—	—	—	—	—	—
每次加载实测缝宽(mm)	a_2	b	961	879	800	721	640	564	564	641	720	802	881	959
		b_1	79	67	53	41	26	13	13	27	40	53	66	79
		b_2	78	67	53	40	26	13	13	27	41	54	67	79
		b_3	79	67	53	41	27	13	13	27	41	54	67	80
		b_4	79	65	52	40	26	13	13	26	39	54	66	79
		b_5	80	67	54	41	27	13	13	26	39	53	67	80
		b_6	79	65	53	41	27	13	13	27	39	52	66	80
	a_3	b	960	873	800	721	639	561	561	642	722	801	882	959
		b_1	81	66	52	39	26	13	13	26	39	52	65	79
		b_2	81	67	53	39	26	13	13	27	40	54	66	79
		b_3	79	67	55	40	27	14	14	26	39	53	65	80
		b_4	79	66	53	40	26	14	14	26	39	52	65	78
		b_5	79	66	53	40	26	13	13	26	40	54	67	80
		b_6	79	66	53	41	27	13	13	27	40	54	66	79
	a_4	b	959	882	801	721	639	563	563	642	722	798	885	958
		b_1	78	66	53	40	27	14	14	25	40	53	65	79
		b_2	81	68	53	40	26	14	14	27	41	53	65	82
		b_3	79	67	54	41	27	14	14	27	40	53	66	82
		b_4	80	67	54	41	27	14	14	27	41	54	67	80
		b_5	80	67	53	39	26	13	13	27	40	53	66	78
		b_6	79	66	53	40	27	13	13	27	39	53	67	79
	4点平均值	b	961	879	801	721	640	562	562	641	721	800	883	960
		b_1	81	67	53	40	27	14	14	26	40	53	66	80
		b_2	81	67	53	40	26	14	14	27	41	54	66	81
		b_3	79	67	54	41	27	13	13	27	40	53	66	80
		b_4	80	66	53	40	26	14	14	26	40	53	66	80
		b_5	80	66	53	40	26	13	13	26	40	53	66	79
		b_6	79	66	53	41	27	13	13	27	40	53	66	80
最大偏差值			1	0.7	0.7	1	0.7	0.7	0.7	0.7	1	0.7	0.7	1

注:表中最大静伸缩水平摩阻力为2.03kN/m。

从试验结果可得出:在特定预紧力下,其拉伸和压缩时,静水平摩阻力最大为2.03kN/m(包括试验台本身摩擦的摩阻力),动水平摩阻力比静水平摩阻力平均小15%左右。对于变位均匀性试验,实测值与标准值之差最大为3mm,伸缩时的变位均匀性很好,位移控制系统能够保证各构件同步运动,充分说明GQF-MZL型伸缩装置有较好结构整体性能,是一种较理想的结构体系。

4. 伸缩装置横向、纵向及竖向相对错位试验

桥梁结构在受力过程中,由于构造和环境的影响,常产生不对称变形,尤其对高速公路和高等级公路的弯、坡、斜和宽桥数量较多,矛盾更为突出,所以要求伸缩装置能够吸收3个方向的变形,同时也应能适应加工组装及施工等产生的误差。以往采用板式橡胶和组合式等伸缩装置,在结构上反映出对3个方向变形适应能力较差,并且试验数据不足。所以,这次对MZL型伸缩装置,就横向、纵向和竖向错位适应能力作为一项重要内容进行了模拟试验。

1）纵向错位试验

根据（JT/T 327—2004）标准的定义，当伸缩装置发生沿桥梁中线或接近中线方向的水平错位称为纵向错位，所以对于桥梁伸缩装置的纵向错位试验，首先是将试验段一侧位移控制箱放松，用水平千斤顶对放松一侧的位移控制箱施加水平力，使其在特定预紧力下产生 35mm、44mm 和 40mm 的横向位移，然后固定位移控制箱，在每级错位值情况下进行拉伸和压缩，实测其拉压过程中摩阻力大小和变位均匀性，每级错位重复做 3 次，结果取其 3 次平均值。纵向错位试验示意图如图 8-15 所示。最大横向错位 35mm、44mm 和 40mm 的试验结果见表 8-8 ~ 表8-10所列。

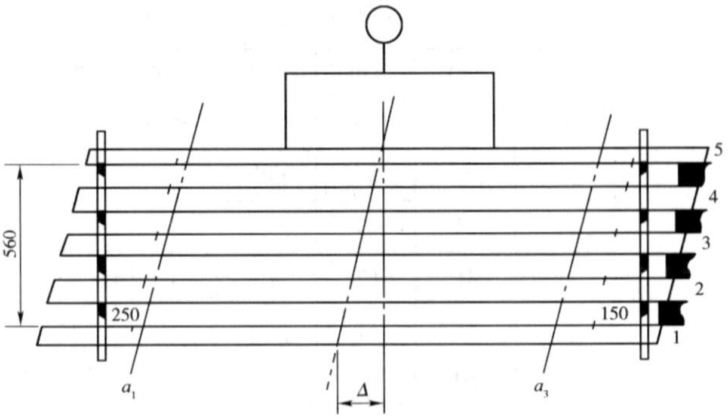

图 8-15　纵向错位示意图

纵向错位主梁位移实测数值汇总　　　　表 8-8

试验段	加载方式	伸缩量（mm）	测点位置	项　目	主梁编号						
					1#	2#	3#	4#	5#	6#	7#
第一试验段	压缩	0 ~ 250	a_1 端	位移值	250	325	401	477	515	—	—
				位移差	75	76	76	38			
			a_3 端	位移值	150	75	0	—	—	—	—
				位移差	75	75					
	拉伸	0 ~ 250	a_1 端	位移值	250	325	401	477	515	—	—
				位移差	75	76	76	38			
			a_3 端	位移值	150	75	0	—	—	—	—
				位移差	75	75					
第二试验段	压缩	0 ~ 240	a_1 端	位移值	20	25	31	36	40	—	—
				位移差	5	6	5	4			
			a_3 端	位移值	43	37	31	25	20	—	—
				位移差	6	6	6	5			
	拉伸	0 ~ 240	a_1 端	位移值	20	25	31	37	41	—	—
				位移差	5	6	6	4			
			a_3 端	位移值	47	41	35	28	24	—	—
				位移差	6	6	7	4			
第三试验段	压缩	0 ~ 400	a_1 端	位移值	31	28	24	19	16	12	9
				位移差	3	4	5	3	4	3	
			a_4 端	位移值	38	35	31	27	24	19	15
				位移差	3	4	4	3	5	4	
	拉伸	0 ~ 400	a_1 端	位移值	31	28	24	18	17	12	8
				位移差	3	4	5	2	5	4	
			a_4 端	位移值	38	35	30	26	23	28	15
				位移差	3	5	4	3	5	3	

纵向错位后伸缩摩阻力和变位均匀性试验实测结果汇总　　表 8-9

加载方式			压缩				拉伸			
伸缩量(mm)			0	80	160	250 (240)	0	80	160	250 (240)
伸缩阻力 (kN/m)		静	0	1.26 (0.70)	1.24 (0.70)	1.29 (0.71)	0	1.26 (0.63)	1.29 (0.62)	1.71 (0.63)
		动	0	1.12 (0.59)	1.12 (0.62)	1.09 (0.64)	0	1.12 (0.56)	1.12 (0.54)	1.38 (0.56)
第一试验段，每次加载实测缝宽(mm)(纵向错位值 $\Delta=35$mm)	标准值	b	560	480	400	310	310	400	480	560
		$b_1 \sim b_4$	80	60	40	17.5	17.5	40	60	80
	实测平均值	b	555	480	401	316	316	401	482	554
		b_1	78	59	39	16	16	40	60	78
		b_2	81	62	42	17	17	41	63	81
		b_3	81	61	41	16	16	42	61	80
		b_4	80	60	40	17	17	42	63	80
	最大偏差值		2	2	2	1.5	1.5	2	3	2
第二试验段，每次加载实测缝宽(mm)(纵向错位值 $\Delta=44$mm)	标准值	b	640	560	480	400	400	480	560	640
		$b_1 \sim b_4$	80	60	40	20	20	40	60	80
	实测平均值	b	640	560	480	401	401	482	561	641
		b_1	81	61	40	20	20	40	62	81
		b_2	79	60	39	20	20	40	60	80
		b_3	79	60	40	20	20	40	60	80
		b_4	80	59	40	20	20	39	60	79
	最大偏差值		1	1	1	0	0	1	2	1

纵向错位后伸缩摩阻力和变位均匀性试验实测结果汇总　　表 8-10

加载方式			压缩			拉伸		
伸缩量(mm)			0	240	400	400	240	0
伸缩阻力(kN/m)		静	0	1.63	2.11	2.11	1.74	1.85
		动	—	—	—	—	—	—
第三试验段，每次加载实测缝宽(mm)(纵向错位值 $\Delta=40$mm)	标准值	b	960	720	560	560	720	960
		$b_1 \sim b_6$	80	40	13.3	13.3	40	80
	实测平均值	b	961	721	563	563	722	961
		b_1	80	40	14	14	40	81
		b_2	81	40	13	13	41	81
		b_3	80	41	13	13	40	80
		b_4	81	41	14	14	40	81
		b_5	81	40	14	14	40	81
		b_6	81	40	13	13	40	80
	最大偏差值		1	1	0.7	0.7	1	2

由表 8-8、表 8-9 和表 8-10 可以看出，MZL 型伸缩装置，在纵向错位 35mm、44mm 和 40mm 时，实测摩阻力比正常位置稍有增大。第一试验段约增大 2.9%，第二试验段约增大 5.6%，第三试验段约增大 3.9%，只要错位时横梁不碰到位移控制箱箱体，则伸缩时水平摩阻力增大很小。这种状态下的位移均匀性，从实测数据可知，每单元缝隙宽与标准值相比差约 2mm，各中梁的水平错位偏差很小，几乎相等。说明 GQF-MZL 型伸缩装置对纵向错位有很强的适应性。

2）横向不均匀错位试验

当伸缩装置受到车辆制动力作用和在弯桥上安装时，伸缩装置两端产生放射状错位，形成扇形张开（图 8-16）。此时伸缩装置功能是否满足要求，压缩或拉伸时摩阻力大小与变位均匀性如何？根据（JT/T 327—2004）标准的定义，当伸缩装置发生与桥梁中线垂直或接近垂直方向的水平错位称为横向错位，特模拟了横向不均匀错位试验。

试验时，使第一、第二试验段在 4m 或 4.5m 间距两端总宽度产生 80mm 的差值，第三试验段在 4.8m 间距两端产生 105mm 差值，形成扇形张开，然后固定锚固箱，进行拉伸、压缩试验，实测摩阻力大小和变位均匀性数值。试验示意如图 8-17 所示。重复 3 次试验，试验结果的平均值见表8-11所列。由此看出，MZL 型伸缩装置呈扇面工作状态时，伸缩阻力不会增大，且变位均匀性能得到充分保证，完全能满足弯桥的需要。

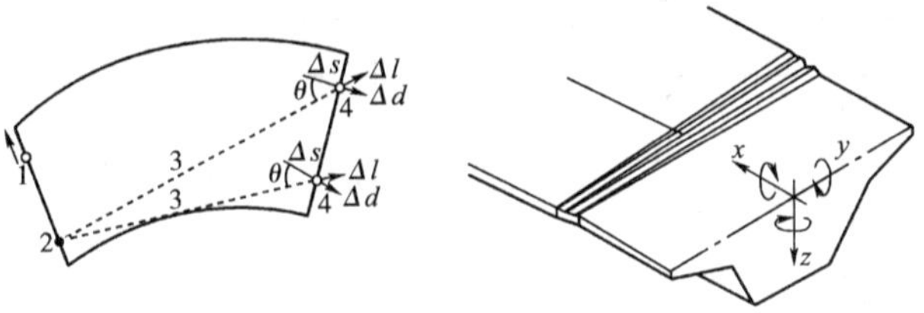

图 8-16　弯桥的变位

1-可动；2-固定支座；3-移动方向；4-活动支座

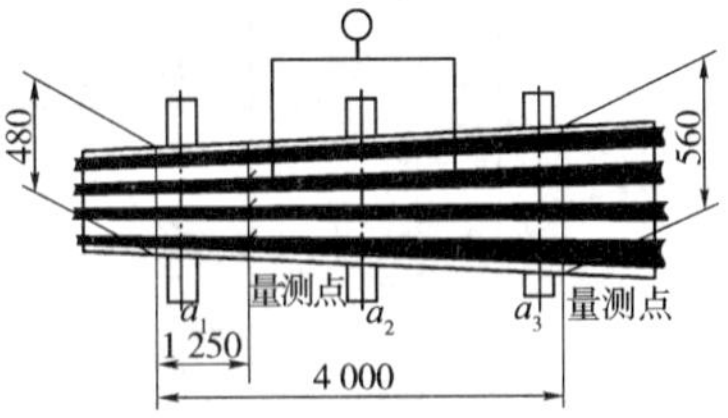

图 8-17　横向错位试验示意图

（尺寸单位：mm）

3）竖向错位试验

由于恒载和活载作用，往往引起桥梁端部产生转动变位，桥梁基础出现的不均匀沉降或由于施工误差等也可造成伸缩装置沿顺桥轴方向的不平，产生一定高差。此时，安装在梁端处的伸缩装置承受垂直、水平及转动引起的变位，使大位移量伸缩装置各中梁、横梁受力变得较为复杂。所以，在设计时必须给予充分考虑。对于桥梁纵坡影响，在计算伸缩量时考虑纵坡产生位移计入在内即可。而对竖向变形必须在结构上加以处理，留有充分余地。为了检验 MZL 型伸缩装置对竖向错位的适应性，本次进行了如图8-18所示的竖向错位试验。

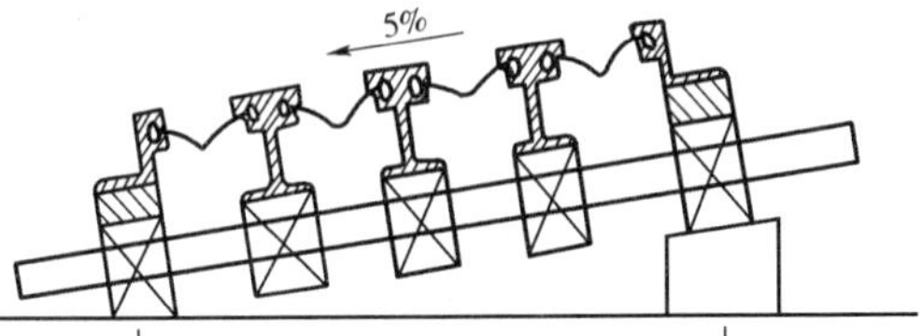

图 8-18　竖向错位试验示意图（尺寸单位：mm）

试验时，用千斤顶将试验段一侧位移控制箱放松后垫高，然后把楔形垫块垫入，使两侧位移控制箱形成 3.66% 及 5% 的高差，再将位移控制箱固定，进行拉伸、压缩试验，测定伸缩摩阻力大小和变位均匀性，同时观测整个结构受力状态和工作性能。重复 3 次，取其结果平均值，见表 8-12 所列。

由试验结果可以看出，竖向错位时，伸缩摩阻力明显增大，比正常位置状态时约增加 15% 左右，高差愈大摩阻力增加愈多。所以设计时，对大位移量伸缩装置必须给予考虑。MZL 型

横向不均匀错位试验结果汇总 表 8-11

项目			第一试验段		第二试验段		第三试验段	
加载方式			压	拉	压	拉	压	拉
伸缩量(mm)			230	230	200	200	320	320
伸缩阻力(kN/m)		静	1.03	1.67	0.53	0.45	2.07	1.70
		动	0.92	1.44	0.46	0.40	—	—
a_1 端(mm)	标准值	b	275	505	376	576	640	960
		$b_1 \sim b_6$	9	66	14	64	26.7	80
	实测值	b	276	509	373	575	642	963
		b_1	9	66	14	60	26	80
		b_2	8	66	12	63	27	80
		b_3	9	64	13	66	27	80
		b_4	8	65	13	67	26	82
		b_5	—	—	—	—	27	80
		b_6	—	—	—	—	27	81
a_2 端(mm)	标准值	b	330	560	456	656	535	855
		$b_1 \sim b_6$	23	80	34	84	9.2	62.5
	实测值	b	329	557	455	655	537	853
		b_1	22	81	33	80	9	62
		b_2	23	80	33	83	9	62
		b_3	22	78	31	80	9	62
		b_4	21	80	34	85	10	61
		b_5	—	—	—	—	10	63
		b_6	—	—	—	—	9	63

竖向错位试验结果汇总 表 8-12

项目		第一试验段		第二试验段		第三试验段	
加载方式		压	拉	压	拉	压	拉
伸缩量(mm)		250	250	240	240	400	400
伸缩阻力(kN/m)	静	1.46	1.75	0.7	0.79	2.46	2.52
	动	1.32	1.52	0.72	0.71	—	—
标准值(mm)	b	310	560	400	640	560	960
	$b_1 \sim b_6$	18	80	20	80	13.3	80
两端实测平均值(mm)	b	314	559	400	640	563	962
	b_1	17	79	21	81	14	82
	b_2	17	81	20	79	13	82
	b_3	16	79	20	80	13	82
	b_4	17	79	20	78	14	80
	b_5	—	—	—	—	14	81
	b_6	—	—	—	—	13	81
最大偏差值(mm)		1	1	1	2	0.7	2

注:表中仅列出最大拉伸、压缩时试验结果,其余各级伸缩量数值从略。第一试验段垫高 32mm 相当于纵坡 3.66%,第二试验段垫高 44mm 相当于纵坡 5%,第三试验段垫高 30mm 相当于纵坡 5%。

伸缩装置对竖向错位适应能力和保证有竖向错位时伸缩均匀性是比较理想的结构形式。试验时，观测各部件工作情况，反映出中梁、横梁受力时通过承压及压紧支座不等量变形和横梁下转动支承轴、滑移转动支座的调整完全能适应梁端倾斜、挠曲等竖向变形需要，并保持位移均匀、摩阻力小的特点。

5. 伸缩装置振动冲击试验

大位移量伸缩装置，多属于钢结构体系，所以对其受到振动冲击时的动力特性进行试验，观测受冲击后可能出现的情况是十分必要的。试验时，使伸缩装置在空载状态下，用 3.63kg (8 磅)大锤敲击并连续敲击数次，记录振动频率和阻尼时间，然后再对中梁加载到 120kN 后，做同样试验，记录其振动频率和阻尼时间，结果见表 8-13 所列，其振动波形如图 8-19、图 8-20 和图 8-21 所示。

振动频率和阻尼时间　　表 8-13

试验段	参数 / 项目	振动频率(Hz)	阻尼时间(s)
第一试验段	自振频率(跨中)	28	0.22
	加载后结构频率	7	0.12
第二试验段	自振频率(跨中)	70	0.15
	加载后结构频率	80	0.065
第三试验段	自振频率(跨中)	36	0.14
	加载后结构频率	—	—

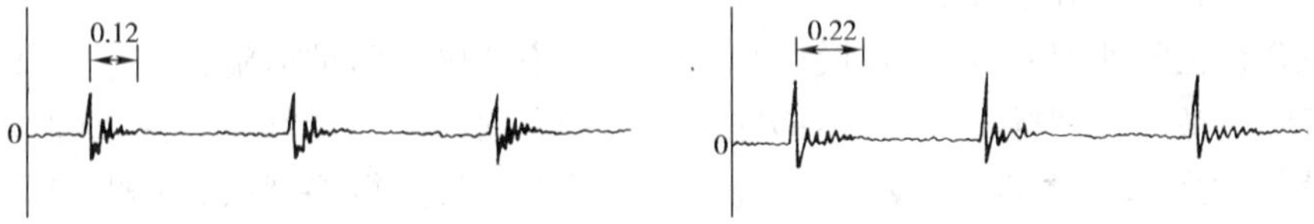

a)　　b)

图 8-19　第一试验段振动波形图

a)加载后振动波形图；b)加载前振动波形图

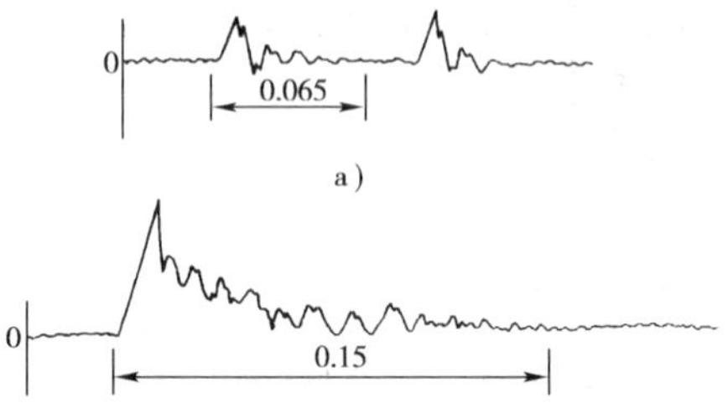

a)　b)

图 8-20　第二试验段振动波形图

a)加载后振动波形图；b)加载前振动波形图

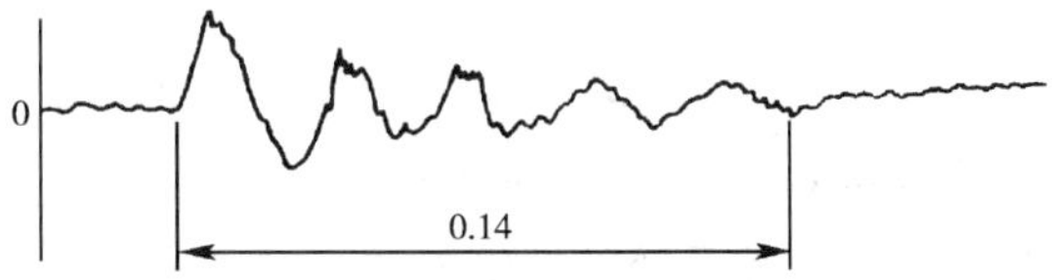

图 8-21　第三试验段振动波形图

由上述试验结果可以看出，第二试验段空载和加载时振动频率均高于第一试验段。其原因是：第一试验段试验台较低，为防止试验台受到振动冲击时频率对伸缩装置自身频率干扰，将试验台四周均用砖块垫起，这样大大减少了试验台振动频率影响；而第二试验段试验台较高，周围不易垫平，所以测出振动频率包括了试验台自身振动频率在内，这样明显高于第一试验段测出的频率。考虑到伸缩装置边梁实际将锚固在梁体混凝土内，使用效果应有明显改观。因试验条件限制，今后应考虑模拟更为实际试验状态进行试验。

从实测结果可知，振幅最大者阻尼时间仅持续0.22s，振动时观察到结构各部件工作完全正常。可以预计到车辆荷载冲击时，振动会很快消失。所以，GQF-MZL型伸缩装置结构阻尼性能较好，完全能满足实际使用要求。

6.密封橡胶带防水性能与异型钢材连接牢固性能试验

密封橡胶带起着防沙土、防水、防污等作用，而且要经受高温、低温考验。所以，除要求密封橡胶带的胶料性能指标要满足有关标准要求外，还要考虑胶带与异型钢材连接是否牢固，形状能否在使用过程中将缝隙内存留的沙石、脏物等通过伸缩时胶带的张合尽量得以排出，必须在密封橡胶带设计中，从形状、嵌固、防水、排污等角度考虑。在试验中，特在密封橡胶带上放置了一些小石块，在伸缩装置拉伸、压缩过程中，有一部分可以被排出，也有一部分挤在橡胶带沟槽内无法排干净，因此，凡卡在胶带沟槽内石块、污物等必须采取经常性或定期进行清扫养护，否则将影响伸缩装置使用效果和橡胶带寿命，国外产品也存在同样问题，这点必须引起公路养护部门的足够重视。

对密封橡胶带防水性能试验，是伸缩装置在240mm和400mm拉伸状态下，两端截堵后，在缝内用高压水龙头（消防用水枪）注满水，水面超过橡胶带与异型钢材连接接缝位置，经过24h后检查，无渗水和漏水现象。另外，使伸缩装置超拉到400mm和560mm时，橡胶带与异型钢之间连接紧密，无滑脱现象。总之，MZL型伸缩装置的防水性能良好，在高压和超拉时连接牢固，完全能满足使用要求。

7.部件更换和安装方便性试验

伸缩装置在正常使用时，虽然在设计和生产过程中考虑了防护措施，但一些部件在使用期内也难免需要更换，所以对伸缩装置零部件更换是否方便，并尽可能做到更换时不影响或少影响交通，这是极为重要的问题，否则将会给使用、养护部门带来很多麻烦。所以，MZL型伸缩装置在设计时，设置了更换方便的特殊机构部件，对于伸缩量大于320mm的情况，可在缝下进行更换是不存在问题的。试验时，通过设置的特殊机构部件，更换一个支座仅用3min，更换一套横梁（包括边梁支座和中梁上的承压及压紧支座在内）共用30min。另外，借助专用工具，两个工人安装一条6m长橡胶带共用18min，拆除同样一条橡胶带用8min。但对于160mm、240mm伸缩量的情况下，零部件的更换，则需要在装置上面（桥面上）进行，由于交通等影响，操作稍为困难，时间可能要增长一些，但更换同样是方便可行的。伸缩量80mm以下的仅需更换胶条，那是不成问题的。

三、主要结论

通过对GQF-MZL型伸缩装置两个伸缩量为320mm的试验段和一个伸缩量为480mm的试验段相对完整系统的性能试验，可以得出如下结论：

（1）通过最大荷载时的中梁、横梁截面应力、应变试验，认为该装置中梁、横梁截面选择合理，强度、刚度均能满足实用要求，为系列产品设计提供了充分的可靠依据。

（2）通过最大水平力试验，并在超载30%~40%情况下，中梁、横梁、联动机构、各种支座等均能正常工作，卸载后很快恢复到正常位置，说明该装置对水平力适应能力强，设计合理可靠。

（3）通过拉伸、压缩时水平摩阻力及变位均匀性试验，充分说明该装置位移控制系统同步性能好，机构灵活可靠，具有位移均匀、伸缩阻力较同类其他产品小的优点。

表 8-14

	SG-400 型	XF-160 型
B 型,94	最大摩阻力:$F_{max}=1.58$	最大摩阻力:$F_{max}=3.1$
	$f_{中、中}=1.3$(计算值 2)($N=29$kN)	—
	—	—
单缝宽	最大伸缩量时偏差 10% 左右(单缝宽 40)	最大伸缩量时,平均偏差,$\delta=6$(单缝宽 80)
	—	—
	两端高差 65mm 时,水平摩阻力:$F=3.16$kN/m(5.69/1.8)	—
	—	—
8B 汽车 n 时,当 实测重 明显增	振动试样长 3.5m,6 个单元 240mm 伸缩量,载重 10t,车速 20~30km/h,在缝上制动时,移动 30mm,过后很快恢复正常	—
	施加 11.2kN 水平力,工字梁有明显的侧向变形,增加工字梁刚度(超载6.7%),横向力加至 28kN,工字梁构件完好	—
中梁、4 	试验段长 1.8m,每个单元 40mm,由 10 个单元组成 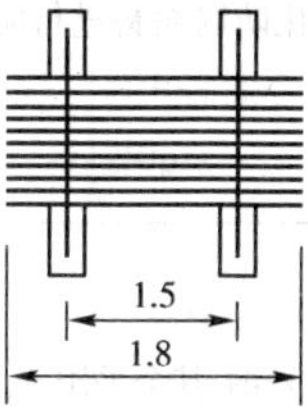	试验段长 6m,由 2 个边梁、1 个中梁、2 条密封橡胶带组成 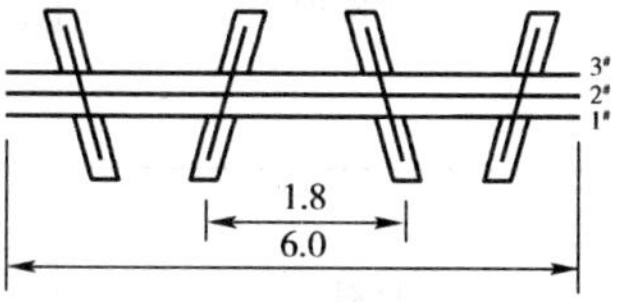
	摘自鉴定资料	摘自鉴定资料

表 8-15

SG 型	Manrer 毛勒(德国)	Mageba 马格巴(瑞士)
120 ~ 1 020	箱形梁:60 ~ 600 异形梁:横梁直放 80 ~ 1 040、横梁斜放 160 ~ 1 200	160 ~ 960
80	60、80	60、70、80
	热轧焊接成型异型钢	焊接成型异型钢
氯丁胶、三元乙丙胶	箱形、鸟形 氯丁胶	箱形、鸟形 氯丁胶
上方装凹板,凹板两边有凹槽,胶带压入边槽用高强螺栓固定	靠橡胶弹性挤压力直接嵌锁在异型钢槽内	与毛勒相同
杆、螺栓定位器、特殊设计的弹各单元之间位移	两种形式:一种在每个锚固箱内有若干支承横梁,中梁分别支承在两根横梁上,靠多孔聚氨脂制成弹性垫块安装在支承横梁间,形成柔性传动;也采用过中间梁支承在一根斜放的横梁上,靠斜横梁摆动角度变化来完成伸缩的方式,因精度要求高,采用很慎重	采用绕每根横梁的细小钢丝绳带动横梁移动的半刚性传动
~430 ~2 768	箱形梁:$h = 300 \sim 525$,$b = 300 \sim 975$ 横梁直放:$h = 300 \sim 540$ $b = 300 \sim 1\ 400$ 横梁斜放两边伸缩:$h = 450 \sim 600$ $b = 400 \sim 1\ 100$	$h = 400$
方法,厚度为 200μm	环氧树脂基的二组锌粉末涂氧化橡胶基,两个涂层厚度小于 80μm	喷锌层厚 60 ~ 100μm,再涂两层厚 40μm 氧化橡胶
6Mn 分:A_3、A_5 钢	主梁:st52 边梁:st37 横梁:st52	主梁:st52 边梁:st37
摘自鉴定资料,后有改进	Manrer 资料介绍	Mageba 资料介绍

(4)通过伸缩装置纵向、横向与竖向错位模拟试验，说明该结构对桥梁结构产生的各种变位均有较好的适应性，能够满足弯、坡、斜、宽桥需要。

(5)通过伸缩装置振动冲击试验验证，该装置结构振动阻尼性能良好，预紧力选择合理。

(6)密封橡胶带形状选择合理，能与异型钢材紧密连接，有较好防水效果。

(7)通过各部件更换安装试验，说明该装置结构易损部件符合标准、定形、互换简便。

综上所述，GQF-MZL型桥梁伸缩装置，可采用不同规格异型钢材组装配套，可满足各种位移量的桥梁结构的要求，它既能满足新建桥梁需要，又便于旧桥改造选用，与同类型产品相比，各项指标具有独特的优点，有较强竞争力。考虑到桥梁伸缩装置使用环境较为恶劣，在长期运营中，为避免较大石子或其他杂物落卡到联动机构中妨碍伸缩自由，加工时应对联动机构采取必要的防锈蚀和保护措施。

国内大位移模数式伸缩装置试验数据对比，见表8-14所列；国内外情况对比，见表8-15所列。

第五节　我国GQF系列伸缩装置的生产与应用前景

一种新产品的成功与否，除看其试验结果外，更重要的是看其实际使用效果。GQF-MZL系列伸缩装置产品也不例外，必须通过试生产和推广应用才能被广大用户所了解和认可。自GQF-MZL型和GQF-C型系列伸缩装置产品推向市场几年来，据河北衡水宝力工程橡胶有限公司和上海彭浦橡胶制品总厂的不完全统计，已应用几十万米，定货量不断攀升，其中代表性工程有河北衡水宝力工程橡胶有限公司加工生产的用于辽宁省营口市南轩桥和天津港南疆大桥的GQF-MZL80型和GQF-MZL160型伸缩装置，以及石家庄外环线使用的GQF-MZL型伸缩装置(照片8-15～照片8-16)，尤其是援缅甸大桥工程使用的GQF-MZL480型伸缩装置，首次进入国外市场就得到承包商的高度评价。上海彭浦橡胶制品总厂加工生产的GQF-C型和GQF-MZL80型伸缩装置，仅在沪宁高速公路上海段安装就有3120m，经使用一致认为该伸缩装置性能可靠，平整度较其他橡胶伸缩装置好，消除了跳车和渗、漏水现象，同时安装也比较简单方便(照片8-17～照片8-20)。此外，该厂还生产出口加拿大温哥华港口工程大桥使用的GQF-MZL400型大位移量伸缩装置(照片8-21～照片8-22)，经加拿大工程业主验收，认为其主要性能指标已满足WSC的要求。这预示着我国大位移量模数式桥梁伸缩装置开始跨入世界先进行列，并进入国际市场。也就是说，GQF-MZL型和GQF-C型系列桥梁伸缩装置的开发和推广应用，不仅可满足国内桥梁建设的需要，而且为我国产品打入国际市场创造了条件，应用前景十分光明。

照片8-15　部分待运GQF-MZL型及GQF-C型伸缩装置产品

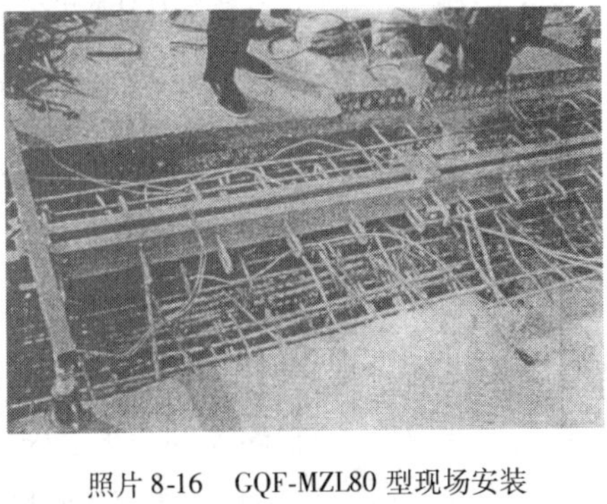

照片8-16　GQF-MZL80型现场安装

照片 8-17　GQF-MZL 型伸缩装置组装

照片 8-18　GQF-MZL160 型伸缩装置运至工地

照片 8-19　GQF-MZL80 型伸缩装置在沪宁高速公路安装情况

照片 8-20　GQF-MZL80 型伸缩装置施工完成情况

照片 8-21　GQF-MZL400 型伸缩装置组装

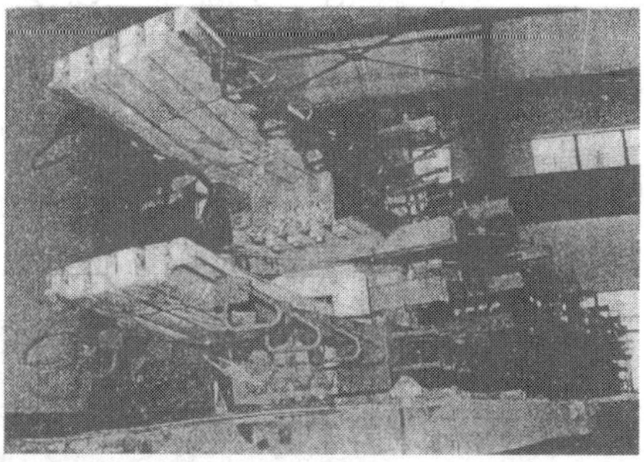

照片 8-22　GQF-MZL 型伸缩装置装运

通过实际应用,不断吸取使用意见,可以进一步改进、完善和提高伸缩装置各项技术指标,使其结构更为合理,使用效果也会越来越好。同时也进一步向生产厂家提出更高的要求,为了保证产品的出厂质量,要求凡生产 GQF-MZL 型和 GQF-C 型系列产品的厂家,应该具备大型伸缩装置试验台架等检测设备和手段,以对所生产的产品进行伸缩摩阻力、变位均匀性试验,并将测试数据资料随产品一并提交给用户。若用户要求进行其他项目的试验时，只要用户提供基本的试验费及足够的时间，厂方也应按用户要求进行其他有关项目的试验并向用户提供完整的试验测试报告，以便让用户用得放心。

上海彭浦橡胶制品总厂和河北衡水宝力工程橡胶有限公司，是以国际质量保证体系ISO9001为基础，制定和完善各种质量管理制度和质量考核办法，争取早日与国际接轨，其具体措施大致有：

（1）加强质量控制点工作，各道工序建立工艺卡，做到上道工序对下道工序负责，实行自检、互检、专检"三检"制度，让次品因素消失在生产中。

（2）健全各种生产原始记录，并在产品上印有厂名、生产年月及操作工号码标记，质量跟踪责任到人。

（3）严格执行奖惩制度，让产品质量与个人利益挂钩，对次品率高或造成质量事故者进行以经济赔偿与行政记过相结合的处罚，反之则实行奖励。

（4）从原材料进厂到成品出厂实行严格的检查制度，对由定点厂家供应的所有原材料的材质进行抽样分析、测试，并要求供货方提供质量保证书。

（5）对用于重大工程产品严格按交通部标准或其他相关标准实行全检制，每件产品须经过检验并贴上合格证方能入库，保证产品出厂合格率达到100%。

（6）进一步加强测试设备的补充和管理，完善测试室功能，对产品的物理性能和力学性能随时进行检测，并定期由省级及以上计量行政主管部门计量认证，并由具备行政主管部门颁发的专项检测资质证书的权威机构对生产的产品进行物理力学性能测试，使产品质量有一个可靠的保证。

第九章　桥梁伸缩装置的施工

桥梁伸缩装置不论在大桥、小桥、长桥、短桥上，都是桥梁构造上不可缺少的部分。它在桥梁结构中，要适应梁的温度变化，混凝土的徐变及收缩引起的收缩量，梁端的旋转、梁的挠度等因素引起的接缝变化。它直接承受着车轮的反复荷载，是桥梁结构上最薄弱的环节，因此也是最易于破坏的部分。其设计、施工上的缺陷，不仅直接使通行者感到不舒适和危险，有时也影响到桥梁的正常使用及桥梁寿命。所以对伸缩装置的选型以及施工都需严格控制。本章将就伸缩装置的施工工艺及施工的质量控制进行阐述。

第一节　桥梁伸缩装置的施工程序

在《公路工程质量检验评定标准》中，桥面的平整度是一个很重要的指标，而影响桥面平整度的重要部分之一则是桥梁的伸缩装置。如果由于施工程序不合理或施工不慎，在3m长范围内，其高程与桥面铺装的高程有正负误差，将造成行车的不舒适，严重的则会造成跳车，这种现象在高等级公路上更为严重。在车辆跳跃的反复冲击下，将很快地导致桥梁伸缩装置的破坏。因此，遵照伸缩装置的施工程序并谨慎施工是桥梁伸缩装置成功的重要保证。

前面已将桥梁伸缩装置分成5大类，而前4类的组成部分可简化如图9-1所示，第5类的组成可简化如图9-2所示。

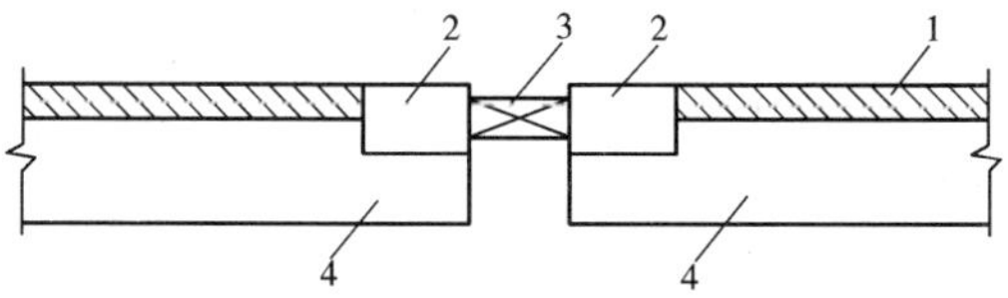

图9-1　桥梁伸缩装置的组成(一)

1-桥面铺装；2-伸缩装置的锚固系统；3-伸缩装置的伸缩体；4-梁(板)体

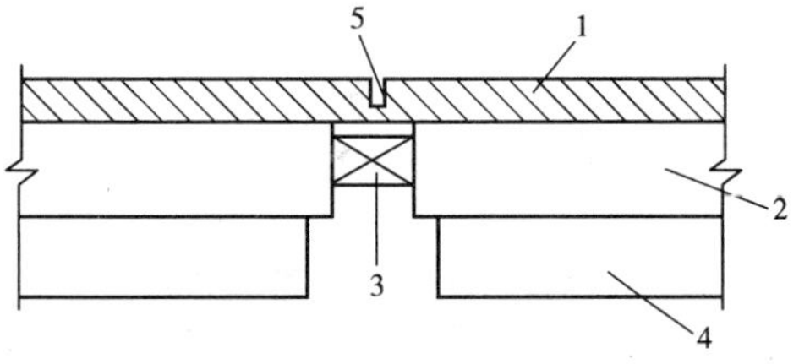

图9-2　桥梁伸缩装置的组成(二)

1-桥面铺装；2-桥面整体化混凝土；3-伸缩体；4-梁(板)体；5-锯缝

图9-1所示的伸缩装置施工程序与图9-2所示的伸缩装置施工程序是不同的，可分别用框图表示如下：

(1)图9-1所示桥梁伸缩装置的施工框图如图9-3所示。

(2)图9-2所示伸缩装置一般用于伸缩量较小的小桥，其上部结构多为板式结构，在板上面还设有约100mm厚的整体化桥面混凝土。根据这一特点，其伸缩装置的施工程序框图如图9-4所示。

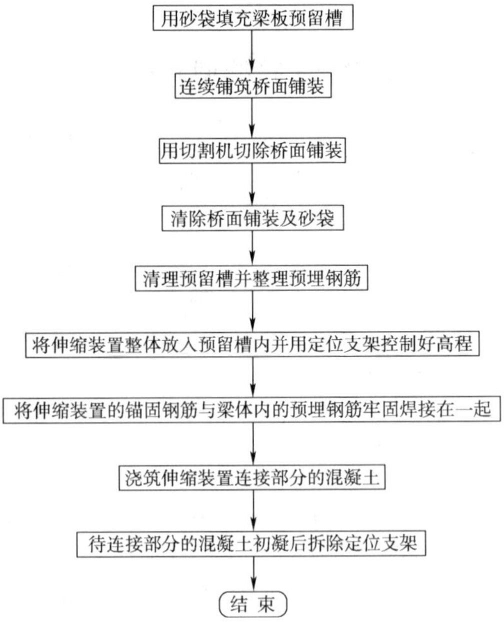

图 9-3　施工框图

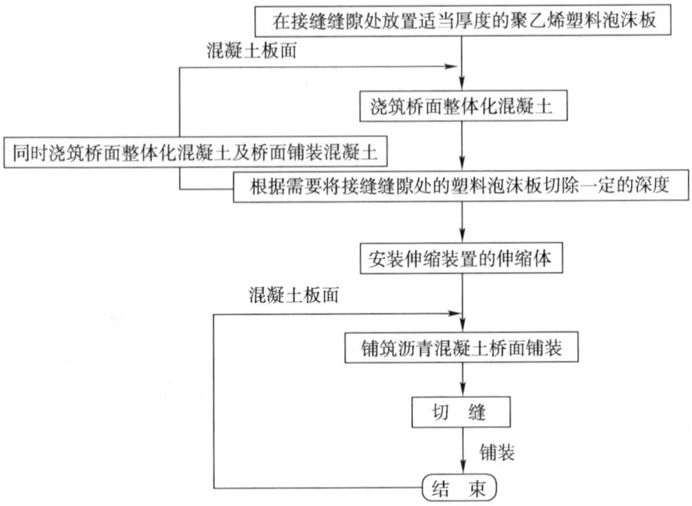

图 9-4　施工程序框图

第二节　伸缩装置的锚固系统与施工

这里讲的锚固系统是一个较为广义的概念，比如对于对接式接缝里的矩形橡胶条型来说，它的锚固系统包括了预埋在桥面板接缝处的铁件及伸缩体与铁件之间的黏结材料，而在模数支承式的装置内，锚固系统则指伸缩装置的位移控制箱及其之间锚固钢筋与梁体结合的现浇混凝土。

根据调查，桥梁伸缩装置破坏的原因多数与锚固系统有关，锚固系统薄弱，本身就容易破坏，锚固系统范围的高程控制不好，容易造成跳车，车辆的反复冲击，导致伸缩装置的过早破坏等，因此伸缩装置的锚固系统是相当重要的。下面将对各类型伸缩装置的锚固系统的基本要求和做法作简要叙述。

一、无缝式(暗缝型)伸缩装置

此类型伸缩装置的特点是桥面铺装为整体型,它适用于伸缩量小于5mm的桥梁,只能用于桥面是沥青混凝土的情况。其标准构造如图9-5所示。

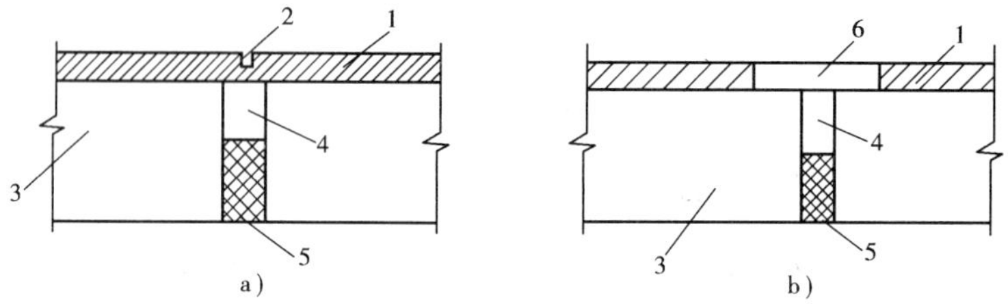

图9-5 标准构造

a)切割式接缝;b)暗缝式接缝

1-沥青混凝土桥面铺装;2-锯缝;3-桥面板;4-防水接缝材料;5-塞入物;6-浇筑的沥青混合料

在图9-5中,锯缝是为了防止沥青混凝土桥面因梁板伸缩产生不规则的裂缝而设置的,正常锯缝宽度是5mm左右,深度为30~50mm左右,在锯缝内浇灌5~7mm左右的接缝材料,该材料必须柔软,不会使沥青路面发生化学变化。如使用掺有橡胶的沥青灌入接缝,或用由橡胶、塑料、沥青混合而成的TST弹塑性材料灌入,其性能一般应符合表9-1中的要求。

接缝材料性能指标 表9-1

项　目	性　能	项　目	性　能
性能	有弹性	温度敏感性	小
比重	1.06~1.08	操作温度(℃)	160~200
软化点(℃)	80~105	安全加热温度(℃)	220
吸水性(%)	<0.07	对明火的稳定性	迟缓
导热率(16.72J/m℃/h)	0.26		

对于不同的材料,有不同的要求,施工中应严格按照产品说明书进行操作。

1. 防水接缝材料

防水接缝材料应具有较强的抗老化性能,它与壁面黏结力强,能适应反复伸缩变形,恢复性能好,并具有一定的强度,以抵抗砂石材料的刺破力。

防水接缝材料,一般可用常温灌入类型,其一般性能见表9-2所列。

防水接缝材料性能指标 表9-2

项　目	性　能	项　目	性　能
硬化时间(h)	6~72	抗拉强度(N)	70~140
可使用时间(h)	混合后2~4	压缩变形(%)	50~80
硬化物的外观	橡胶状弹性体	温度敏感性	非常小
密度(kg/m^3)	1.34~1.38	黏结性	未浸泡、浸泡燃料油、浸泡无剥落
伸长率(%)	300~500	抗老化	性能稳定
备注	性能为混合料的性能,混合料由主料与固化剂组成		

以上海彭浦防水材料厂生产的 PG 道路封缝胶为例，它是以带有异氰酸基（—NCo）的化合物为主剂（*A* 液）和固化液（*B* 液）所构成的双组分高分子道路专用嵌缝材料，它的性能见表 9-3 所列。

PG 道路封缝胶性能指标 表 9-3

项　目	技术性能	项　目	技术性能
灌入稠度（S）	<20	低温脆性（℃）	-30
弹性（复原率%）	>75	与混凝土黏结强度（N/cm^2）	>100
拉（压）率（%）	>15	失黏时间（h）	6 ~ 24
耐高温（℃）	>150	流动性（mm）	0

施工方法主要有：

（1）先将缝内泥土杂质清除干净，并用钢丝刷将缝口刷一遍，用吹灰机将浮灰吹尽，确保缝内干燥。

（2）取 *A* 液∶*B* 液 = 3∶1（重量比）倒入桶内搅拌均匀（配合比请参见产品说明书）。

（3）将搅拌均匀的混合料在常温下灌注缝隙内即可。

注意事项主要有：

（1）预留伸缩缝隙的宽度由计算确定。

（2）*A* 液、*B* 液的配合比可根据需要的凝固时间而定。

（3）为了保证与混凝土的黏结强度，缝内一定要清洁与干燥。

2. 塞入物

塞入物是用于防止未固化的接缝材料往下流动。塞入物要有足够可压缩性能，比如使用泡沫橡胶或目前在市面上较多的聚乙烯泡沫塑料板，在施工桥面板的现浇层时就把它当作接缝处的模板，如图 9-6 所示。待现浇层混凝土达到强度之后，可用扒钉把塑塑料板拔出，其拔出深度一般为 5 ~ 10cm。

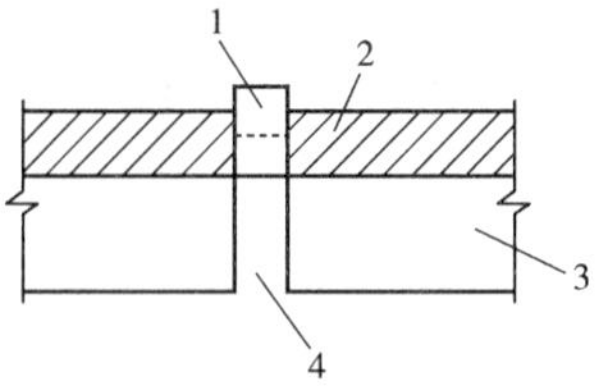

图 9-6　模板

1-泡沫塑料模板；2-桥面板现浇层；3-桥面板（预制）；4-接缝缝隙

在使用 PG 道路封缝胶时，一般与聚乙烯泡沫塑料衬垫棒材或片材配合使用。该衬垫材料具有回弹性好、耐磨、耐老化等特性，是桥梁伸缩缝、沉降缝进行嵌缝密封的优良衬垫材料。其主要性能指标见表 9-4 所列。

聚乙烯泡沫塑料棒材或片材主要性能指标 表 9-4

项目名称	物理性能指标		项目名称	物理性能指标	
	标准规定	实测数据		标准规定	实测数据
密度（kg/m^3）	≤50	40 ~ 45	导热系数（W/m·k）	≤0.044	0.040
拉伸强度（MPa）	≥0.20	0.31 ~ 0.34	吸水率（%）	≤0.6	0.5
断裂伸长率（%）	≥100	174 ~ 176	使用温度（℃）	-40 ~ +80	-40 ~ +80
撕裂强度（MPa）	≥23	23.3 ~ 23.6			

氯磺化聚乙烯密封膏也可作防水接缝材料，它是以氯磺化聚乙烯为主体，加适量的改性剂、硫化剂、促进剂、触变剂和填充剂等，经过混炼、改性、研磨等工序加工制成的合成橡胶。该材料在施工嵌缝后可以在常温下发生交联反应，逐渐形成网状大分子结构后，具有硫化橡胶技术性能，其主要物理性能见表 9-5 所列。

氯磺化聚乙烯密封膏主要物理性能指标 表 9-5

项目名称	物理性能指标		项目名称	物理性能指标	
	标准规定	实测数据		标准规定	实测数据
拉伸强度(MPa)	≥0.60	0.74	耐热性(90℃条件下垂直)(mm)	≤2.0	≤2.0
断裂伸长率(%)	≥150	376.3			
撕裂强度(kN/m)	≥5.0	7.4	低温柔性(在-30℃条件下挠 ϕ20mm 圆棒)	无裂纹	无
黏结强度(MPa)	≥0.40	0.49			

该材料交联固化后具有以下特点：

(1)富有较强的弹性，用这种密封膏进行嵌缝密封处理的接缝能够适应变形的需要。

(2)耐臭氧，耐紫外光，耐湿热，耐老化。

(3)对酸、碱、盐有很强的抵抗能力，对水泥混凝土、金属、橡胶，塑料等均有良好的黏附力。

二、填塞对接型伸缩装置

U 形镀锌铁皮伸缩装置是一种较为原始的伸缩装置。此伸缩装置的锚固系统是用铁钉固定在接缝处的铁皮，而铁皮在反复变形的情况下，会发生生锈、断裂。另外，由于在桥面铺装与桥面板之间夹有一层有弹性的铁皮，故使该处的桥面铺装过早的脱落，因此，它本身有不可克服的弱点，故现在很少使用。

填塞对接接缝的伸缩体所用的材料有矩形橡胶条、组合式橡胶条、管形橡胶条、M 型橡胶条，也有采用泡沫塑料板或合成树脂材料等。只要原材料的物理、化学性能符合规定，就具有适度的压缩性、恢复性和抗老化性。它们的化学性能应是稳定的，在气温发生变化时不会硬化和脆化。因此，产品生产厂家一定要把好原材料这一关。

1. 施工中注意事项

填塞对接型桥梁伸缩装置，适用伸缩量小于 10 ~ 20mm 的桥梁结构。它在安装过程中应注意如下的几个问题：

(1)所采用的伸缩体产品质量要符合有关规定。

(2)安装伸缩装置一定要遵循图 9-3 的施工程序，这样才能保证其安装质量。

(3)如图 9-1 中的 2 部分为现浇 C50 混凝土，在混凝土内适当的布置一些钢筋或钢筋网，此钢筋要与梁(板)体钢筋焊接在一起。C50 混凝土的厚度不能小于 12cm，顺桥方向的宽度不小于 30cm。

(4)安装时一定要保证伸缩体在设计的最低温度时，仍处于压缩状态。

(5)安装时一定要保证伸缩体与混凝土的可靠黏结——采用胶黏剂。

(6)伸缩体一定要低于桥面高程，安装时应保证伸缩体在最大压缩状态下，也不会高出桥面高程。

2. 胶黏剂

PG-308 聚氨酯胶黏剂，具有可控制固化时间、黏结牢固的特点，与混凝土相黏结的强度大于 2MPa。

其使用方法如下：

(1)配胶：本胶黏剂为双组分，I 型 A、B 两组分比为 100:10(质量比)，A、B 组分混合，搅拌均匀即可使用。

(2)操作:将接缝处混凝土表面泥土、杂质清除干净,并用钢丝刷一遍,用吹灰机将浮土吹尽,保证接合面干燥。

(3)涂胶和贴合:涂胶层厚度以不小于1mm为宜。

(4)将伸缩体压缩放入接缝缝隙内。

(5)固化:在常温下,24h内固化(也可根据需要调整固化时间)。

三、嵌固对接型伸缩装置

此类形式,如RG型、FV型、GNB型、SW型、SD型、GQF-C型等,它的结构特点是将不同形状的橡胶条用不同形状的钢构件嵌固起来,然后通过锚固系统将它们与接缝处的梁体锚固成整体,如图9-7所示。此类伸缩装置适用于伸缩量小于60mm的桥梁结构,即接缝宽度为20~80mm。

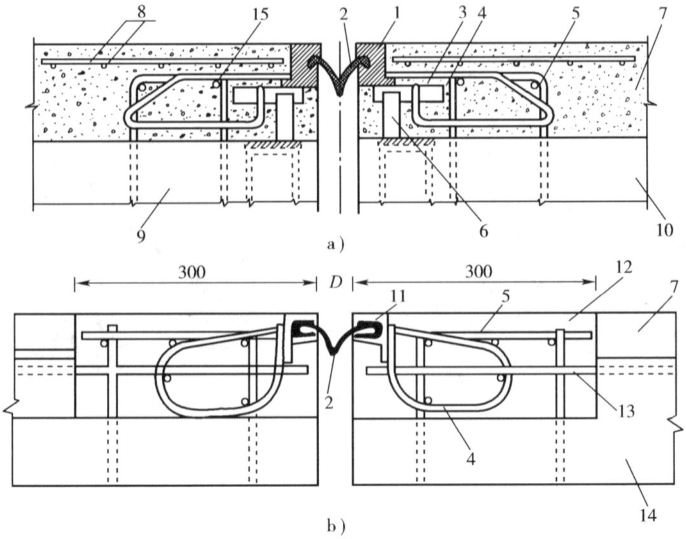

图9-7 嵌固对接型锚固系统示意图(尺寸单位:mm)

a)RG型;b)FV型

1-异形钢;2-密封橡胶带;3-锚板;4-锚筋;5-预埋筋;6-连接铜板;7-桥面铺装;8-钢筋网;9-梁(墩台);10-梁;11-F型钢件;12-填料;13-梁主筋;14-行车道板;15-横向水平筋

1.嵌固对接型伸缩装置的安装

(1)首先要处理好伸缩装置接缝处的梁端,因为梁预制时的长度有一定误差,再加上吊装就位时的误差,使伸缩接缝处的梁端参差不齐,故首先要处理好梁端,以有利于伸缩装置的安装。

(2)切除桥梁伸缩装置处的桥面铺装,并彻底清理梁端预留槽及预埋钢筋,槽深不得小于12cm。

(3)用4~5根角铁做定位角铁,将钢构件点焊或用螺栓固定在定位角铁上,一起放入清理好的预留槽内,立好端模(用聚乙烯泡沫塑料片材做端模,可以不拆除),并检查有无漏浆可能。

(4)将连接钢筋与梁体预埋筋牢固焊接,并布置两层钢筋网,钢筋网的钢筋直径为$\phi8$,网孔为10cm×10cm(照片9-1),然后浇筑C50混凝土,或C50环氧树脂混凝土,浇捣密实并严格养生;当混凝土初凝后,应立

照片9-1 锚固钢筋网

即拆除定位角铁,以防止气温变化梁体伸缩引起锚固系统的松动。

(5)安装密封橡胶条。

嵌固对接型伸缩装置安装过程,如照片 9-2 ~ 照片 9-9 所示。

照片 9-2

照片 9-3

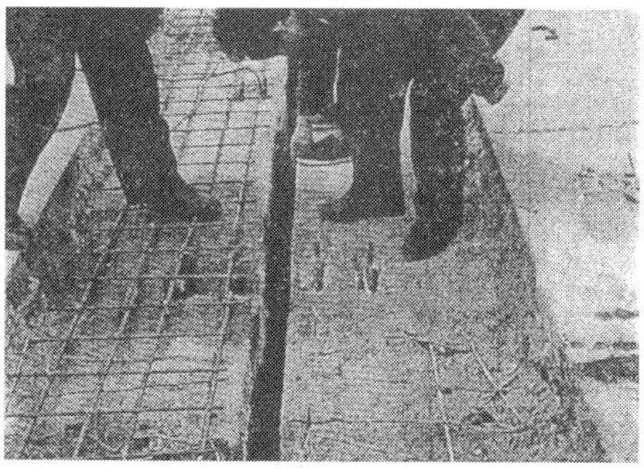

照片 9-4

照片 9-5

照片 9-6

照片 9-7

照片 9-8

照片 9-9

2. 施工中应注意的问题

(1)桥面铺装完成后,才能进行切缝安装工作,以保证桥面的平整度。

(2)伸缩装置的安装一定要按照程序进行,以保证伸缩装置的安装质量。

(3)钢构件下的混凝土一定要饱满密实,不可有空洞;检查混凝土是否饱满,如照片 9-10 所示。

(4)伸缩装置安装时一定要根据当时的温度调节缝隙的宽度。

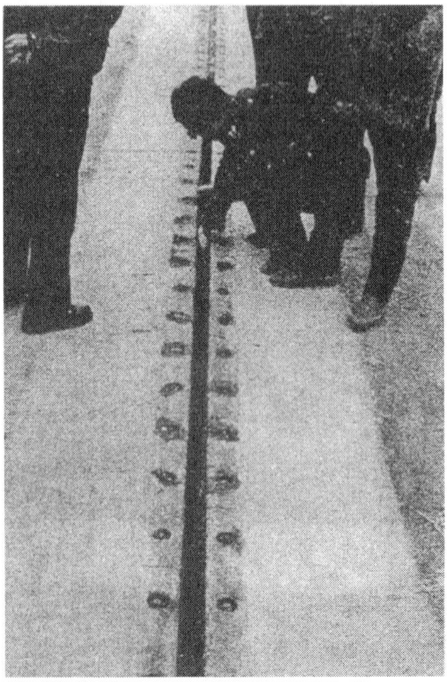

照片 9-10　检查混凝土是否饱满

四、波形伸缩装置

此类型式的伸缩装置包括 GT 型、GAI-TOP 型和 KD 型等,从它们的结构特点来看,都是通过锚固钢筋这样的锚固系统与接缝处的梁体锚固连成整体。所以,施工质量的好坏是一个关键。

1. 一般施工方法

即使是很好的伸缩装置产品,如果没有严格的施工质量管理配合,是无法达到完善可靠的伸缩接缝。施工包括实际安装和安装前的准备工作以及良好的产品,三者的真正结合才能获得良好的工程质量。因此,以下的主要事项必须引起注意:

(1)梁端的预留缝隙或预留槽尺寸(图 9-8)应保证有足够的准确,预留槽的尺寸与公差要求见表 9-6 所列。

预留槽尺寸与公差　　表 9-6

装置型号 / 施工方法	GT-30、50		GT-100、150		桥　　种
	W(mm)	D(mm)	W(mm)	D(mm)	
台座锚固	300^{+50}_{-20}	110^{+50}_{-0}	400^{+50}_{-20}	180^{+50}_{-0}	钢桥
桥面板锚固	300^{+50}_{-20}	110^{+50}_{-0}	400^{+50}_{-20}	180^{+50}_{-0}	
直接锚固	300^{+50}_{-20}	110^{+50}_{-0}	400^{+50}_{-20}	180^{+50}_{-0}	预应力混凝土桥

(2)对于直接锚固方式施工的情况,在钢桥桥面板以及预应力混凝土梁端的预留槽必须确保预埋钢筋已按要求设置。一般钢桥和预应力混凝土桥的预埋钢筋如图 9-9 所示。

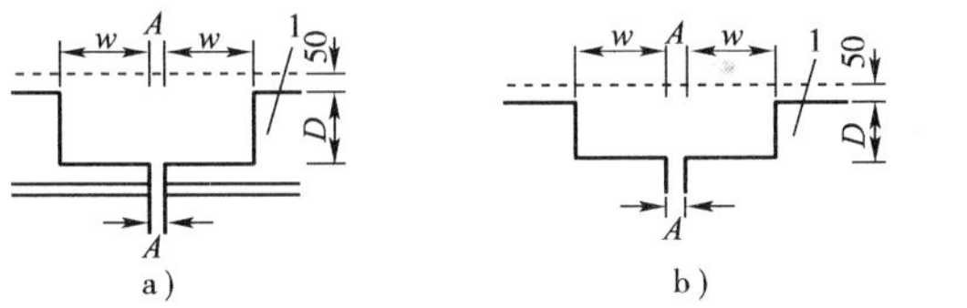

图 9-8　预留槽尺寸

a)钢桥;b)预应力混凝土桥

1-混凝土桥面铺装

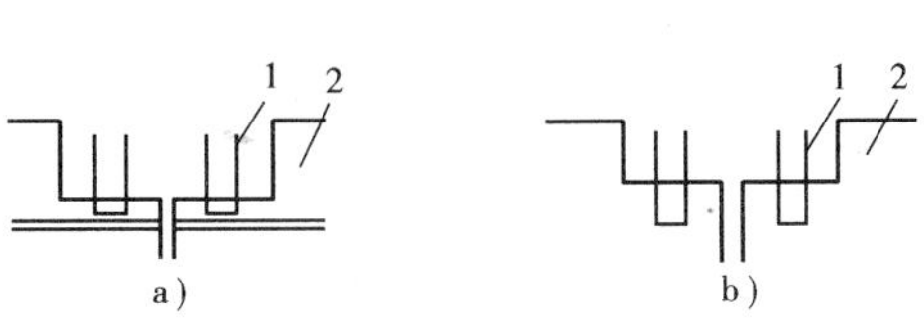

图 9-9　预埋钢筋示意图

a)钢桥;b)预应力混凝土桥

1-中心距离为 200mm,$\phi19$(或 $\phi16$)预埋钢筋;2-钢梁

(3)桥台混凝土浇筑应考虑伸缩装置预埋钢筋的标高位置,如果胸墙混凝土已浇筑到路面顶设计高程时,应将原浇筑的混凝土打除一部分,使预埋钢筋露出约 100mm 左右。桥台的

预埋钢筋要求如图 9-10 所示。

(4)如果采用后装的方法施工时,由于这类施工方法是在安装伸缩装置之前先将路面铺装完成,所以在铺路面前对伸缩装置的预留槽采取临时填塞措施,一般采用碎石或砂装入袋中,或直接使用作为临时填充材料,但必须注意不能使用土砂作为临时填充材料。具体做法如图 9-11 所示。

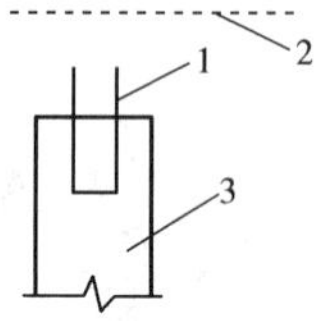

图 9-10　桥台预埋钢筋示意图

1-中心距离为 200mm,ϕ19(或 ϕ16)预埋钢筋,$D = 300^{+100}_{-0}$ mm;2-桥面铺装设计高程;3-桥台

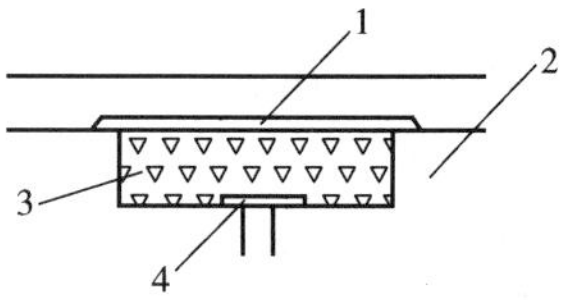

图 9-11　预留槽临时填充构造

1-伸缩装置遮盖材料;2-连续桥面铺装;3-填埋碎石;4-缝隙临时遮盖材料

(5)后浇预留槽混凝土一般采用不低于 C35 的早强水泥混凝土。

(6)锚固系统的安装方式与施工方法,根据不同的桥梁结构与部位,其锚固方式和施工方法见表 9-7 所列。

锚固方式与施工工法　　表 9-7

项目 / 桥梁结构	锚固方式	施工方法	备注
钢桥	台座锚固(带金属安装部件)	①超先装法 ②先装法 ③后装法	—
	桥面板锚固(不带金属安装部件)	①超先装法 ②先装法 ③后装法	混凝土内预埋钢筋
钢筋混凝土与预应力混凝土桥	直接锚固	①先装法 ②后装法	混凝土内预埋钢筋
钢桥面板	直接锚固	①先装法 ②后装法	—
桥台	直接锚固	①先装法 ②后装法	混凝土内预埋钢筋

2. 波形身伸缩装置在组合梁上的施工方法

(1)吊装预制梁、安装模板和帮扎桥面板钢筋,如图 9-12 所示。

(2)浇筑桥面板混凝土,如图 9-13 所示。

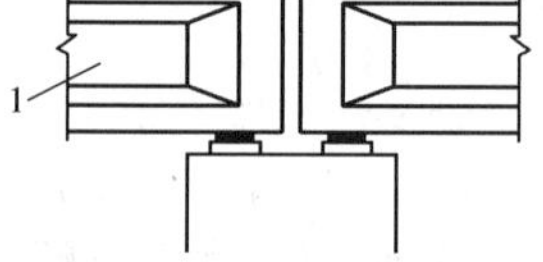

图 9-12　吊装预制梁

1-预制梁

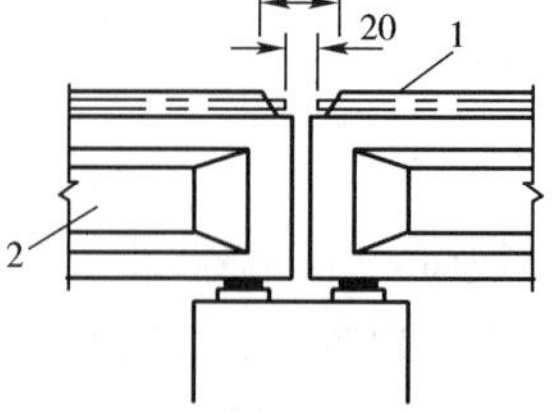

图 9-13　浇筑桥面板混凝土

1-桥面板;2-预制梁

(3)桥面铺装,如图9-14所示。

(4)按设计要求切除桥面铺装及桥面板混凝土,造就预留槽,如图9-15所示。

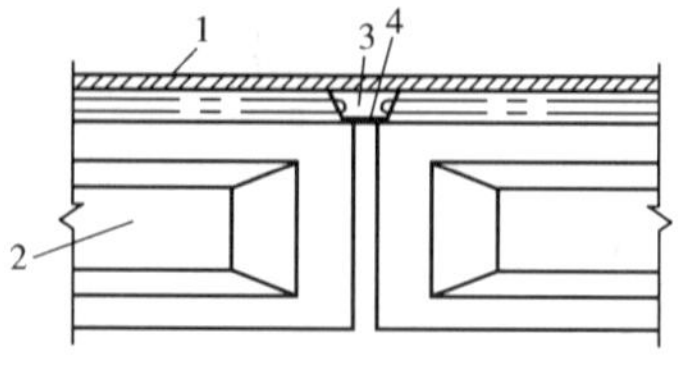

图9-14 桥面铺装

1-桥面磨耗层;2-预制梁;3-填埋砂石料;4-桥面铺装前预埋盖板

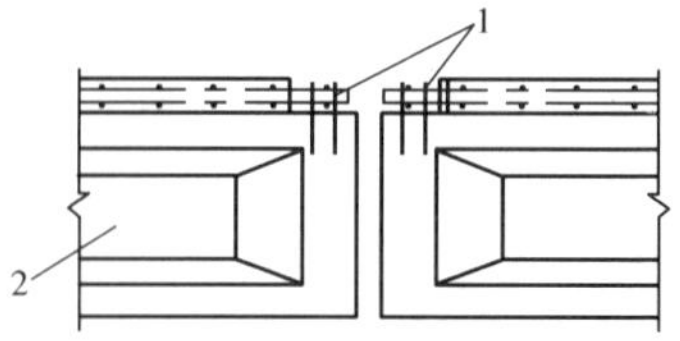

图9-15 预留槽

1-需整理的预制梁与桥面板之间的预埋钢筋及填埋的砂石料;2-预制梁

(5)安装波形伸缩装置,如图9-16所示。

(6)临时用海绵填实伸缩装置的伸缩缝隙,以防混凝土进入,如图9-17所示。

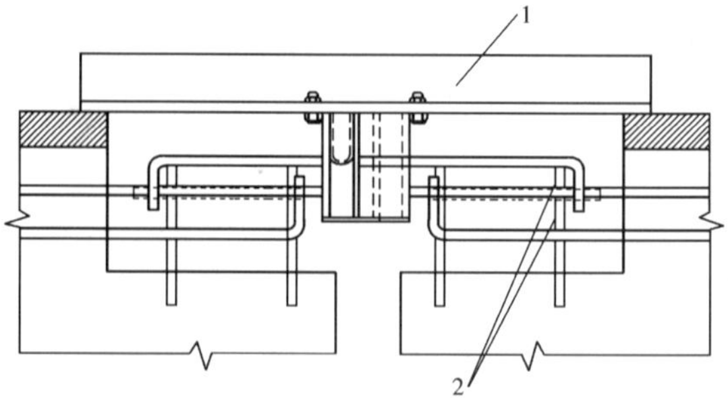

图9-16 安装波形伸缩装置

1-安装用的角钢;2-伸缩装置的锚固钢筋与预制梁预埋钢筋焊接

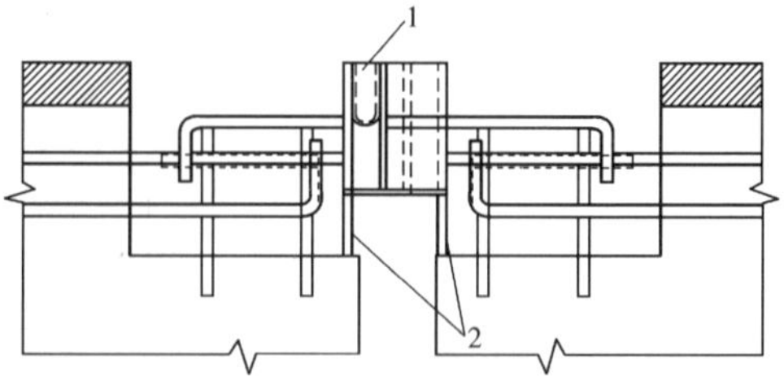

图9-17 填实伸缩缝隙

1-填塞海绵;2-施工模板

(7)浇筑预留槽锚固混凝土,如图9-18所示。

(8)按设计要求在伸缩装置的缝隙处用专用密封胶填实,如图9-19所示。

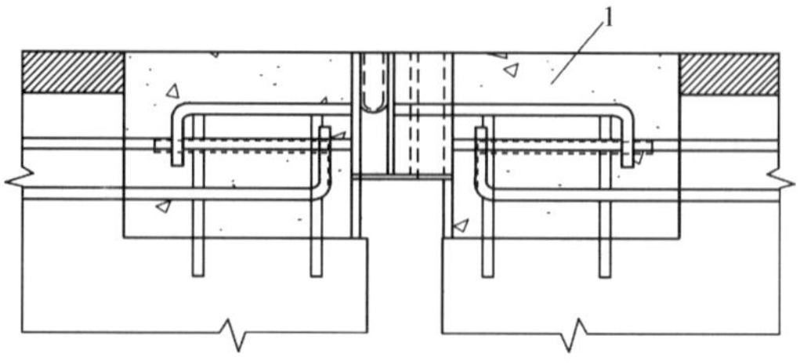

图9-18 浇筑锚固混凝土

1-浇筑的锚固混凝土

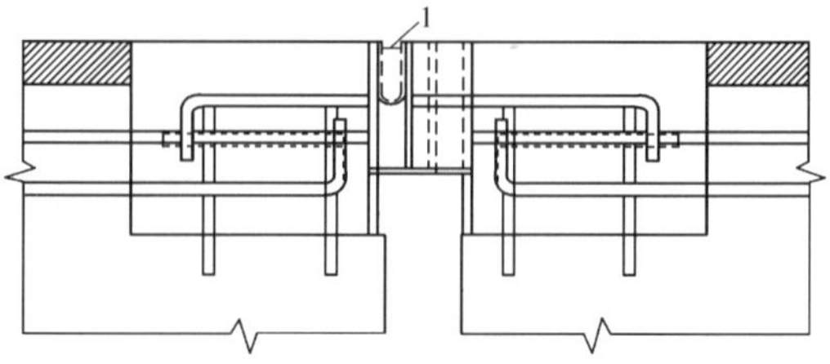

图9-19 密封胶填实

1-密封胶

3. 各种施工方法的施工顺序

根据上述的施工方法介绍,对于各种桥梁结构所采用的不同锚固方式与施工方法,可将其施工顺序归纳为如图9-20和图9-21所示。

4. 专用密封胶的使用与施工

专用密封胶对上述的波形伸缩装置来说是极其重要的组成部分,它的应用和施工是直接关系到该类装置的使用效果。而各生产厂家所使用的专用密封胶的特点和操作方法也有所差异,不能一概而论。因此,下面就以台湾某公司使用的专用密封胶作为例子,就其使用和施工方法作简要介绍。

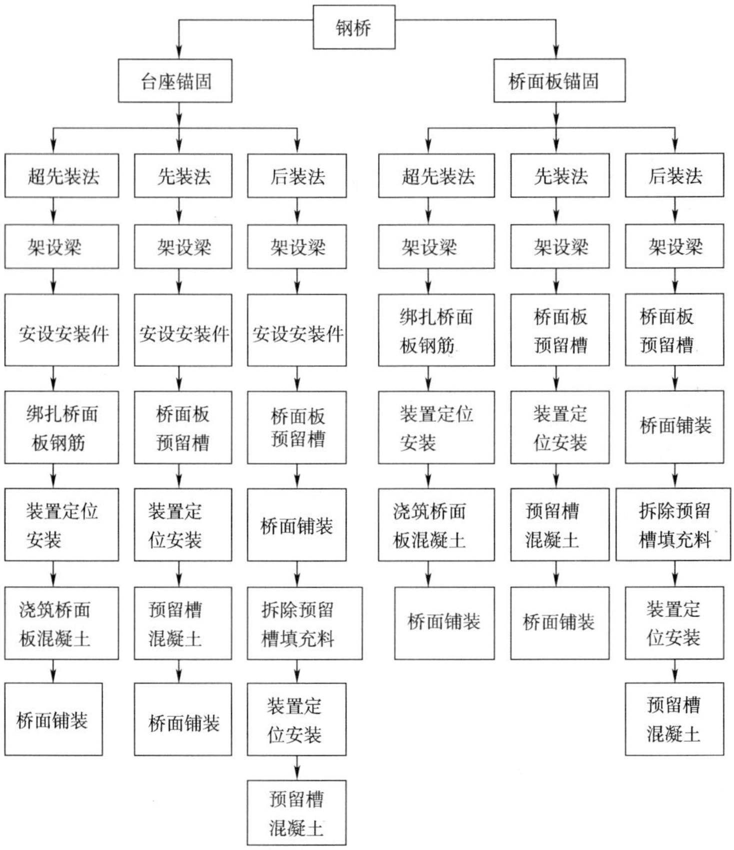

图 9-20　钢桥上波形伸缩装置施工顺序框图

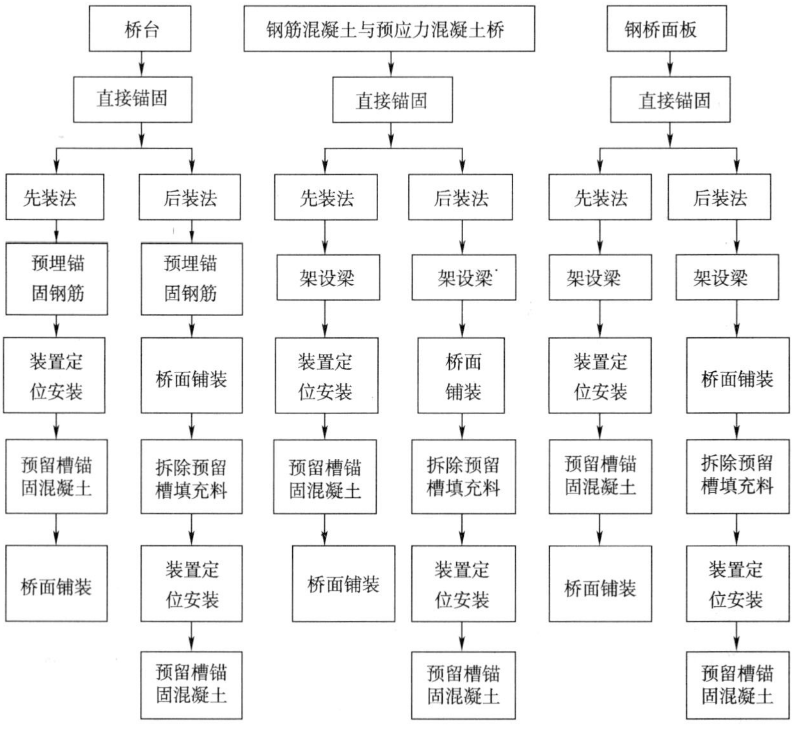

图 9-21　桥台及混凝土桥上波形伸缩装置施工顺序框图

1)密封胶的组成与使用

密封胶是由主剂(M)和固化剂(D)组成,则其配合比为$M:D=100:200$。由于这些材料都是罐装的液体,而实际的配合比是主剂 M 为 kg/罐,固化剂 D 为 12kg/罐,即将固化剂 D 的罐盖完全打开再把主剂 M 的全量倒入固化剂 D 罐内,经充分搅拌均匀后使用。亦即按已规定的配合比将固化剂和主剂同时放入同一罐内搅拌均匀后使用。

2)密封胶的施工方法

波形伸缩装置缝隙设置的横断面如图 9-22 所示。其施工顺序如下:

①将灌注密封胶所有接触的表面均需刷毛;②将指定的嵌缝橡胶条压入到缝隙中,保持橡胶条顶面至波形钢板顶端有 40mm 的深度,并作加工修饰;③填充专用密封胶,保持波形钢板顶端至密封胶上表面有 20mm 的距离。

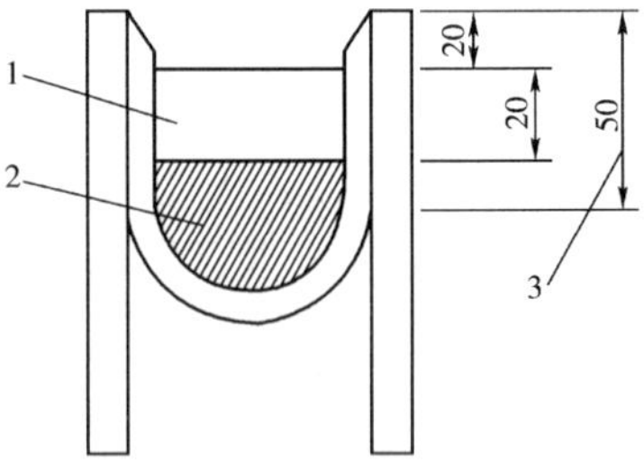

图 9-22　密封胶安装横断面(尺寸单位:mm)
1-密封胶;2-橡胶;3-需打毛的尺寸范围

3)波形伸缩装置密封胶及嵌缝橡胶用量计算

波形伸缩装置密封胶及嵌缝橡胶用量可按下列公式估算:

$$X(\text{g})=\text{宽度}(\text{cm})\times\text{厚度}(\text{cm})\times\text{密度}(1.6)$$

式中,宽度根据设计图纸确定,厚度为 20mm 的定值,长度则依据型号而定。每米定长的 A 型各种类的用量见表 9-8 所列。

密封胶及嵌缝橡胶用量　　表 9-8

项目 型式	每米缝长的密封胶的长度(m)	标准缝隙宽度时		嵌缝橡胶用量(g)
		深度(mm)	用量(g)	
GT-30-45A	1.13	20	730	350
GT-50-45A	1.16	30	1 120	800
GT-100-45A	1.18	50	1 890	2 500
GT-150-60A	1.38	75	3 320	6 000
GT-30-25A	1.04	20	670	350
GT-50-25A	1.05	30	1 010	750
GT-100-25A	1.12	50	1 800	2 500
GT-150-25A	1.07	75	2 570	500

5. 施工实例

下面以某大桥波形伸缩装置采用后装方法进行施工作为实例,则其施工安装程序框图如图 9-23 所示。

五、钢制式伸缩装置

1. 钢梳齿型伸缩装置

钢梳齿型桥梁伸缩装置的构造是由梳形板、连接件及锚固系统组成。有的钢梳齿型桥梁伸缩装置,在梳齿之间填塞有合成橡胶,以起防水作用。

钢梳齿型桥梁伸缩装置,亦为钢板手指状接缝,根据梳齿的支承情况可分为支承式和悬臂式。从调查实际情况看,悬臂式的钢梳齿型桥梁伸缩装置,多半是钢梳齿根部的焊缝及锚固系统在车辆荷载的反复冲击作用下首先产生破坏。梳齿是一个钢制悬臂梁,如果相对的两个梳齿不平整，再加上因梁体在活荷载作用下梁端旋转，使梳齿上翘，这将是梳齿受力的最不利状态，在设计时应充分注意这一点。

1)施工安装程序

钢梳齿型桥梁伸缩装置的施工安装程序框图，如图9-24及照片9-23～照片9-31所示。

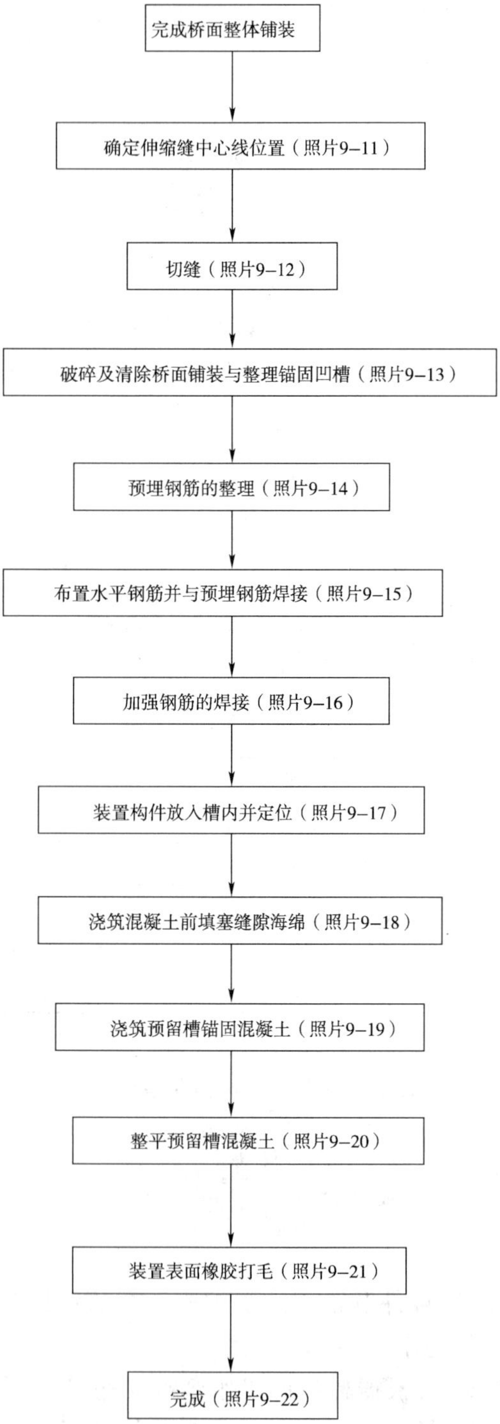

图9-23　波形伸缩装置施工安装程序框图

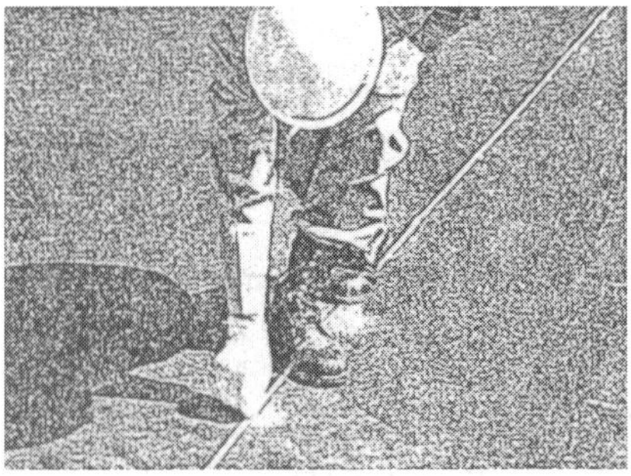

照片9-11

照片9-12

照片9-13

照片9-14

照片 9-15

照片 9-16

照片 9-17

照片 9-18

照片 9-19

照片 9-20

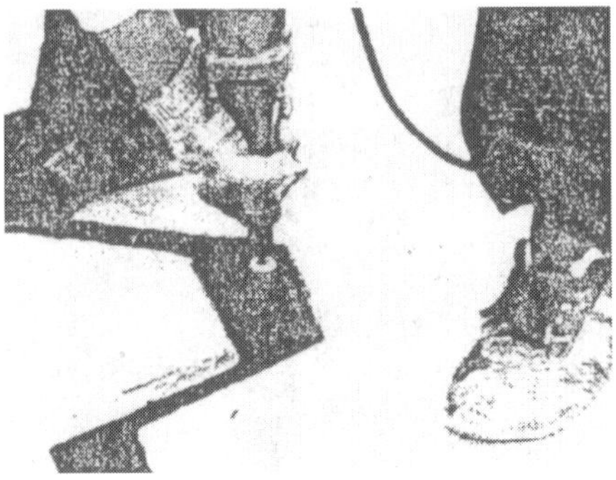

照片 9-21

照片 9-22

桥面整体铺装
↓
切缝（照片 9-23）
↓
缝槽表面清理（照片 9-24）
↓
将构件放入槽内（照片 9-25）
↓
用定位角铁固定构件位置及标高（照片 9-26）
↓
布设焊接锚固筋（照片 9-27）
↓
在混凝土接缝表面涂打底料（照片 9-28）
↓
浇筋树脂混凝土（照片 9-29）
↓
及时拆除定位角铁
↓
养生
↓
填缝（照片 9-30）
↓
完工（照片 9-31）

图 9-24　钢制支承式伸缩装置施工安装程序框图

照片 9-23

照片 9-24

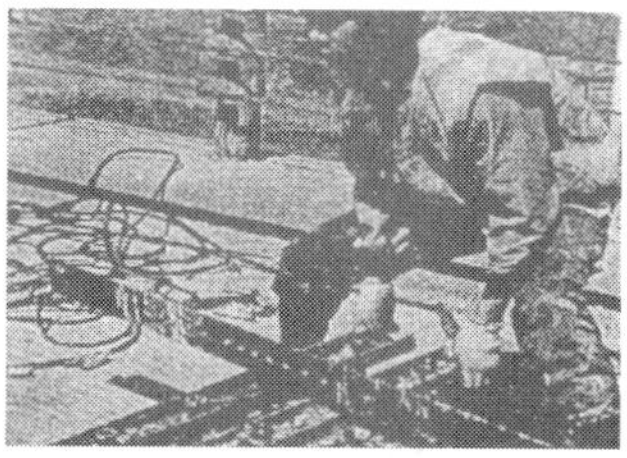

照片 9-25

照片 9-26

照片 9-27

照片 9-28

照片 9-29

照片 9-30

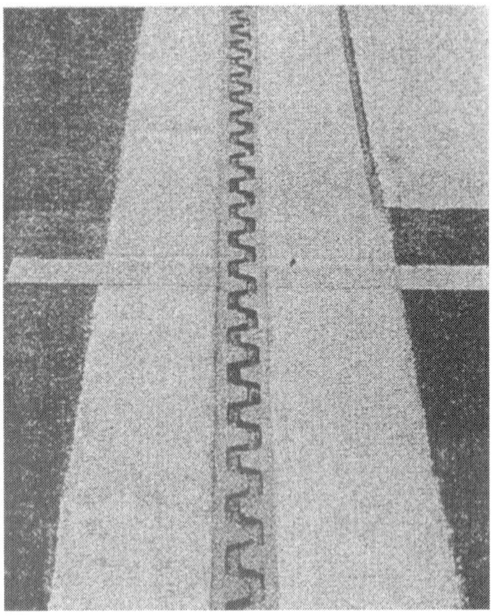

照片 9-31

2)施工中应注意的问题

施工中定位角铁的拆除一定要及时,以保证伸缩装置因温度变化而自由伸缩,也可采用如图 9-25 的方法,把相对的梳齿板固定在两个不同的定位角铁上,让它们连同相应的角铁自由伸缩。

施工安装应仔细进行,防止产生梳齿不平、扭曲及其他的变形。安装时一定要将构件固定在定位角铁上,以保证安装精度。要严格控制好梳齿间的横向间隙,由于伸缩方向性的误差及横向伸缩等原因,在最高温度时,梳齿横向间隙不得小于 5mm。

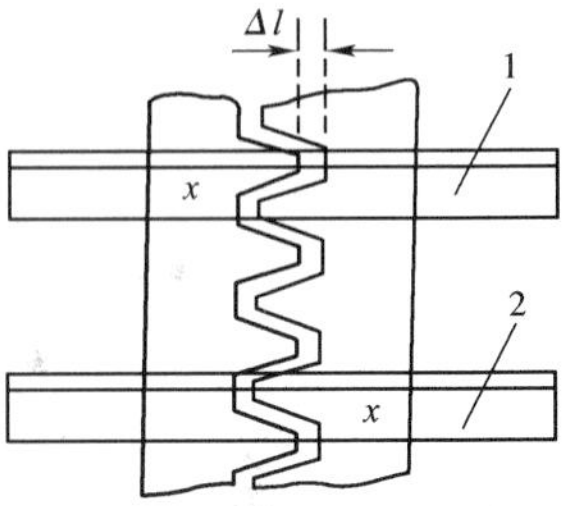

图 9-25　梳齿板定位法
1-角铁 1;2-角铁 2

当构件安装及位置固定好之后,就可着手进行锚固系统的树脂混凝土浇筑。为了保证锚固系统可靠牢固,必须配备较多的连接钢筋及钢筋网,这给树脂混凝土的浇筑带来不便。因此,浇筑混凝土一定要认真细心,尤其是角隅周围的混凝土,一定要捣固密实,千万不可有空洞。在钢梳齿根部可适当钻些 ϕ20mm 的小孔,以利浇筑混凝土时空气的排除。

对于小规模的伸缩装置,由于扫除和维修非常困难,故一般都不设置接缝内的排水设施,但此时必须考虑支座的防水、台座排水与及时清扫等。所以它也只能用于跨河流或不怕漏水场地的桥跨结构。

这种伸缩装置,在营运中需加养护,及时清除掉进梳齿之间灰尘及石子之类的杂物,以保证它的正常使用。

对于焊接而成的梳齿形构件,焊缝一定要考虑汽车反复冲击下的疲劳强度。

3)安装时的间隙 ΔL 控制

$$\Delta L = \text{总伸缩量} - \text{施工时伸长量} + \text{最小间隙}(\text{单位:mm,以下同})$$

也可用如下简化式计算。

钢梁时:

$$\Delta L = 0.66L - [(t+10)\times 0.012L]\times 1.1 + 15$$

预应混凝土梁时:

$$\Delta L = (0.44 + 0.6\beta)L - [(t + 5) \times 0.01L] \times 1.1 + 15$$

钢筋混凝土梁时：

$$\Delta L = (0.44 + 0.2\beta)L - [(t - 5) \times 0.01L] \times 1.1 + 15$$

式中：L——伸缩区段长(m)；

t——安装的温度(℃)；

β——徐变、干燥收缩的递减系数，见表 9-9 所列。

β 系 数 表 9-9

混凝土的龄期(月)	0.25	0.5	1	3	6	12	24
徐变、干燥收缩的递减系数 β	0.8	0.7	0.6	0.4	0.3	0.2	0.1

2. 钢板叠合式伸缩装置

钢板叠合式接缝在我国 20 世纪 60 年代使用较多，破坏也较严重，多是焊接部件的焊缝因疲劳而破坏。目前，随着交通量的增长及载重车辆的增加，再加上它在营运中的噪声太大，故已很少应用。

六、橡胶式伸缩装置

橡胶式伸缩装置，在我国 20 世纪 60 年代后期就开始了应用，在全国的生产厂家比较多，名称也各不相同，我们按其伸缩体的受力变形机理把它分成剪切型板式橡胶伸缩装置与对接组合型板式橡胶伸缩装置两类。

板式橡胶伸缩装置，具有构造简单、安装方便、经济适用等优点，主要适用于伸缩量 30 ~ 60mm 的二级以下的公路桥梁。

1. 剪切型板式橡胶伸缩装置

1)构造与原理

剪切型板式橡胶伸缩装置，由橡胶伸缩体与锚固系统组成，如图 9-26 所示。

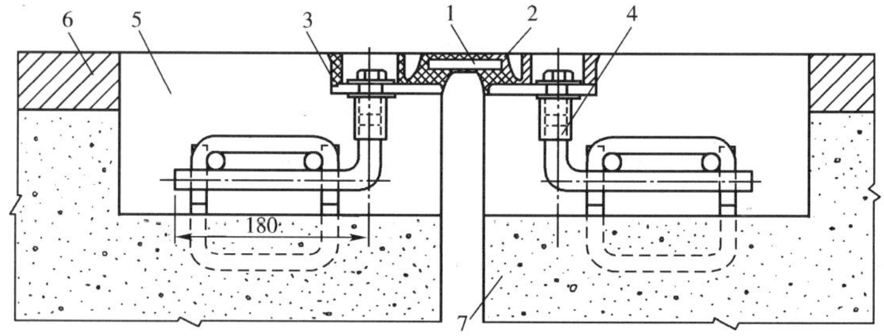

图 9-26 剪切型板式橡胶伸缩装置锚固系统(尺寸单位：mm)

1-支承钢板；2-橡胶；3-底板角钢；4-L 形锚固螺栓；5-现浇 C50 树脂混凝土；6-铺装；7-梁体

这类装置的变形是依靠上下层钢板之间的橡胶体的剪切变形来满足结构的伸缩变形。橡胶是一种良好的弹性材料，在微分单元受到三向应力时，材料的体积应变为：

$$e = \frac{1 - 2V}{E}(\sigma_z + \sigma_y + \sigma_x)$$

这说明体积应变和体积力成正比。根据测定，橡胶的泊松比接近 0.5，故不论在何种外荷载作用下(包括水平力作用下)，体积应变 e 接近于零，表明橡胶的体积是不可能压缩的。另外通过试验证明，橡胶的抗剪性能只与抗剪的截面积有关，而与截面的形状无关。以橡胶片的承压面积与自由表面积之比称形状系数来表示橡胶材料的形状特征。形状系数越小，压缩变形越大。亦

即抗压弹性模量 E 随形状系数的增大而变大。抗剪弹性模量 G 则与形状系数无关。

由于温度变化引起剪切型板式伸缩体的水平变形相应的水平力按下式计算：

$$T = GA\frac{\Delta t}{h_p}$$

式中：G——橡胶的剪切模量，对于橡胶硬度(IRHD)55°~60°，一般为1.2~1.5MPa；

A——受剪面积(cm^2)；

Δt——由于温度变化引起的变形(cm)；

h_p——荷载支承板与锚固板之间橡胶层的厚度(cm)。

根据 T 值我们可以选定 L 形锚固螺栓的直径，一般情况下其直径不得小于 ϕ18mm。

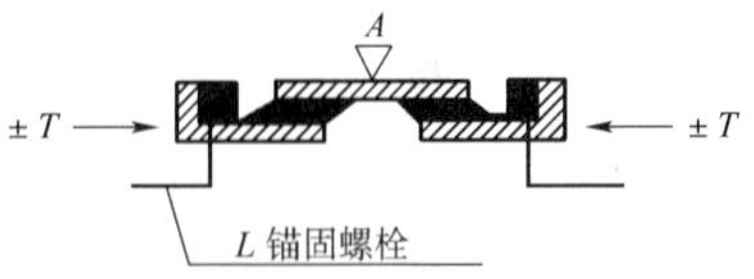

图 9-27　伸缩体凸凹变形

如图9-27所示，剪切型板式伸缩体在水平力 T 作用下，A 点将会出现上凸或下凹。通过测试JB-50型，在最大压缩(2.5cm)或最大拉伸(2.5cm)情况下，A 点将有3mm的上凸或下凹。对于伸缩量较大的剪切型板式伸缩体来说，上凸或下凹将会超过路面平整度的要求，因此，伸缩接缝处的跳车现象是必然的。所以此类伸缩装置应用于二级以下的公路桥梁较为合适。

如图9-28所示，上下多槽式的剪切型板式伸缩体在 T 的压力作用下，伸缩体呈偏心受压状态，其伸缩体中间出现上拱，脱离支承面 B-B，故必须对伸缩体施加一个拉力，控制它的上拱。拉杆要有一定的长度，且拉杆下要设弹簧，它既要控制伸缩体的上凸，又要适应伸缩体在 B-B 面上的左右滑动。

2)性能特点

(1)它是依靠上下两块钢板之间的橡胶体产生的剪切变形来满足结构的变形需要，该装置产生变形之后，在橡胶体内存有一定的变形能，对结构将有一定的约束力。

(2)承重的跨缝钢板预埋在橡胶体内，与钢结构伸缩装置比较，它将对车轮的冲击力有一定的缓冲作用，有效地保护了伸缩装置与梁体，改善了行车条件。

(3)伸缩装置的角钢，有效地加强了梁体的端部强度。

3)剪切型板式橡胶伸缩装置的安装程序

此类伸缩装置，其施工安装程序，一般按图9-29所示流程进行。

4)施工安装

预留槽清理，包括对预埋在梁体内的钢筋进行整理、增焊，混凝土表面的清洁、凿毛、修整。

定位支架用2~4根10号角钢及两根12号槽钢做成定位支架(图9-30)，将L形锚固螺栓、角钢按剪切型橡胶伸缩体的安装尺寸需要固定在定位支架上，B_1 值由安装时的温度确定，H 值系伸缩体的高度。当整体组装好后一起放入预留槽内，再用聚乙烯泡沫板立好端模板。此时就可进行下道工序。

对每块伸缩体的外部尺寸及预埋钢板的位置一定要严格检查。目前剪切型橡胶伸缩装置破坏的一个重要原因是伸缩体的产品质量问题，表现在橡胶体内预埋的钢板位置不准，钢板严重倾斜(最大倾角达到6°12′)，预埋钢板之间橡胶体减薄，还有部分钢材外露，橡胶与钢板黏结不好，这些是造成伸缩体变形不均匀的主要原因。钢板位置的检查采用探针进行即可。

在安装伸缩体之前，要用一种特制的构件将伸缩体拉伸或压缩到需要的宽度，如图9-31所示，然后再进行伸缩体的安装。

5)施工中应注意的事项

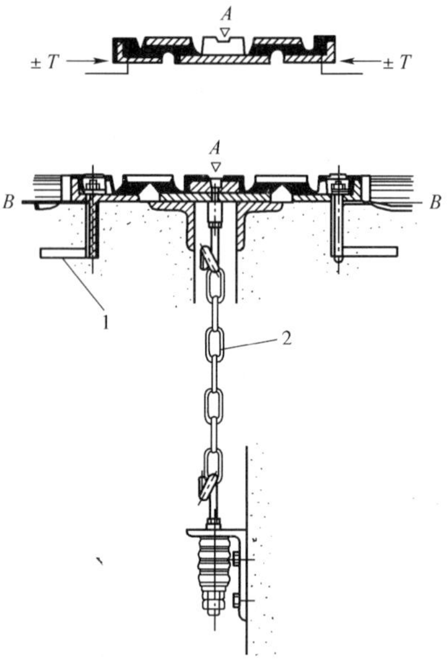

图 9-28

1-L 形螺栓;2-拉杆

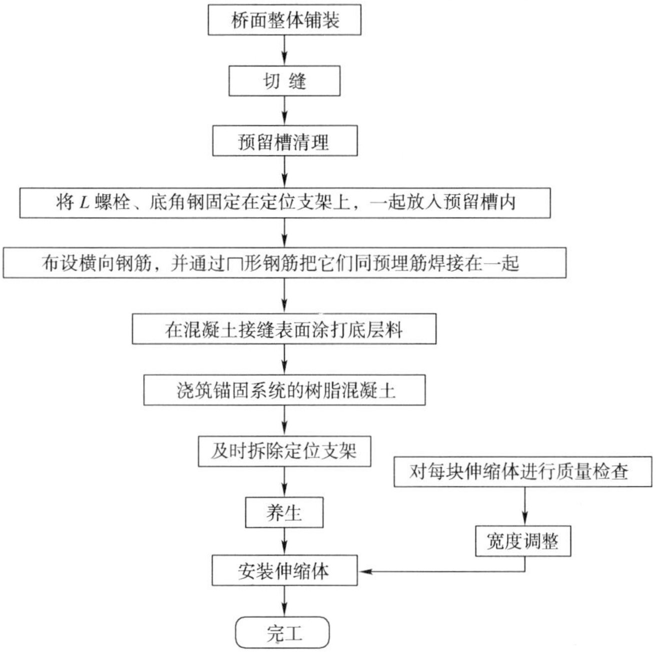

图 9-29　剪切型板式橡胶伸缩装置安装程序

(1)桥面铺装完成后,方可进行安装伸缩装置的工作,以保证桥面与伸缩装置之间的平整度。

(2)伸缩装置安装一定要严格按照安装程序进行。尤其要注意及时拆除定位支架顺桥向的联系角钢。

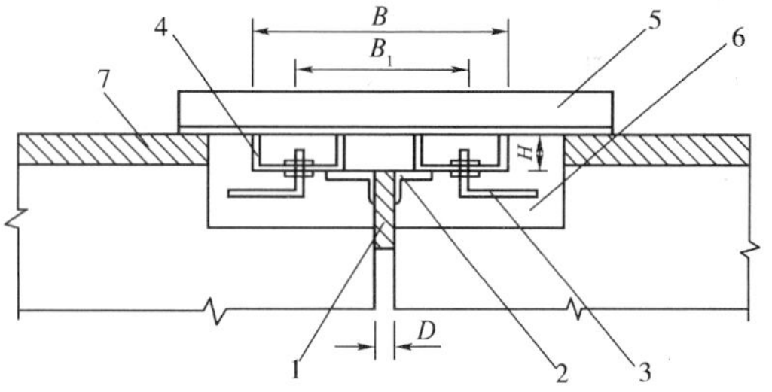

图 9-30　定位支架

1-聚乙烯泡沫板;2-角钢;3-L 形锚固钢筋;4-12 号槽钢;5-10 号角钢;6-预留槽;7-桥面铺装

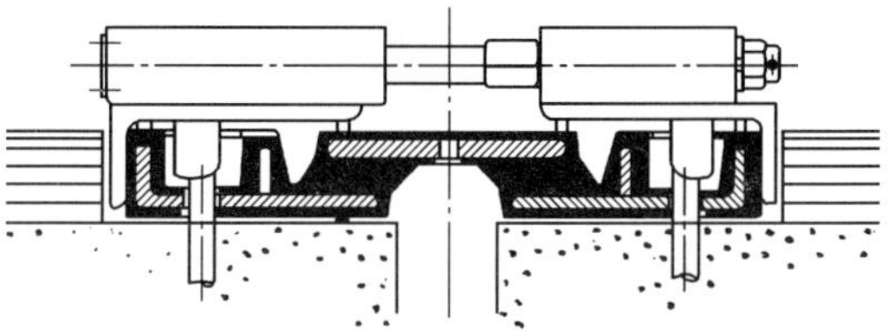

图 9-31　预拉或预压机构

(3)梁端加强角钢下的混凝土一定要饱满密实,不可有空洞,角钢要设排气孔。

(4)一定要将伸缩装置的锚固螺栓及其他钢筋与预埋筋和桥面板钢筋焊接为一体,锚固螺栓的直径不得小于 18mm。

前面介绍剪切型板式橡胶伸缩装置的伸缩体的水平变形内力较大,一般每延米约有 30 ~ 35kN。变形越大,水平力 T 越大,装置的整体破坏的可能性也越大。因此,在剪切型板式橡胶伸缩装置的选型时,一定要考虑由于安装时的误差、温度误差等因素,选用的变形富余量不小于 20%,以确保该类装置的正常使用。

2. 对接组合型板式橡胶伸缩装置

1)锚固系统构造和原理

对接组合型板式橡胶伸缩装置,由上下开槽的防水表层橡胶体、梳形承托钢板、槽体角钢及锚固系统 4 大部分组成。装置的总体变形是依靠上下开槽的防水表层橡胶体的拉压变形与梳形承托板的错动来满足结构的伸缩变形。梳形承托板跨越梁端间隙,承受车辆荷载。另外防水表层橡胶体的边缘内埋设有锚固钢板,通过预埋的螺栓与梁体连接,如图 9-32 及图 9-33 所示。

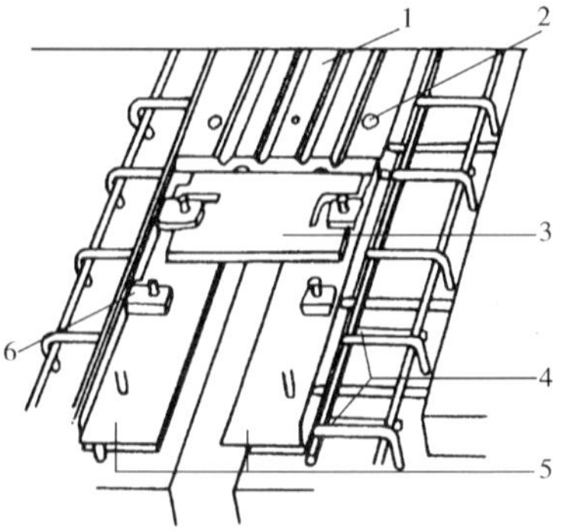

图 9-32

1-表层橡胶体;2-螺帽;3-承托板;4-锚固螺栓;5-底板角钢;6-导向板

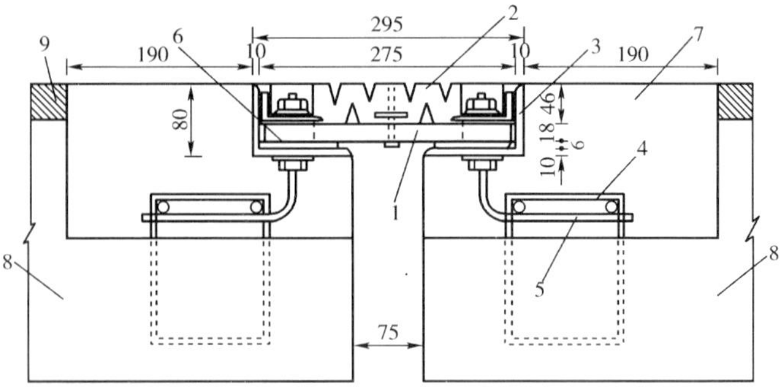

图 9-33

1-支承钢板;2-橡胶体;3-角钢;4-预埋钢筋;5-锚固螺栓;6-缓冲橡胶垫;7-现浇C50 混凝土;8-行车道;9-桥面铺装

此类装置,由于橡胶体承受车轮荷载的振动和冲击作用,有效地保护了伸缩装置与梁体,改善了行车条件。承受车轮荷载的承托板底面黏着缓冲橡胶垫,避免了钢部件的直接接触,防止了噪声的产生,改善了装置系统的受力条件。伸缩装置的槽体角钢,有效地加强了梁体的端部强度。使用连续长度的表层橡胶体与梳形承托钢板的合理组合,使该类装置具有超群的耐久性与优良的防水性能。

2)对接型板式橡胶伸缩装置的安装程序

对接型板式橡胶伸缩装置的施工流程,通常如图 9-34 及照片 9-32 ~ 照片 9-35 所示。

照片 9-32

照片 9-33

照片 9-34

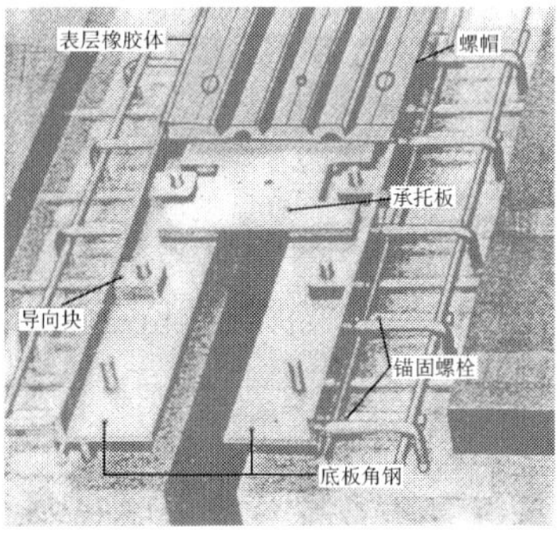

照片 9-35

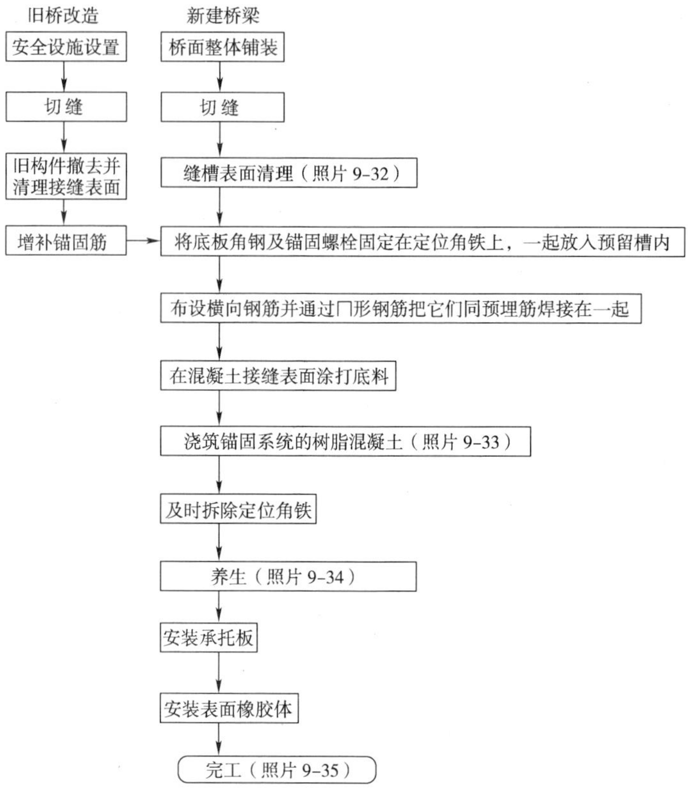

图9-34　对接型板式橡胶伸缩装置施工流程框图

3）施工中应注意的事项

（1）桥面铺装完成后，方可进行安装伸缩装置的工作，以保证桥面与伸缩体之间的平整度（用3m直尺量误差要小于±3mm）。

（2）伸缩装置的安装，一定要严格按照安装程序进行。

（3）将底板角钢及锚固螺栓固定在定位角铁上时，一定要仔细控制好各部位的尺寸与标高。

（4）底板角钢下的混凝土，一定要浇捣密实，不可有空洞，锚固系统的现浇树脂混凝土的厚度不得小于15cm。

（5）一定要将伸缩装置的锚固螺栓筋及其他钢筋与预埋筋和桥面板钢筋焊接为一体，锚固螺栓筋的直径不得小于18mm。

（6）浇筑C50混凝土（或C50环氧树脂混凝土），浇捣密实，严格养生，当混凝土初凝之后，立即拆除定位角铁，以防气温变化造成梁体伸缩而使锚固筋松动。

（7）在吊装大梁时，一定要严格掌握梁端的间隙。

七、模数式伸缩装置

模数式桥梁伸缩装置，如TS、J-75、SSF、SG、XF斜向型、GQF-MZL型，它们的结构共同点是由纵梁、横梁、位移控制箱、密封橡胶带等构件组成的系列伸缩装置。它们各有其自己的特点。以MZL型为例，它是采用国产热轧整体成形的异形钢材为主要受力构件，由边梁、中梁、横梁、位移控制系统、密封橡胶带等构件组成的系列产品。其锚固系统构造如图9-35所示。

1. 施工安装工序

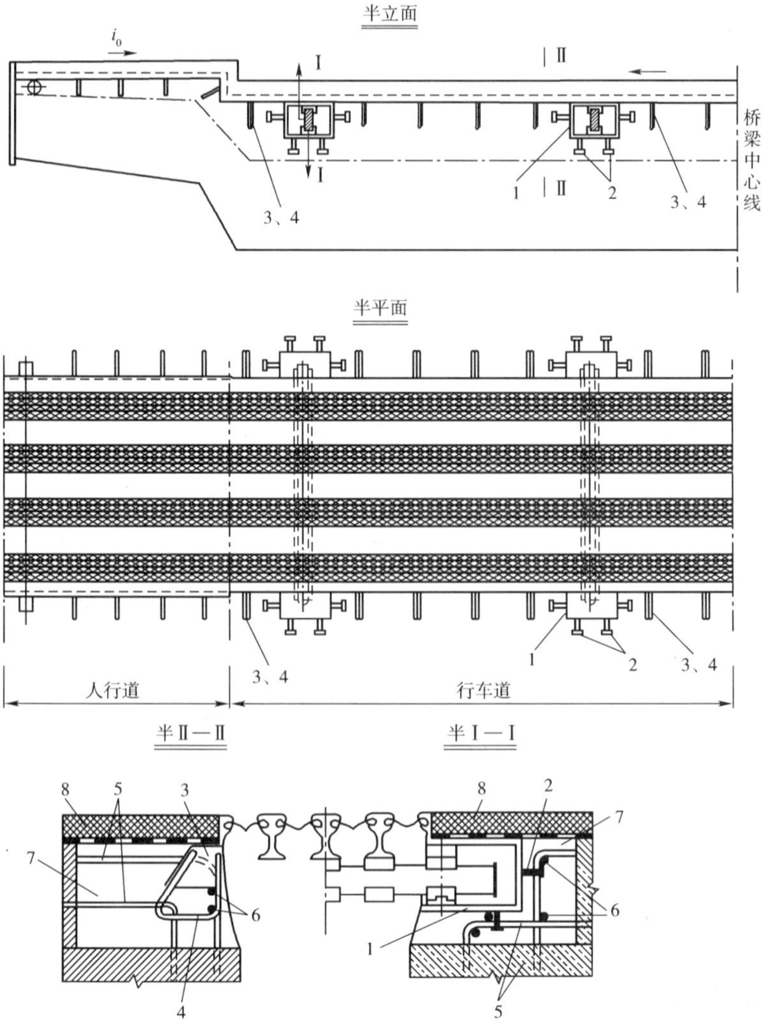

图 9-35 MZL 型伸缩装置锚固系统示意图

1-锚箱;2-锚钉或锚筋;3-锚板;4-锚固钢筋;5-预埋钢筋;6-水平钢筋;7-填充料;8-桥面铺装

根据桥面铺装较伸缩装置安装的先或后，其安装工序略有不同，一般如图 9-36 所示。

2. 模数式伸缩装置现场安装的基本要求

(1)施工单位一定要按照设计图纸提供的尺寸，在梁端(或板端)与梁端、梁端与桥台处预留安装伸缩装置的预留槽内，按图纸要求预埋好锚固钢筋，锚固筋应与梁端或桥台有可靠的锚连，如主筋需焊接时，应满足桥梁施工规范的有关规定。

(2)工厂组装好的模数式伸缩装置，一般由工厂用专车运往工地现场。伸缩装置在运输过程中，因受运输长度限制，或因其他原因需要在工地拼接时，应由生产厂指导下施工。当伸缩装置需在工地存放时，应垫离地面至少 30cm，并且不得露天存放。

(3)伸缩装置上桥之前，必须首先检查施工完成后的主梁(或板)两端缝间隙量与设计值是否一致，预埋的锚固钢筋或构件位置是否准确，若不符合设计要求，就要考虑原来选择的伸缩装置的型号是否适用，如不能满足要求，并保证不了可靠锚固时，则必须考虑修正伸缩缝间隙的尺寸或更换伸缩装置型号等必要的补救措施，决不能凑合了事。

(4)模数式伸缩装置，在上桥安装之前，必须按安装时实际气温(当与提供工厂安装

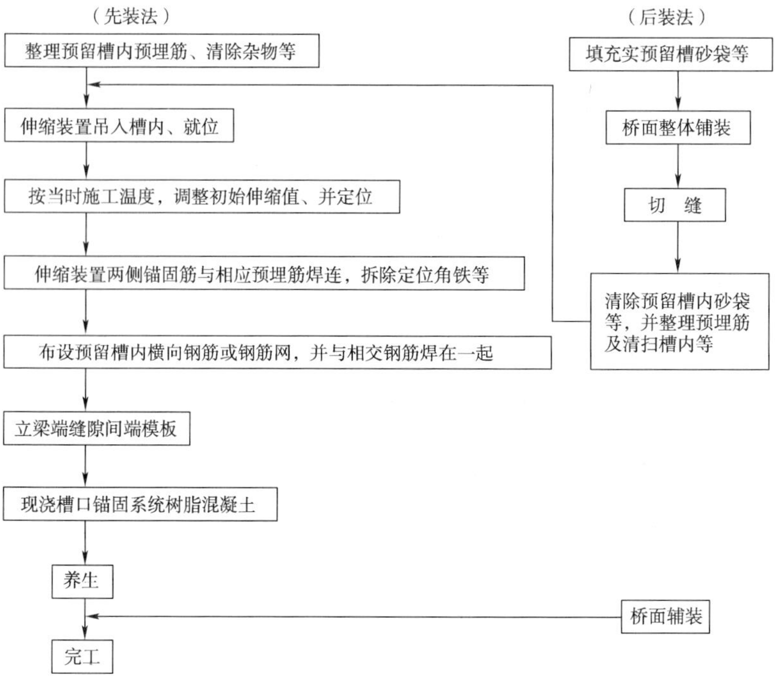

图 9-36 模数式伸缩装置安装程序框图

时温度有出入时）调整组装定位值，并由施工安装负责人检查签字后方可用专用卡具将其固定。

（5）伸缩装置吊装就位前，应将预留槽内混凝土打毛，清扫干净。模数式伸缩装置出厂时，装卸吊点已用明显颜色标明，工地吊装时必须按照吊点的位置起吊，必要时可再作适当加强措施，确保安全可靠。安装时伸缩装置的中心线与桥梁中心线相重合，偏差最大不能超过 10mm，伸缩装置顺桥向的宽度 a 值，应对称放在伸缩缝的间隙上，并使其顶面高程与设计高程吻合后垫平，然后随即穿放横向的连接水平钢筋，将伸缩装置上的锚固钢筋与梁上预埋钢筋两侧最好同时焊牢，如有困难，可先将一侧焊牢，待达到已确定的安装气温时，将另一侧锚固筋全部焊牢，并放松卡具，使其自由伸缩，此时伸缩装置已产生效用。

（6）完成上述工序后，安装必要模板，按设计图纸的要求，在混凝土预留槽内浇筑大于 C50 环氧树脂混凝土。浇筑混凝土时应采取必要的措施，振捣密实，并防止混凝土渗入模数式伸缩装置位移控制箱内，并不允许将混凝土溅填在密封橡胶带缝中及表面上，如果发生此现象应立即清除，然后进行养护。

（7）桥面防水层和桥面铺装，一般与整座桥的桥面工程一次完成。在铺装前，伸缩装置应加盖临时保护措施，避免撞击及直接承受车辆荷载。桥面铺装完成后，在桥面上不应有裂缝出现。

3. 模数式伸缩装置的养护

正常的维修与养护是保证伸缩装置正常工作和延长使用寿命必不可少的重要环节，因此，养护工作应做到以下几点：

（1）结合公路桥梁的日常养护工作，应经常清扫密封橡胶带中积存泥沙、石屑等杂物，防止影响伸缩装置受力时的自由伸缩，以及大石子等物将密封橡胶带刺破，造成漏水和漏沙土等。一经发现有破损应及时更换胶带。

(2)应经常检查边梁与桥面铺装连接处是否有损坏、裂缝、渗漏现象，一经发现应及时修补，以免影响伸缩装置与梁、板间锚固强度。

(3)应经常检查伸缩装置顶面是否平整，如出现异常不平现象时，应进一步检查滑动承压支座或滑动压紧支座是否有损坏，如有损坏时应及时进行更换。对于 MZL 型伸缩装置，设计中已充分考虑了零部件更换方便性，并通过实际试验，证明是完全可行的。

(4)在日常养护时，发现伸缩装置各缝间出现过大的不均匀位移时，可以及时检查位移控制系统构件是否损坏，如发现有零部件损坏时也应及时进行更换，因该装置采用的是标准构件，更换方便，但一般情况下，设计时已充分考虑了位移控制系统强度和使用的耐久性，不易出现此现象。

(5)模数式伸缩装置属于钢结构，尽管出厂前经过了较好防护处理，但由于使用的环境恶劣，经过一定使用时期后，产生一般锈蚀属于正常现象，这时养护部门应定期重新进行防锈处理，以保证伸缩装置正常的使用和较好的耐久性。

第三节　环氧树脂混凝土

以上对各种类伸缩装置的锚固系统的结构特点、施工方法和注意事项，作了较为详细叙述。嵌固对接型和模数支承型的伸缩装置，特别强调锚固系统的重要性，认为是该类伸缩装置成败的关键。锚固系统除了装置本身锚固构件(筋)要有足够强度外，梁(板)预埋锚固筋的有效焊联好坏是至关重要的。为保证整个锚固系统的完善性，最后使用的槽口填充料的选择和施工也不容忽视。以往多选用较高强度的普通混凝土或高强钢纤维混凝土，近几年来，根据工程实践，采用快凝高强混凝土，特别是高强度的环氧树脂混凝土作为填充料也逐年增多，且成功的把握性更大。关于环氧树脂混凝土的配合比和施工工艺要求，有较多的专门书籍和资料可作参考应用。下面介绍常用的环氧树脂混凝土的配合比和施工工艺要求的资料，供设计、施工时参考。

一、C50 环氧树脂混凝土配合比

常用 C50 环氧树脂混凝土的参考配合比，见表 9-10 所列。

常用环氧树脂混凝土参考配合比　　表 9-10

配方	环氧树脂	二丁酯	二甲苯	煤焦油	乙二胺	水泥	沙子	石子	混凝土强度
作用	胶结料	增韧剂	促进剂	稀释剂	固化剂	填料	集料	集料	单位重
1	$\frac{10}{205}$	$\frac{3.2}{65.6}$	—	—	$\frac{0.68}{13.94}$	$\frac{18.5}{379.25}$	$\frac{36.1}{740.05}$	$\frac{49.95}{1023.975}$	$\frac{C50}{2427.8}$
2	$\frac{10}{247.85}$	$\frac{1.8}{44.61}$	—	—	$\frac{12}{4.79}$	$\frac{20}{496}$	$\frac{25}{620}$	$\frac{35}{868}$	$\frac{}{2301.3}$
3	$\frac{10}{185.94}$	$\frac{1.1}{18.6}$	$\frac{1.5}{27.89}$	$\frac{5}{92.79}$	$\frac{1.2}{22.32}$	$\frac{30}{558}$	$\frac{35}{651}$	$\frac{40}{744}$	$\frac{}{2300.5}$

续上表

配方	环氧树脂	二丁酯	二甲苯	煤焦油	乙二胺	水泥	沙子	石子	混凝土强度
作用	胶结料	增韧剂	促进剂	稀释剂	固化剂	填料	集料	集料	单位重
4	$\frac{10}{164.79}$	$\frac{1.5}{24.72}$	$\frac{1}{16.48}$	$\frac{5}{82.40}$	$\frac{1}{16.48}$	$\frac{25}{412}$	$\frac{35}{577}$	$\frac{55}{906}$	$\frac{}{2199.9}$
5	$\frac{10}{181.53}$	$\frac{1.7}{30.86}$	$\frac{1.7}{30.86}$	丙酮 $\frac{0.9}{16.34}$	$\frac{1.4}{25.42}$	$\frac{30}{545}$	$\frac{38}{690}$	$\frac{43}{781}$	$\frac{}{2\,301}$
6	$\frac{10}{205}$	$\frac{2.05}{42}$	—	—	$\frac{0.83}{17}$	$\frac{17.56}{360}$	$\frac{34.15}{700}$	$\frac{49.95}{1023.97}$	$\frac{C50}{2348}$
7	$\frac{10}{}$	—	$\frac{1.7}{}$	$\frac{3}{}$	$\frac{1.5}{}$	$\frac{21\sim24}{}$	$\frac{32\sim40}{}$	$\frac{45\sim50}{}$	—

注：①环氧树脂为 6101#或 634#、MMA；

②表中未注明的分子为重量比，分母为配体积每 m^3 的材料用量；

③树脂加热熔化温度控制在 36℃ ~38℃。

二、树脂混凝土的性能

树脂混凝土的性能主要有：

(1)树脂混凝土具有高强、抗冲击、耐磨等优良性能，环氧树脂混凝土的物理力学性能如下：

密度：2 100 ~2 000 kg/m^3

抗压强度：80 ~120 MPa

抗拉强度：10 ~11 MPa

抗折强度：15 ~35 MPa

弹性模量：(15 ~35) $\times 10^3$ MPa

吸水率：0.2 ~1.0(重量百分比)

(2)树脂混凝土具有优异的抗渗、抗冻、耐水及耐化学腐蚀性能，以及与沥青混凝土有较好的黏结性能。

(3)它比水泥混凝土早强，一般可在浇筑 24h 以后投入使用，故它特别适用于旧桥的伸缩装置维修时使用。

树脂混凝土打底料的配合比见表 9-11 所列。

打 底 料 配 合 比 表 9-11

配合比 \ 原材料 \ 工程材料	环氧树脂	煤焦油	稀释剂	固　化　剂
			丙酮	乙二胺丙酮缩合物(1:1)
打底料 1	10	10	16	1.2 ~1.6
打底料 2	10		8	1.2 ~1.6

环氧树脂混凝土施工难度较大，尤其是冬季施工，困难更多。由铁道部科学研究院铁建所研制的 TJV-10 型材料，将它掺入水泥和混凝土中，配制聚合物水泥混凝土，可以大大提高水泥混凝土的抗拉强度和黏结强度，有效地改善混凝土的抗裂性、耐久性以及新旧混凝土间的黏结性能，可以用来代替环氧树脂混凝土，它的技术性能见表 9-12 所列。

TJV-10 型混凝土技术性能 表 9-12

项　　目	龄期	抗压强度	抗折强度	劈裂抗拉强度	钢筋握裹强度	弹性模量	抗冻性 GBJ82	抗渗性 GBJ82
单位	d	MPa	MPa	MPa	MPa	MPa	次数	
普通混凝土	28	49.4	4.5	3.6	2.4	3.44×10^4	—	—
TJV-10 型混凝土	28	44.9	7.4	4.5	5.1	2.77×10^4	>250	S20

注:① TJV-10 型混凝土在 2MPa 的水压下的渗水高度 2cm;

②水泥为快硬硫铝酸盐水泥 525#。

TJV-10 型混凝土参考配合比见表 9-13 所列。

TJV-10 型参考配合比 表 9-13

种　　类	质 量 配 合 比
界面处理浆液	水泥: TJV-10 型材料 = 1: (1 ~ 1.2)
聚合物水泥混凝土	根据需要设计,TJV-10 型材料掺加量为水泥用量的 20% ~ 30%

关于 TJV-10 型混凝土的施工工艺及进一步的使用方法,请参见该产品的使用说明。

三、环氧树脂混凝土施工工艺

树脂混凝土施工时,除了要有一个好的配合比外,施工方法及施工工艺也非常重要,为了避免因高黏性而混合不匀,一定要用强制式搅拌机(也可用混凝土搅拌机)来拌和树脂混凝土。固化剂及促进剂配合比要严格要求,计量一定要准确,拌和后的树脂混凝土,应在其适用时间内使用,振捣要密实,它的密度直接影响着树脂混凝土的强度,一般 C50 树脂混凝土的密度为 2 100 ~ 2 300kg/m³,树脂混凝土的养护一般可选择常温或加热养护。加热时一定要防止树脂的焦化。

树脂混凝土的施工工艺流程,如图 9-37 所示。

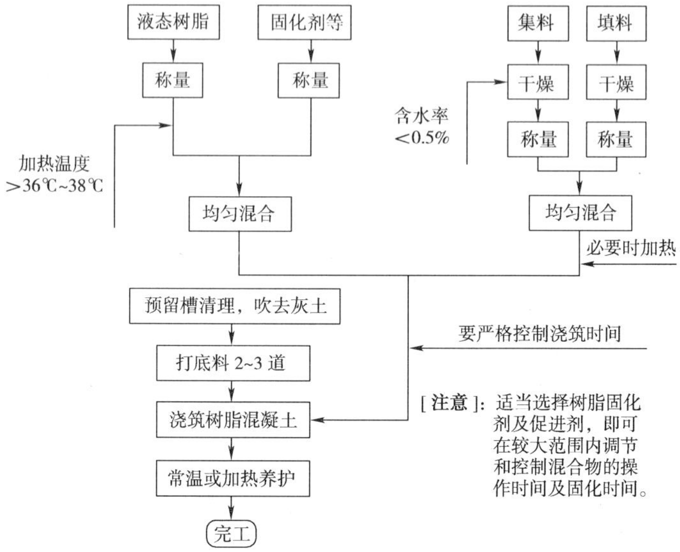

图 9-37　树脂混凝土施工工艺框图

第四节　改性桥面铺装的探讨

前面多从桥梁伸缩装置的施工安装程序的控制，来保证桥梁伸缩装置处的桥面平整度，但影响该处平整度的因素很多，比如伸缩装置的安装质量、伸缩装置形式的选择、伸缩体在受压与受拉状态下的变形等情况。另外，还有一种很重要的因素，那就是桥面铺装材料的影响。如果桥面铺装是混凝土（刚性），如照片9-36所示，在长期的使用过程中，该装置处的桥面平整度基本没有什么变化。如果桥面铺装是沥青混凝土（柔性），那情况就不同了，如照片9-37所示，由于沥青混凝土在长期反复车轮荷载作用下的压缩推移变形，使伸缩装置锚固系统的现浇混凝土与之产生一定的高差，造成了该处的跳车，此现象则是由于在该处，桥面铺装刚度的不连续性造成的一种病害。

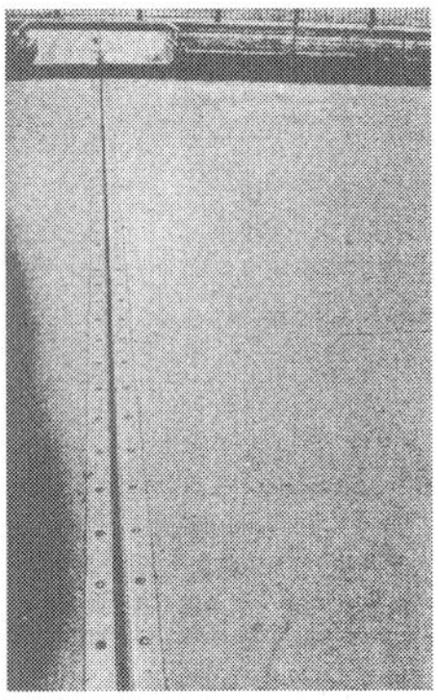

照片9-36　刚性路面情况

照片9-37　柔性路面情况

众所周知，伸缩装置的锚固系统的建筑材料多是刚性构件，或者是混凝土，或者是树脂混凝土，它们都是刚性的，在长期的车轮荷载作用下属不可变体。而沥青混凝土桥面铺装，则是柔性的，在反复车轮荷载作用下，不但厚度受到进一步的压缩，而且在车轮的水平力作用下，加剧了沥青混凝土桥面塑性流动。我们可否设想一种桥面的结构形式，它既有混凝土桥面铺装的刚度，又有沥青混凝土桥面铺装易施工、平整度好、噪音小、行车舒适的优点。灌入式半刚性桥面铺装就是具备了上面特点的结构形式。

全灌注半刚性桥面，是为了解决沥青混凝土桥面塑性变形，使桥面铺装与伸缩装置的锚固系统有较为接近的刚度。这种铺装是以沥青混凝土作为基体与改良的水泥浆组合而成，这种结构形式，在路面结构上已取得了成功经验，作为桥面铺装还需要作进一步的研究工作。

全灌注路面的沥青混凝土是由热拌沥青混合料合填充在这个混合料空隙中的特殊水泥浆构成。灌注在空隙中的特殊水泥浆硬化成多孔的人造集料，成为填充在沥青混凝土集料之间的嵌缝料，充分发挥了骨料的嵌挤作用。在一般情况下，水泥浆能灌入沥青混凝土的全层（厚度在15cm内全可以灌到）。从已施工的路面来看，即使厚度是5～8cm也不会产生塑性变形。由于在水泥浆中掺入了树脂类添加剂，即使不专门养护也不会形成因水泥浆硬化收缩而产生裂缝。这种水泥浆一般都是快硬型的，施工后4h即可开放交通。

根据有关资料介绍，为了使水泥浆能完全灌注到沥青混凝土的全层，矿料级配组成是最重要的。另外，沥青用量范围是要保证沥青混凝土的孔隙率在20%以上。表9-14是沥青混凝土的配合比一个例子。

沥青混凝土配合比及特性　　表 9-14

材料名称	碎石(粒径 20 ~ 13mm)	碎石(粒径 13 ~ 5mm)	砂	石　粉	沥　青
配合比(%)	30 ~ 50	40 ~ 50	7 ~ 5	3 ~ 5	2 ~ 4
马歇尔试验	孔隙率 22%,稳定度 570kg,流值(1/100cm)35				

马歇尔试验孔隙率 22%,稳定度 570kg,流值(1/100cm)35,灌入的水泥浆的稠度要适当,使其能很容易地渗透到沥青混凝土的空隙中去,其流动值最好在 10 ~ 14s 范围内,其参考水泥浆的配合比见表 9-15 所列。

水泥浆配合比　　表 9-15

材料名称	普通水泥	水	添加剂
配合比(%)	60 ~ 70	25 ~ 38	2 ~ 8

为了鉴定灌入式半刚性路面抵抗变形、承载能力和其他方面的特性,对水泥浆形成的人造骨料进行磨耗试验、强度试验,对全灌入式半刚性路面进行了马歇尔稳定试验、车辙试验、流变试验、弯曲试验、抗油试验与耐热性试验,都取得了非常理想的结果(具体可参看有关资料)。

全灌注型半刚性路面的施工程序,如图 9-38 所示。

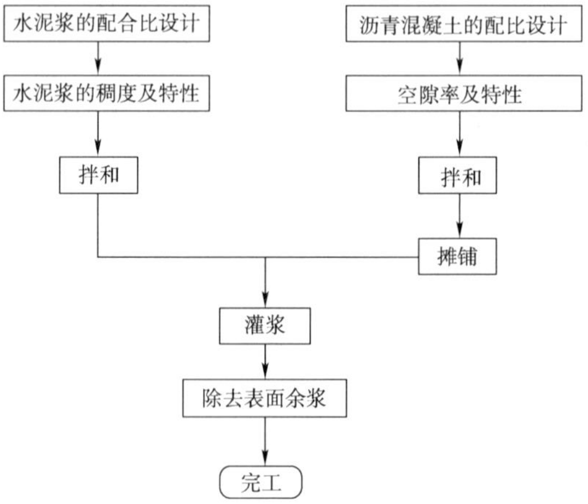

图 9-38　刚性路面施工程序框图

沥青混凝土的拌和、摊铺与一般沥青混凝土的拌和、摊铺完全相同;水泥浆用移动式砂浆拌和机拌和;树脂类添加剂等,应预先按份称好备用。

第十章　伸缩装置的更换与改造

第一节　桥梁伸缩装置使用情况调查和破坏原因分析

桥梁伸缩装置，应该是能够满足梁体伸缩自如的构造，即使公路或桥梁的性质类型有所不同，使用条件有差异，都要求伸缩装置具有较好的耐久性、行驶的舒适性、良好的防水性、施工的方便性、维修的简便和经济上的合理性。然而，即使设计中考虑充分，选择合理的结构，加工精度也符合设计要求，选用了品质优良的伸缩装置，如果施工安装不完善，不够认真、慎重，使用效果和耐久性也会有明显的下降。仅此一点就会给桥梁伸缩装置带来早期破损，直至完全破坏，所以很希望有施工简便的结构型式。

伸缩装置一旦出现损坏，就会严重影响交通，甚至会危及生命安全，这时就得进行修补或彻底更换。修补损坏了的伸缩装置的方法，根据各条公路交通量的大小及桥梁结构的型式有所不同。但一般来说修补或更换是比较困难的，特别是高等级公路，交通量大且车速高，修补时需实行交通管制。

实践说明，即使在设计和施工时确信是合理且完善的伸缩装置，工程竣工后，一经开放交通，即出现缺陷而早期破坏的例子也很多。因此，对桥梁伸缩装置，设计和施工上不可有一点缺陷。为此，对以往伸缩装置构造的缺陷及破坏原因进行认真细致的总结、分析是极其必要的。

一、桥梁伸缩装置使用情况调查

随着我国公路和城市道路的发展，交通量和重型车辆的增多，初期和中期阶段使用的各种类型伸缩装置普遍出现接缝材料老化与脱落、钢齿板的铆钉与锚杆剪断或拉开等现象，大部分已经呈破坏状态，而近几年来采用的伸缩装置，如板式橡胶伸缩装置或模数式伸缩装置，也因这样那样的原因，有相当一部分已遭破坏。为了进一步了解桥梁伸缩装置的实际使用情况，并对其破损状况进行分析，在全国部分地区进行了调查研究。

1. 全国部分城市使用伸缩装置情况的调查

根据1990年的调查资料，北京市公路管理处、天津市桥梁管理所等13个城市的桥梁管理部门所管辖的桥梁总数为2 490座。调查了556座，占桥梁总数的22.3%。伸缩装置已破坏的桥梁数为271座，占被调查桥梁总数的48.7%（表10-1）。总的看来，伸缩装置的完好率很不理想，破坏率很高，情况相当严重。

全国13城市及北京公路管理处桥梁伸缩装置现状统计　　表10-1

单　　位	管理桥数(座)	调查桥数(座)	破坏桥数(座)	桥梁破损率(%)
天津市桥梁管理所	99	35	23	66
武汉市桥梁管理处	50	20	5	25
海口市市政工程公司	2	1	1	100
石家庄市市政养护管理处	123	4	1	25

续上表

单　位	管理桥数(座)	调查桥数(座)	破坏桥数(座)	桥梁破损率(%)
兰州市市政工程管理处	73	66	53	80
福州市市政工程管理处	107	69	65	94
杭州市政设施管理处	137	7	5	71
南京市市政工程管理处	11	11	9	82
西安市市政工程管理处	22	14	5	36
郑州市市政工程管理处	13	13	8	62
桂林市城建局	40	3	1	33
重庆市城市建设局	13	13	5	38
北京市公路管理处	1 800	300	90	30

注:破损率相对调查桥数而言。

除北京之外的上述12城市建设管理部门,1989年底到1990年初对所管辖的242座桥梁的伸缩装置的现状进行了调查,桥梁伸缩装置完好的为62座,占调查数的26%。按桥梁伸缩装置分类统计的完好程度见表10-2所列。

伸缩装置现状分类统计　　表10-2

伸缩装置类型	调查桥数(座)	完好桥数(座)	完好率(%)
板式橡胶伸缩装置	10	8	80
M式橡胶伸缩装置	3	3	100
金属薄板伸缩装置	113	15	13
长条中空式橡胶伸缩装置	33	16	48
沥青油毛毡伸缩装置	4	1	25
沥青马蹄脂伸缩装置	32	0	0
混凝土盖板伸缩装置	2	0	0
钢搭接板式伸缩装置	29	14	48
悬臂式钢梳形板伸缩装置	8	3	38
支承式钢梳形板伸缩装置	4	0	0
预应力弹性伸缩装置	2	0	0
燕形组合式伸缩装置(德国毛勒)	2	2	100
合 计	242	62	26

2. 某高速公路桥梁伸缩装置实况调查

1994年某省交通厅组织专家对某条高速公路的220.05km路段上的桥梁伸缩装置的使用状况进行实况调查。经对沿线87座桥梁伸缩装置进行现场观测、拍照、记录,同时对形成病害的原因作了分析。现就所使用的暗缝(对接式)、板式橡胶和钢梳形板式3种伸缩装置的破损情况综述如下。

1)对接式(暗缝)

一般跨径在16m以内桥梁所采用的主要形式，所记录72条（单幅单条）处，在台背与桥头搭板之间，或者在台背与桥面板之间，大多都出现大小不一的通裂纹或裂纹。有些发展成坑槽，破损率几乎100%。

2）板式橡胶伸缩装置

一般跨径16m以上中小桥采用，沿线调查42处，合计单幅单条共116道，其中松动、脱落严重破坏计有56条，占调查数的48%，另有60条程度不一的轻微松动，出现破坏前兆的占52%。只有几座立交主桥的伸缩装置较为完好。

3）钢齿板型伸缩装置

沿线此类伸缩装置共有20道。其中9道出现盖板螺钉松动，盖板及钢齿板脱落，形成坑槽，已破坏的占45%。另外设有钢盖板的11道情况稍好，行车还算正常。

3. 其他

湖北省沙洋汉江沅水大桥为主跨113m的多跨预应力混凝土连续梁桥，钢齿板伸缩装置的部分钢齿板损坏脱落，锚固件外露，时常戳坏汽车轮胎，驾驶员叫苦不迭。

湖北省武汉市江汉大桥伸缩装置损坏后伸缩装置处大量渗水，造成钢板面积锈蚀。

天津市东环路立交桥的板式橡胶伸缩装置使用仅一年多便出现橡胶开裂，钢板外露，锚固件脱落，影响桥梁的正常使用。

辽宁省大连市香甘立交桥钢平板伸缩装置在通车后不久便损坏严重，伸缩装置脱落，锚固件外露，汽车经过时产生强烈颠簸，冲击梁端，致使有的主梁端部混凝土破碎，出现近1m直径的孔洞，严重影响正常的交通运输。

辽宁省香炉礁立交桥，主干道东北路段全长2 023m，共设板式橡胶伸缩装置24道，普遍出现两侧铺装破碎，腰形盖帽穿透，螺栓变形，角钢开焊弹起，橡胶板松动断裂，脱空飞出，破坏严重的约占90%。

陕西省西（安）宝（鸡）一级公路上咸阳渭河大桥，通车不到4个月，气温变化还未到较高气温，全桥JB-100型和JB-50型板式橡胶伸缩装置变形隆起，变形不均匀，钢板与橡胶剥离，有的已相当严重，不但影响行车的舒适性，而且还影响到行车的安全性。

二、各类桥梁伸缩装置破坏形式及原因分析

1. 对接式

1）填塞对接型（U型镀锌铁皮型等）

（1）破坏形式

夏季桥梁伸长，缝隙中填料挤出、上鼓，引起跳车；冬季拉开断裂造成漏水等。

（2）原因分析

主要是结构上不合理。由于镀锌铁皮或铝片较薄，不能过多地承受主梁传来的水平荷载，容易出现断裂现象。软性充填材料多为沥青砂、聚乙烯胶泥，易于老化脱落，造成漏水腐蚀伸缩装置，并使失去伸缩作用。目前此类装置基本不再继续使用。

2）嵌固对接型（橡胶条型）

（1）破坏形式

热天鼓起，冬天脱落，锚固件破坏和两侧混凝土（路面）破碎等（照片10-1～照片10-4）。

（2）原因分析

这是20世纪60年代产品，有单孔、三孔、四孔的胶条，在使用过程中胶条一直处于压缩

照片 10-1

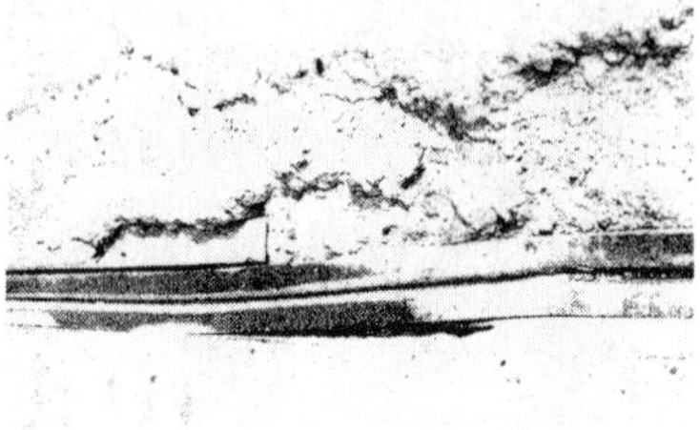

照片 10-2

照片 10-3

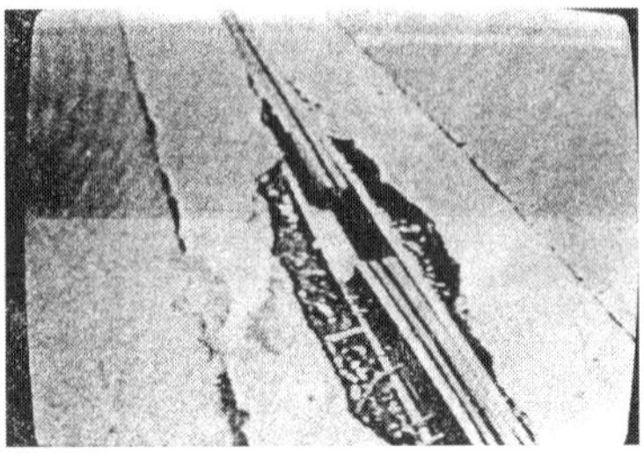

照片 10-4

状态，设计思想是合理的，但安装时很难夹压达到设计的理想状态，不是紧就是松，过紧容易造成鼓起，过松易脱落。这种装置构造较小，以往常常是在混凝土铺装层中放置。主要锚固件，与梁体的预埋件连接薄弱，加之铺装混凝土较薄，后浇混凝土面层多缺乏振捣，密实度和强度都有一定的问题，造成两侧混凝土容易破损。所以，此类装置破坏的主要原因可归结为施工原因。

2. 橡胶式（板式及组合式橡胶型）

1）破坏形式

橡胶板剥离，预埋钢板外露、脱落、断裂，锚固螺栓剪断脱孔飞出，两侧混凝土开裂破碎，出现坑槽等多种破坏现象，造成整体破坏等（照片 10-5 ~ 照片 10-25）。

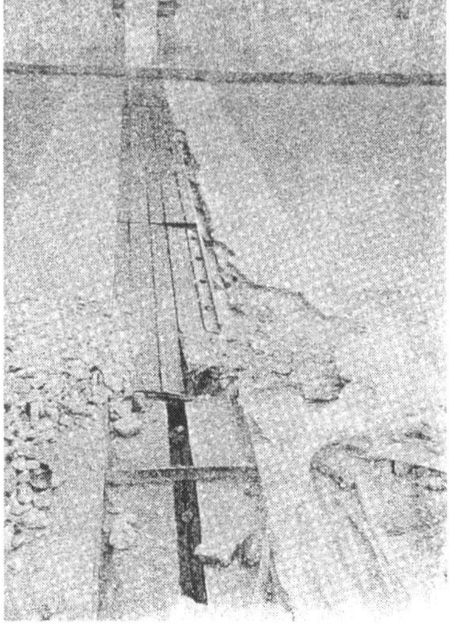

照片 10-5

照片 10-6

照片 10-7

照片 10-8

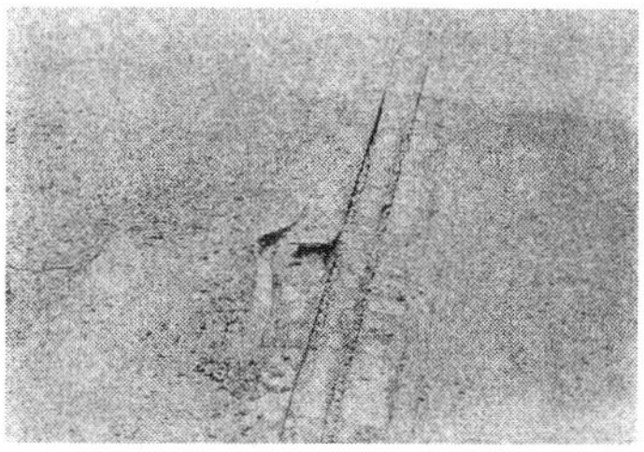

照片 10-9

照片 10-10

照片 10-11

照片 10-12

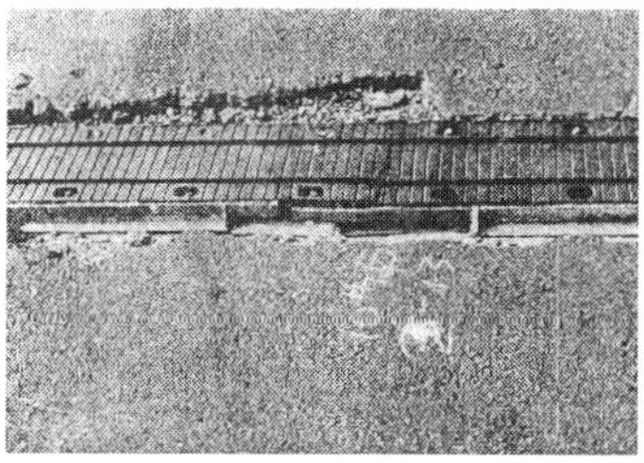

照片 10-13

2)原因分析

板式橡胶伸缩装置,规格种类繁多,20 世纪 90 年代前国内桥梁上普遍采用,而出现的问题较多,破坏严重。究其原因是多方面的,综合来看,有以下几个方面:

(1)结构本身的原因(设计原因)

此类伸缩装置,其原理是利用上下凹槽之间的橡胶剪切变形来满足梁体的伸缩,伸缩体内又埋有钢板,跨越梁端间隙承受荷载,两侧有锚固钢板,通过螺栓与梁端连接,并且一般采用每米分块安装,整体性较差。我们曾对有关生产厂家生产的各种(部分)规格板式橡胶伸缩装置的拉伸及压缩时水平摩阻力进行了较大批量的专门检测测试,其综合结果见表 10-3 所列。

照片 10-14

照片 10-15

照片 10-16

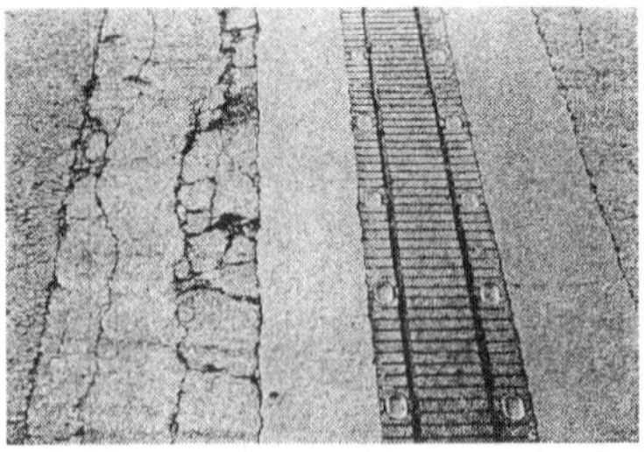

照片 10-17

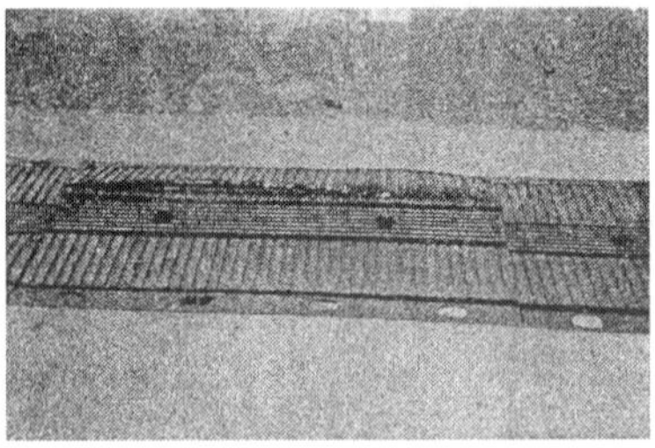

照片 10-18

照片 10-19

部分板式橡胶伸缩装置水平摩阻力测试结果 表 10-3

伸缩量(mm)	拉伸时		压缩时	
	摩阻力(kN/m)	最大变形(mm)	摩阻力(kN/m)	最大变形(mm)
30	15.7	15	19	-15
40	24.1	20	23.8	-20
40	18.7	20	23.4	-20
40	17.1	20	24.0	-20
80	19.6	30	25.7	-40
100	20.3	30	24.8	-50
平均值	19.25	—	23.45	—
摩阻力总平均	21.35			

注:试样由上海工程橡胶厂、上海彭浦橡胶制品总厂和常熟橡胶厂提供。

照片 10-20

照片 10-21

照片 10-22

照片 10-23

照片 10-24

一般国外技术标准对伸缩装置摩阻力的限制规定为不大于4kN/m，而根据表10-3的测试结果，国内产品的实际水平摩阻力远大于此规定值，约为此规定值5倍还多。这样对锚固系统要求极高，也给施工带来困难，没有特殊专用工具是很难保证达到设计要求，不能不说是出现早期局部破坏和整体破坏的主要原因。

照片 10-25

(2)产品质量不好

这类伸缩装置生产工艺条件要求比较苛刻，例如，橡胶材质性能、加劲钢板的材质及合理布置、钢板与橡胶黏接强度、生产时的温度和湿度的控制等都要求非常严格，稍不注意就出现质量问题，往往容易出现整板断裂、脱胶、胶层磨损、钢板外露、锚固螺栓剪断、橡胶板飞出等现象，其与橡胶伸缩装置的本身质量、横向宽度大、刚度差异大等都有直接关系。

以陕西某某一级公路某大桥100型板式橡胶伸缩装置破坏情况调查为例，原设计100型预埋钢板之间的橡胶体厚度分别为41mm与31mm，而88块100型的橡胶体测量结果，预埋钢板之间的橡胶体厚度最薄的为23mm与14mm，一般平均为31.7mm与22.25mm。预埋钢板之间橡胶体的减薄，使伸缩体的允许变形只有原设计允许变形的71.77%左右。另外体内预埋钢板严重倾斜，最大的倾角为6°21′，这是造成橡胶体变形不均匀的主要原因。还有部分钢板外露，无橡胶保护层，且橡胶与钢板黏贴不好，造成钢板翘起，橡胶剥离的严重破坏。

(3)施工原因

对伸缩装置施工工艺要求重视程度不够，已破坏的伸缩装置多数在施工时未能严格掌握工艺标准和安装步骤造成的。例如，陕西某某一级公路某大桥伸缩装置的安装，按照常规，伸缩装置的安装温度宜为年平均气温或相当气温。根据施工单位提供桥位处多年平均最低气温为－13℃左右，多年平均最高气温为39℃左右，故伸缩装置安装气温控制在13℃左右较为合适。但该桥伸缩装置的安装温度比常规规定的低了将近10℃左右，最严重的则低了15℃，调查时实测气温为27～29℃，反映出当前梁体结构伸长变形已接近，或超过设计值(50mm)。也就是说在当时气温的情况，应该采取预拉开一定数值后安装就位就不至于出现早期破坏。但由于此类伸缩装置的水平摩阻力大，没有特殊的专用工具未能做到这一施工工艺要求，加上因产品质量上存在一定的问题，使橡胶体伸缩量减少了29%的情况。

再者，还有预埋钢筋直径过细(ϕ12)、钢板较薄($\delta=5$mm)，锚固件焊接质量不能保证，经不起高速重载车辆的冲击、振动，很快开焊弹起。橡胶板底垫砂浆找平填高的做法不恰当，车辆行驶冲击致使垫砂浆粉碎溜边，使梁间隙相对加大，其下没有托板，轻者橡胶板脱孔飞出，重者使橡胶板折断破坏。二次混凝土浇筑不密实，达不到设计要求的强度，混凝土时常出现蜂窝、空洞等，难以承受车辆荷载的强烈冲击。伸缩装置两侧混凝土和沥青混凝土铺装层结合不好，碾压不密实，形成两张皮，容易产生开裂、脱落，形成坑槽，最终引起伸缩装置的破坏。梁端缝隙不符合设计要求，比如，根据大连市的调查，设计梁间缝隙宽40～50mm，而施工后的梁间缝隙宽度多为70～100mm，结果缝隙加大，橡胶板就出现了螺栓孔扩大飞出以及折断破坏等现象。

(4)伸缩装置的选型不合理

任意扩大此类伸缩装置的适用范围(最大有超过400mm)，伸缩装置整体强度不足、螺栓变形、盖帽穿透、全板松动是常见的现象，特别是在重车道上破坏尤为明显。桥梁设计者在选型时，未考虑到计算、施工误差等多种复杂因素的影响，硬碰硬地按伸缩量计算值选定型式规格和仅考虑产品价格等，没有预留必需的富余量而适当选大一型号，更甚者，将型号偏小的选用，例如，某大桥如按该地区的多年最低平均气温与多年最高平均气温计算，它的伸缩量不应小于109mm，再加上考虑施工误差因素的影响、安装温度的偏差以及二期恒载及活载引起梁长变化等因素，设计伸缩量应不小于140mm才是可靠的，但该桥选用伸缩量为100mm的板式橡胶伸缩装置的型式，如此即使产品质量再好，施工安装精度再高，也逃不掉其破坏的可能性。故合理选定型式是保证桥梁伸缩装置有较好的使用效果和耐久性极为重要的环节。

(5)管理养护的原因

桥梁伸缩装置的部件长期暴露在大气空间，并且承受高速行驶车辆的反复冲击作用，使用环境非常恶劣，管理养护工作就显得相当重要。但目前多数桥梁伸缩装置基本上处于不进行养护的状态，如不做经常性的检查维修，伸缩装置中的杂物尘土不能及时认真清除，使原设计的伸缩量得不到保证。桥梁超载的情况不能得到有效控制，特别是夜间缺乏管理、汽车不按规定行驶、超载车辆自行上桥等，不能不说这些是造成桥梁伸缩装置使用效果不好、耐久性差、整体破坏的重要原因。

3. 钢制式

1）破坏形式

钢制型伸缩装置，包括钢梳齿板型和钢平板型叠合型，出现破坏的主要形式为焊口开焊和断齿等，由于工艺上的问题个别焊缝不易焊牢，出现整个钢板脱落，锚固件薄弱造成松动。由于结构不合理，受力不均匀，造成断齿的情况也可以说是比较严重的。这类伸缩装置的伸缩量一般比较大，易于漏水造成腐蚀，缝隙内杂物不易清除而失去伸缩功能等，如照片 10-26 ~ 照片 10-30。

照片 10-26

照片 10-27

照片 10-28

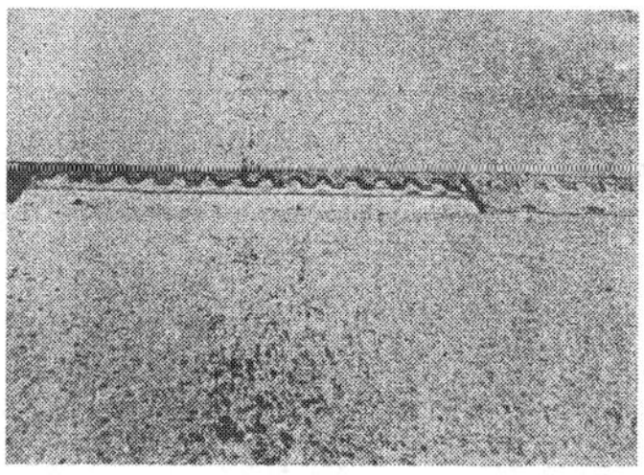

照片 10-29

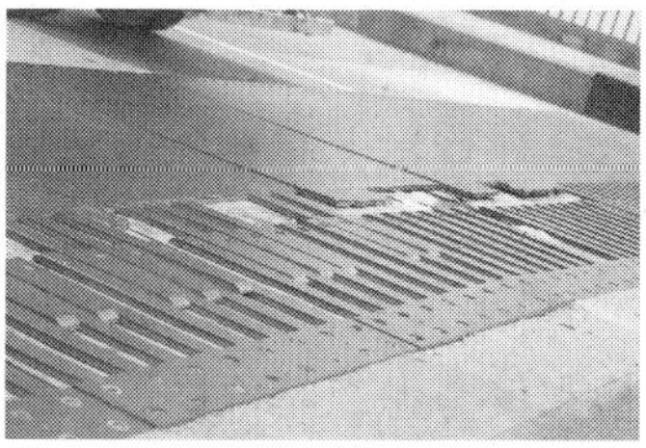

照片 10-30

2）原因分析

从目前已破坏的部分钢制伸缩装置情况来看，破坏原因有设计问题、加工工艺问题、施工质量问题和养护问题等。这类伸缩装置在加工和使用过程中容易产生变形，难以保证齿板和垫板贴合，一旦产生了间隙，对连接部位受力很不利，而引起噪声、跳车，加之日夜运营，齿板在反复荷载作用下，引起过早疲劳，紧固螺栓（或螺钉）松动，梳齿板转动翘起外露，杂物容易将梳齿间隙卡住，影响伸缩，排水机能不完善，杂物、污水落入桥下，污染环境，产生腐蚀等，对这样情况的防治，是今后的重要课题之一。

4. 模数式

1）破坏形式

模数式系列伸缩装置，是国内近几年来为适应大位移量桥梁工程需要研制开发的产品，用量越来越大，使用期还不很长，但也有一定的使用年头了，暴露出来的问题虽然不十分明显，但不论国外引进的产品还是国内产品，经实际应用后，仍出现了一些问题。例如，异型钢材的中梁钢断裂，焊接中梁钢开焊，出现晃动、噪声；伸缩均匀性差，甚至失灵、更换；密封橡胶带迅速老化、脱落或跳出，严重漏水；装置两侧混凝土出现裂缝、坑槽，锚固系统不理想，出现局部或整体性破坏等，如照片 10-31 ~ 照片 10-35 所示。

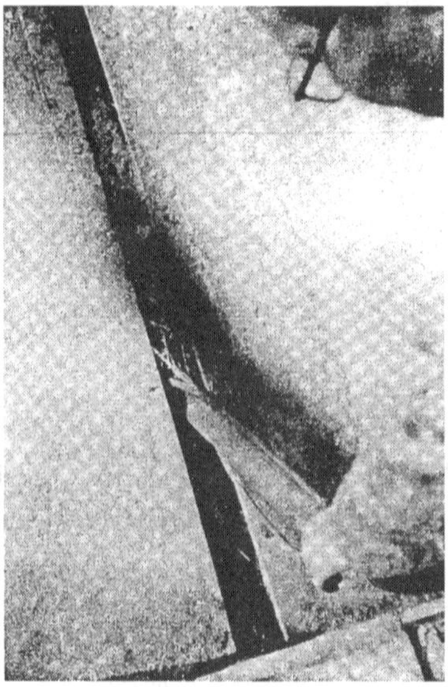

照片 10-31

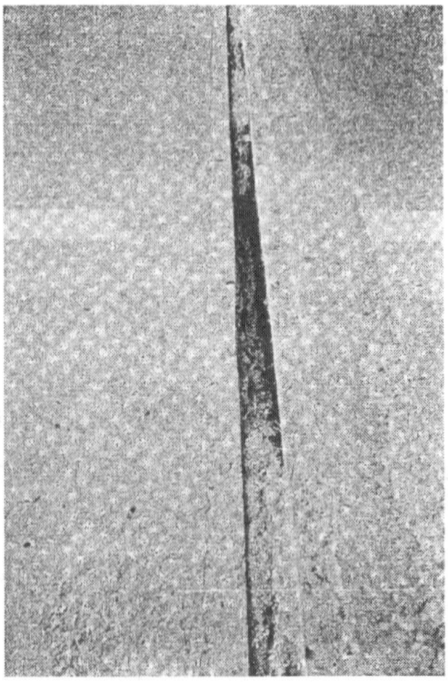

照片 10-32

照片 10-33

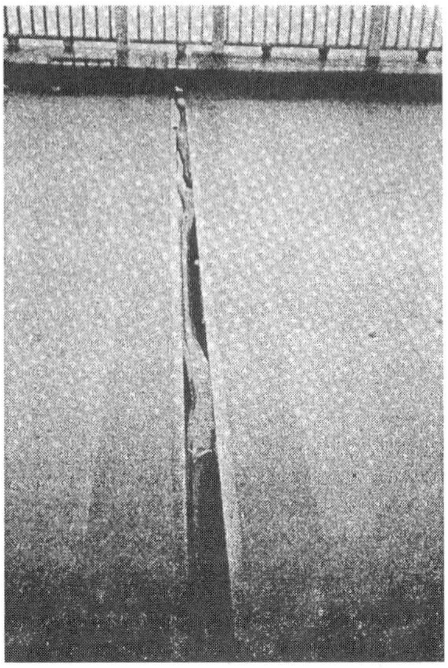

照片 10-34

2）原因分析

应用期虽然不算很长即出现上述缺陷，究其原因，大致有以下主要方面：

(1)目前国内此类伸缩装置用的边梁、中梁在20世纪80年代以前多采用钢板或型钢焊连成异形件的组合结构,整体性差,电焊工作量大,加上焊接工艺技术不如国外,焊接质量较难保证,出现开焊似乎不可避免。并且采用压条(或夹件)和螺钉扣紧密封橡胶带的做法,扣件容易锈蚀断裂,造成橡胶带脱落或跳起飞出。即使采用挤压形成的异型钢作边梁、中梁,因其挤压工艺原因,轧辊磨损快且大、造成孔型不准变化大、密封橡胶带易滑脱等问题,可归结为构造和加工的原因。

照片 10-35

(2)有的产品,如XF斜向型,由于其传动原理所决定,伸缩均匀性差些,组装精度要求极为严格,在多根中梁的情况下,较难保证精度,稍为不慎重,易出现自锁造成失灵和破坏的问题。

(3)这类装置不足之处是路面上的石子、泥沙等杂物常进入及沉积在每条缝隙内,柔性的物质可随着伸缩体张合将其挤出或行车时带走,但对刚性大的物质是难以被挤出,经车轮下压,易造成将密封橡胶带刺破的危险,造成漏水、尘土和杂物下漏产生污染现象。这种情况除对密封橡胶带的形状作进一步改进外,只有靠养护的经常性清扫配合来保证整个装置的使用效果。

(4)安装这类伸缩装置的预留槽口内,既有锚固箱和布置较多的锚固钢筋,包括梁体的主钢筋和预埋的锚固钢筋,给浇筑混凝土带来困难,容易出现空洞、密实度不易保证、强度不足等问题,经使用将会出现咬口、裂纹,逐步出现坑槽,如不及时处理,将会导致锚固部位的全面破坏的严重问题,这也是今后必须解决好的重要课题。

5. 无缝式(暗缝型)

鉴于桥梁接缝部位不容易处理好,其伸缩装置造价相对较昂贵,也容易损坏,使维修费用增加。又由于伸缩装置有损桥面美观,不利车辆行驶和影响人们的情绪,致使各国桥梁设计者趋向于尽可能少地设置桥面伸缩缝,或者设计成无缝桥梁结构。

桥面连续简支梁桥首先在英国应用,并获得成功。迄今为止最长的桥面连续简支梁桥是美国奥温尔桥,该桥为预应力混凝土结构,全长1 287m,仅在桥台处设置大位移量的伸缩装置。设计这种结构,要在中间梁的接缝处设置连续钢筋,在梁底使用滑板支座或滚动支座,全桥只能设计一个固定支座。这种结构的设计计算虽然繁杂,但现代电子计算机和结构分析程序的发展,已能轻易地计算桥面连续简支梁桥或连续结构的内力和位移。我国最长的桥面连续简支梁桥是浙江省宁波市解放桥,该桥11孔桥面连续,全长233m。湖北省沙洋大桥引桥均为30m跨径的预应力混凝土简支梁,4孔或6孔为一联的桥面连续,即连续段分别为120m和180m设一条暗缝。目前桥面连续的长度已大大突破上述长度,有向较大连续长度的方向发展的趋势。

修建完全无接缝桥梁的方法,根据美国联邦公路局技术咨询报告中的建议,将桥台设计成整体式,主梁的两端侧固定在整体式桥台上。这就要考虑到桥台能否随着上部结构的温度变化而产生的位移,也要考虑到桥台位移对桥头引道路面的影响。这些都是完全无接缝桥梁结构设计和修建时应该考虑的。根据填纳西州的经验,一个设在桩基上的典型柔性桥台,它本身的挠曲能产生50mm的位移,而设在岩石基础(但不嵌入岩层)上的同样桥台,只能允许6~7mm位移。因此,伸缩量超过7mm的桥台必须安装伸缩装置或使用铰接桥台。也就是说,无缝化的建议,是具有范围的限制。根据我国的一般经验,单缝的伸缩量在30mm以下,采用桥面连续,或使用EPBC弹塑体的办法,只要施工上充分注意,应该是有效的。

由于我国近几年才较多地开始使用，时间不算很长，但反映出来的问题是显而易见的，就是施工工艺复杂，或多或少仍存在桥面开裂、材料老化、造成漏水等问题（照片 10-36）。所以，今后应进一步加强这方面的试验研究是十分必要的。

三、桥梁伸缩装置破坏的主要原因

分析桥梁伸缩装置破坏的原因是直接促进伸缩装置发展的重要手段。

尽管未做全国的公路和城市桥梁伸缩装置的统一调查，但从部分公路和城市桥梁的情况反映出的问题是比较严重的。前面的叙述，主要原因可归结成以下几个方面：

(1)交通量增大，重型车辆不断增多，随之车辆的冲击作用也明显变大，因此设计、施工上即使稍有缺陷也就成了破坏的原因。

照片 10-36

(2)设计方面的原因

①有些桥梁结构，桥面板的刚度不足，当桥面板受到汽车荷载作用时，因翼板较薄，横向联系较弱，导致桥面板变形过大。

②很多设计是将伸缩装置的锚固件置于桥面铺装层中，与主梁（板）连接的部分很少，这些锚固方法在荷载作用下容易造成开焊、脱落，而且力的分布不容易传递，微小的变形可能演变成大的位移，最终导致混凝土黏结力的失效。

③伸缩量计算不准确，没有考虑到伸缩装置安装时的实际温度对伸缩装置的影响等，在伸缩装置本身不具备或很难具备调整初始位移量，以适应于安装温度对位移的要求时，选型不当是造成伸缩装置破坏的重要原因。

④设计上未对伸缩装置两侧的后浇混凝土和铺装层材料选择、配合比、密实度和强度提出严格要求或规定。

⑤对于大跨桥、斜桥、弯桥等，设计时没有形成与一般的梁（板）结构相符合的构造形式和锚固方法。

⑥使用黏结材料、橡胶材料等新形式的伸缩装置，错误地选定构造和材料，且防水、排水设施不完善，由于漏水、溢水，锚固件受腐蚀，梁端和支座侵蚀严重，多成为破坏的原因。

(3)施工方面原因

①对桥梁伸缩装置施工工艺要求重视程度不够，未能严格掌握施工工艺标准和安装工序进行施工。

②锚固件焊接质量不能保证，只注意表面，忽视内部质量标准要求。

③后浇混凝土（或其他填充料）浇注不密实，达不到设计的强度要求，时常出现蜂窝、空洞等，难以承受车辆荷载的强烈冲击。

④由于赶工期，草率从事，放松了伸缩装置的施工质量，甚至不按设计图纸要求施工，不能说不是现阶段造成伸缩装置破坏的重要原因之一。

⑤伸缩装置两侧混凝土和沥青混凝土铺装层结合不好，碾压不密实，形成两张皮，容易产生开裂、脱落，最终引起伸缩装置的破坏。

⑥在当时缺乏统一的质量验收标准。

(4)管理维护原因

①对在伸缩装置的沙土、杂物未能及时认真地清扫，使原设计的伸缩量不能保证。

②原有桥梁逐渐老化，维修不充分，因此破坏不断扩展。

③桥梁超载情况不能得到有效控制，特别是夜间缺乏管理，车辆不按规定行驶，超载车辆自行上桥，对桥梁伸缩装置的有效使用和耐久性也带来严重威胁。

第二节　目前国内桥梁现状

旧中国的公路交通极为落后，1949 年全国公路通车里程仅 8.07 万 km，公路密度仅 0.8km/100km^2。建国初期，公路交通经历一段时期的恢复后开始获得长足发展，1952 年公路里程达到 12.67 万 km。20 世纪 50 年代中后期，为适应经济发展和开发边疆的需要，我国开始大规模建设通往边疆和山区的公路，相继修建了川藏公路、青藏公路，并在东南沿海、东北和西南地区修建国防公路，公路里程迅速增长，1959 年达到 50 多万 km。在 1949 年至 1978 年的 30 年间，尽管国民经济发展道路曲折，但全国公路里程仍基本保持持续增长，到 1978 年底达到 89 万 km。平均每年增加约 3 万 km，公路密度达到 9.3km/100km^2。在此期间，随着公路事业的发展，公路桥梁建设也得到发展，建成了一批具有中国特色的石拱桥、双曲拱桥、钢筋混凝土拱桥以及各式混凝土和预应力梁式桥。

改革开放后，随着国民经济持续高速发展，公路运输需求强劲增长，公路基础设施建设开始发生了历史性转变，在此期间，公路建设得到中央和地方各级政府的重视，“要想富，先修路”，公路建设的重要性逐步为全社会所认识。在统一规划的基础上，开始了有计划的全国公路基础设施建设，使公路建设有了明确的总体目标和阶段目标。公路建设在继续扩大总体规模的同时，重点加强了质量水平的提高，高速公路及其他高等级公路的迅速发展，改变了我国公路事业的落后面貌。从统计数字看，到 1999 年，全国公路里程达到 135 万 km，公路密度达到 14.1km/100km^2。为 1978 年的 1.5 倍。总体而言，一个干支衔接、布局合理、四通八达的全国公路网已初步形成。特别高速公路的建设是改革开放后我国公路建设事业取得的突出成就。在 1988 年，我国第一条高速公路沪嘉高速公路（18.5km）建成通车。此后，又相继建成 375km 的沈大高速公路和 143km 的京津塘高速公路。进入 20 世纪 90 年代，在国道主干线总体规划指导下，我国高速公路建设步伐加快，每年建成的高速公路由不到 100km 上升到 1 000km以上。到 1999 年底，全国高速公路通车里程达 11 605km。短短 10 年间，我国高速公路就走过了发达国家高速公路一般需要 40 年完成的发展历程。高速公路及其他高等级公路的建设，改善了我国同发达国家之间的差距。高等级公路的快速发展对公路桥梁建设提出了较高要求，推动了公路桥梁数量的增加和技术水平的提高。我国先后在主要江河和一些海峡建设了一批深水基础、大跨径、施工难度很高的桥梁，如黄石长江大桥、万县长江大桥、铜陵长江大桥、江阴长江大桥（跨径列中国第一、世界第四的钢悬索桥）、南京第二长江大桥、风陵渡黄河大桥、济南第二黄河大桥、广东虎门大桥、山东女姑山跨海大桥、厦门海沧大桥等。这些工程标志着深水基础、大跨径桥梁桥梁建设已进入世界先进行列。到 1999 年底，全国公路桥梁已达到 23 万座，总延长 8 006km。截至 20 世纪末我国已有桥梁 32 万座（其中公路桥 28 万座、铁路桥 4 万座），总长超过 1200 万延米。目前长江上已架起桥梁 67 座，黄河上已建成桥梁 89 座，此外，还有近 20 座桥梁正在建设中。我国的大跨径桥梁等建设技术已进入世界前列。

中华人民共和国成立来，我国公路建设已取得巨大成就，对促进国民经济的飞速发展起到不可估量的积极作用。但是，这些桥梁经过 50 多年的长期营运，很多桥梁已经出现严重的损坏成了危桥。这些桥梁上的伸缩装置可以说已经进入维修改造的阶段,根据有关部门的调查统计,从1990年到1999年底在永久性桥梁中成为危桥的数量逐年上升,见表10-4所列。

国内永久性桥梁与危桥现状 表10-4

年份	永久性桥梁		危桥	
	座数	延米	座数	延米
1990	162 524	4 950 198	4 046	114 770
1991	167 260	5 123 065	4 196	131 562
1992	171 582	5 281 087	4 025	129 423
1993	178 698	5 521 795	4 007	132 403
1994	184 061	5 794 346	4 140	139 623
1995	190 961	6 184 861	4 189	142 467
1996	197 951	6 525 443	4 022	139 325
1997	205 707	6 862 487	4 109	143 358
1998	215 005	7 366 484	3 797	134 582
1999	225 499	7 910 698	4 451	160 491

第三节 伸缩装置更换程序和类型选择

从表10-4的统计数据来看,1990年至1999年的10年间,每年永久性桥梁中不论桥梁的座数或延米数上都有2.2%左右的比例成为危桥,也就是说每年全国有4 000座以上约16万延米的危桥在全国的各种等级的公路上出现。如果按每座桥平均3条缝,而每条缝以12m计算,则仅对危桥全国每年就有4 000座桥梁要改建或更换的话就达到48 000m,这就是说,其工作量就不是一个小数。如果把正常使用的桥梁中每年破坏的伸缩装置考虑进去时,则远远大于上述48 000m这个数字。故对这样一批数量的更换或改造所涉及的问题和内容很多,特别是要针对不同类型的桥梁和原来使用的伸缩装置的形式,必须做出合理的工序安排和伸缩装置型式的选择等。

一、伸缩装置的更换施工安装程序及其注意事项

1. 伸缩装置的更换施工安装程序

旧桥改造的伸缩装置与新建桥梁的伸缩装置的施工安装要求和程序有很大的差别,如果旧桥拆除后重建时一般应按新建桥梁进行设计、选型及施工与安装。而仅对伸缩装置部分进行改造与更换时,一般应考虑以下方面的工作:

1)原已损坏伸缩装置的拆除

拆除已损坏的伸缩装置,可以说是首先要做的一项烦琐而细的工作。要更换的伸缩装置,必须将原伸缩装置结构全部拆除,如果原来使用的是橡胶式伸缩装置(包括板式和组合板式)或钢齿板式伸缩装置时,由于这类伸缩装置一般埋置深度较浅,故在清除时将伸缩装置本身清除外,再将表层混凝土清至原梁板上层钢筋露出为止,对原有的预埋钢筋给予保留。而对于模数式等带锚固箱的一类锚固深度较大的伸缩装置,应清至锚固箱的底面,但不能将原结构的梁(板)端部破坏,并尽可能保留原有的纵向及竖向预埋锚固钢筋,不要轻易把它们去掉,做到能

利用的尽量利用。

2）梁（板）端部的处理

在将原伸缩装置清除后，梁（板）端部之间的伸缩缝隙可见，如果发现端部有较大的参差不齐或在清除原伸缩装置时有被损坏的部位等情况，此时应作出补救处理，以保证有足够的伸缩缝隙，并避免在新安装的伸缩装置出现悬空等不合理的问题。

3）设置锚固筋及预留槽的整理

除原有的预埋钢筋可利用外，还应根据设计和产品的要求补足所需要的锚固钢筋，同时将整个预留槽内的纵、横、竖向锚固钢筋按要求焊接或绑扎好，同时应将预留槽全面清扫干净，以备后用。

4）伸缩装置的安放就位

伸缩装置安装前需要按设计伸缩量要求，做出预拉或预压初始量的调整，然后将伸缩装置安放到其准确的位置。如果计算需要特定的温度才能让伸缩装置生效起作用，这时应先将伸缩装置一侧的锚固钢筋与相近预留槽的预埋钢筋焊接好，等到特定的温度时再将另一侧的锚固钢筋与对应一侧预留槽的预埋钢筋焊接牢固。如果没有上述的温度条件限制时，则可将两侧的锚固钢筋同时焊接牢固。

5）预留槽相关模板安装

在浇筑预留槽锚固混凝土之前安装相关模板，要注意不应出现漏浆或对伸缩缝隙堵塞等做出仔细的安装与处理。

6）浇筑高强度混凝土或特殊填充材料

浇筑预留槽中的锚固混凝土是一项重要的施工环节，一般情况下多采用水灰比较小的混凝土，数量相对不是很大，但锚固钢筋比较密，同时遇到有位移控制箱的时候，往往在箱底不容易浇筑密实，甚至可能出现空洞等等，所以一定要振捣密实，不能马虎从事。如果是更换或改造的工程，往往受交通的限制，施工条件较困难，而且不能长时间中断交通，在很多情况就要采用快凝高强的混凝土（如环氧树脂混凝土、钢纤维混凝土等）或特殊的高分子填充材料，这样对伸缩装置的表面应采取保护措施，防止高分子材料在施工过程中造成污染。

7）混凝土（或特殊填充材料）养生

在预留槽锚固混凝土或特殊填充材料浇筑完成后，应充分进行养护，特别对于采用特殊填充材料时，可能有其一些特殊的养护要求，因此，应根据这种材料使用说明做出合理的操作。

8）完成并开放交通

一般情况，如果没有其他的特殊规定或要求，混凝土养护到了规定的时间，就可以开放交通。

上述的施工过程属于旧的伸缩装置拆除、完成预留槽的整理及清理后，直接就安装新的伸缩装置，这样的施工过程可称为先装施工程序（简称先装法），适用于采用水泥混凝土桥面铺装的桥梁工程。如果是采用沥青混凝土的桥面铺装时，为了保证在新装的伸缩装置两侧铺装质量，有可能在旧的伸缩装置拆除及预留槽完成后，用砂袋或碎石等先将预留槽垫平，接着进行沥青混凝土桥面铺装，在伸缩装置的范围内切割与清除该部分桥面铺装、预留槽的整理及清理、安装新的伸缩装置的过程称为后装施工程序（简称后装法）。其施工程序可归纳如图 10-1 所示。

2. 伸缩装置施工的注意事项

旧桥伸缩装置的更换或改建，在施工上是一件烦琐而复杂的工作，也就是说其施工质量的好坏直接关系到伸缩装置的使用寿命。同时更换与改建所采用的伸缩装置型式也必须根据各自的具体情况，在满足设计和使用要求的条件下，为了选择经济合理的结构，就有可能会有各种各样的伸缩装置型式在这个领域中出现。因此，安装各种伸缩装置时，定位值均应通过计算确定。梁体温度应测量准确，伸缩体横向高度应符合桥面线形。装设伸缩装置的预留槽应清洁干净，如梁（板）端有顶头现象或伸缩缝隙宽度不符合设计时，应凿剔平整。现浇混凝土时宜在接缝伸缩开放状态下进行浇筑，应防止已定位的构件变位。伸缩装置两边的组件及桥面应平顺，无扭曲。此外，针对各种形式伸缩装置的结构特点，其在施工安装时应注意的内容如下。

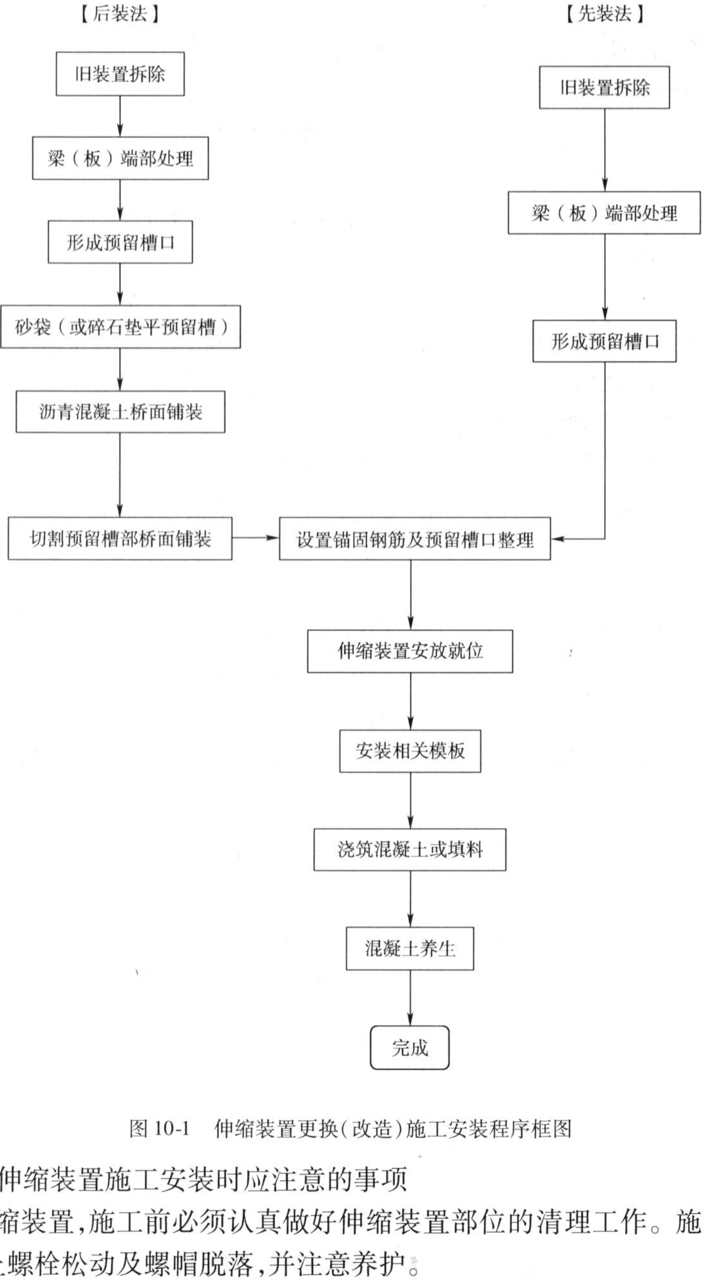

图 10-1　伸缩装置更换（改造）施工安装程序框图

1）钢梳齿板伸缩装置施工安装时应注意的事项

钢梳齿板伸缩装置，施工前必须认真做好伸缩装置部位的清理工作。施工中应加强锚固系统的锚固，防止螺栓松动及螺帽脱落，并注意养护。

2）橡胶式伸缩装置安装时应注意的事项

(1)检查桥面板端部预留空间尺寸、钢筋,注意不受损伤。若为沥青混凝土桥面铺装,宜采用后装法安装伸缩装置,以提高与桥面的顺适度。

(2)根据安装时的环境温度,计算橡胶板伸缩装置的模板宽度与螺栓间距。将准备好的加强钢筋与螺栓焊接就位,然后浇筑混凝土并养生。

(3)将混凝土表面清洁后,涂防水胶粘材料。利用调整压缩的工具,将伸缩装置安装就位,施工前必须认真做好伸缩装置部位的清理工作,施工中应加强锚固系统的锚固,防止螺栓松动及螺帽脱落,同时向螺栓孔内灌注防蚀剂后,注意及时盖好盖帽并养护。

3)模数式(包括后嵌单缝式)伸缩装置施工安装时应注意的事项

(1)应按照设计核对预留槽尺寸,预埋锚固筋若不符合设计要求,必须首先处理,满足设计要求后方可安装伸缩装置。

(2)伸缩装置安装之前,应按照安装时的气温调整安装时的定位值,用专用卡具将其固定。

(3)安装时,伸缩装置的中心线与桥梁中心线重合,并使其顶面标高与设计标高相吻合,按桥面横坡定位、焊接。

(4)浇筑混凝土前将伸缩缝隙填塞,防止浇筑混凝土时把缝隙堵死,影响伸缩,并防止混凝土渗入伸缩装置位移控制箱内,也不允许将混凝土溅填在密封橡胶带缝中及表面上,如果发生此现象,应立即清除,然后进行正常养护。

(5)待伸缩装置两侧预留槽锚固混凝土强度满足设计要求后,方可开放交通。

4)弹塑体填充式伸缩装置施工安装时应注意的事项

(1)对弹塑体材料物理性能应符合有关规定,产品应附有效的合格证书。弹塑体材料加热熔化温度应按要求严格控制。主层石料压碎值不大于30%,扁平及细长石料含量少于15%~20%,石料使用前应清洗干净。其加热温度控制在100~150℃左右。

(2)风力大于3级,气温低于10℃及有雨时不宜施工。

(3)施工可采用分段分层浇灌铺筑法,亦可采用分段分层拌和浇筑法。

5)波形伸缩装置施工安装的基本要求及注意事项

(1)波形伸缩装置一般采用反切法施工安装,即先组装后锚固,再进行混凝土施工,并严格控制施工安装质量。

(2)安装前应按照设计图纸核对预留槽尺寸,检查预埋钢筋的牢固程度,彻底将预留槽内的杂物清扫干净并凿毛。锚固钢筋与桥面板钢筋或台背预埋筋应分别焊成整体,同时两侧分别增加两根横向连接钢筋,与锚固钢筋焊接成网格结构。组焊时不得撬击及捶打伸缩装置。

(3)所有的焊接钢筋不得有未焊透、夹渣、气泡等缺陷,同时焊渣应及时清除干净。

(4)伸缩装置的波形板沿口标高应与桥面的标高相吻合,避免出现跳车现象,以确保行车舒适。

(5)在每段伸缩体连接处应采用现场灌胶黏结等作防水处理。

(6)伸缩装置两侧应使用高强度钢纤维混凝土或其他高性能混凝土浇筑,并做好防污措施。

以上的各类伸缩装置施工安装,根据《公路桥涵施工技术规范》(JTJ 041—2000)的规定,其安装允许偏差见表10-5所列。

伸缩装置安装允许偏差　　表 10-5

项　　目		允 许 偏 差
缝隙宽度		符合设计要求
与桥面高差(mm)		2
纵坡	大型	±0.2%
	一般	±0.3%
横向平整度		用 3m 直尺,不大于 3mm

二、伸缩装置类型的选择

更换伸缩装置与新建桥梁采用的伸缩装置在选型上有很大的不同。原因是新建桥梁是在设计阶段就已根据计算伸缩量的大小基本确定其应采用的伸缩装置的形式及型号,并可根据其结构特点对梁(板)端部的要求(包括预留槽尺寸、预埋筋等)作出准确设计处理,不需要其他更多的考虑。而更换伸缩装置就不是那么简单,由于需要更换或改造的伸缩装置可能出现的情况各不相同,比如所处的桥梁种类、伸缩装置的类型及锚固形式、伸缩量的大小、公路等级、交通量的大小以及包括养护条件在内等其他方面的不同。同时对原有一些条件的如何充分利用问题等都是新建桥梁所没有的。也就是说,新建桥梁伸缩装置不需要考虑的问题,而对伸缩装置更换或改造上必须考虑的问题很多。例如,原有伸缩装置的结构类型、破坏原因、所处环境条件等等。所以在伸缩装置的更换或改造时,如何针对性地选择一种适合具体情况及条件的伸缩装置类型是一项细致而比较复杂的工作。这也直接关系到其施工的难易程度、使用效果以及经济合理性的问题。要真正做好这项工作,首先要对目前市场上已有的伸缩装置的类型、结构特点及适应范围等应有所了解和掌握,同时也应该对其实际使用效果也有一定的了解,否则就无从下手。编者根据以往对这些问题的认识和不一定是很成熟的经验,下面就从伸缩量的适应范围并针对桥梁种类和原有的伸缩装置的结构形式等条件,就如何选择更换或改造用的伸缩装置型式提出看法,供使用者参考。

1. 设计伸缩量小于等于 80mm 的情况

在这样设计伸缩量的条件下,一般属于中小跨径的桥梁工程,在其破坏原因上经核对如果不是设计伸缩量的错误,就可以根据下面的条件进行选定。

(1)如果伸缩量在 60mm 以内,原伸缩装置采用的板式橡胶伸缩装置等埋置深度较浅的结构形式时,一般情况不应破坏梁(板)端部结构的前提下,可采用弹塑体、波形伸缩装置等不需要很强大锚固系统的结构形式;如果桥面铺装加上梁(板)结构上层混凝土保护层的厚度具有足够锚固深度时,也可采用 GQF-C 型等异型钢的单缝型的伸缩装置,但建议最好不要再使用像橡胶式(包括板式或组合式橡胶伸缩装置)这类不尽合理的伸缩装置结构形式为好。

(2)如果伸缩量在 80mm 以内,不管原来采用的伸缩装置是什么形式,只要不至于破坏原梁(板)端部的结构,可以采用波形伸缩装置、异型钢单缝型伸缩装置和钢齿型及钢板叠合型伸缩装置,但不推荐橡胶式及弹塑体一类伸缩装置形式。

2. 设计伸缩量在 80mm 以上 300mm 以下的情况

在上述设计伸缩量范围的伸缩装置,一般是在大中型桥梁工程上使用,这样范围伸缩量的伸缩装置,在用量上也是比较多的,而且以往所采用的伸缩装置的类型也是比较多种多样,根据实际使用的调查来看,在伸缩量上也有超范围使用的情况存在。一般使用的伸缩装置的类型有组合板式橡胶型、钢齿板型、模数式或者其他特殊形式的伸缩装置等等。这些类型的伸缩装置原来都采用较为强大的锚固系统,更换或改造起来比较困难,通常要把原来的锚固混凝土去掉,重新布置或埋设锚固钢筋等,如果对防水要求不是十分高的桥梁工程,只要对支座能把防水处理好的情况下,一般可采用结构较合理的钢梳齿型的伸缩装置。而伸缩量在160mm以内的也可采用波形伸缩装置,但最好采用防水性较好的模数式伸缩装置,特别对防水要求较高的桥梁工程更是如此。这种伸缩量范围的伸缩装置由于安装后桥梁下面没有足够的操作空间,一旦出现破坏,更换或改造比较困难,所以选型时更要慎重。

3. 设计伸缩量在300mm以上的情况

设计伸缩量在300mm以上的伸缩装置,通常出现在大型桥梁工程上,这样规模的伸缩装置可以说多是较近年代的产品,而且绝大部分是模数式类型的伸缩装置,如天津永和新桥的更换情况等。为了做好更换的选型,建议首先对损坏的原因要做研究分析,必要时要对原采用的伸缩量值及富余量进行核对计算,以达到可靠合理选型的目的。这种情况的更换或改造,一般宜对应原来的或比原来性能更好的装置形式进行选用,目前的条件应考虑模数式的结构形式为好,而且有多种结构形式可以选择。至于跨缝式钢齿型伸缩装置,由于其存在防水性能差、伸缩摩阻力大及易锈蚀等缺陷,如果这些问题没有很好解决的话,要将它用到300mm以上伸缩量的范围应慎重。

4. 三向变形伸缩装置的情况

尽管目前三向变形伸缩装置用得不很多,但毕竟存在,随着桥梁工程的发展,这种形式的伸缩装置会有所发展。所以原来使用此种类型的一旦损坏,一般只有选择具有相同功能的伸缩装置形式来代替它。

第四节　特殊锚固(填充)混凝土的开发研究

一、问题的提出

对于伸缩装置更换和改造,除了涉及选型和施工程序等问题外,更重要的问题还是如何解决中断交通时间尽可能短的问题。因为,要更换或改造伸缩装置时,就会出现中断正常交通,即使是分车道或分幅施工也会严重影响正常交通,而且施工时间拖得越长对正常交通的影响就越大,并且对施工安全存在一定危险的施工过程。所以,对锚固混凝土(或填料)如何尽可能地缩短这项工作的操作和养护时间及开放交通是至关重要的。在20世纪90年代前后,国外,如英国、美国、德国等国家比较早地研究和应用类似产品,这些产品是由高分子材料构成的快凝、高强度、高黏结力的产品,英国的灌入式的产品曾免费在广深高速公路伸缩量为160mm单缝(代替160mm的双缝)伸缩装置更换时两边的锚固填料试用过(照片10-37),价格比较昂贵,尽管如此,当时的情况下,我国也有些企业开始引进并准备消化开发自己国内的产品,虽然结果不尽如人意,但说明国内工程界已经开始重视这个方面的问题。在那个年代国内为了解决桥梁伸缩装置两边的锚固混凝土加强,一般采用高强的环氧树脂混凝土、钢纤维混凝土,并且进行了不断的努力,做了很多像改性桥面铺装等研究和改进工作。这些材料在强度上

照片10-37

可以说是没有多大问题，但考虑快凝早强同时达到的指标要求还是没有很好地实现，即混凝土的养护时间一般还不能少于24h，这样拖长了开放交通的时间。同时操作要求也比较严格，如砂石料要干燥等都与施工现场的实际情况有较大的出入，不但增加了施工的难度，而且也相应地加长了施工的时间。因此，这些措施都存在一定的不足，不能完全解决工程施工的实际需要。鉴于公路桥梁工程在更换或改造伸缩装置时需要的特殊锚固混凝土(或填料)产品,广大工程技术和科研人员进行了不断地探索和努力。我们认为这种产品必须能满足下列力学性能技术指标和实施条件：

(1)混凝土主要力学性能指标(28d):混凝土的抗压强度不低于80MPa,抗拉强度不低于9MPa,抗折强度不低于20MPa。

(2)早期强度要求:早期强度可根据实际工程需要,按1h、1.5h、2h等任意时段的强度应能达到28d力学性能指标的80%以上,即早期强度是可调的。

(3)超强的黏结力:新老混凝土间的黏结力,要求劈裂试验时不应出现在新老连接面上断开,即黏结力大于新老混凝土的抗拉强度。

(4)收缩率:混凝土凝固时的收缩率基本接近于零,必要时可采用微膨胀的措施,保证在凝固过程中不出现导致漏水的裂缝。

(5)亲水性要求:考虑到施工现场环境条件,在普通混凝土正常施工的条件情况下,即砂石料不需要经过晒干、烘干、不加热等特别措施也能施工,并保证需要的力学性能指标的要求。也就是说此类混凝土不怕水,原材料在正常含水量的情况下能保证强度要求。如果在施工过程中突然遇到不可避免小雨天气时,已浇筑的部分也不至于出现强度大幅度降低的情况,仍能满足使用要求。

(6)耐久性:经老化试验后,明确其老化性能,老化时间不应少于30年。

(7)不污染:要求对施工工具等容易清洗,对环境不产生污染。

(8)防滑性:因为该类混凝土属于高分子材料合成的产品,要考虑其防滑问题,如果其本身不具备很好的防滑性能,只要在其表面上采用简单的措施就能满足正常的使用要求。

二、GFZ混凝土的试验研究

根据上述力学性能技术指标和实施条件,1998年编著者提请我国某科学研究院的某研究所联合开始对上述性质的混凝土做尝试性开发研究。经过对国内在这个领域的研究及应用情况进行了充分的调查研究,参考一些国外的资料,并对已取得的一些国外的样品进行解剖分析,取得一定理论和实际资料的基础上,提出了命名为《GFZ混凝土》的多种试验方案,即进入实验室的试验,在此基础上取得了有关伸缩装置生产厂的大力支持,进一步在这些生产厂进行较大规模的试用性实验,经过近6年的反复调整方案、不断改进与试验,取得了实质性的进展。下面就其主要情况及成果作简要介绍。

1.试验研究的基本情况

1)GFZ混凝土试验项目

(1)试验项目的设定

为了便于GFZ混凝土与普通混凝土和一般高强混凝土在力学性能的比较,主要对抗压强度、抗拉强度、抗剪强度、新老混凝土之间的黏结力以及握裹力等进行常规试验。

(2)试块配合比

对两种试模尺寸的配合比见表10-6所列。

GFZ 混凝土试验配合比 表 10-6

试模尺寸 \ 项目	碎石(kg)	砂(kg)	水泥(kg)	水(mL)	粉末(g)	树脂(kg)	助剂		
							3#(g)	2#(g)	1#(mL)
100×100×100(mm)	1.40	1.00	0.23	33.30	12.30	0.37	3.67	1.83	3.30
150×150×150(mm)	4.73	3.38	0.78	112.39	41.51	1.25	12.39	6.18	11.14

注:表中使用的水泥标号应大于 500 号。

2)GFZ 混凝土试件制作基本要求

(1)试模

为铸铁或钢制成。

(2)各类试件尺寸及制作要求

①混凝土抗压强度试验:150×150×150 mm(立方体试件),骨料最大粒径不超过 20 mm。

②混凝土抗拉强度试验:150×150×150 mm(立方体试件,用劈裂法测定),骨料最大粒径不超过 20 mm。

③混凝土抗折强度试验:150×150×550 mm(长方体试件),骨料最大粒径不超过 20 mm。

④混凝土与钢筋黏结力试验:100×100×200 mm(在试件中心处,沿长度方向预埋 ϕ16 圆钢筋,并在试件两端露出一定长度)。

(3)集料人工拌和

应拌和均匀,时间约 4~5min。

(4)成形

在试模内壁涂抹一薄层矿物油脂,试模接缝处,先用油黏土或硬黄油等涂抹,避免漏浆。

(5)人工插捣(或振捣)成形

分两层装入试模,每层用钢钎插捣 25 次(方向从边沿到中心均匀进行)捣至密实;并用镘刀沿模内壁插抹数次,以防试件产生麻面;插捣完成后,用镘刀将表面抹平,表面与试模边缘的高差,不得超过 0.5mm。

(6)养护

试件成形后,温度在 20±5℃左右,进行养护。

3)试验测试

试验除了在试验室进行外,主要在有关工厂的试验中心的 200t 的压力机上进行部分相关项目的试验:试验室实况(照片 10-38~照片 10-39)、抗压试验(照片 10-40)、抗拉试验(照片10-41~照片

照片 10-38 试验室实况(一)

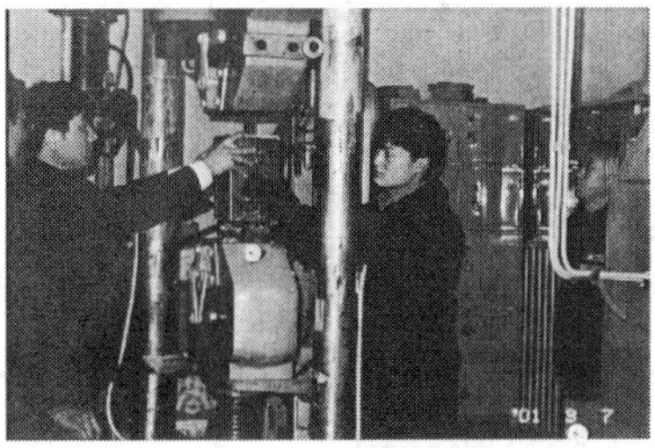

照片 10-39 试验室实况(二)

10-42)、黏结力试验(照片 10-43 ~ 照片 10-44)、握裹力试验(照片 10-45 ~ 照片 10-47)以及部分试块(照片10-48 ~照片 10-50)。这次是对 24h 内的不同的养护时间段进行批量的试验,目的是想摸清快凝高强的各种条件和施工工艺等问题。表 10-7 归纳给出 2001 年的部分试验项目和试验的结果。

照片 10-40　抗压试验

照片 10-41　抗拉试验(一)

照片 10-42　抗拉试验(二)

照片 10-43　黏结力试验(一)

照片 10-44　黏结力试验(二)

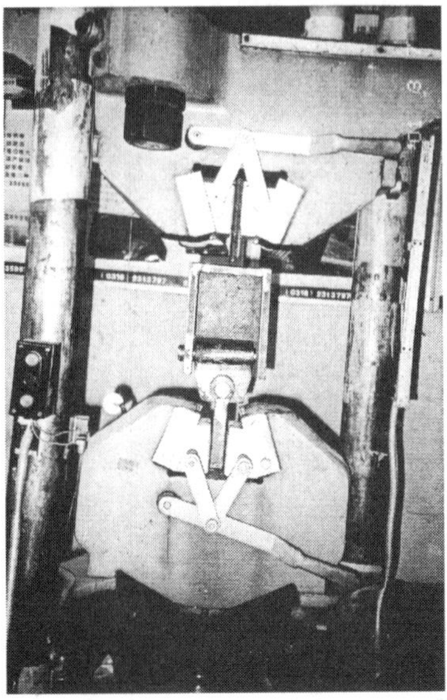

照片 10-45　握裹力试验(一)

照片 10-46　握裹力试验(二)

照片 10-47　握裹力试验破坏试块

照片 10-48　部分已试验试块(一)

照片 10-49　部分已试验试块(二)

照片 10-50　部分已试验试块(三)

GFZ 混凝土试验结果　　表 10-7

测试日期	试件编号	试件尺寸(mm)	养护时间(h)	加载吨位(kN)	强度指标(MPa)	备注
01/02/15	Y1-1	150×150×150	5	1 838.25	81.7	02/17
	Y1-2	150×150×150	5	697.5	31.0	
	Y1-3	150×150×150	24	>2000	压力机吨位不够	
	Y1-4	150×150×150	24	>2000	压力机吨位不够	
	Y1-5	150×150×150	24	>2000	压力机吨位不够	
	Y1-6	150×150×150	24	>2000	压力机吨位不够	
01/02/16	Y2-1	100×100×100	3	630	63×0.9=56.7	室温 30℃
	Y2-2	100×100×100	4	760	76×0.9=68.4	
01/05/23	Y1-1	100×100×100	3.00	408	38.76	
	Y1-2	100×100×100	3.15	465	44.18	
	Y1-3	100×100×100	3.30	474	45.03	
	Y2-1	100×100×100	6.00	476	45.22	
	Y2-2	100×100×100	6.15	596	56.62	
	Y2-3	100×100×100	6.30	560	53.20	

续上表

测试日期	试件编号	试件尺寸(mm)	养护时间(h)	加载吨位(kN)	强度指标(MPa)	备注
01/05/24	Y3-1	100×100×100	21.36	650	61.75	室温 28℃
	Y3-2	100×100×100	21.45	620	58.90	
	Y3-3	100×100×100	22.00	684	64.98	
	L1-1	100×100×100	3.20	78	7.41	
	L1-2	100×100×100	3.25	88	8.36	
	L1-3	100×100×100	3.15	86	8.17	
	L2-1	100×100×100	6.05	84	7.98	
	L2-2	100×100×100	6.10	94	8.93	
	L2-3	100×100×100	6.15	92	8.74	
	N1-1	100×100×100	3.00	88	8.36	
	N1-2	100×100×100	3.05	84	7.98	
	N1-3	100×100×100	3.10	41	3.90(试块缺陷)	

注:表中的试件编号栏中的英文代号含义为:Y 表示抗压试件;L 表示抗拉试件;N 表示黏结力(即握裹力)试件。

2. GFZ 混凝土的特点

GFZ 混凝土是我国最新引进国外技术并结合我国的实际情况配制生产的新型弹性树脂混凝土,除具有其他树脂混凝土的优点外,还比其他树脂混凝土(如环氧树脂混凝土等)更具有独特的优点。其最大特点是:施工方便,在自然环境中无需任何附加条件(如其他树脂混凝土需加热、黏稠不易操作等)就可保证施工质量,同时无毒不污染环境、强度高、弹性好、黏结力强、防渗透性能好、耐腐蚀、电绝缘性能好、耐磨耗、抗冲击性能好,并在自然环境状态下养护,混凝土浇筑后 3h,其强度就可达设计强度的 80% 以上即可开放交通等突出优点。用它配上适当颜色能做到与各种建筑物的需要相适应,达到美观协调的效果,将会受到使用者的广泛欢迎。

3. GFZ 混凝土的用途

GFZ 弹性树脂混凝土,在各种建筑、结构工程中均能得到广泛应用。尤其需要在短时间内达到高强度的结构物裂缝修补、地下防水层、屋顶防水层、桥梁伸缩装置预留槽填充混凝土、预制混凝土板的现浇接缝、需要防腐构件、混凝土桥面修补材料等方面将有其用武之地,适用范围较大。

4. GFZ 混凝土力学物理性能指标

GFZ 弹性树脂混凝土与水泥混凝土相比,尽管只是胶结材料不同,但就其抗压、抗拉、抗弯强度均可获得比一般水泥混凝土强度高得多的特性。因此,可达到减小结构构件断面尺寸的目的。其物理力学性能指标与国外及其他高强混凝土对比见表 10-8 所列。

高强混凝土物理力学性能指标对比表(供参考)　　表 10-8

力学性能指标	美国	德国	GFZ 混凝土	C40 钢纤维混凝土	C50 高强混凝土
抗压强度(MPa)	138.0	138.5	80 ~ 122.5	36.4	35.0
抗拉强度(MPa)	10.1	—	10.0	3.9	3.0
抗折强度(MPa)	21.4	29.0	22.5	10.0	—
抗剪强度(MPa)	26.0	—	—	—	—
弹性模量($\times 10^4$ MPa)	3.73	3.8	3.5	3.5	3.5
泊松比	0.23	—	—	—	0.17
比密度(g/cm^3)	2.4	2.3	2.3	2.3	2.3
吸水率(%)	0.6	0.2	0.2	—	—
合成材料	聚脂(MMA)混凝土	聚脂(MMA)混凝土	高分子弹性树脂混凝土	钢纤维掺入量 2%	“公路桥规”规定的混凝土 28d 标准强度

注:经过比较,要求 GFZ 弹性树脂混凝土极限抗压强度指标不得低于 80MPa,并必须保证其新老混凝土接触面有足够的黏结力;否则,不能满足伸缩装置单边预留槽 7cm × 14cm 的施工要求,保证不了其使用寿命。

5. 施工工艺

为保证 GFZ 弹性树脂混凝土施工质量,施工操作人员必须严格按照 GFZ 混凝土生产工艺要求进行操作和管理。

1)生产工艺流程图(图 10-2)

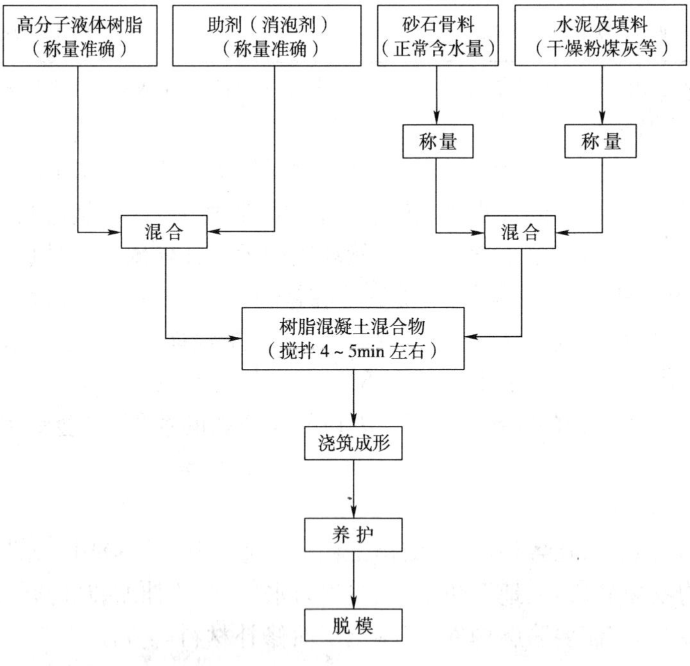

图 10-2　GFZ 混凝土生产工艺框图

2)施工注意事项

(1)树脂材料、固化剂等比例要求较严格,所以计量必须准确;否则,将会引起弹性树脂混凝土力学性能波动,必须引起用户的足够重视。

(2)骨料、填充料中的水分对此类混凝土强度的影响比较敏感,故应使骨料、填充料保持干净并尽可能保持正常的含水量。

(3)搅拌应在常温下进行,搅拌时间应比普通混凝土稍长。搅拌后弹性树脂混凝土应在允许时间内全部用完,不允许将搅拌后的弹性树脂混凝土长时间停放在搅拌机内。

(4)严格控制弹性树脂混凝土每次浇筑厚度,一般 10 ~ 20cm 为宜,以便于混凝土反应热尽快散发。

(5)弹性树脂混凝土与各种材料均有良好黏结性,故在使用模板浇筑时,应选用适当的脱模剂,以便于脱模,使构件表面不产生损伤,保证外观质量。若模板重复使用时,则应及时用清水冲洗干净,搅拌机及工具也应同时冲洗干净。

(6)施工部位现场应清理干净,不应有尘土及杂物,并保持施工部位的干净。弹性树脂混凝土浇筑时,应使用适当的振捣器将混凝土振捣密实,不允许有蜂窝麻面出现,表面应抹平。对于桥梁伸缩装置预留槽内填充弹性树脂混凝土后,表面可用直木板条抹平并保证有路面规定的粗糙度。

弹性树脂混凝土无需特别养护,在自然状态下,可根据不同工程时间要求,调整配合比,就能按要求的时间固化达到强度要求,即可开放交通使用。弹性树脂混凝土最适宜现场浇筑。其最大不足之处,是易受到下雨天气等环境条件的影响。

6. 基本评价与问题

GFZ 混凝土自 1998 年开始试验研究至今近 6 年的时间。在此期间研究者从理论上和实际的配合比方案上经过反复试验研究分析，从怕水到可以掺水施工，解决了不需要特意将砂石料晒、烘干等特殊的操作过程，大大缩短施工时间和不存在苛刻的施工要求，完全能按正常的公路工程现场的施工方法来实现，这是一次重大的突破。根据其批量的试验结果可以看出，具有快凝高强并且可以根据施工现场的条件和拌和料的运输距离调整其终凝的时间，也大大扩大其应用场所，这也是不可多得的产品。尽管到目前还没有一个较大的工程实例，而作为高分子材料的产品，应该说完全有成功的把握。从这类产品的特点看，特别在公路桥梁伸缩装置更换或改造等特殊的工程上是相当急需的产品，在引入实际工程的应用上必须有魄力与实质性支持，只有这样才能及早地解决我国公路桥梁工程这样一个急需解决的实用性产品。

对于高分子材料的耐久性,根据已有的国内外老化试验资料,一般可以使用 25 ~ 30 年。作为一种新产品应继续完成其试验,准确地确认其有效的老化时间是很有必要。

在价格的问题上,经过初步的分析,目前每立方 GFZ 混凝土的价格大约在 1800 ~ 2500 元左右。与普通混凝土的价格看去像高很多,但与 4000 ~ 6000 元每立方的环氧树脂混凝土相比,看上去就不那么高了,相当于环氧树脂混凝土价格的 40% ~ 50% 左右。作为一类的特殊混凝土,一般是用在小体积及抢修工程上,作为一种特殊需要,这样的价格应该可以接受。当然如果随着原材料价格降低,应该说其价格也是会有所降低。

第五节　伸缩装置更换的施工实例

从上面有关我国公路桥梁的实际现状看,经过对各种形式(类型)伸缩装置的更换或改造的桥梁可以说为数不少,也为这项工程施工积累了较为丰富的实践经验。但由于很多实际的施工实例有些没有作详细资料记录,同时编者也不可能收集所有的施工实例,即使有也不可能统统作为本书的事例放入,既不可能,也没有太大的必要。为此,编者就以一座比较典型的桥梁伸缩装置更换施工作为例子作简要介绍。

某大桥在我国可以说是比较大型的公铁两用桥。此桥原来采用的是进口钢齿型的伸缩装置,为了避免公路桥面上的杂物及雨水等直接落到下面的铁路上,在此装置上加设一套跨缝式钢齿板伸缩装置以盖住下层钢齿缝,但经较短运营期安装在公路桥面上的伸缩装置仍然出现比较严重的损伤与破坏(照片 10-51 ~ 照片 10-55),影响到正常的交通。

照片 10-51

照片 10-52

照片 10-53

照片 10-54

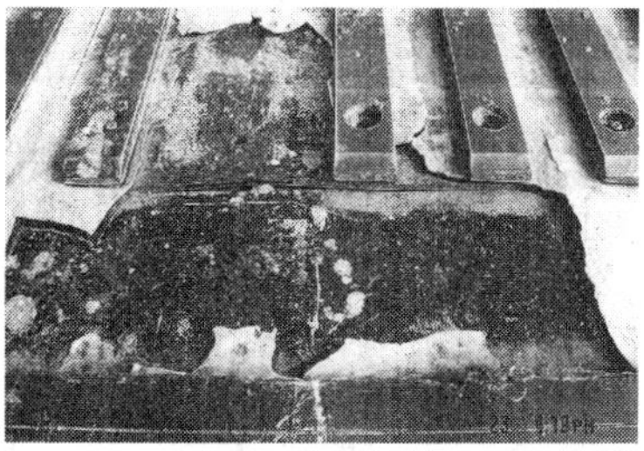

照片 10-55

根据伸缩装置损坏的严重程度,进行切底更换很有必要。至于怎么换,换成什么形式?业主针对本桥的具体情况,采取针对性很强的同类结构,即钢齿型的伸缩装置形式。这样可以将损坏的伸缩装置拆除,基本上在原位上对应换成新的就可以了,既可减少工作量,又可缩短施工时间,使中断交通的时间大大缩短。这也是在更换伸缩装置时必须考虑的重要问题。另一个问题是采用哪一家产品?是采用原来厂家的产品,即由原来厂家更换恢复,还是另请高明?一般情况多会采取由原来厂家更换恢复,但不应排除考虑采用更适合、更好的产品来代替它。这个问题必须经过周密的分析研究方能得出结论和下决心的实际问题。这次业主经过认真比较分析决定采用国内生产厂家的同类产品,即浙江宁波路宝交通科技有限公司的 LB 系列转轴跨缝板式伸缩装置产品,并由该公司组织更换施工。下面就按其施工工序情况作一简要概述。

照片 10-56

根据本桥的具体情况,采用图 10-1 中的“先装法”的工序要求进行更换施工:拆除旧伸缩装置(照片 10-56、照片10-57)→梁端头局部处理(照片 10-58)→预留槽处理(照片 10-59)→锚固钢筋及锚固件的布置和定位（照片 10-60、照片 10-61）→伸缩装置块件吊装就位（照片 10-62、照片 10-63、照片10-64）→必要的施工模板安装（此桥无需顶面模板）→浇筑装置两边连接混凝土等填料（从略）→混凝土等填料养生（从略）→完成并开放交通（照片 10-65、照片 10-66）。

照片 10-57

照片 10-58

照片 10-59

照片 10-60

照片 10-61

照片 10-62

照片 10-63

照片 10-64

照片 10-65

照片 10-66

附录 A　中华人民共和国行业标准《公路桥梁伸缩装置》

为了便于读者使用，将交通行业标准《公路桥梁伸缩装置》（JT/T 327—2004）收编为附录。

目　　次

前　言

本标准是对 JT/T 327—1997《公路桥梁橡胶伸缩装置》的修订。本次修订参考了《美国公路桥梁设计规范—LRFD》、德国 MAURER SOHNE 桥梁伸缩装置和瑞士 MAGEBA 伸缩装置等有关资料。

本标准与原标准 JT/T 327—1997 相比主要变化如下：

——标准名称改为《公路桥梁伸缩装置》。

——补充了梳齿板式伸缩装置有关内容。

——补充了模数式伸缩装置中采用的压紧支座、承压支座、橡胶位移控制弹簧及聚氨酯位移控制弹簧的技术指标。

——对伸缩装置中使用的异型钢材提出了基本断面尺寸、每延米重量等具体要求，对钢材材质等级根据使用条件不同作了区分，以便保证组装后伸缩装置的使用效果。

本标准由中交公路规划设计院提出。

本标准由中华人民共和国交通部科技教育司归口。

本标准起草单位：中交公路规划设计院、交通部公路科学研究所、河北衡水宝力工程橡胶有限公司、四川新路桥机械有限公司。

本标准主要起草人：郑学珍、鲍卫刚、赵宝勤、刘国建、夏晓霞。

本标准 1997 年 5 月首次发布，2003 年 12 月第一次修订。

公路桥梁伸缩装置

1 范围

本标准规定了公路桥梁伸缩装置的分类、技术要求、试验方法、检验规则、标志、包装、储存、运输的要求及安装注意事项。

本标准适用于伸缩量为20～2 000mm的公路桥梁工程使用的伸缩装置。

2 规范性引用文件

下列文件中的条款通过本标准的引用而成为本标准的条款。凡是注日期的引用文件，其随后所有的修改单（不包括勘误的内容）或修订版均不适用于本标准，然而，鼓励根据本标准达成协议的各方研究是否可使用这些文件的最新版本。凡是不注日期的引用文件，其最新版本适用于本标准。

GB/T 528 硫化橡胶或热塑性橡胶拉伸应力应变性能的测定（eqv ISO37：1994）

GB/T 699 优质碳素结构钢技术条件

GB/T 700 碳素结构钢

GB/T 702 热轧圆钢和方钢

GB/T 912 碳素结构钢和低合金结构钢热轧薄钢板及钢带

GB 985 气焊、手工电弧焊及气体保护焊焊缝坡口的基本形式与尺寸

GB/T 1184 形状和位置公差未注公差值

GB 1499 钢筋混凝土用热轧带肋钢筋

GB/T 1591 低合金高强度结构钢

GB 1685 硫化橡胶在常温和高温下压缩松弛的测定

GB 1690 硫化橡胶耐液体试验方法（neq ISO1817：1985）

GB/T 1804 一般公差、未注公差的线性和角度尺寸的公差

GB 3274 碳素结构钢和低合金结构钢热轧厚钢板和钢带

GB 3323 钢熔化焊对接接头射线照相和质量分级

GB/T 4172 焊接结构用耐候钢

GB/T 6343 泡沫塑料和橡胶表观（体积）密度的测定（neq ISO854：1988）

GB/T 7759 硫化橡胶或热塑性橡胶在常温、高温和低温下压缩永久变形的测定（eqv ISO815：1991）

GB 11345 钢焊缝手工超声波探伤方法和探伤结果分级

GB 13013 热轧圆钢筋

JB/T 5943 工程机械焊接件通用技术条件

JT/T 4 公路桥梁板式橡胶支座

JTG D60 公路桥涵设计通用规范

JTJ 071 公路工程质量检验评定标准

JTJ 025　　公路桥涵钢结构及木结构设计规范

3　术语和定义

下列术语和定义适用于本标准。

3.1　伸缩缝　expansion and contraction joint

为适应材料胀缩变形需要而在桥梁上部结构中设置的间隙。

3.2　伸缩装置　composite expansion and contraction installation

为使车辆平稳通过桥面并满足桥梁上部结构变形的需要,在桥梁伸缩缝处设置的由橡胶和钢材等构件组成的各种装置的总称。

3.3　伸缩量　expansion and contraction quantity

伸缩装置拉伸、压缩的总和。并以负号(-)表示拉伸,以正号(+)表示压缩。

3.4　伸缩体　expansion and contraction body

伸缩装置中能够完成拉伸、压缩变形的部分。

3.5　横向错位　transverse stagger

伸缩装置发生的与桥梁中线垂直或接近垂直方向的水平错位。

3.6　竖向错位　vertical stagger

伸缩装置发生的与桥面垂直或接近垂直方向的错位。

3.7　纵向错位　congitudinal stagger

伸缩装置发生的沿桥梁中线或接近中线方向的水平错位。

4　产品分类及型号

4.1　产品分类

伸缩装置按照伸缩体结构的不同分为4类。

4.1.1　模数式伸缩装置

伸缩体由中梁钢和80mm的单元橡胶密封带组合而成的伸缩装置,适用于伸缩量为160~2 000mm的公路桥梁工程。

4.1.2　梳齿板式伸缩装置

伸缩体由钢制梳齿板组合而成的伸缩装置,适用于伸缩量不大于160mm的公路桥梁工程。

4.1.3　橡胶式伸缩装置

橡胶式伸缩装置分为板式橡胶伸缩装置和组合式橡胶伸缩装置两种:

a）伸缩体由橡胶、钢板或角钢硫化为一体的板式橡胶伸缩装置,适用于伸缩量小于60mm的公路桥梁工程。

b）伸缩体由橡胶板和钢托板组合而成的组合式伸缩装置,适用于伸缩量不大于120mm的公路桥梁工程。

橡胶式伸缩装置不宜用于高速公路、一级公路上的桥梁工程。

4.1.4　异型钢单缝式伸缩装置

伸缩体完全由橡胶密封带组成的伸缩装置。由单缝钢和橡胶密封带组成的单缝式伸缩装置,适用于伸缩量不大于60mm的公路桥梁工程。由边梁钢和橡胶密封带组成的单缝式伸缩装置,适用于伸缩量不大于80mm的公路桥梁工程。

4.2　产品型号

产品型号表示方法如下：

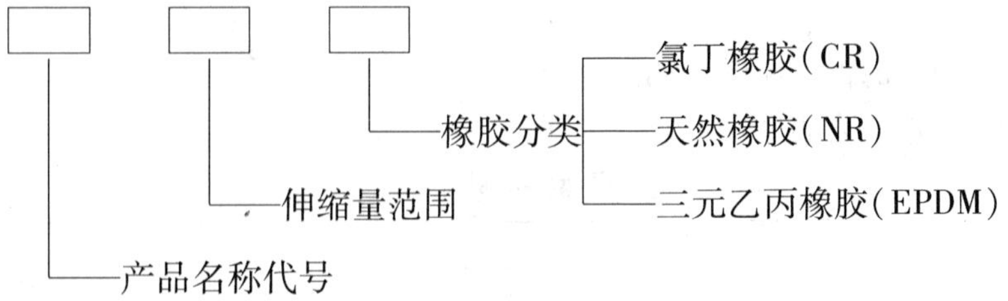

示例1：产品名称代号为 GQF-C 型，伸缩量为 50mm 的三元乙丙橡胶伸缩装置表示为：GQF-C50(EPDM)。

示例2：产品名称代号为 GQF-MZL 型，伸缩量为 400mm 的天然橡胶伸缩装置表示为：GQF-MZL400(NR)。

示例3：产品名称代号为 J-75 型，伸缩量为 480mm 的氯丁橡胶伸缩装置表示为：J-75 480(CR)。

5 技术要求

5.1 设计要求

伸缩装置的结构设计，应按照 JTG D60 和 JTJ 025 的规定和要求进行计算和验算，确保结构各部件安全、可靠、耐久。结构设计应方便排水，易于更换，便于施工。

5.2 整体性能要求

伸缩装置整体性能要求见表 A-1 所列。

伸缩装置整体性能要求 表 A-1

序号	项目		模数式		梳齿板式		橡胶式		异型钢单缝式
							板式	组合式	
1	拉伸、压缩时最大水平摩阻力(kN/m)		≤4		≤5		<18	≤8	
2	拉伸、压缩时变位均匀性(mm)	每单元最大偏差值	-2~2						
		总变位最大偏差值	e≤480	-5~5	e≤80	±1.5			
			480<e≤800	-10~10	e>80	±2.0			
			e>800	-15~15					
3	拉伸、压缩时最大竖向偏差或变形(mm)		1~2		0.3~0.5		-3~3	-2~2	
4	相对错位后拉伸、压缩试验(满足1、2项要求前提下)	纵向错位(mm)	支承横梁倾斜角度≥2.5°						
		竖向错位(mm)	相当顺桥向产生5%坡度						
		横向错位(mm)	两支承横梁3.6m范围内两端相差80mm						
5	最大荷载时中梁应力、横梁应力、应变测定、水平力(模拟制动力)		满足设计要求						
6	防水性能		注满水24h无渗漏						注满水24h无渗漏

5.3 材料要求

5.3.1 钢材

伸缩装置中使用的钢材应满足如下要求：

a） 异型钢材应符合表 A-2 要求。

异 型 钢 材(mm) 表 A-2

钢梁类别 / 断面部位	中 梁 钢	边 梁 钢	单 缝 钢
H	≥120	≥80	≥50
B	≥16	≥15	≥11
t_1	≥10	≥10	≥10
t_2	≥15	≥12	≥10
B_1	≥80	≥40	≥40
B_2	≥80	≥70	≥50
质量 kg/m	36.5 ±0.4	19.3 ±0.2	12 ±0.1
图 例	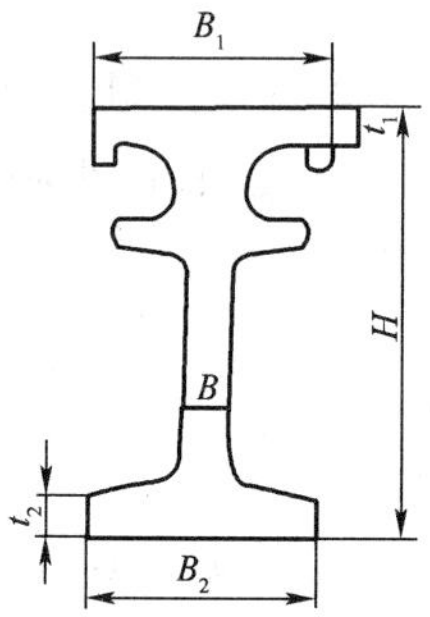	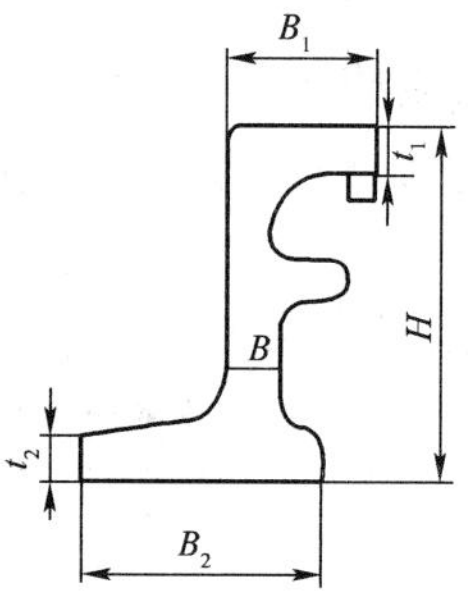	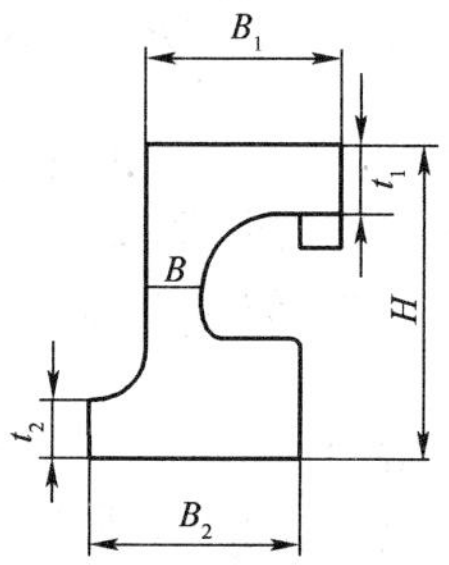

b） 钢材的性能要求应符合 GB/T 699、GB/T 700、GB/T 1591 的规定。对异型钢材强度，当温度在 -25℃ ~60℃时，应不低于 Q345C 钢材强度；当温度在 -40℃ ~60℃时，应不低于 Q345D 钢材强度，同时应采用冷纠直次数不超过两次的产品。其余钢材强度，当温度在 -25℃ ~60℃时，应不低于 Q235C 钢材强度；当温度在 -40℃ ~60℃时，应不低于 Q235D 钢材强度。

c） 异型钢材沿长度方向的直线度公差应满足 1.0mm/m，全长直线度公差应满足 5 mm/10m，扭曲度不大于 1/1 000。

d） 异型钢材的技术要求、试验方法、检验规则、包装、标志及质量证明应符合 GB/T 1 591的规定。

e） 不应使用焊接成型异型钢材。生产整体热轧成型或整体热轧机加工成型异型钢材的工厂应确保异型钢材的整体质量无内部缺陷后方可出厂。异型钢应按实际质量或公称质量交货，其实际质量与公称质量允许偏差为 ±5%。出厂时必须提供该批钢材化学成分分析报告和力学性能检验报告。

f） 异型钢材的外形、外观、孔口部位尺寸应满足设计图纸要求。

g） 伸缩装置中使用的钢板、圆钢、方钢、角钢等应符合 GB/T 702、GB/T 912、GB 3274 的规定。

h） 伸缩装置中使用的不锈钢板应符合 JT/T 4 的有关规定。

l) 沿海桥和跨海桥的伸缩装置使用的异型钢材,应采用 Q355NHD 级钢,其余型式伸缩装置使用的钢材应采用 Q235NHD 级钢,其力学性能和质量要求应符合 GB/T4172 的规定。

5.3.2 橡胶

橡胶的物理机械性能应满足如下要求:

a) 橡胶式伸缩装置、模数式伸缩装置中使用的密封带的橡胶的物理机械性能应满足表 A-3 的要求。不允许使用再生胶或粉碎的硫化橡胶。

表 A-3

项目		氯丁橡胶(适用于 -25℃ ~60℃地区)		天然橡胶(适用于 -35℃ ~60℃地区)		三元乙丙橡胶(适用于 -40℃ ~60℃地区)	
		密封橡胶带	橡胶伸缩装置	密封橡胶带	橡胶伸缩装置	密封橡胶带	橡胶伸缩装置
硬度 IRHD		55 ±5	60 ±5	55 ±5	60 ±5	55 ±5	60 ±5
拉伸强度,MPa		≥15		≥16		≥14	
扯断伸长率,%		≥400		≥400		≥350	
脆性温度,℃		≤ -40		≤ -50		≤ -60	
恒定压缩永久变形(室温 ×24h)		≤20		≤20		≤20	
耐臭氧老化(25 pphm ~ 50pphm)20% 伸长 40℃ ×96h		无龟裂		无龟裂		无龟裂	
热空气老化试验(与未老化前数值相比发生最大变化)	试验条件(℃ ×h)	70℃ ×96h		70℃ ×96h		70℃ ×96h	
	拉伸强度,%	±15		±15		±10	
	扯断伸长率,%	±25		±25		±20	
	硬度变化 IRHD	0 ~ +10		-5 ~ +10		0 ~10	
橡胶与钢板黏结剥离强度,kN/m		>7		>7		>7	
耐盐水性(23℃ ×14d,浓度4%)	体积变化,%	≤ +10		≤ +10		≤ +10	
	硬度变化 IRHD	≤ +10		≤ +10		≤ +10	
耐油污性(一号标准油,23℃ ×168h)	体积变化,%	-5 ~ +10		< +45		< +45	
	硬度变化 IRHD	-10 ~ +5		< -25		< -25	

b) 模数式伸缩装置中使用的橡胶压紧支座、承压支座及采用橡胶位移控制弹簧时,橡胶的物理机械性能应满足表 A-4 的要求。

表 A-4

项目		压紧支座	承压支座	橡胶位移控制弹簧
硬度 IRHD		70 ±2	62 ±2	68 ±2
拉伸强度(MPa)	天然胶	≥18.5	≥20	≥20
	氯丁胶	≥17.5	≥18.5	≥18.5
扯断伸长率(%)	天然胶	≥550	≥580	≥560
	氯丁胶	≥450	≥480	≥460

注:氯丁胶、天然胶的其他性能应满足 JT/T4 要求。位移控制弹簧用橡胶的抗撕裂强度、压缩模量、疲劳性能应符合表 A-5 的要求

c）模数式伸缩装置中使用的聚氨酯位移控制弹簧，其技术性能应满足表 A-5 的要求。

表 A-5

项　　目		计 量 单 位	指　　标
密度		kg/m³	550±10
拉伸强度		MPa	≥4
扯断伸长率		%	≥350
恒定压缩变形（任选一项）	70℃×72h	%	≤6.5
	150℃×24h	%	≤8
抗撕裂强度		kN/m	≥120
60%压缩模量		MPa	4.0±0.2
疲劳试验 200 万次	频率≤3	Hz	无裂纹
	压应力 7	MPa	

5.3.3　其他材料

伸缩装置中使用的黏结剂、聚四氟乙烯板材、硅脂等材料应符合 JT/T4 的规定。

5.4　尺寸偏差要求

5.4.1　橡胶伸缩装置的尺寸偏差

橡胶伸缩装置的尺寸偏差应满足表 A-6 的要求。

橡胶伸缩装置的尺寸偏差（mm）　　表 A-6

长 度 范 围	偏　　差	宽 度 范 围	偏　　差	厚 度 范 围	偏　　差	螺孔中距 l_1 偏差
l=1 000	-1，+2	a≤80	-2.0，+1.0	t≤80	-1.0，+1.8	<1.5
		80<a≤240	-1.5，+2.0	t>80	-1.5，+2.3	
		a>240	-2.0，+2.0	—	—	

注：宽度范围正偏差用于伸缩体顶面，负偏差用于伸缩体底面

5.4.2　密封橡胶带的尺寸偏差

在自然状态下，伸缩装置中使用的单元密封橡胶带尺寸（不包括锚固部分）的公差应满足表 A-7 的要求。

橡胶带尺寸的公差（mm）　　表 A-7

图　　示	宽 度 范 围	偏　　差	厚 度 范 围	偏　　差
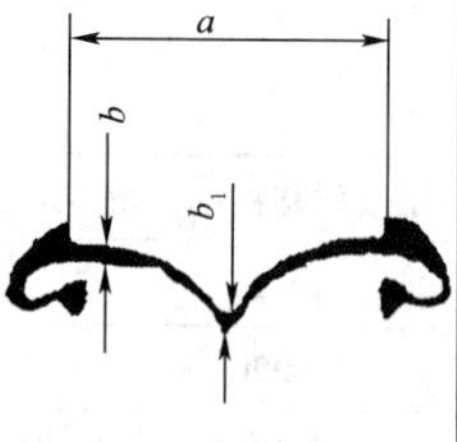	a=80	+3 0	b≥7	0，+1.0
			b_1≥4	0，+0.3
	a<80	+2 0	b≥6	0，+0.5
			b_1≥3	0，+0.2

5.4.3　其他偏差要求

伸缩装置中使用的钢构件应按设计图纸要求加工制造，其偏差应满足设计要求。未注公差尺寸的加工件其极限偏差应符合 GB/T 1804 的 V 级规定；未注形状和位置的公差应符合 GB/T 1184 中的 L 级规定。

5.5 外观质量

5.5.1 橡胶伸缩装置、密封橡胶带的外观质量应满足表 A-8 的要求。

表 A-8

缺陷名称	质量标准
骨架钢板外露	不允许
钢板与黏结处开裂或剥离	不允许
喷霜、发脆、裂纹	不允许
明疤缺胶	面积不超过 30mm×5mm，深度不超过 2mm 缺陷，每延米不超过 4 处
气泡、杂质	不超过成品表面面积的 0.5%，且每处不大于 $25mm^2$，深度不超过 2mm
螺栓定位孔歪斜及开裂	不允许
连接榫槽开裂、闭合不准	不允许

5.5.2 伸缩装置的异型钢、型钢、钢板等外观应光洁、平整，表面不得有大于 0.3mm 的凹坑、麻点、裂纹、结疤、气泡和夹杂、不得有机械损伤。上下表面应平行，端面应平正，长度大于 0.5mm的毛刺应清除。

5.6 内在质量

板式橡胶伸缩装置解剖后应满足表 A-9 的要求。

表 A-9

名称	质量要求
锯开后钢板、角钢位置	钢板、角钢位置要求准确，其平面位置偏差为 ±3mm，高度位置偏差应在 -1mm ~ 2mm 之间
钢板与橡胶黏结	钢板与橡胶黏结应牢固且无离层现象

5.7 组装要求

5.7.1 组合式橡胶伸缩装置、梳齿板式伸缩装置应在工厂进行试组装，模数式伸缩装置应在工厂进行组装。

5.7.2 组装前应对异型钢逐根进行检查，其基本断面尺寸应满足表 A-2 的要求，并确保无质量隐患后方可使用。

5.7.3 模数式伸缩装置中使用多根异型钢，若需对接接长时，接头应设置在受力较小处，并错开布置，错开距离不小于 80mm，并应采用厚度大于 20mm 的钢板加强。接缝处应按 GB 3323 和 GB 11345 的规定进行探伤，同时对异型钢材变形校正后，应消除内应力。行车道位置不应设置接缝。

5.7.4 伸缩装置中使用的焊接件，其焊缝高度应满足设计要求，焊缝应采用活性气体保护焊（CO_2），焊缝不得出现裂纹、夹渣、未熔合和未填满弧坑，同时焊缝应避免太厚、错位和母材烧伤等缺陷，焊接技术应符合 GB 985 和 JB/T 5943 的规定。

5.7.5 伸缩装置待组装的部件，应有工厂质检部门的合格标记，外购件或协作厂加工部件，应有合格证书方可进行组装，不合格构件不能进行装配。

5.7.6 在组装过程中，所用的螺栓、螺钉、垫片、不锈钢板、聚四氟乙烯板、弹性元件、支座等构件，应清洁，不应有碰伤，螺栓、螺钉头部及螺母端面，应与被紧固零件的平面均匀接触，不能倾斜，也不能用锤敲击来达到均匀接触的目的。

5.7.7 伸缩装置使用锚固钢筋应符合 GB 1499、GB 13013 的规定，并满足设计图纸要求。

5.7.8 除不锈钢板的滑动面和与混凝土的接触面外，凡待组装构件表面应平整、清洁，去除铁屑、毛刺、油污，除锈后均应进行有效防护处理。

5.7.9 模数式伸缩装置组装后，在伸缩装置完全压缩时的任意位置，在同一断面处，以两边梁顶面的平面为准，每根中梁顶面和边梁顶面相对高差不应大于 ±1.5mm。每条缝宽度偏差应在 ±2mm 范围内。平面总宽度的偏差，当伸缩量不大于 480mm 时，应在 ±5mm 范围内；当伸缩量大于 480mm 且小于等于 800mm 时，应在 ±10mm 范围内；当伸缩量大于 800mm 时，应在 ±15mm 范围内。

5.7.10 模数式伸缩装置在工厂组装时，经检测合格后，应按照用户提供的施工安装温度，确定其压缩量定位出厂。若用户未提供安装定位温度时，可按最大伸缩量的 1/2 定位出厂。出厂时，吊装位置应用明显标志标明。

5.7.11 梳齿板式伸缩装置组装后，在伸缩范围内任一位置，同一断面处：两边齿板高差，当伸缩量不大于 80mm 时，应小于等于 0.3mm；当伸缩量大于 80mm 时，应小于等于 0.5mm。在最大压缩量时，齿板间隙不小于 15mm，横向间隙不小于 5mm，在最大拉伸量时，齿板搭接长度不小于 30mm。

6 试验方法

6.1 整体性能试验

6.1.1 试样

试验设备应能对整体组装后的伸缩装置进行力学性能试验。如果受试验设备限制，不能对整体伸缩装置进行试验时：

a） 对模数式伸缩装置的新产品或老产品转厂生产的试制定型鉴定可取不小于 4m 长并具有 4 个单元变位、支承横梁间距等于 1.8m 的组装试样进行试验 。

b） 梳齿板式伸缩装置应取单元加工长度不小于 2m 组装试样进行试验。

c） 橡胶伸缩装置应取 1m 长的实样进行试验。

d） 异型钢单缝伸缩装置应取组装实样进行试验。

6.1.2 试验

a） 整体试验应在制造厂或专门试验机构中进行。

b） 对整体组装的伸缩装置进行力学性能试验时，应将伸缩装置试样两边的锚固系统用定位螺栓或其他有效方法固定在试验平台上，然后使试验装置模拟伸缩装置在桥梁结构中实际受力状态进行规定项目试验。橡胶伸缩装置的试验应在 15 ~ 28℃ 温度下进行。

c） 模数式伸缩装置应进行拉伸、压缩、纵向、竖向、横向错位试验，测定水平摩阻力、变位均匀性。应按实际受力荷载测定中梁、支承横梁及其连接部件应力、应变值，并应对试样进行震动冲击试验，对橡胶密封带进行防水试验。

d） 梳齿板式伸缩装置应进行拉伸、压缩试验，测定水平摩阻力、变位均匀性。

e） 橡胶伸缩装置应进行拉伸、压缩试验，测定水平摩阻力及垂直变形。

f） 异型钢单缝伸缩装置应进行橡胶密封带防水试验。

6.2 钢材试验

6.2.1 伸缩装置中使用异型钢材性能试验，应按 GB/T1591、GB/T4172 规定的方法进行。

6.2.2 伸缩装置中使用的其他钢材性能试验，应按照 GB/T 699、GB/T 700、GB/T 702、GB/T 912、GB 3274 的有关方法进行。

6.3 橡胶试验

6.3.1 橡胶的物理机械性能的测定应按 JT/T4 规定的方法进行。

6.3.2 橡胶的耐水性、耐油性试验应按 GB1690 规定的方法进行，试验条件满足表 A-3 规定。

6.3.3 模数式伸缩装置使用的压紧支座、承压支座、橡胶位移控制弹簧的橡胶物理机械性能的测定应按 JT/T4 规定的方法进行。橡胶位移弹簧的抗撕裂强度、压缩模量、疲劳性能应按 GB/T528 和 GB1685 的试验方法进行，试验条件应满足表 A-5 的规定。

6.3.4 聚氨酯位移弹簧的物理机械性能应按 GB/T6343、GB/T528、GB/T7759 和 GB1685 的试验方法进行，试验条件满足表 A-5 的规定。

6.4 其他材料试验

伸缩装置中使用的不锈钢板、聚四氟乙烯板、硅脂等应按 JT/T4 规定的方法进行试验。

6.5 尺寸偏差

伸缩装置的尺寸偏差，应采用标定的钢直尺、游标卡尺、平整度仪、水准仪等测量。橡胶伸缩装置平面尺寸除测量四边长度外，还应量测对角线尺寸，厚度应在四边测量 8 点取其平均值。模数式和梳齿板式伸缩装置应每 2m 取其断面量测后，取其平均值。

6.6 外观质量

产品外观质量，应用目测方法和相应精度的量具逐步进行检测，不合格产品可进行一次修补。

6.7 内在质量

板式橡胶伸缩装置解剖检验应每 100 块任取一块，沿中横向锯开进行规定项目检验。

7 检验规则

7.1 检验分类

伸缩装置检验分为进厂原材料检验、出厂检验和型式试验。

7.1.1 进厂原材料检验

伸缩装置加工用原材料及外加工件进厂时进行的验收检验。

7.1.2 出厂检验

伸缩装置每批产品交货前应进行检验，出厂检验应由工厂质检部门进行，确认合格后方可出厂。出厂时应附有产品质量合格证明文件和整体性能检验报告，并附有安装使用注意事项及说明书。

7.1.3 型式检验

有下列情况之一时，应进行型式试验：

a） 新产品或老产品转厂生产的试制定型鉴定。

b） 正常生产后，胶料配方改变、工艺、材料有较大改变，可能影响产品性能时。

c） 停产一年以上，恢复生产时。

d） 重要桥梁工程或用量较大的桥梁工程用户提出要求时。

e） 国家质量监督机构要求时。

7.2 检验项目及要求

7.2.1 伸缩装置用原材料进厂检验应满足表 A-10 要求，并附有每批进料材质证明。

表 A-10

项　目	检验内容	检验周期	要　求
异型钢材	基本尺寸、直线度、外形、外观、孔口尺寸、机械性能、每延米重量	每批异型钢	5.3.1 和设计要求
钢板、角钢、圆钢、方钢、不锈钢板	机械性能、表面粗糙度	每批进料	5.3.1 和设计要求
橡胶	物理机械性能	每批胶料	表 A-3、表 A-4
聚四氟乙烯板材	物理机械性能	每批≤200kg 一次	JT/T4
硅脂油	物理性能	每批≤200kg 一次	JT/T4
黏结剂	与橡胶等黏结剥离强度	每批	JT/T4
聚氨酯位移弹簧	技术性能	每批	表 A-5

7.2.2　伸缩装置出厂检验应满足表 A-11 的要求。

表 A-11

伸缩装置类型	检验项目				整体性能
	外形尺寸	外观质量	内在质量	组装精度	
模数式	5.4.2 设计要求	5.5.1～5.5.2	—	5.7.9	表 A-1 序号 1、2
梳齿板式	满足设计要求	5.5.2	—	5.7.11	表 A-1 序号 1、2
橡胶式伸缩装置	5.4.1	5.5.1	5.6	—	—
异型钢单缝式	5.4.2	5.5.1～5.5.2	—	—	—
检验周期	每道		每 100 块取一块	每道	每批一道

7.2.3　伸缩装置型式检验应满足表 A-12 要求。

表 A-12

序号	型式检验分类	检验项目				
		整体性能				原材料检验及出厂检验项目
		模数式	梳齿板式	橡胶式	异型钢单缝式	
1	新产品、老产品转厂试制定型鉴定	表 A-1 所有序号	表 A-1 序号 1、2、3	表 A-1 序号 1、3	表 A-1 序号 6	全检
2	胶料配方、工艺改变，停产一年恢复生产	表 A-1 序号 1、2、6	表 A-1 序号 1、2	表 A-1 序号 1、3	表 A-1 序号 6	全检
3	重要或用量较大工程、用户提出要求时	表 A-1 序号 1、2、6	表 A-1 序号 1、2	—	表 A-1 序号 6	异型钢材的基本尺寸及外观和出厂检验项目全检
4	国家质量监督机构要求时	表 A-1 序号 1、2、5、6	表 A-1 序号 1、2	表 A-1 序号 1、3	表 A-1 序号 6	全检
5	要 求	表 A-1 及设计要求	表 A-1 及设计要求	表 A-1	表 A-1	表 A-10 及表 A-11

7.3 判定规则

7.3.1 原材料进厂检验中发现不合格时，应更换，不能用于伸缩装置产品生产。

7.3.2 出厂检验时，若有一项指标不合格，则应从该批产品中再随机抽取双倍试样，对不合格项目进行复检，若仍有一项不合格则判定该批产品不合格。

7.3.3 型式检验时，对表 A-12 中序号 1、2 检验，可以按 6.1.1 规定试样进行整体性能试验，应全部项目满足要求为合格。对表 A-12 中序号 3、4 检验，应随机抽取实样进行规定项目检验，若检验项目有一项不合格，则应从该批产品中再随机抽取双倍试样，对不合格项目进行复检，若仍有一项目不合格，则判定该批产品不合格。

8 标志、包装、储存、运输

8.1 标志

伸缩装置应有永久性的明显标志，其内容包括产品永久性商标、生产厂名、批号、生产日期和检验员代号。

8.2 包装

8.2.1 伸缩装置应根据分类、规格及货运重量规定成套包装，采用不同的包装方式。不论采用何种包装方式，都应捆扎包装平整、牢固可靠，如有特殊要求，可由厂方与用户协商确定。

8.2.2 包装箱外应注明产品名称、规格、体积、重量及储存、运输时的注意事项。箱内应附有产品合格证。技术文件须用塑料薄膜装袋封口，以免受潮影响使用。

8.3 储存、运输

8.3.1 储存产品的库房应干燥通风，产品应离热源 1m 以上，不与地面直接接触，伸缩装置应存放整齐、保持清洁，严禁与酸、碱、油类、有机溶剂等相接触，也不应露天堆放。

8.3.2 产品在运输中，应避免阳光直接暴晒、雨淋雪浸，并应保持清洁，防止变形，且不能与其他有害物质相接触，注意防火。

9 施工安装

9.1 施工安装前应按照设计图纸提供的尺寸，核对梁、板端部及桥台处安装伸缩装置的预留槽的尺寸。若图纸上未注明，则模数式伸缩装置，伸缩量为 160mm 时，预留槽深度应大于或等于 250mm，其余伸缩量应根据需要逐级加深。异型钢单缝式伸缩装置其预留槽深度应大于或等于 150mm。同时应检查核对预埋锚固钢筋的规格、数量、位置与设计的一致性，与梁、板、桥台锚固的可靠性，梁、板与桥台间的伸缩缝与设计值是否一致，若不符合设计要求，施工单位应首先处理，满足设计要求后生产厂方可安装伸缩装置。

9.2 伸缩装置上桥安装之前，应按照安装时气温调整安装时的定位值，并应由安装负责人检查签字后方可用专用卡具将其固定。

9.3 伸缩装置吊装就位前，应将预留槽内混凝土打毛并清扫干净。吊装时应按照工厂标明的吊点位置起吊，必要时可作适当加强。

9.4 安装时，伸缩装置的中心线应与桥梁中心线相重合，伸缩装置顺桥向应对称放置于伸缩缝的间隙上，然后沿桥面横坡方向，每米一点测量水平标高，并用水平尺或板尺定位，使其顶面标高与设计要求相吻合后垫平。随即穿放横向连接水平钢筋，并将伸缩装置的锚固钢筋与梁、板或桥台上预埋钢筋两侧同时焊牢。如有困难，可先将一侧焊牢，待达到已确定的安装气温时，再将另一侧锚固钢筋全部焊牢，放松卡具，使其自由伸缩。

9.5　梳齿板式伸缩装置安装，应防止产生梳齿不平、扭曲及其他的变形，严格控制由于伸缩方向的误差及横向伸缩等原因造成梳齿之间的间隙偏差，在最高温度时，梳齿间横向间隙不应小于5mm，齿板间隙不应小于15mm。

9.6　橡胶伸缩装置，安装后应处于受压状态。

9.7　浇注混凝土前，应彻底清除预留槽，并在伸缩缝间隙处，应用泡沫塑料将间隙填塞，然后安装必要的模板。混凝土预留槽内应浇注C40环氧树脂混凝土或C50钢纤维混凝土，也可用C50以上强度等级的混凝土填充捣实，并防止混凝土渗入模数式伸缩装置位移控制箱内，也不允许将混凝土溅填在密封橡胶带缝中及表面上。如果发生此现象，应立即清除，然后进行正常养护。

9.8　伸缩装置两侧预留槽混凝土强度在未满足设计要求前不得开放交通。

9.9　伸缩装置施工验收应按照JTJ 071规定进行。

附录 B　日本桥梁伸缩装置的概况

1955 年之前，日本建桥所用材料，可以说比欧美落后；而 1955 年以后，虽然公共设施投资已提高到相当水平，但到 1986 年前后由于公共事业受到限制，投资规模降低，要确保巨额的维修管理费用已是相当困难的事情。同时，根据道路统计年报 1985 年统计资料，逐年修建的桥梁数量如图 B-1 所示。这些桥梁建成后经过 20 多年使用，有相当部分桥梁的材料已老化、腐朽等，而进入需要全面防护和维修时期。1983 年 10 月日本土木学会杂志连续刊载了"富国和社会资金材料的变迁与维修管理问题"的论文，对今后社会资金急剧增加的维修费用、如何谋求费用节约的必要性作了论述。把这种社会性的经济状况作为背景，就桥梁的"维修管理"的认识逐渐提高了。因此，日本道路协会于 1984 年新设置了作为桥梁委员会的下属组织维修管理委员会，这个委员会中又设置了支座、伸缩装置、混凝土桥弹性极限应力判断的各科分委员会，对这些桥梁的维修管理从事正规的评论工作。

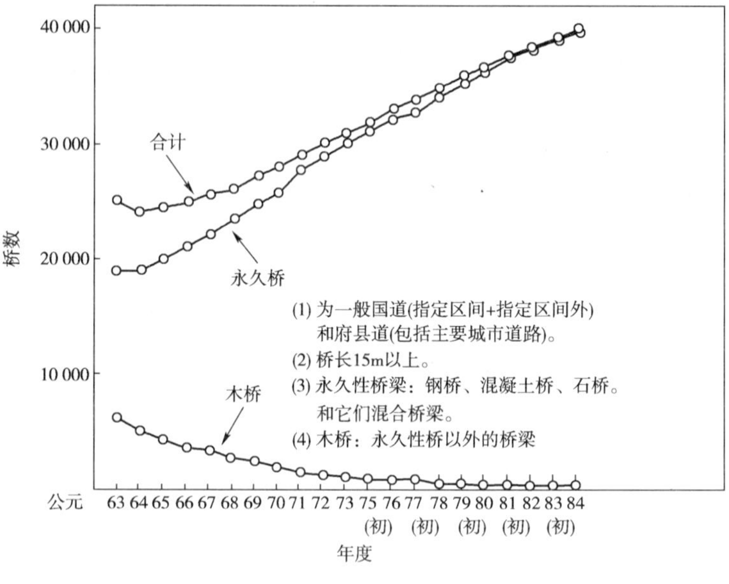

图 B-1 桥梁现状变迁

伸缩装置，对于道路使用者从来是立足于舒适又安全的运行，所以它是桥梁重要组成部件。作为桥梁整体构造，应当做较精确的调查、研究和试验等。随着电子计算机的迅速普及，显示出在相应的理论、解析、制作及施工等全面的飞跃进步。但关于伸缩装置的基础研究和数据积累等还十分缓慢，随着对维修管理重要性认识的提高，也已着手成立专门机构进行正规的研究。

一、伸缩装置的分类及其概要

根据 1970 年 4 月日本道路协会"道路桥梁伸缩装置便览"的分类和概要见表 B-1 所列。

伸缩装置的分类型式　　表 B-1

分类	型式	概要	制品实例
对接式	假接缝型式	变位由沥青混凝土铺装等变形完成的构造	假缝式接缝、切削接缝
	先嵌对接型式	在铺装施工前设置的对接缝构造	接缝板接缝、角钢加强接缝、补强钢材接缝
	后嵌对接型式	在铺装后设置的对接缝构造	隔离接缝、偶联式接缝、双嵌型接缝
支承式	橡胶接缝型式	把橡胶与钢材组合,用桥面板之间空隙承受车轮荷载的构造	双嵌式接缝、山型和块形接缝、软木和齿形接缝、M 形接缝、层状接缝、石层接缝、凹凸形接缝
	钢制型式	使用钢层板和齿板构造	钢制齿板接缝、钢板叠合式接缝
	特殊型式	其他支承构造	德马克(Demag)式等

1. 对接式

1)假接缝(又称切削接缝)

假接缝是沥青铺装的变形来吸收伸缩,是用切削器在铺装内切削后注入接缝材料的接缝形式。它通常于伸缩量小于5mm,最大间隙20mm 左右,主要适用小跨径的混凝土桥梁。其标准断面如图 B-2 所示。

假接缝的施工实例,有使用可塑性比较好的高温拌和式摊铺沥青混合料代替普通的沥青混合物(图 B-3)、在铺装中嵌入龟甲状的面板加强铺装体,使其成为由铺装体和面板共同作用来完成伸缩变形的结构(图 B-4)。

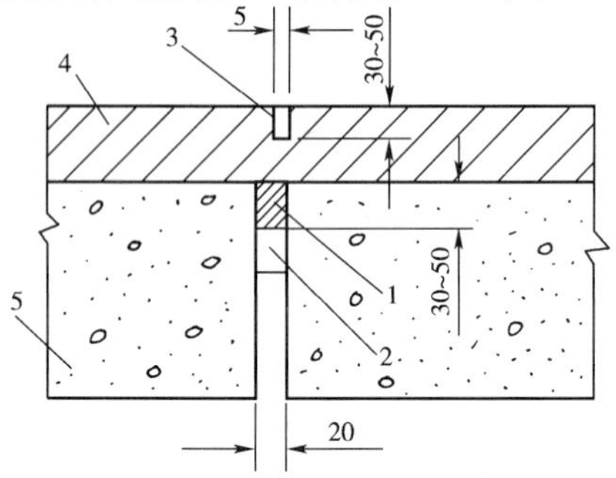

图 B-2　假接缝(尺寸单位:mm)

1-防水接缝;2-挡块(塞入物);3-切割缝;4-桥面铺装;5-桥面板

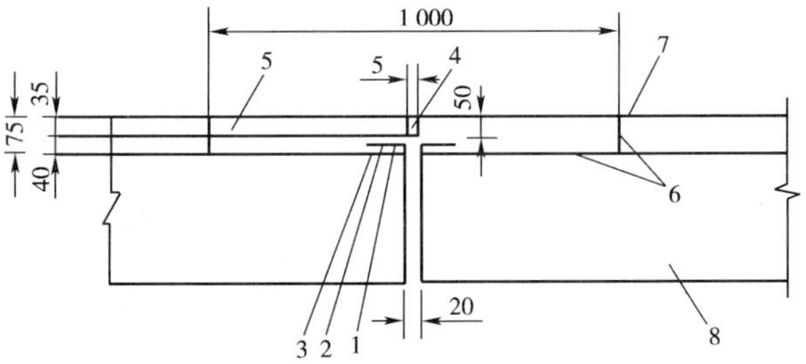

图 B-3　采用高温拌和式摊铺沥青混合料的假接缝(尺寸单位:mm)

1-第一层橡胶沥青系涂料(0. 3L/m^2);2-第二层橡胶特殊处理沥青(1. 2kg/m^2);3-第三层掺铝防水板(宽 250mm);4-密封填充材料;5-双层高温拌和式摊铺沥青混合料;6-橡胶沥青系涂料;7-防止裂缝材料(t = 10mm);8-桥面板

假接缝型式因其耐久性低,已不太采用。但从城市内防止噪声振动的观点出发,又一次出现向无接缝化方向发展的趋势,所以也有再次研究假接缝及其详细构造、材料质量等方面的倾向。

在日本把无缝化(暗缝型)称之为埋设型。

现就北陆技术事务所推荐的 ASPAX 型、THORMA 型和 SEAMLESS 型 3 种埋设型伸缩装置的断面构造如图 B-5 ~ 图 B-7 所示,其相应的技术指标见表 B-2 ~ 表 B-4 所列。

松邦德(SHO-BOND)产品的构造(图 B-8),相应技术指标见表 B-5 所列。

ASPAX 型技术指标 表 B-2

构造宽度 W(mm)	铺装厚度(mm)	梁端最大间隙(mm)	伸缩量(mm)	适应纵坡
500 ~ 700	50 ~ 100	50	30(±15)	2% 以下
500 以下	50 ~ 100	50	30(±15)	4% 以下

THORMA 型技术指标 表 B-3

构造宽度 W(mm)	伸缩量(mm)	上下变位(mm)	适应纵坡	施工季节
>500 ~ 700	50		2% 以下	春秋 10℃ ~20℃
500	30	1.5	2% 以下	春秋 10℃ ~20℃
400	25		4% 以下	春夏秋冬
300	10		4% 以下	春夏秋冬

SEAMLESS 型技术指标 表 B-4

构造宽度 W(mm)	伸缩量(mm)	梁最大间隙(mm)	适应纵坡
400	40(±20)	40	5%

APG 与 DME 型技术指标 表 B-5

型　　号	标准接缝宽(mm)	伸缩量(mm)
APG	500	20
DME	430	20

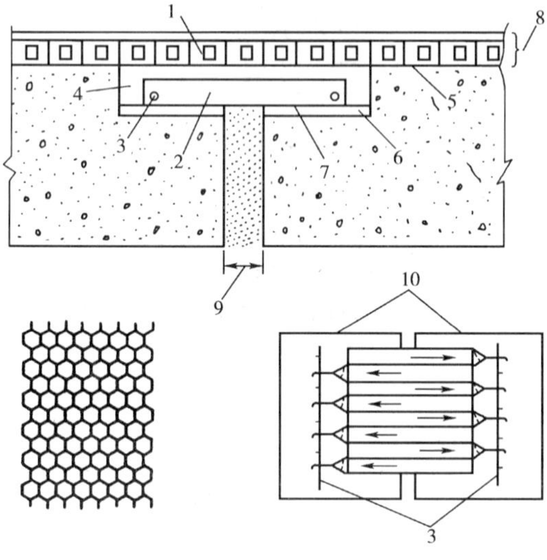

图 B-4　采用龟甲板的假接缝

1-龟甲状嵌板;2-接缝钢筋拉杆;3-锚固钢筋;4-沥青;5-滑动薄板;6-压平砂浆;7-沥青层;8-沥青铺装;9-伸缩间隙;10-桥面板

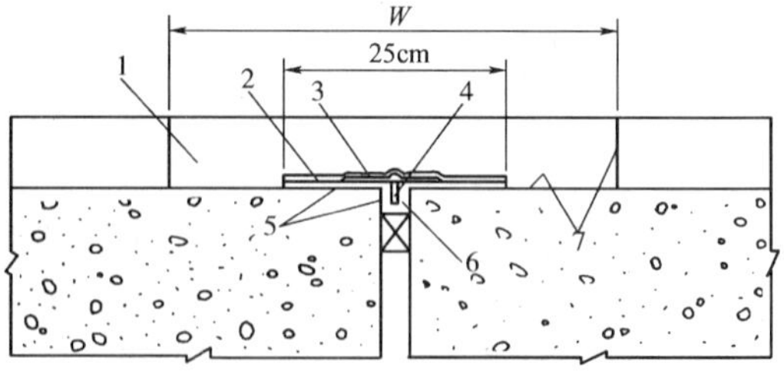

图 B-5　ASPAX 型伸缩装置构造

1-黏弹性复合材料;2-橡胶板;3-盖板;4-固定栓;5-聚氨基甲酸乙酯底漆涂布;6-聚丁二烯封缝材料;7-桥面铺装;W-槽口宽度

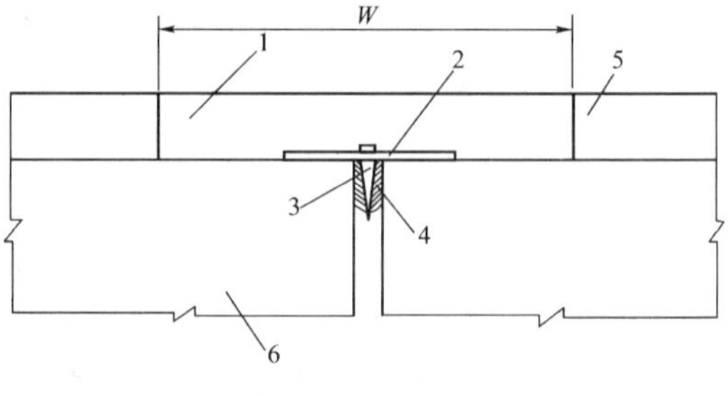

图 B-6　THORMA 型伸缩装置构造

1-粘弹性复合材料;2-盖板;3-固定栓;4-弹性材料;5-桥面铺装;6-主梁或台背;W-槽口宽度

2)先嵌对接型式

先嵌对接型式是在铺装前设置的对接接缝构造。这种形式仅包括在桥面板空隙间插入接缝板的称为接缝板接缝或把桥面板角隅部分用角钢补强的称为角钢加强接缝等,如图 B-9 所示。

这种形式伸缩量以前用到 15mm 左右,但存在钢材生锈、密封材料老化、漏砂土、角钢背面混凝土填筑难以密实易产生空洞和浮浆皮、防水和耐久性不好等诸多缺点,而被后嵌对接型式的橡胶系伸缩装置所代替。

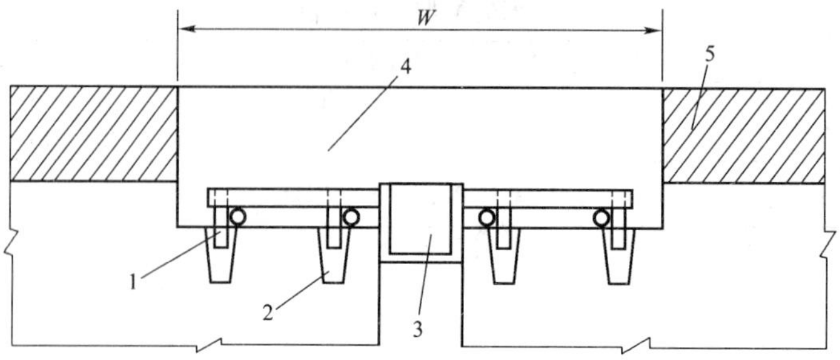

图 B-7　SEAMLESS 型伸缩装置构造

1-锚栓;2-锚栓孔;3-橡胶;4-特殊沥青混合物;5-沥青混凝土铺装;W-槽口宽度

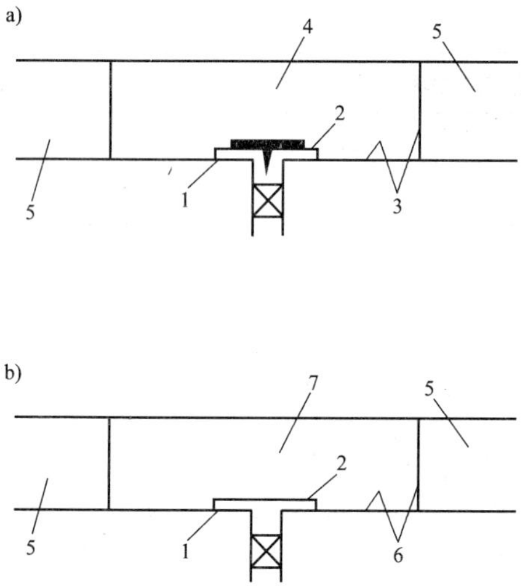

图 B-8　APG 及 DME 型构造

a) APG 型;b) DMG 型

1-FS 黏结层;2-指状封层;3-AP 黏结层;4-APG 混凝土;5-路面;6-DM 黏结层;7-DME 混凝土

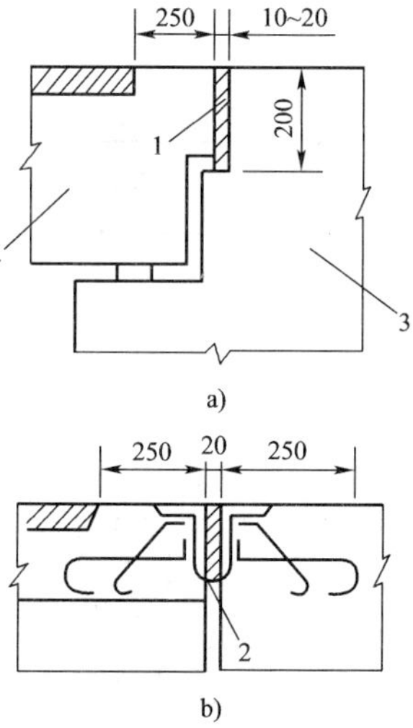

图 B-9　先嵌对接型式(尺寸单位:mm)

a) 接缝板接缝;b) 角钢加强式接缝

1-接缝板;2-接缝板或者注入接缝橡胶材料;3-桥台;4-梁

3) 后嵌对接型式

后嵌对接型式是铺装施工后设置的形式。这种形式通常用于伸缩量为 40mm 左右,最大间隙 50mm 左右的短跨径桥梁,随着假接缝和先嵌对接形式的衰退,而增加其使用范围。除表 B-1 所列的产品实例外,1965 年的橡胶伸缩装置和聚酯树脂,1975 年的双嵌 YU 型、SB 橡胶、表层 RB 等逐渐推向市场。与先嵌对接式相比,后嵌对接型式具有容易保证精度和确保平整性的优点。同时密封橡胶不承受车辆荷载,具有较好的耐久性。其施工实例如图 B-10 和图 B-11 所示。

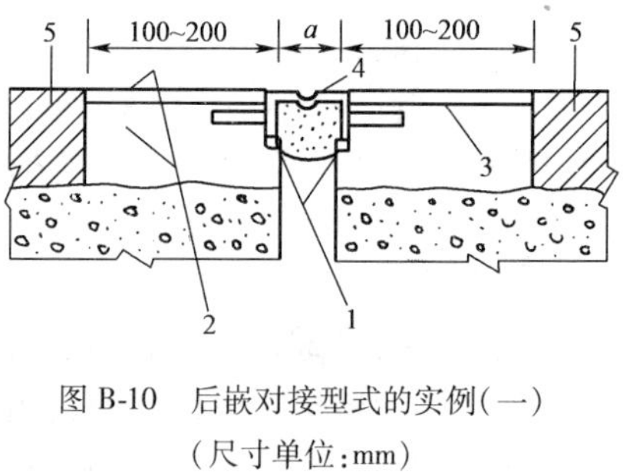

图 B-10　后嵌对接型式的实例(一)(尺寸单位:mm)

1-边槽钢;2-环氧树脂砂浆;3-FRP;4-密封橡胶;5-铺装

有代表性松邦德(SHO-BOND)的构造及相应技术指标:切割型如图 B-12 和表 B-6;橡胶型为图 B-13 和表 B-7。

近年来对后嵌对接型式能观测到修补、性能改进情况。作为这种类型的破损现象多数是后浇部分混凝土的破换,除折损外,角隅损坏、部分塌陷等也是常见的情况。

SHO-BOND 切割型技术指标 表 B-6

型号		梁端间隙(mm)		伸缩量(mm)
		max	min	
普通型	B-1	25	15	10
	B-2	35	15	20
	B-3	50	20	30
	B-4	60	20	40
	M-0	30	20	10
	M-1	50	25	25
	M-2	75	25	50
	S-1	40	20	20
	S-2	60	30	30
	S-3	80	30	50
SS 型	SS-1	54	34	20
	SS-2	74	44	30
	SS-3	89	44	45
新型	A-1	41	21	20
	A-2	62	32	30
	A-3	82	32	50

SHO-BOND 橡胶型技术指标 表 B-7

型号		橡胶宽度(mm)		梁端间隙(mm)		伸缩量(mm)
		max	min	max	min	
SB 橡胶型	MS-35	60	—	60	25	35
新 SB 橡胶型	LS-70	290	—	95	25	70
	LS-110	330	—	135	25	110
SB 钢制型	SBS-1	70	30	—	—	40
	SBS-2	90	40	—	—	50

2. 支承式

1)橡胶接缝型式

橡胶接缝型式是把各种形状的橡胶材料和钢材组合起来,以便使桥面板间隙能支承车辆荷载的构造。这种形式通常伸缩量使用到 70mm,最大缝隙量到 120mm 左右。施工方法有先嵌法和后嵌法。但伸缩装置采用先嵌设置后,再作桥面铺装,完成后的平整性差,所以目前一般采用后嵌的施工方法。

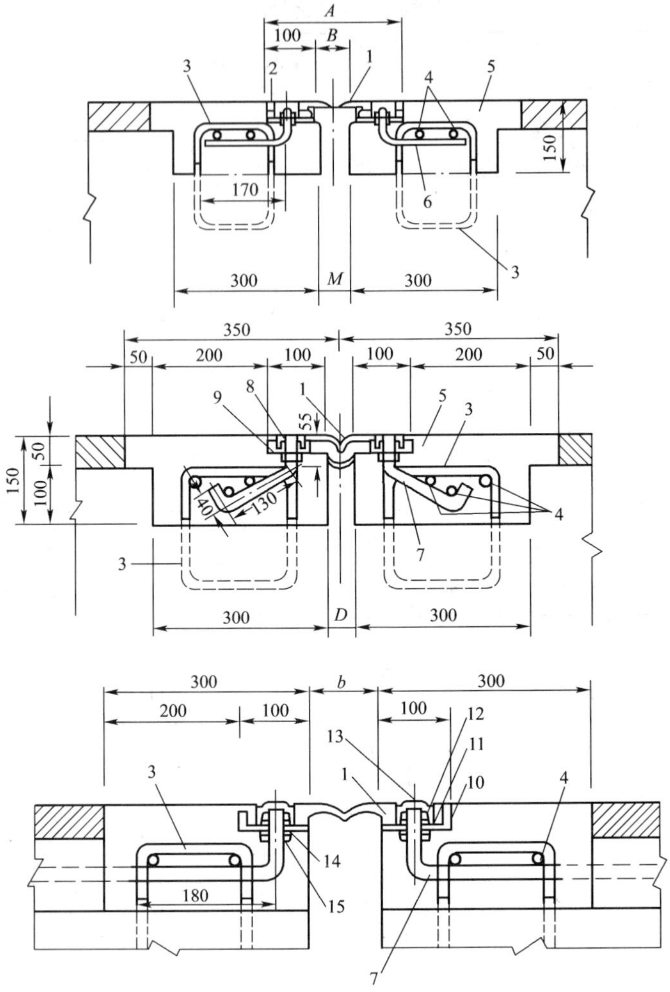

图 B-11　后嵌对接型式的实例(二)(尺寸单位:mm)

1-接缝橡胶;2-台座;3-桥面板预埋钢筋;4-水平钢筋;5-后浇混凝土;6-锚固螺栓;7-锚固钢筋;8-密封材料;9-无缝衬垫橡胶;10-基础角钢;11-加硫黏结;12-螺帽;13-螺帽(封入密封材料);14-垫圈;15-锚固螺帽

这种形式有各种各样形状、材料规格、施工方法等差别。除表 B-1 所列外,在 60 年代的横向弯曲和环曲、毛勒、导向型,进入 70 年代的球磨型、撑条型、胎肋式、表层型和霍内尔等分别是新开发或从国外引进技术的形式。同时也应看到,有因伸缩不灵和产品构造上缺陷而已停止产生的实例。这种橡胶体系列伸缩装置种类很多,各有各的特长而多被使用,但构造和施工要求各不相同,所以必须经过实际调查进行选择。

图 B-14 所示伸缩装置,伸缩是用橡胶剪切变形吸收的,而荷载是由橡胶体内钢板承受的构造的实例。

这类形式的破损现象有后浇混凝土的破损和装置本身的破损,而本身的破损是由于车辆行驶的累积引起橡胶磨损而使中间钢板外露。此类伸缩装置用到伸缩量在 70mm 左右实际上是不成问题的,但用在伸缩量大于 100mm 以上时,会因本身构造特点引起破坏产生冲击噪声的情况。因此,当伸缩量超过 100mm 时,在锚固螺栓之间出现如图 B-15 那样向上弓形构造,以防止车辆通过时,装置与桥面板撞击发生噪声。

SHO-BOND 板式橡胶伸缩装置的基本构造和其相应的技术指标如图 B-16 所示和表 B-8 所列。

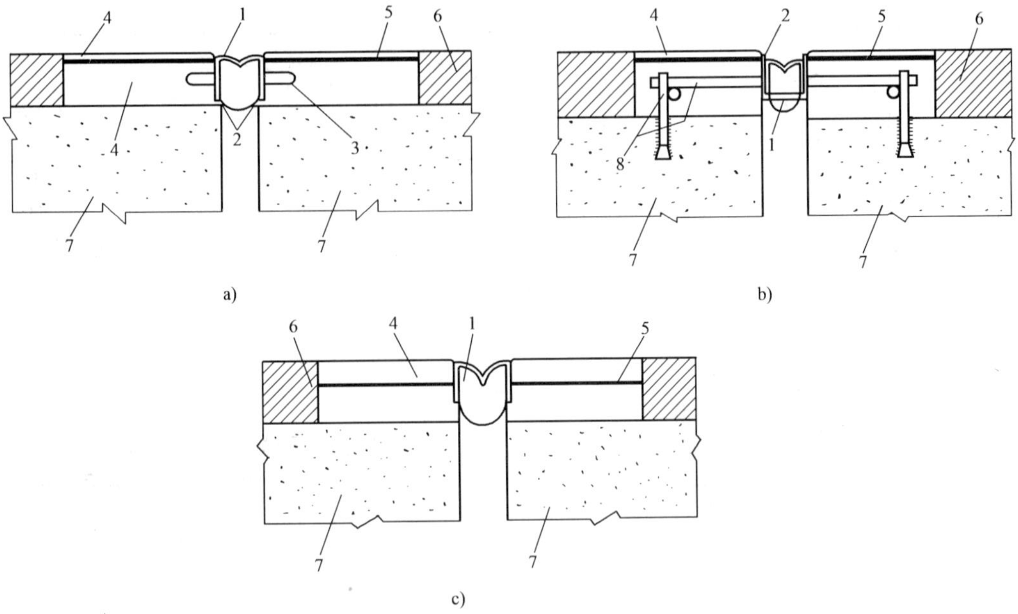

图 B-12 SHO-BOND 切割型构造

a)普通型;b)SS 型;c)新型

1-填缝橡胶;2-角隅金属件;3-锚固件;4-SB 砂浆;5-防水层;6-路面;7-桥面板;8-锚固螺栓

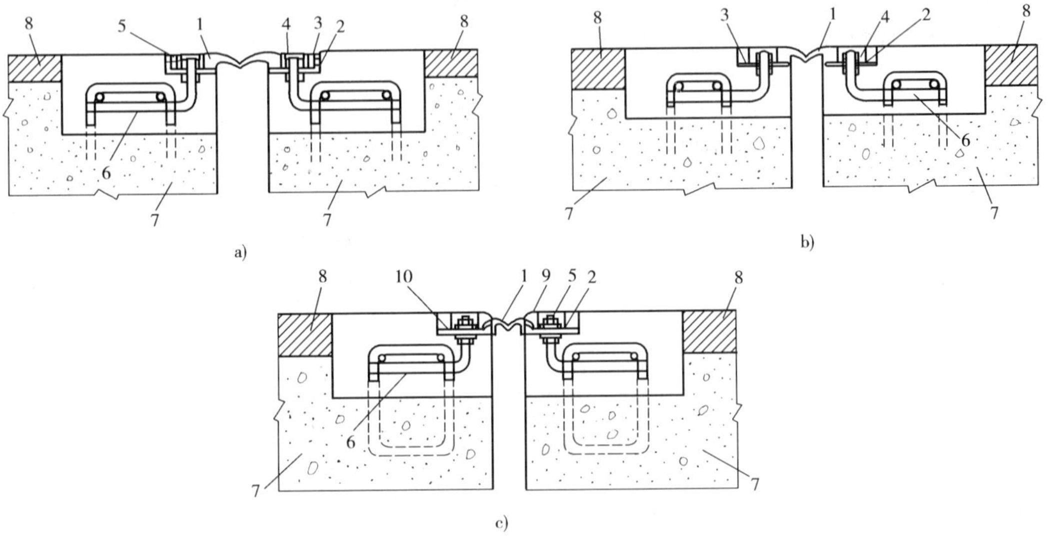

图 B-13 SHO-BOND 橡胶型构造

a)SB 橡胶型;b)新 SB 橡胶型;c)SB 钢制型

1-缝隙橡胶;2-底座板;3-硫化黏结剂;4-防松螺帽;5-螺帽;6-锚杆;7-桥面板;8-路面;9-防护板;10-SB 弹性体

SHO-BOND 板式橡胶伸缩装置技术指标 表 B-8

型号		橡胶宽度(mm)		最大或标准梁端间隙(mm)	伸缩量(mm)
		max	min		
SG 型	SG-30	332	302	40	30
	SG-45	398	353	55	45
	SG-60	472	412	70	60
	SG-80	552	472	90	80

型号		橡胶宽度(mm)		最大或标准梁端间隙(mm)	伸缩量(mm)
		max	min		
3S 型	SG-110	560	450	120	110
	3S-20	50	30	40 *	20
	3S-30	65	35	55 *	30
	3S-50	297.5	242.5	70 *	50
	3S-70	385.0	315.0	100 *	70

注:表中带 * 号为标准间隙值。

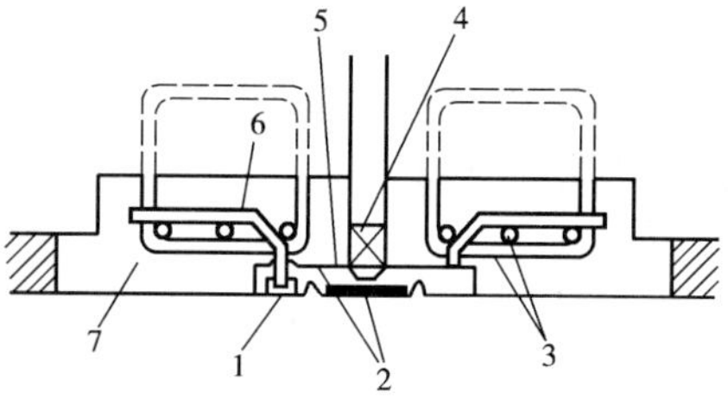

图 B-14　支承式橡胶接缝实例

1-橡胶;2-加强钢板;3-钢筋;4-聚氨基甲酸酯板;5-密封层;6-锚固钢筋;7-后浇混凝土

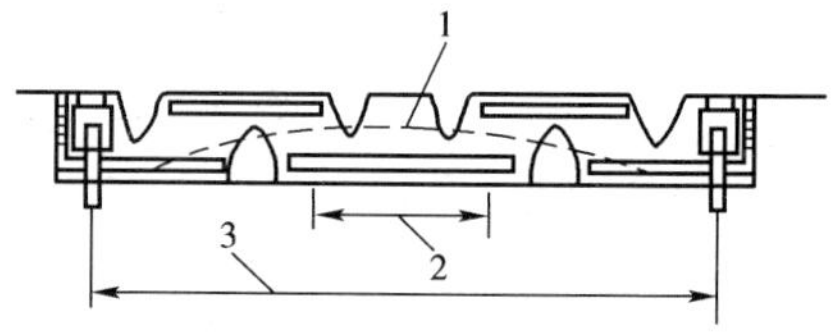

图 B-15　支承式橡胶接缝限制上浮装置

1-出现预压成弓形;2-桥面板缝隙;3-锚固螺栓间距

2)钢制型式

支承式钢制伸缩装置,是用钢材组合制作的直接承受车轮荷载的构造。包括图 B-17 所示的悬臂梳形板式和钢板叠合式的构造。

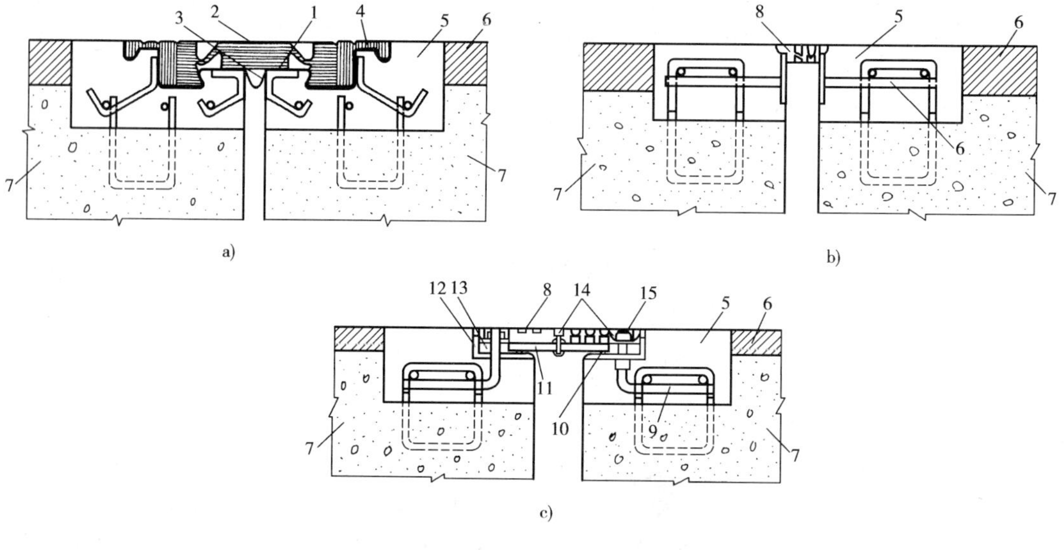

图 B-16　SHO-BOND 板式橡胶伸缩装置构造

a)SG 型;b)3S-20、30 型;c)3S-55、70 型

1-钢架;2-橡胶块;3-橡胶板;4-固定钢筋;5-回填混凝土;6-路面;7-桥面板;8-表面橡胶;9-锚杆;10-缓冲橡胶;11-承重板;12-加强角钢;13-导向板;14-防松螺帽;15-填充料

钢制型伸缩装置,多用于伸缩量大的场合,一般采用耐久性优越的悬臂式,而钢板叠合式目前大都被用于人行道部位。

钢制梳型板接缝最大缺点是透水、密封性差,成为梁端部和支座腐蚀的原因,有污染桥墩、破坏环境等不良影响。因此,近年来,在基准面下的缝隙间安装半圆形钢板,在其中间填充挡

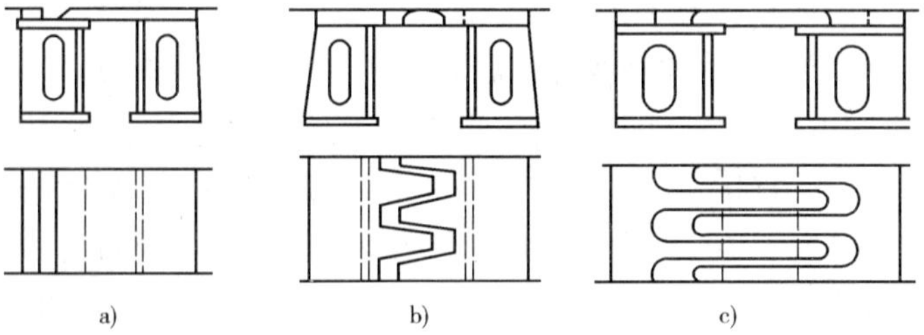

图 B-17 支承式钢制型式

a)钢叠合式接缝;b)钢齿板接缝(悬臂式);c)钢齿板接缝(支承式)

块和密封材料,将雨水通过路面排出的非排水型为主要形式。而包括密封材料等的质量在内,各国都进行各种非排水型的形状研究工作。同时除焊接构造外,采用锻造铸铁构造也已出现。

SHO-BOND 钢制型桥梁伸缩装置,有图 B-18 所示的构造形式。其相应的技术指标见表 B-9 所列。

SHO-BOND 板式橡胶伸缩装置技术指标 表 B-9

型号		梁端间隙(mm)		伸缩量(mm)
		max	min	
ST 型	ST-40	90	—	40
	ST-60	130	—	60
	ST-80	175	—	80
GL 型	GL-40	60	20	40
	GL-65	120	55	65

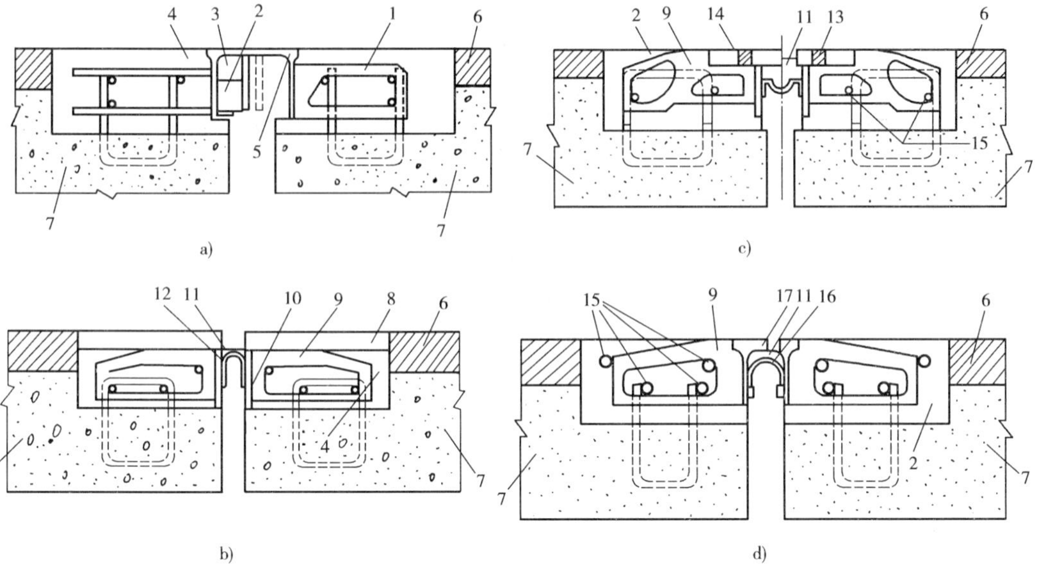

图 B-18 SHO-BOND 钢制伸缩装置构造型式

a)ST 型;b)GL-T 型;c)GL-H 型;d)GL-F 型

1-肋形板;2-回填料;3-填充混合料;4-回填混凝土;5-VH 块;6-路面;7-桥面板;8-表面材料;9-导向板;10-腹板;11-填充料;12-填充橡胶;13-排气管;14-表面板;15-水平钢筋(φ16mm);16-填充件;17-角隅块

3）长大跨径桥梁的伸缩装置

关于大跨径桥梁，以前多采用悬臂式钢制梳形板伸缩装置。到20世纪70年代和自本四联络桥开始，为适应城市高速公路的高架桥、东京和大阪的高速公路的弯桥等这些长大跨径桥梁伸缩装置的需要，除采用60年代引进的得马克和毛勒的型式及新近引进的霍内尔型式外，本四公团开发了伸缩量大于2m桥梁能适用的环型伸缩装置，以及首都公团成功开发了把沿梁方向伸缩转换为与桥轴线成垂直方向移动的ST型伸缩装置。但到目前为止施工实例不多，得到肯定评价的很少，进行跟踪调查，以便作出正确判断，这是今后应做的工作。

二、伸缩装置的设计

1. 伸缩装置设计与施工流程图

以一般常用的对接后嵌型和支承式橡胶及钢制齿板型为对象，从设计到施工完整的流程如图B-19所示。

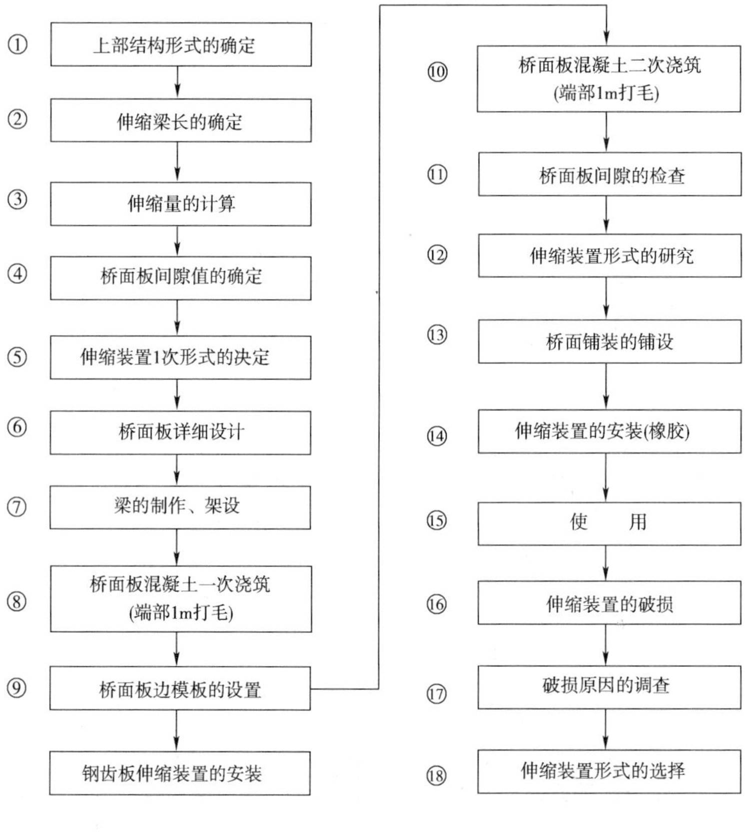

图B-19　伸缩装置设计施工流程图

2. 伸缩量计算

计算伸缩量时应考虑的项目有：

（1）温度变化。

（2）混凝土收缩与徐变。

（3）由恒载、雪荷载、活荷载产生的梁端转动位移。

（4）由于纵坡影响引起的垂直变位。

（5）在斜桥和弯桥的接缝方向的变位等。

除上述因素外，地震时邻近构筑物间相对变位和跨越半地下通道的桥梁因侧向移动的影响等应予考虑。但要确实把握这些变位量，在目前状态下是有困难的，通常伸缩量计算时忽略不计。一般把(1)、(2)作为基本伸缩量处理，而温度误差、施工误差、产品质量误差等作为富余量计算，而将(4)、(5)等作为构造的必须量考虑列入。

表B-10和表B-11分别给出了钢桥和混凝土桥设计伸缩量的考虑方法和计算公式。

钢桥设计伸缩量计算公式(寒冷地区除外)(单位:伸缩量mm,伸缩梁长m)　　表B-10

机关	日本道路协会便览(1970.4)	日本道路公团设计要领(1979.4)		首都高速道路公团伸缩装置设计施工标准(1978.4)								阪神公团标准(1980.4)
桥型	钢桥简易计算法	上承式桥	下承式桥钢桥面板桥	上承式桥				下承式桥、钢桥面板				上承式桥下承式桥钢桥面板
				简支梁		连续梁		简支梁		连续梁		
项目				M_{ov}	F_{ix}	M_{ov}	F_{ix}	M_{ov}	F_{ix}	M_{ov}	F_{ix}	
温度范围 ΔT = (℃)	-10~+40	-10~+40	-10~+50	-10~+40	—	-10~+40	—	-10~+50	—	-10~+50	—	-10~+50
线膨胀系数 α	12×10	12×10	12×10	12×10	—	12×10	—	12×10	—	12×10	—	12×10
温度变化值 $\Delta L_t = \alpha\Delta TL$	0.6×L	0.6×L	0.72×L	0.6×L	—	0.6×L	—	0.72×L	—	0.72×L	—	0.72×L
活载引起梁端转动位移 R	—	—	—	0.06×L	0.06×L	—	—	0.08×L	0.08×L	—	—	—
基本伸缩量 $\delta_0 = \Delta L_t + R$	0.60×L	0.60×L	0.72×L	0.60×L	0.60×L	0.60×L	—	0.08×L	0.08×L	0.60×L	—	0.72×L
富余量 δ_a	温度变化10%	基本伸缩量的20%+10mm										基本伸缩量40%
	0.60×L	0.12×L+10	0.14×L+10									0.28×L
设计伸缩量 $\delta = \delta_\partial + \delta_a$	0.66×L	0.72×L+10	0.86×L+10	0.66×L	0.06×L	0.60×L	—	0.80×L	0.08×L	0.60×L	—	1.00×L

混凝土桥设计伸缩量计算公式(单位:伸缩量:mm,伸缩梁长:m)　　表 B-11

项目		日本道路协会便览(1970.4)		日本道路公团设计要领(1979.4)		首都高速道路伸缩装置设计、施工标准(1978.4)				阪神高速道路公团的构造物设计标准(1980.4)	
桥型		*PC* 桥	*RC* 桥	*PC* 桥	*RC* 桥	*PC* 桥				*PC* 桥	*RC* 桥
						简支梁		连续梁			
		M_{ov}	M_{ov}	M_{ov}	M_{ov}	M_{ov}	F_{ix}	M_{ov}	F_{ix}	M_{ov}	M_{ov}
	温度范围 ΔT(℃)	−5 ~ +35	−5 ~ +35	−5 ~ +35	−5 ~ +35	−5 ~ +35	—	−5 ~ +35	—	−5 ~ +35	−5 ~ +35
	线膨胀系数 α	10×10	10×10	10×10	10×10	10×10	—	10×10	—	10×10	10×10
	温度变化量 $\Delta L_t=\alpha\Delta TL$	0.4×*L*	0.4×*L*	0.4×*L*	0.4×*L*	0.4×*L*	—	0.4×*L*	—	0.4×*L*	0.4×*L*
干燥收缩	最终干燥收缩量 *S*	由设计者决定	由设计者决定	相当温度降低20℃0.2×*L*	相当温度降低20℃0.2×*L*	相当温度降低20℃0.2×*L*	—	相当温度降低20℃0.2×*L*	—	相当温度降低20℃0.2×*L*	相当温度降低20℃0.2×*L*
干燥收缩	干燥收缩的降低系数 β	由设计者决定	由设计者决定	装置安装时材料龄期2~3个月0.5	装置安装时材料龄期2~3个月0.5	装置安装时材龄3个月0.4	—	装置安装时材龄3个月0.4	—	装置安装时材龄3个月0.4	装置安装时材龄3个月0.4
干燥收缩	干燥收缩量 $\Delta L_s=\beta SL$	0.2×β×*L*	0.2×β×*L*	0.1×*L*	0.1×*L*	0.08×*L*	—	0.08×*L*	—	0.08×*L*	0.08×*L*
徐变	施加预应力时弹性模量 E_c(kg/cm^2)	300 000	—	300 000	—	325 000	—	325 000	—	320 000	—
徐变	施加预应力时轴向应力 σ_p(kg/cm^2)	60	—	60	—	50	—	50	—	60	—
徐变	徐变系数 ϕ	2	—	2	—	2	—	2	—	2	—
徐变	最终徐变值 $C=(\sigma_p/E_0)\phi$	0.4×*L*	—	0.4×*L*	—	0.31×*L*	—	0.31×*L*	—	0.375×*L*	—
徐变	徐变降低系数 β	由设计者决定	—	装置安装时材龄2~3个月0.5	—	安装时材龄3个月0.4	—	安装时材龄3个月0.4	—	安装时材龄3个月0.4	—
徐变	徐变值 $\Delta L_c=\beta CL$	0.4×β×*L*	—	0.2×*L*	—	0.12×*L*	—	0.12×*L*	—	0.15×*L*	—
由活荷载引起梁端转动位移 *R*		—	—	—	—	0.04×*L*	0.04×*L*	—	—	—	—
基本伸缩量 $\delta_0=\Delta L_1+\Delta L_s+\Delta L_c+R$		(0.4+0.6β)*L*	(0.4+0.2β)*L*	0.7×*L*	0.5×*L*	0.64×*L*	0.04×*L*	0.6×*L*	—	0.63×*L*	0.48×*L*
富裕量 δ_a		温度变化值10%		基本伸缩值20% +10mm		—	—	—	—	够基本伸缩值的40%	
富裕量 δ_a		0.04×*L*	0.04×*L*	0.14×*L*+10	0.1×*L*+10					0.27×*L*	0.22×*L*
设计伸缩量 $\delta=\delta_0+\delta_a$		(0.4+0.6β)*L*	(0.44+0.2β)*L*	0.8*L*×*L*+10	0.6×*L*+10	0.64×*L*	0.04×*L*	0.60×*L*	—	0.90×*L*	0.70×*L*

3. 桥面板间隙量的确定

伸缩装置的选择，通常是根据设计伸缩量而选定。但伸缩机能由设计伸缩量控制，而装置的尺寸由桥梁板间隙量来确定，这一点必须明确。图 B-20 表示梁端间隙的定义。

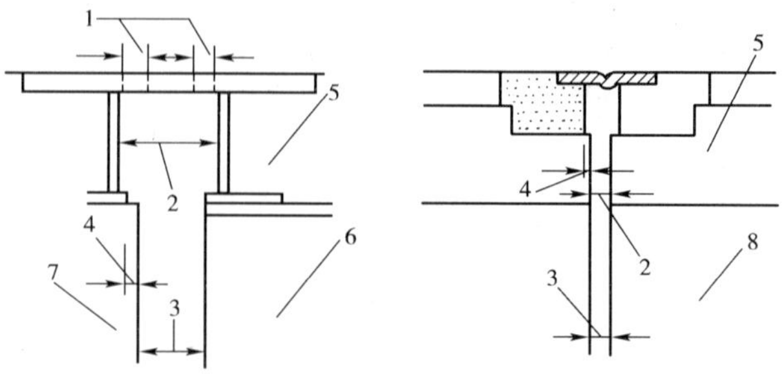

图 B-20　间隙的定义

1-齿的间隙；2-桥面板（或腹板）间隙；3-梁端间隙；4-端部富余量；5-桥面板混凝土；6-钢梁；7-桥台；8-混凝土梁

关于梁的间隙量在桥涵设计规范都有明确规定。现以跨径为 30m 钢筋混凝土简支梁为例说明间隙的确定。

由表 B-4 可知，设计伸缩量 $=(0.44+0.2+0.4)\times 30\text{m}\approx 16\text{mm}$（假定收缩降低系数 $\beta=0.4$），这种程度的伸缩量，通常选用对接后嵌型式，这里假定采用容许伸缩量为 20mm 的对接板式橡胶伸缩装置，则装置本身确定桥面板的最大间隙量约 75mm 左右。因采用梁、板端部混凝土同时浇筑，故桥面板间隙等于梁端间隙。所以，假设把在标准温度 15℃ 时梁的间隙量 100mm 进行施工时，则规范规定最低温度 −10℃ 时，最大间隙量 $=100\text{mm}+12\times 10^{-6}\times 25℃\times 30\text{m}=109\text{mm}$，超过了装置本身容许的最大间隙量。这样，伸缩装置尺寸不是用设计伸缩量控制，而是由桥面板的最大间隙量来决定的。

很清楚，以往对间隙的认识不足，因选型不当造成早期破损的实例屡见不鲜。因此，以桥面板间隙对选择装置固有的最大间隙量进行调整是非常重要的。即若使两种间隙相一致，则必须选用比要求量大的伸缩装置，或者调整梁端的间隙。表 B-12、表 B-13 及图 B-21 示出了梁的间隙的规定实例。据此，日本道路公团，根据伸缩装置的型式采用使主梁间隙变化的方法。阪神公团采用图 B-22 所示的安装端部加强板代替固定主梁间隙使桥面板间隙变化的方法。

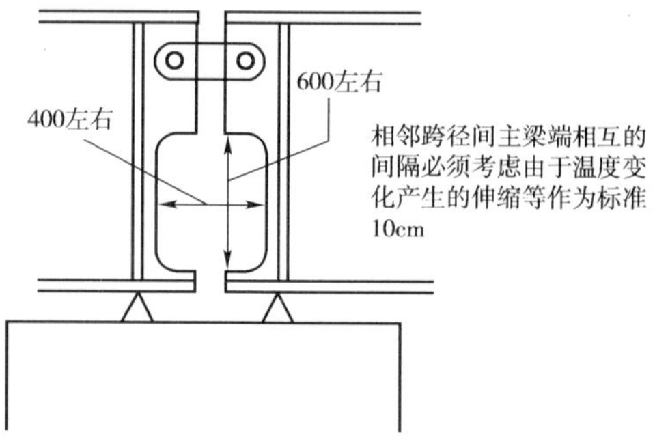

图 B-21　梁端量（首都高速道路公团 1981 年 9 月）

（尺寸单位：mm）

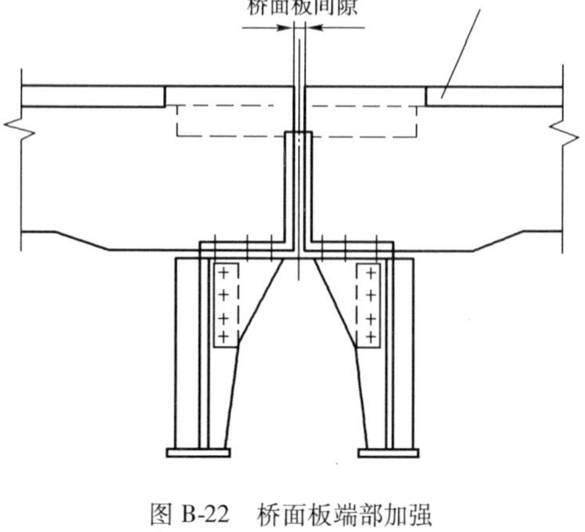

图 B-22　桥面板端部加强

梁端间隙及桥面板间隙(日本道路公团设计要领 1980 年 4 月版)　　表 B-12

(1)对接接缝及橡胶接缝

对接接缝及橡胶接缝在标准温度下(收缩、徐变完成时)梁端间隙及桥面板间隙按下表的标准采用。

伸缩装置的种类	伸缩量(Δ)(mm)	梁端间隙(mm)	桥面板间隙(mm)
对接接缝	$\Delta L \leqslant 30$	30	30
	$30 < \Delta L < 40$	40	40
橡胶接缝	$\Delta L \leqslant 50$	40	40
	$50 < \Delta L < 70$	60	60

(2)钢制梳形板接缝

钢制梳形板接缝的梁端间隙及桥面板间隙,要保证混凝土部分的端部富裕量 20mm 确定的。

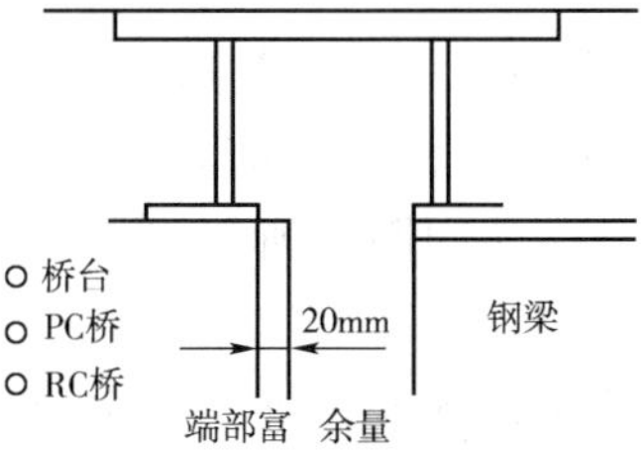

梁端间隙及桥面板间隙(阪神高速道路公团,1980.4)　　表 B-13

伸缩装置	伸缩量(mm)	梁端间隙(mm)		桥面板间隙(mm)
		钢梁	混凝土梁	
切割式接缝	10 以下	100	20	20
对接接缝 B	0 ~ 20	100	40	40
对接接缝 A	20 ~ 35	100	40	40
橡胶接缝	50 以下	100	50	50
	50 ~ 75	100	65	65
	75 ~ 100	150	100	100
钢梳形板接缝	75 以下	100	85	130
	75 ~ 150	150	135	180
	150 ~ 200	200	185	230

4. 伸缩装置的选择

伸缩装置的选择,要综合考虑伸缩量、耐久性、防水性、施工性、修补性、经济性等各种因素。而一般把伸缩量作为选择标准的主要因素，对于其他因素，各单位根据各自的经验进行最终的选择工作是目前的现状，表 B-14 ~ 表 B-16 示出选择标准的实例。

伸缩装置的使用范围（日本道路公团） 表 B-14

伸缩装置种类	使用范围		
	桥种	伸缩量（mm）	
		15 000 台以上/天①	不足 15 000 台/天①
对接接缝	混凝土桥	—	<30
	钢桥	—	<40②
橡胶接缝	混凝土桥	<80	<100
	钢桥	<50	<100②
钢梳形板接缝	混凝土桥	不限制	不限制
	钢桥	不限制	不限制

注：①日交通量 15 000 台，为工车道使用后 10 年推算值；

②对钢桥希望使用钢梳形板接缝。对斜 π 型桥考虑桥宽、交通量后，选择伸缩装置的形式。

伸缩装置的使用范围（阪神高速道路公团） 表 B-15

（1）伸缩装置的使用划分，以下表为标准。

装置种类 \ 伸缩量	0	10	20	30	40	50	60
切割式接缝	⋯⋯						
对接接缝 B	——						
对接接缝 A			○——	——			
橡胶接缝			○——	——	——	——	
钢梳形板接缝							

注：○符号表示不包括在内。

（2）两边梁支座，哪边固定时，原则上应使用对接接缝 B 型，由于活荷载产生的梁端的转动变位大时，也可以采用对接接缝 A 型或者钢梳形板接缝。

说明：①在使用区分表重叠部分时，希望使用实线部分伸缩装置；

②伸缩量超过 35mm 的钢梁，原则上应采用钢梳形板伸缩装置；

③切割式接缝，原则上除在短跨径的钢筋混凝土梁或者预应力混凝土梁以外不使用。

伸缩装置的使用范围（首都高速道路公团） 表 B-16

型式		适用伸缩量（mm）	适用最大间隙量（mm）
简易型①		0 ~ 10	~30
小型	对接型	0 ~ 20	~40
		20 ~ 40	~50
	荷载支承型②	20 ~ 30	~40
		30 ~ 40	~50

型　　式		适用伸缩量(mm)	适用最大间隙量(mm)
大型	荷载支承型	40 ~ 50	~ 70
		50 ~ 60	~ 70
		60 ~ 70	~ 100
		~ 70	~ 120
	钢梳形板型	0 ~	0 ~

注:①简易型在 PC、JIS 梁桥面板上不能设置预留槽时使用;

②小型荷载支承型,原则上设置在预先考虑到出现噪音的地方。

5. 钢梳形板伸缩装置的设计

钢梳形板伸缩装置,由于它具有耐久性的特点,是以前使用较多的接缝形式,随着非排水型的出现,可断定今后应用还会增加。在前节型式选择中,日本道路公团和阪神高速道路公团都认为钢梁主要使用它,而名古屋道路公社也规定,设计伸缩量超过 40mm 的钢梁要选用钢梳形板伸缩装置,现就其设计问题作如下简介。

1)车辆冲击力

钢梳形板伸缩装置设计,必须考虑活荷载的冲击影响。根据日本建设省土木研究所的运行试验得到的数据(图 B-23),表明装载量 10t、总重量 20t 时车辆速度 V 与冲击系数 i 的结果。很清楚,若障碍高差 H 超过 20mm 时,则车辆速度在 40 ~ 50km/h 的冲击系数已超过 1.0。足见路面的平整度对冲击力有较大的影响(一般设计应根据设计规范的规定考虑车辆的冲击系数——编译注)。

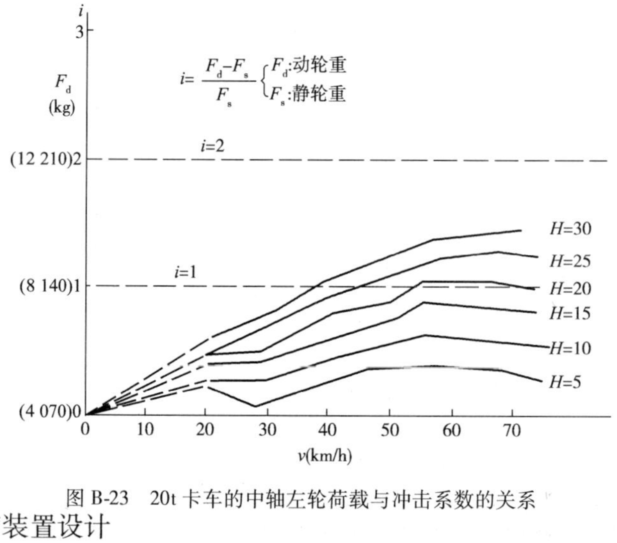

图 B-23　20t 卡车的中轴左轮荷载与冲击系数的关系

2)钢梳形板伸缩装置设计

关于钢梳形板伸缩装置的设计方法,以日本桥梁建设协会的《钢桥伸缩装置设计手册》为基础。其设计用符号的意义和流程图如图 B-24 所示。

图 B-24 中的有关说明如下:

①设计条件见表 B-10 所列。

②伸缩量计算包括:基本伸缩量(温度变化、收缩、徐变引起的伸缩量)、伸缩余量、由活荷载产生梁端转动位移量、由活荷载产生梁端水平位移量、合计伸缩量。

③符号说明

a_{15}——春秋安装时的腹板间隙(标准安装温度 +15℃);

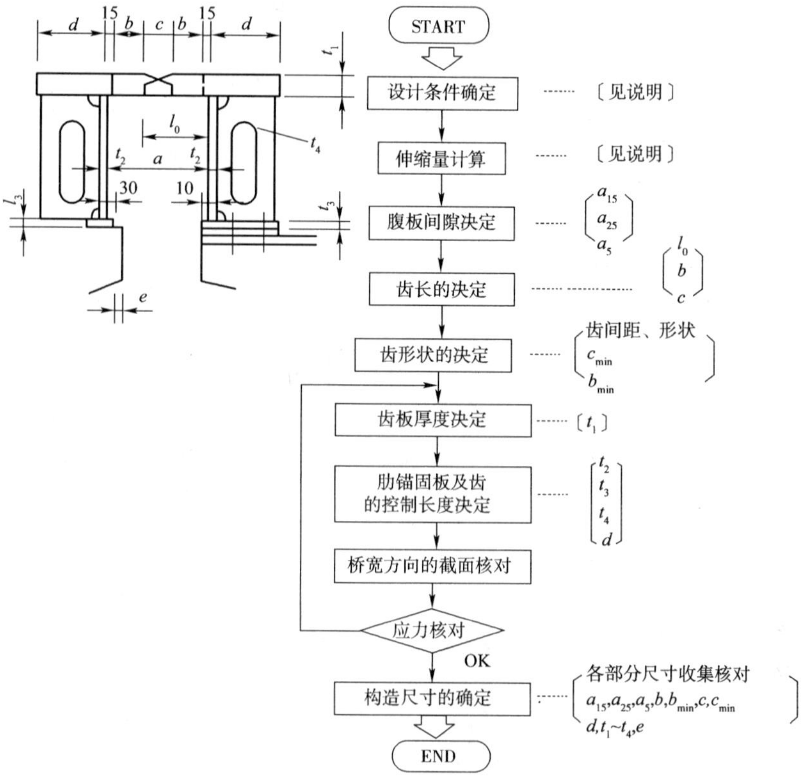

图 B-24　钢梳形板伸缩装置的设计流程图

a_{25}——夏季安装时的腹板间隙（标准安装温度 +25℃）；

a_5——冬季安装时的腹板间隙（标准安装温度 +5℃）；

b——齿间距；

c——齿缝搭接长度；

d——齿控制长度；

l_0——齿长；

t_1——齿板厚度；

t_2——腹板厚度；

t_3——下翼缘厚度；

t_4——肋板厚度；

b_{min}——最高温度时齿间隙；

c_{min}——最低温度时齿缝搭接长度；

e——端部富裕量(20mm)。

(1)设计条件

表 B-17 示出了设计条件。这些设计条件是参照日本道路公团的标准,活荷载已在道路桥规范中规定采用 T-20 荷载时冲击系数 $i=1$。

(2)齿板形状

直桥上梳形齿板形状,应根据齿的长度,可选用图 B-25 所示的 A ~ D 型 4 种,一般采用 A ~ C 型。如果齿长很大,则运行车辆的轮胎整个挤进齿间隙里去是很危险的,所以设计时必须注意。这时,推荐采用 D 型。作为车型最小轮胎宽度见表 B-18 所列。

钢梳形板伸缩装置设计条件 表 B-17

条件名称 \ 桥种				上部构造形式：钢桥	上部构造形式：RC 桥、PC 桥
设计条件	构造形式			钢制梳形板伸缩装置(悬臂式)	
设计条件	桥梁等级			*I* 等桥	
设计条件	活荷载			T-20, P=8 000 kg	
设计条件	冲击系数			I=1.0	
设计条件	伸缩梁长			200m 以下	
设计条件	温度变化	普通的地方	上承式	-10 ~ +40℃	-5 ~ +35℃
设计条件	温度变化	普通的地方	下承式	-10 ~ +40℃	-5 ~ +35℃
设计条件	温度变化	寒冷的地方	上承式	-10 ~ +40℃	-15 ~ +35℃
设计条件	温度变化	寒冷的地方	下承式	-10 ~ +40℃	-15 ~ +35℃
设计条件	标准温度			+15℃	
设计条件	安装温度			春秋：+15℃，夏：+25℃，冬：+5℃	
设计条件	安装时混凝土材龄			2~3 个月	
设计条件	收缩徐变折减系数			β=0.5	
设计条件	梁端最小间隙			梁的最小间隙，考虑了施工后确保 60mm 以上，但伸缩梁长短时，由梁端间隙确定腹板间隙时要特别注意	
使用钢材	名称			材质	尺寸、板厚、规格等
使用钢材	齿板			SM41A, B, C	JIS G3106 最小厚 25mm
使用钢材	腹板			SS41	JIS G3101 最小厚 12mm
使用钢材	下翼缘板			SS41	JIS G3101 最小厚 12mm
使用钢材	肋板			SS41	JIS G3101 最小厚 10mm，标准节距 500mm
使用钢材	锚固板			SS41	JIS G3101 最小厚 9mm，使用扁钢
使用钢材	锚固钢筋			NSD41	D22mm 6 根/肋间距，最小长 300mm
使用钢材	排水关系			SVS304	JIS G4305
使用钢材	固定螺栓			F10T	JIS B1186
容许应力	材料			容许应力	
容许应力	钢材(SS41, SM41)			容许拉应力	σ_{ra}=1 400kg/cm^2(140MPa)
容许应力	钢材(SS41, SM41)			容许压应力	σ_{ca}=1 400kg/cm^2(140MPa)
容许应力	钢材(SS41, SM41)			容许剪应力	τ_a=800kg/cm^2(80MPa)
容许应力	钢材(SS41, SM41)			角焊缝容许剪应力	τ_a=800kg/cm^2(80MPa)
容许应力	混凝土			设计标准强度	σ_{ca}=240kg/cm^2(24MPa)
容许应力	混凝土			容许局部承压应力	$\sigma_{ba}=0.5\sigma_{ck}$=120kg/cm^2(12MPa)
容许应力	混凝土			容许剪应力	τ_a=3.9kg/cm^2(0.39MPa)
容许应力	混凝土			容许黏结应力：锚固板	τ_{oa}=8kg/cm^2(0.8MPa)
容许应力	混凝土			锚固钢筋	τ_{nm}=16kg/cm^2(1.6MPa)

最小轮胎宽度　　表 B-18

车　　种	最小轮胎宽度	车　　种	最小轮胎宽度
二轮车(摩托车)	约 58mm	自行车	约 28mm

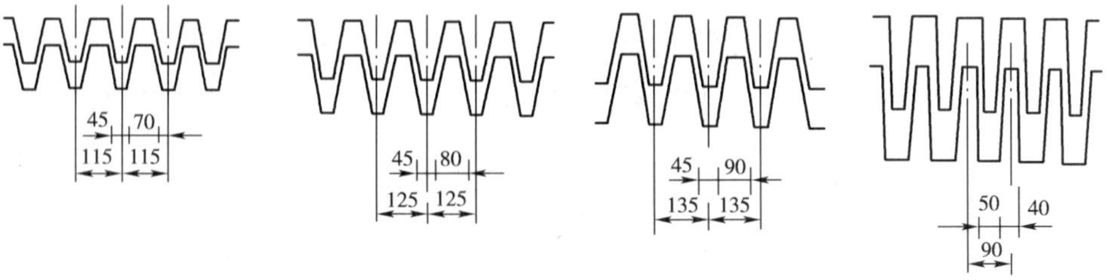

a)　　b)　　c)　　d)

图 B-25　齿板形状方案(尺寸单位:mm)

a) A 型(l_0≤130mm);b) B 型(130 < l_0≤190mm);c) C 型(l_0 > 190mm);d) D 型(l_0 > 190mm)

(3)构造尺寸的决定

根据设计条件和齿板形状的要求,构造尺寸分别列于表 B-19 ~ 表 B-21 中。

相应伸缩梁长 l 在标准温度 15℃时,腹板间隙 α_{15} 齿长 l_0(单位:mm)　　表 B-19

伸缩梁长 l(m)	钢上承式桥				钢下承式桥			
	普通地区		寒冷地区		普通地区		寒冷地区	
	α_{15}	l_0	α_{15}	l_0	α_{15}	l_0	α_{15}	l_0
0	80	50	80	50	80	50	80	50
~10	90	60	95	60	95	60	95	60
~20	110	70	110	70	110	70	110	70
~30	110	70	115	75	120	75	115	75
~40	125	80	130	85	135	85	130	85
~50	140	90	145	95	145	90	145	95
~60	140	90	150	100	160	100	150	100
~70	155	100	165	110	175	110	165	110
~80	170	110	180	120	190	120	180	120
~90	170	110	185	125	200	125	185	125
~100	185	120	200	135	215	135	200	135
~110	200	130	215	145	230	145	215	145
~120	200	130	220	150	240	150	220	150
~130	215	140	235	160	245	155	235	160
~140	230	150	245	165	260	165	245	165
~150	230	150	250	170	270	170	250	170
~160	245	160	265	180	285	180	265	180
~170	260	170	280	190	300	190	280	190
~180	260	170	285	195	310	195	285	195
~190	275	180	300	205	325	205	300	205
~200	290	190	315	215	340	215	315	215

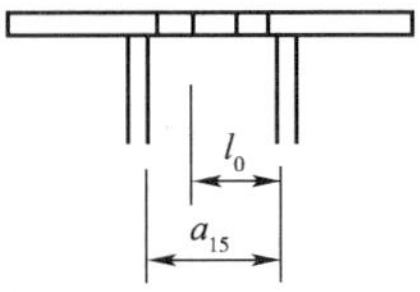

相应腹板间隙 α_{15} 的齿的控制长度 d，板厚 t_1（单位：mm） 表 B-20

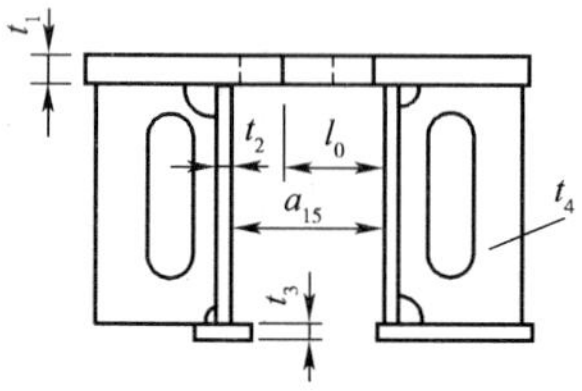

腹板间隙 α_{15}	d	t_1
~80	100	25
~100	120	
~110		26
~120		28
~130	140	
~150		30
~160		32
~170	160	
~200		34
~220		36
~250	180	38
~270		40
~280		42
~300	200	
~330		44
~350		46

相应齿长 l_0 的构件板厚 t_2、t_3 与 t_4（单位：mm） 表 B-21

齿长 l_0	$t_2=t_3$	t_4	齿板的形状
~130	12	10	A 型
~190	14	11	B 型
~220			C、D 型
~350	16	12	

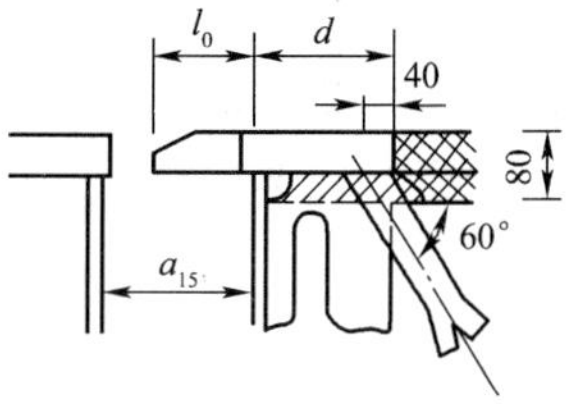

3）钢梳形板的计算

关于钢梳形板的设计计算，若按前一节的方法决定构造尺寸时，计算通常可以省略。现将设计计算决定钢梳形板尺寸或者进行应力校核时的实例介绍如下，有关符号如图 B-24所示。

（1）齿的最小间隔 b_{min} 及最小搭接长度 C_{min}

齿的最小间隔（最高温度时的 b）：$b_{min}=15\text{mm}$

齿的最小搭接长度（最低温度时的 C）：$C_{min}=20\text{mm}$

（2）齿长的确定

$$l_0=\Delta l+b_{min}+c_{min}+15\text{mm}$$

式中 Δl 为设计伸缩量。

（3）腹板间隔 α 的确定

在标准温度下的腹板间隔 α_{15} 为：

$$\alpha_{15}=l_0+b+15\text{mm}$$

式中 $b = \Delta l_T^{(+)} + b_{min}$；$\Delta l_T^{(+)}$ 为从标准温度15℃到最高温度的温差引起的伸缩量。

(4)齿板的计算

荷载位置作用在腹板间隙的中央，左右齿按平均分担，弯矩在腹板位置作为支承 $a/2$ 梁长悬臂计算(图 B-26)。

$$M = \frac{1}{2}p(1+i)\frac{a}{2} = 80\,\frac{a}{2}(\text{kN}\cdot\text{m})$$

式中 $p = 80\text{kN}, i = 1.0$。

对于悬臂齿板的阻力宽度，若假定为30cm，则齿板的断面厚度 t_1 用下式表示：

$$t_1 = \sqrt{\frac{80 \times a/2}{30/b \times \sigma_a}} = \sqrt{\frac{8 \times a}{\sigma_a}}(\text{cm})$$

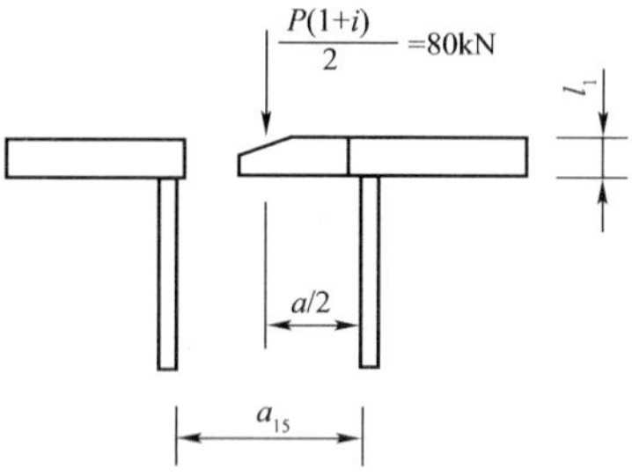

图 B-26　齿板的荷载

式中 $\sigma_a = 140\text{MPa}(1\,400\text{kg/cm}^2)(\text{SM41A} \sim 41\text{C})$。

关于剪应力，齿形状采用 A 型，若 $t_1 = 25\text{mm}$ 计算，则 $\tau = 10.7\text{MPa}(107\text{kg/cm}^2) < \tau_a = 80\text{MPa}(800\text{kg/cm}^2)$ 是十分安全的。

(5)宽度方向的断面计算

断面计算，把主梁间隔作为跨径的简支梁，断面如图 B-27 所示的剖面线部分，由齿板(t_1)、腹板(t_2)、下翼缘板(t_3)组成的 I 型断面。

车轮荷载，若冲击系数 $i = 1$ 则 $P = 160\text{kN}$，但伸缩装置采用两侧分配，将 $P/2 \approx 80\text{kN}$ 作为集中荷载作用，这时的最大弯矩为：

$$M_{max} = 40(l-1) + 10/l(\text{kN}\cdot\text{m})$$

式中 l 为主梁间隔(m)。

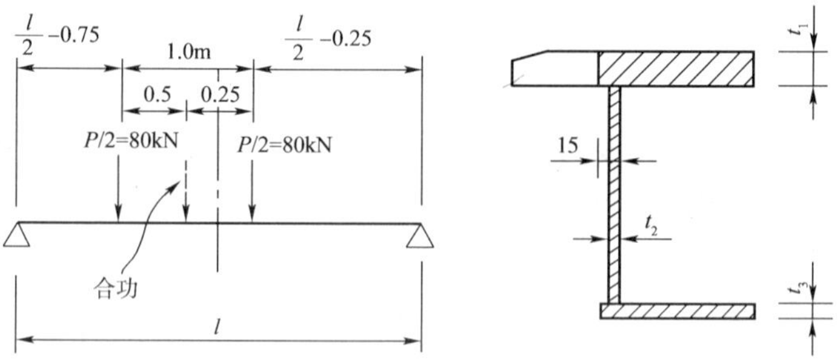

图 B-27　断面计算

【计算实例】

铺装厚度：60mm

桥面板厚度：220mm

冲孔高：60mm

主梁间隔：3.47m(而最大主梁间隔3.0m，斜角60°)

最大弯矩：$M_{max} = 40(3.47-1) + \frac{10}{3} = 101.68\text{kN}\cdot\text{m}$

最大剪力：$S_{max} = 153.52\text{kN}$(图 B-28)。

若腹板间隙 α_{15} 最小值采用8cm，则由表 B-19 ~ 表 B-21 可知 $t_1 = 25\text{mm}$，$t_2 = 12\text{mm}$，$t_3 = 12\text{mm}$，$d = 100\text{mm}$，由此得出图 B-29 的应力校核结果。

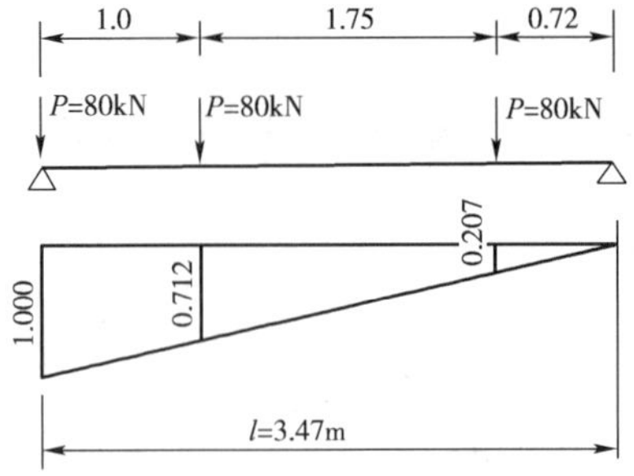

图 B-28　剪力影响线

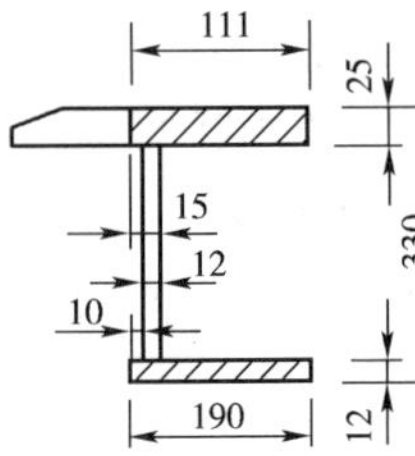

图 B-29　应力计算
（尺寸单位：mm）

1—*Flg*	115×25
1—*Web*	293×12
1—*Flg*	190×12

$$A = 86.71\text{cm}^2$$
$$I = 14948\ \text{cm}^2$$
$$Y_\tau = 15.89\text{cm}$$
$$Y_t = 17.11\text{cm}$$

弯应力为：

$$\sigma_\tau = \frac{M}{I} \cdot Y_c = 108.1\text{MPa}(1\ 081\text{kg/cm}^2) < \sigma_{rn} = 140\text{MPa}(1\ 400\text{kg/cm}^2)$$

$$\sigma_\tau = \frac{M}{I} \cdot Y_t = 116.4\text{MPa}(1\ 164\text{kg/cm}^2) < \sigma_{rn} = 140\text{MPa}(1\ 400\text{kg/cm}^2)$$

剪应力为：

$$\tau = \frac{S}{A_n} = 43.7\text{MPa}(437\text{kg/cm}^2) < \tau_n = 80\text{MPa}(800\text{kg/cm}^2)$$

(6)其他的计算

关于肋板、锚固板、锚固钢筋及齿板的控制长度 d 的计算等，因为在日本道路公团的《钢梳形板伸缩装置图集》(1978 年 3 月)等中已有详细叙述，这里从略(原文未介绍此部分——译注)。

4)排水处理

关于钢制梳形板伸缩装置的排水处理，除明显不需要考虑排水处理的情况外，一般采用在腹板间隙处设置流水槽的处理方法。但由于堆积砂土引起机能降低和清扫困难，所以目前以平面钢板表面流水的非排水型已成为主流。对于非排水型的断面形状、填充材料的质量等正在研究中，到目前还没有取得突破性的进展。

三、伸缩装置的施工

1. 安装方式

伸缩装置的安装方式有先安装方式和后安装方式。一般将铺装铺设时期作为基准，在铺设前安装伸缩装置的称为先安装方式，在铺设后安装的称为后安装方式。不过对于那些不能把铺装铺设作为基准的，则以桥面板浇筑时期为基准定义先安装方式和后安装方式。其施工顺序如图 B-30 所示。

通常以确保平整性考虑，将后安装工法作为一般的施工方法，即铺设后进行安装的实例较多。可是以先安装方式作为标准施工方法规定的也有,图 B-31 示出了名古屋道路公社实施的实例。

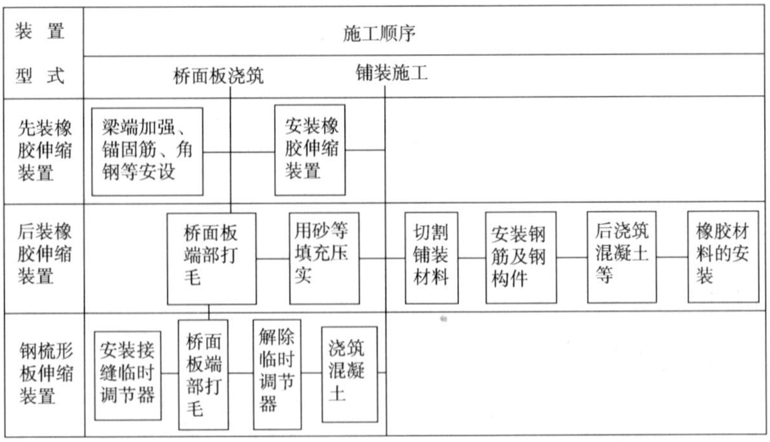

图 B-30　伸缩装置的施工顺序

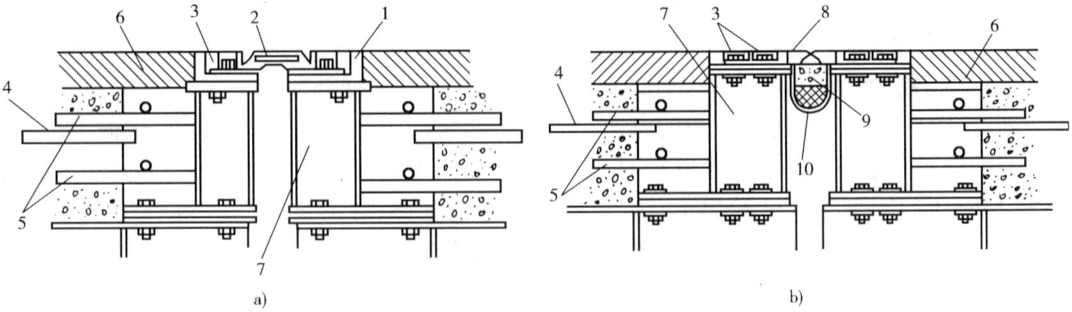

图 B-31　先安装方式的实例(名古屋道路公社)

a)橡胶接缝;b)钢制齿板接缝

1-L 型构件;2-橡胶板;3-高强螺栓;4-锚筋;5-异形筋;6-铺装;7-梁端补强箱;8-面板;9-填充料;10-不锈钢板

2. 桥面板间隙的复核

由于存在桥面板边模板安装误差和桥面板、铺装、栏杆、路缘石等恒载引起的梁端转动位移差以及预埋锚固螺栓时的温差等造成桥面板端部间隙值的施工误差,出现主梁间隙值与设计值不相符的问题。根据采用边模板施工的 352 个桥面板间隙实测的结果(图 B-32),看出其端部直线性波动量大约达到 20mm 左右,对间隙量影响很大。因此,在安装伸缩装置之前必须实测桥面板间隙值,核对设计时选择的伸缩装置是否合适,必要时应进行调整后安装。

关于安装间隙, 钢梳形板伸缩装置已有明确规定: 齿间隙 =(全伸缩量) -(施工时梁的伸缩量) + 富余量 (15mm)。而关于橡胶系伸缩装置, 虽然规定了锚固螺栓位置, 但对包括设计伸缩量的富余量怎样处理没有明确规定, 设计及施工规范没有涉及这一点。所以, 今后对橡胶系伸缩装置的设计富余量, 必须明确考虑设计和施工的相关性问题。

3. 伸缩装置的安装

1)橡胶系伸缩装置的安装

目前最流行的后安装工法的施工流程如图 B-33 所示。

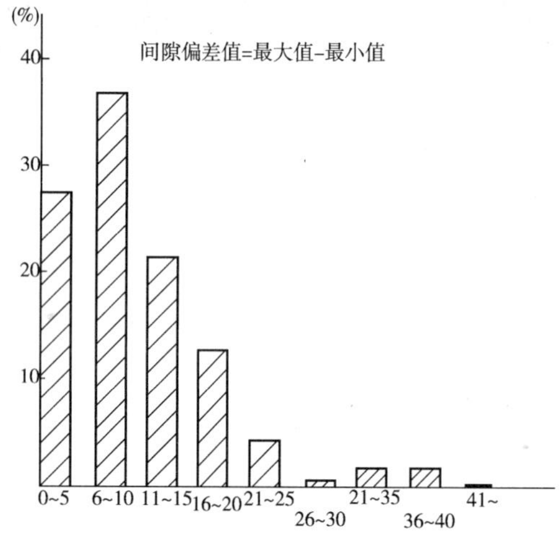

图 B-32　间隙偏差值

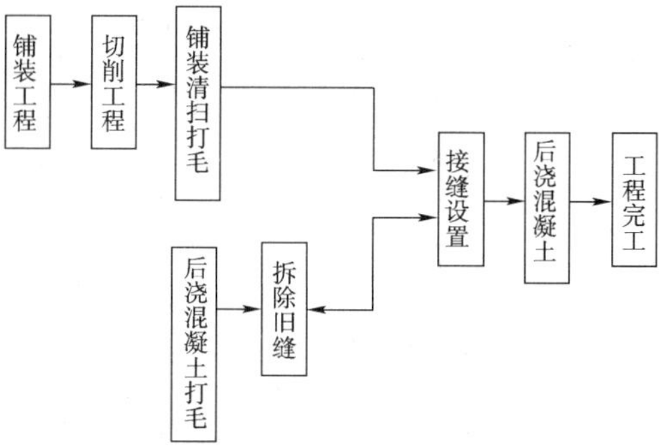

图 B-33　橡胶伸缩装置的施工程序框图

伸缩装置的平整度，由跨越两侧铺装定位角钢来保证。锚固部分施工不良是造成破损的主要原因，保证后浇混凝土的施工质量是至关重要的。作为后浇混凝土质量，新建工程时，通常采用早强混凝土，在阪神公团的标准规定的设计强度 $\sigma_{ck}=30\text{MPa}(300\text{kg/cm}^2)$；集料最大尺寸 25mm；坍落度 8cm；孔隙率为 4%。对于修补工程，因受交通法规限制的比重较大，通常在夜间施工，次日开放交通是最一般的方法，图 B-34 示出的为标准施工时间。因这种工程带有噪声的后浇混凝土破除和混凝土养护时间的问题，对前者到夜间 11 点停止施工；对后者使用快凝混凝土施工法，表 B-22 给出了首都公团的快凝混凝土的配合比。

快凝混凝土的质量标准　　表 B-22

(1)混凝土的设计标准强度，4h 为 200kg/cm^2(20MPa)以上。

(2)混凝土标准坍落度容许差，在拌和机出料时为 12 ±5.5cm。

(3)混凝土标准配合比如下表：

温度范围(℃)	坍落度范围(mm)	最大集料尺寸(mm)	水灰比(%)	细集料率(%)	水泥	水	细集料	粗集料	减水剂	凝固调节混合剂
>25	12 ±3.5	25	37.0	35.5	400	148	650	1200	8.0	C×(0.4~0.7)1.6~1.8
15~25	12 ±3.5	25	35.5	35.5	400	142	650	1200	8.0	C×(0.1~0.4)0.4~1.6
5~15	12 ±3.5	25	34.5	35.5	400	138	650	1200	8.0	C×(0~0.2)0~0.8

注：表中配合比，细集料，河沙(表面干燥比重 =2.6，粗粒率 =2.76)，粗集料，河沙(表面干燥比重 =2.62，粗粒率 =2.80)，使用时，在现场根据集料不同，调整配合比。

2)钢制梳形板伸缩装置的安装

钢制梳形板伸缩装置的安装流程如图 B-35 所示。

现以新建工程为例，简要说明安装的主要问题。装置出厂前，一般是以标准温度时的间隙作临时固定的，现场安装如有把握时，可按此值临时固定。装置运进现场被临时放置在梁上，除端部外，应在桥面板混凝土浇筑后作齿板间隙和高度的最终调整。其后浇筑端部剩余的混凝土，最终完成锚固部分，拆除临时固定装置。铺装工程应比装置表面钢板高出 2~3mm 的高度施工。因此，钢梳形板伸缩装置的平整度，是由表面钢板的安装精度和铺装缓和段的精度进行控制的。

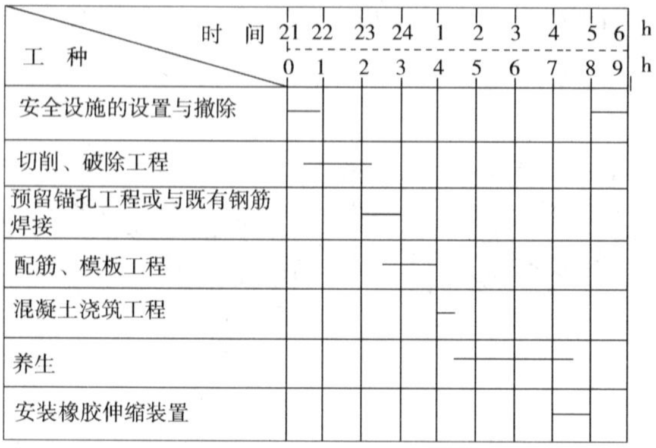

图 B-34 工程施工时间

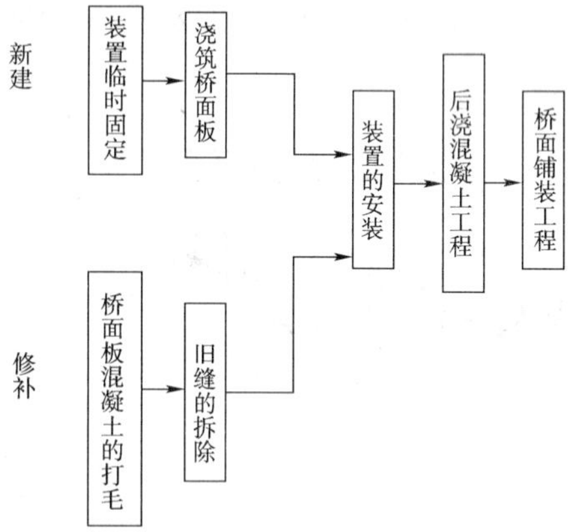

图 B-35 钢制梳形板伸缩装置施工流程图

临时固定装置，对钢梳形板伸缩装置的施工是不可缺少的。但此类装置的切割和焊接量较大，即结构上产生变形的机会较多，如在工厂临时固定装置的约束不当，则在现场施工有出现与设计值不相符的问题。表 B-23 给出了钢制梳形板伸缩装置的检查标准，以供对组装后的伸缩装置进行核查。

钢制梳形板伸缩装置的检查标准 表 B-23

名 称	容许误差	说 明
长度	±5mm	—
高度	±2mm	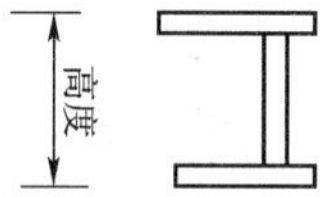
表面的凹凸	< ±3mm	按 3m 直线确定凹凸值小于 3mm
齿板面部的齿合部分的高差	2mm 以内	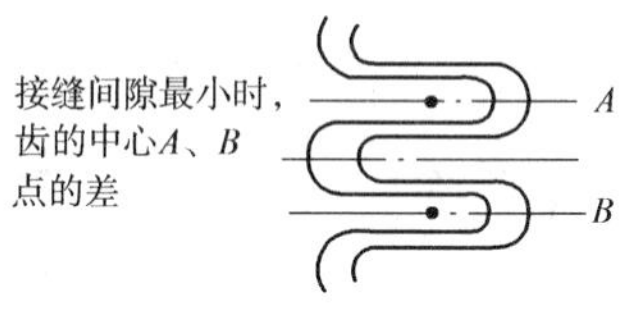
纵向间隙	±2mm 以内	对于齿板最小齿合长度 20mm
横向间隙	5mm 以内	对于横向间隙 10mm

四、特殊的伸缩装置

近年来，为了满足本（州）四（国）联络桥梁的，有代表性长大桥梁的出现和向多跨连续梁方向发展的需要，研制开发了大伸缩量的新型伸缩装置。

1. 连杆式伸缩装置

连杆式伸缩装置，是由齿板、中间横梁、连杆、垂直支座、万能接缝件所组成，如图 B-36 所示。车轮荷载由齿板通过中间横梁传递给连杆，进而由连杆传递给桥台或者桥墩上的垂直支座，图 B-37 示出了其构造细节。齿板固定在端横梁上，在中间横梁上的活动支座当装置伸缩时，保证车辆行驶的平稳性。连杆构件采用铰接，3 个横梁保持等间距，由横梁将力传递给支座。垂直支座沿顺桥向成为可以转动、移动的构造，仅承受垂直力。万能接缝件，是各方向自由转动仅承受水平反力的支座，由于联结于桥台或桥梁上，使其机能得到充分发挥。这种伸缩

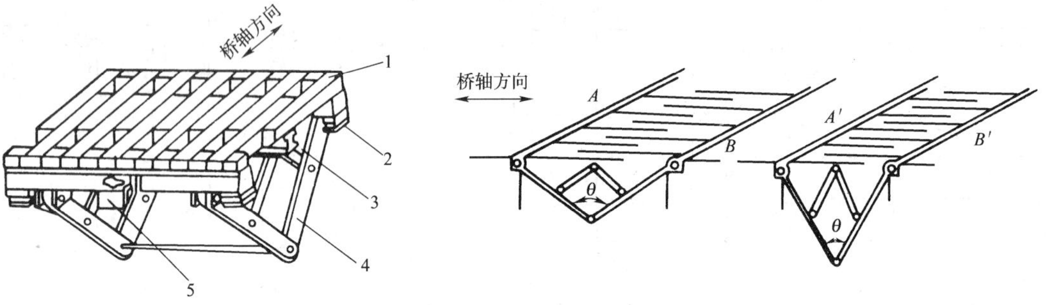

a) b)

图 B-36 连杆式伸缩装置

a）装置构造；b）桥轴方向的变位

1-齿板；2-垂直支座；3-中横梁；4-连杆；5-万能接缝件

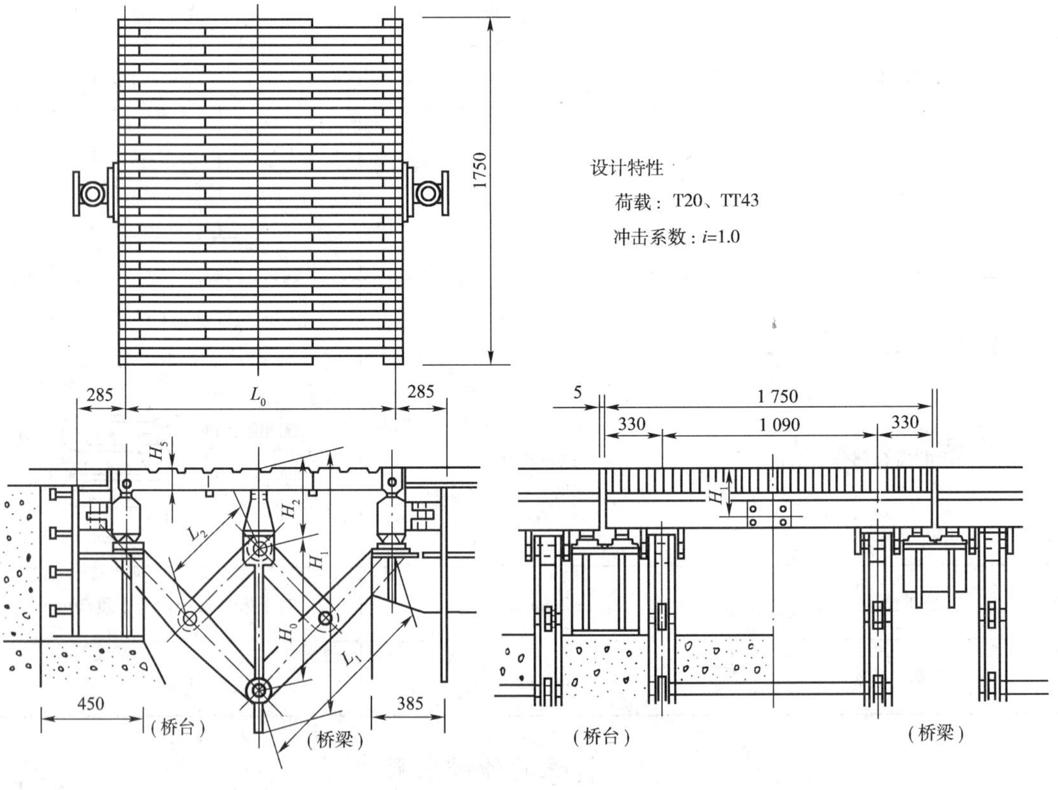

图 B-37 连杆式伸缩装置构造（尺寸单位：mm）

装置已被使用在本州四国联络桥上，即使伸缩量超过 2 000mm 时，也照样适用。

2. ST 伸缩装置

这类伸缩装置，是用在多跨连续梁上的大伸缩量近期开发的伸缩装置。是采用设置特殊桥面板块件把顺桥方向伸缩转换成与桥轴倾斜方向伸缩方式的构造。具有不管任何伸缩量，顺桥向桥面板间隙不变的结构特点。图 B-38 为 9 跨连续预应力向梁桥，P_1 桥墩上的桥面板为具有 ST 装置功能部分。其伸缩的结构原理如图 B-39 所示，即连接预应力连续梁的梁端 D，构成 C 那样独立块件，根据温度变化等，若梁端 D 伸缩，则 C 像(b)(c)那样的移动，这时行车道宽度如能够保证图中虚线宽度，则取决于块件 C 的宽度。图 B-40 为伸缩机构的概念图，若在连续梁 D 上安装活动顶推杆，则以桥墩上设置的固定铰为中心作杠杆转动，杠杆因与钢梁连接，所以钢梁在支座上滑动，其结果，在钢梁上浇筑的桥面板混凝土和铺装在斜方向移动。这种伸缩装置，具有构造规模大，初期建设费用高的缺点。今后，作为伸缩装置的一个方向，具有很深的意义。

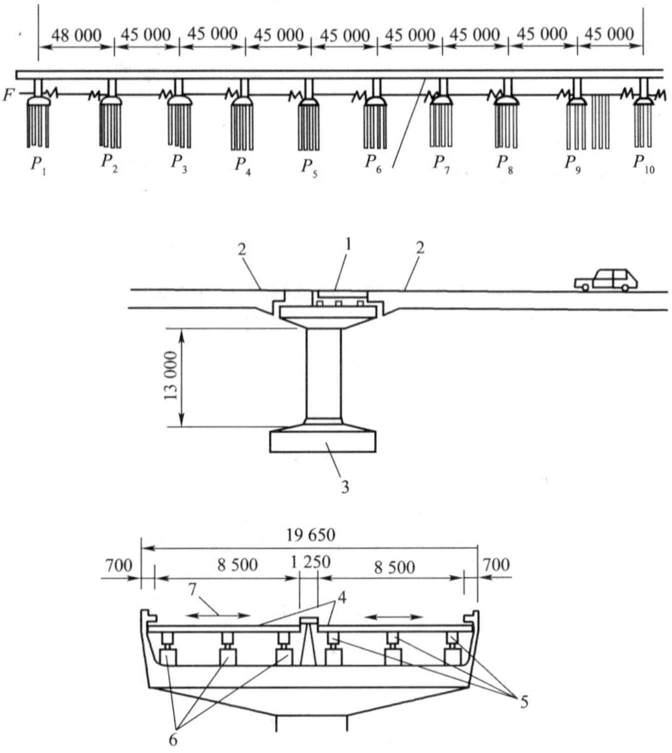

图 B-38　ST 伸缩装置(尺寸单位：mm)

1-ST 接缝；2-钢筒支梁；3-P_1 桥墩；4-特殊桥面板；5-钢制梁；6-支座；7-桥面板块件移动方向

五、向无接缝化的探讨

近年来，在城市内高速公路所用的伸缩装置，从振动噪声方面考虑，认为存在不少问题，作为根本的解决措施，应把原有的伸缩装置那种东西丢失，在阪神加快了进行所谓无接缝化的研究。这种工法，使已有桥面板间隙的桥面板和铺装连续，主梁原封不动。工法是简单的，但在温度变化和地震时，存在桥墩分担反力是变化的。所以，必须对桥墩和基础等的应力进行调查和反力分配的方法进行研究。从现实观点认为作为无接缝化工法的适用条件为：

(1)有直线区间,主梁中心大致在一条直线上。

(2)跨径大致相同的简支梁变成多跨连续。

(3)桥墩和基础形状大致相同。

(4)预应力混凝土梁应是组合梁。

表 B-24 示出了钢简支组合工字梁和预应力简支组合工字梁无接缝化的实例。对本工法今后要研究的事项等也已经包括在内,实际上是非常有意义的工法,希望今后进一步研究。

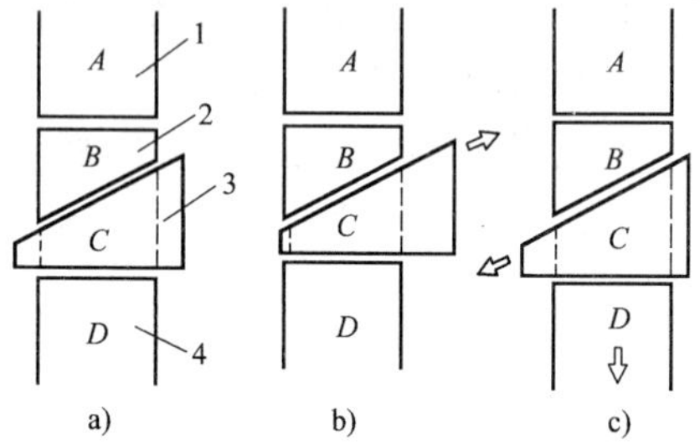

图 B-39　ST 伸缩装置的原理

a)基本;b)温度上升时;c)温度下降时

1-钢简支梁;2-钢筋混凝土桥面板;3-接缝;4-预应力连续梁

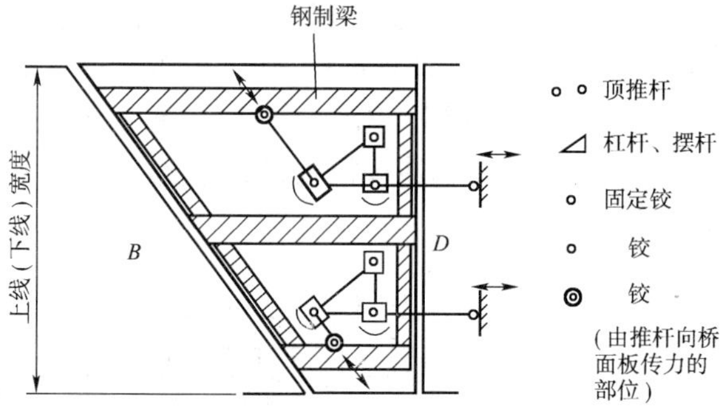

图 B-40　ST 伸缩装置的伸缩机构

钢梁与预应力梁无伸缩缝化工法的对比　　表 B-24

项目 \ 桥种		钢梁的情况	预应力梁的情况
施工桥梁各元素	位置	阪神高速道路森林小道线(森 P24 ~ 森 P27 跨间)	阪神高速道路大阪界线(界 P268 ~ 界 P271 跨间)
	桥长	30 + 33 + 35 = 98m	25 + 25 + 25 = 75m
	跨径划分	0.35 + 29.3 + 0.7 + 32.3 + 0.7 + 34.3 + 0.35 = 98m	0.35 + 24.3 + 0.7 + 24.3 + 0.7 + 24.3 + 0.35 = 75m
	总宽度	17.6m(上、下各 1 车道)	17.6m(上、下各 2 车道)
	上部结构形式	简支叠合钢板梁	后张简支组合梁
	梁高、梁间隔	h_w = 2.0m5@3.08m(6 根主梁)	h = 1.4m(全高@)2.12m(8 根主梁)
	支座	固定:铰支座,活动:滚筒支座	固定:钢板盆 t = 12mm,活动:板盆 t = 40mm
	桥面板	钢筋混凝土桥面板(17cm 厚,端部 23 ~ 29cm 厚)	钢筋混凝土桥面板(17cm 厚主梁上 10cm 厚)
	伸缩装置	钢制梳形板	橡胶伸缩装置(下引线:橡胶隔缝,上引线:隔离接缝)
	下部结构形式	钢筋混凝土门型刚构(H≈15m)	T 型单柱桥墩(梁:预应力混凝土,柱:钢筋混凝土,H = 12.3m)
	基础形式	气压沉箱(ϕ6m,l = 16m)	灌注混凝土桩(ϕ1m,l = 25m,n = 9 根)
	基础地基	4 类地基	3 类地基

项目 \ 桥种		钢梁的情况	预应力梁的情况
连接方法	概要	主梁翼缘和端横梁上翼缘间用连接板连结，在其上面将桥面板、铺装连续化；这时，在主梁上翼缘连接板和桥面板之间设置泡沫塑料隔离层	仅桥面板连接，桥面连续，主梁和端横梁连接，在桥面板之间设置泡沫塑料隔离层
连接方式	概略图	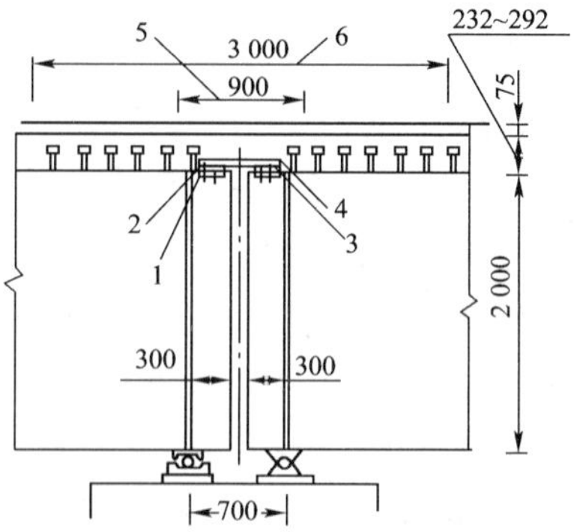 尺寸单位：mm 1-加强钢板（$t=10$mm）；2-填板（$t=8$mm～42mm）；3-连接板（$t=14$mm）；4-泡沫塑料（$t=25$mm）；5-桥面板打毛宽度；6-铺装打毛宽度	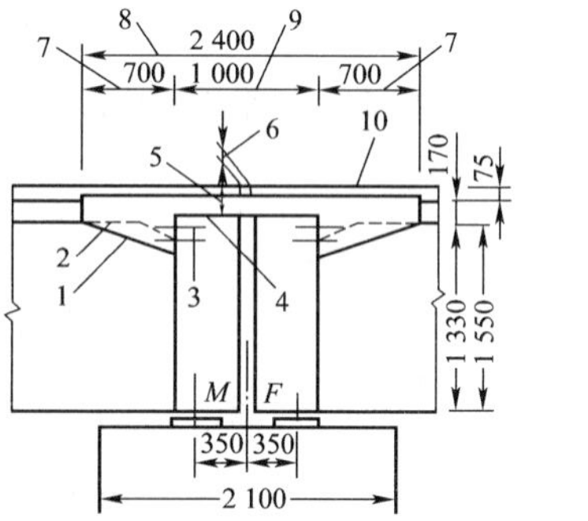 尺寸单位：mm 1-扩宽；2-原桥承托；3-环氧树脂锚固（ϕ16mm）；4-分离层 2cm（泡沫塑料 10mm＋抹平砂浆 10mm）；5-桥面板厚度（14cm）；6-铺装（5cm）；7-锚固长度；8-打毛长度；9-桥面板跨径（$L=100$mm）；10-沥青铺装
支承条件的变更和反力的分散方式		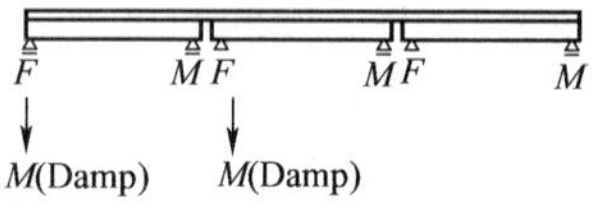 固定支座改成活动化，反力的分散方式采用黏性剪切型的缓冲器	 使用现存桥梁支座，反力分散采用柔性墩方式
连接部位各元素	连接部位，桥面板间距和桥面板厚度	$l=0.7$m，$t=23\sim29$cm	$l=1.0$m，$t=14$cm
	设计梁端转角和温度变化量	$\theta=1.771$rad，$\Delta T=\pm30$℃	$\theta=1.202$rad，$\Delta T=\pm15$℃
	桥面板打毛宽度	$b=0.9$m	$b=2.4$m
	钢筋布置	D13-110～147（中心间距）3 层	D22-100（中心间距）2 层
	钢筋的锚固方式	与原设置主筋搭接	确保锚固长度（新旧桥面板浇筑缝处与原设置主筋搭接）
	钢筋的种类	涂环氧树脂钢筋	涂环氧树脂钢筋
	混凝土的种类	喷射混凝土	喷射混凝土
	连接工程所需的天数	约 12d（昼夜施工）	约 8d（钢筋工程昼夜施工）

附录 C 《JTG D62—2004 规范》混凝土收缩应变和徐变系数的计算

C.1 收缩应变

C.1.1 混凝土的收缩应变可按下列公式计算：

$$\varepsilon_{cs}(t,t_s)=\varepsilon_{cso}\cdot\beta_s(t-t_s) \quad (C.1.1\text{-}1)$$

$$\varepsilon_{cso}=\varepsilon_s(f_{cm})\cdot\beta_{RH} \quad (C.1.1\text{-}2)$$

$$\varepsilon_s(f_{cm})=[160+10\beta_{sc}(9-f_{cm}/f_{cmo})]\cdot10^{-6} \quad (C.1.1\text{-}3)$$

$$\beta_{RH}=1.55[1-(RH/RH_0)^3] \quad (C.1.1\text{-}4)$$

$$\beta_s(t-t_s)=\left[\frac{(t-t_s)/t_1}{350(h/h_0)^2+(t-t_s)/t_1}\right]^{0.5} \quad (C.1.1\text{-}5)$$

式中：t——计算考虑时刻的混凝土龄期(d)；

t_s——收缩开始时的混凝土龄期(d)，可假定 3～7d；

$\varepsilon_{cs}(t,t_s)$——收缩开始时的龄期 t_s，计算考虑的龄期 t 时的收缩应变；

ε_{cso}——名义收缩系数；

β_s——收缩随时间发展的系数；

f_{cm}——强度等级 C20～C50 混凝土在 28d 龄期时的平均立方体抗压强度(MPa)，$f_{cm}=0.8f_{cu,k}+8\text{MPa}$；

$f_{cu,k}$——龄期为 28d，具有 95% 保证率的混凝土立方体抗压强度标准值(MPa)；

β_{RH}——与年平均相对湿度相关的系数，公式(C.1.1-4)适用于 $40\%\leqslant RH<90\%$；

RH——环境年平均相对湿度(%)；

β_{sc}——依水泥种类而定的系数，对一般的硅酸盐类水泥或快硬水泥，$\beta_{sc}=5.0$；

h——构件理论厚度(mm)，$h=2A/u$，A 为构件截面面积，u 为构件与大气接触的周边长度；$RH_0=100\%$；$h_0=100\text{mm}$；$t_1=1\text{d}$；$f_{cmo}=10\text{MPa}$。

C.1.2 强度等级 C20～C50 混凝土的名义收缩系数 ε_{cso}，可按由公式(C.1.1-2)算得的表 C-1 所列数值采用。

凝土名义收缩系数 $\varepsilon_{cso}\cdot10^3$ 表 C-1

$40\%\leqslant RH<70\%$	$70\%\leqslant RH<99\%$
0.529	0.310

注：①本表适用于一般硅酸盐类水泥或快硬水泥配制而成的混凝土；

②本表适用于季节性变化的平均温度-20℃～+40℃；

③本表数值系按 C40 混凝土计算所得，对强度等级为 C50 及以上混凝土，表列数值应乘以$\sqrt{\frac{32.4}{f_{ck}}}$，式中 f_{ck} 为混凝土轴心抗压强度标准值(MPa)；

④计算时，表中年平均相对湿度 $40\%\leqslant RH<70\%$，取 $RH=55\%$；$70\%\leqslant RH<99\%$，取 $RH=80\%$。

C.1.3　在桥梁设计中当需要考虑收缩影响或计算阶段预应力损失时，混凝土收缩应变值可按下列步骤计算：

1. 按公式(C.1.1-5)计算从 t_s 到 t、t_s 到 t_0 的收缩应变发展系数 $\beta_s(t-t_s)$、$\beta_s(t_0-t_s)$，当计算 $\beta_s(t_0-t_s)$ 时，公式中的 t 均改用 t_0。其中 t 为计算收缩应变考虑时刻的混凝土龄期(d)，t_0 为桥梁结构开始受收缩影响时刻或预应力钢筋传力锚固时刻的混凝土龄期(d)，t_s 为收缩开始时(养护结束时)的混凝土龄期，设计时可取 3～7d，$t>t_0\geqslant t_s$。

2. t_0 至 t 时的收缩应变值 $\varepsilon_{cs}(t,t_0)$ 按下列公式计算：

$$\varepsilon_{cs}(t,t_0)=\varepsilon_{cso}[\beta_s(t-t_s)-\beta_s(t_0-t_s)] \tag{C.1.1-6}$$

式中，名义收缩系数 ε_{cs} 按表 C-1 采用。

C.2　徐 变 系 数

C.2.1　混凝土的徐变系数可按下列公式计算：

$$\phi(t,t_0)=\phi_0\cdot\beta_c(t-t_0) \tag{C.2.1-1}$$

$$\phi_0=\phi_{RH}\cdot\beta(f_{cm})\cdot\beta(t_0) \tag{C.2.1-2}$$

$$\phi_{RH}=1+\frac{1-RH/RH_0}{0.46(h/h_0)^{\frac{1}{3}}} \tag{C.2.1-3}$$

$$\beta(f_{cm})=\frac{5.3}{(f_{cm}/f_{cmo})^{0.5}} \tag{C.2.1-4}$$

$$\beta(t_0)=\frac{1}{0.1+(t_0/t_1)^{0.2}} \tag{C.2.1-5}$$

$$\beta_c(t-t_0)=\left[\frac{(t-t_0)/t_1}{\beta_H+(t-t_0)/t_1}\right] \tag{C.2.1-6}$$

$$\beta_H=150\left[1+\left(1.2\frac{RH}{RH_0}\right)^{18}\right]\frac{h}{h_0}+250\leqslant 1\ 500 \tag{C.2.1-7}$$

式中：　t_0——加载时的混凝土龄期(d)；

t——计算考虑时刻的混凝土龄期(d)；

$\phi(t,t_0)$——加载龄期 t_0，计算考虑龄期为 t 时的混凝土徐变系数；

ϕ_0——名义徐变系数；

β_c——加载后徐变随时间发展的系数。

其中，f_{cm}、f_{cm0}、RH、RH_0、h、h_0、t_1 的意义同前。

C.2.2　强度等级 C20～C50 混凝土的名义徐变系数 ϕ_0，可按由公式(C.2.1-2)算得的表 C-2值采用。

混凝土名义除变系数 ϕ_0　　表 C-2

加载龄期(d)	40% ≤ RH < 70%				70% ≤ RH < 99%			
	理论厚度 h(mm)				理论厚度 h(mm)			
	100	200	300	≥600	100	200	300	≥600
3	3.90	3.50	3.31	3.03	2.83	2.65	2.56	2.44
7	3.33	3.00	2.82	2.59	2.41	2.26	2.19	2.08
14	2.92	2.62	2.48	2.27	2.12	1.99	1.92	1.83

加载龄期(d)	40% ≤ RH < 70%				70% ≤ RH < 99%			
	理论厚度 h(mm)				理论厚度 h(mm)			
	100	200	300	≥600	100	200	300	≥600
28	2.56	2.30	2.17	1.99	1.86	1.74	1.69	1.60
60	2.21	1.99	1.88	1.72	1.61	1.51	1.46	1.39
90	2.05	1.84	1.17	1.59	1.49	1.39	1.35	1.28

注:①本表适用于一般硅酸盐类水泥或快硬水泥配制而成的混凝土;

②本表适用于季节性变化的平均温度 -20℃ ~ +40℃;

③本表数值系按 C40 混凝土计算所得,对强度等级为 C50 及以上混凝土,表列数值应乘以$\sqrt{\frac{32.4}{f_{ck}}}$,式中$f_{ck}$为混凝土轴心抗压强度标准值(MPa);

④计算时,表中年平均相对湿度 40% ≤ RH < 70%,取 RH = 55%;70% ≤ RH < 99%,取 RH = 80%;

⑤构件的实际理论厚度和加载龄期为表列中间值,混凝土名义徐变系数可按直线内插法求得。

C.2.3 在桥梁设计中需考虑徐变影响或计算阶段预应力损失时,混凝土的徐变系数值可按下列步骤计算:

1. 按公式(C.2.1-7)计算 β_H,计算时公式中的年平均相对湿度 RH。当在 0% ≤ RH < 70%,取 RH = 55%;当在 70% ≤ RH < 99%,取 RH = 80%。

2. 根据计算徐变所考虑的龄期 t、加载龄期 t_0 及已得的 β_H,按公式(C.2.1-6)计算徐变发展系数 $\beta_c(t-t_0)$。

3. 根据 $\beta_c(t-t_0)$ 和表 C-2 所列名义徐变系数(必要时用内插求得),按公式(C.2.1-1)计算徐变系数 $\phi(t,t_0)$。

注:当实际加载龄期超过表 C-2 给出的 90d 时,其混凝土名义徐变系数可按 $\phi'_0 = \phi_0 \cdot \beta(t'_0)/\beta(t_0)$ 求得,式中 ϕ_0 为表 C-2 所列名义系数,$\beta(t'_0)$ 和 $\beta(t_0)$ 按公式(C.2.1-5)计算,其中 t_0 为表列加载龄期,t'_0 为 90d 以外计算所需的加载龄期。

附录 D　GQF 系列伸缩装置设计图

为了便于设计人员对模数式伸缩装置的设置有关要求进一步的了解和应用，特将 GQF 系列伸缩装置设计图收编为本书附录 D。

一、说　　明

GQF－C 型和 GQF－MZL 型伸缩装置是桥梁工程专家总结了国内外伸缩装置的优缺点后研制开发生产的新型系列桥梁伸缩装置。该系列伸缩装置是采用国产热轧整体成型或挤压整体成型异型钢材的桥梁伸缩装置。GQF－C 型伸缩装置适用于伸缩量 80mm 以下的单缝；GQF－MZL型伸缩装置，是由边梁、中梁、横梁、联动机构和密封橡胶带等部件组成的模数式系列桥梁伸缩装置，适用于伸缩量 80mm 的单缝和 160～1 200mm 及以上的大位移量伸缩装置。经进行各种技术性能对比，均达到和超过了（JT/T327—2004）行业标准要求，是一种适合各种桥型结构和跨径要求的理想伸缩装置。

二、伸缩装置代号表示方法及意义

□ □ □

橡胶组件分类：氯丁橡胶（CR）、天然橡胶（NR）、三元乙丙橡胶（EPDM）

伸缩量范围：20 ～ 1200mm

产品名称代号：GQF-C、GQF-MZL

示例 1：产品名称代号为 GQF－C 型，伸缩量为 60mm 的三元乙丙橡胶伸缩装置表示为：GQF－C60（EPDM）。

示例 2：产品名称代号为 GQF－MZL 型，伸缩量为 480mm 的天然橡胶伸缩装置表示为：GQF－MZL480（NR）。

示例 3：产品名称代号为 GQF－MZL 型，伸缩量为 720mm 的氯丁橡胶伸缩装置表示为：GQF－MZL720（CR）。

三、胶料适用范围

（1）采用氯丁胶（CR）密封橡胶带组件的伸缩装置适用于温度为－25℃～60℃地区。

（2）采用天然胶（NR）密封橡胶带组件的伸缩装置适用于温度为－40℃～60℃地区。

（3）采用三元乙丙橡胶密封橡胶带组件的伸缩装置适用于温度为－40℃～60℃地区。

四、设计技术条件

1. 伸缩范围指标

GQF－C 型伸缩量为 20mm、40mm、60mm 三级，更换旧桥伸缩装置时可用到 80mm。

GQF－MZL 型伸缩量为 80～1 200mm 共 15 级，大于 1 200mm 伸缩量的可单独设计。

2. 设计荷载

应采用《公路工程技术标准》（JTG B01—2003）规定的汽车荷载等级中的公路－I 级进行设计验算。

3. 计算与验算

（1）根据《公路桥涵设计通用规范》（JTG D60—2004）规定，汽车荷载计入 1.3 冲击系数考虑与制动力组合，对结构主要构件，中梁、横梁、联动机构参照《公路桥涵钢结构及木结构设计规范》（JTJ 025—1986）要求进行应力、变形计算与验算。

（2）根据《公路桥梁板式橡胶支座》（JT/T 4—2004）的要求对结构中使用滑动承压支座和压紧支座等进行有关内容计算与验算。

4. 材料

（1）本装置使用异型钢材为 Q345 结构用钢，其抗拉强度应不低于 480MPa；容许弯曲应力为 210MPa。

（2）装置结构中的支承横梁使用钢材为 Q345 结构用钢，其容许弯曲应力为 210MPa。

（3）其余配件钢材可使用不低于 Q235 强度钢材。

（4）结构中使用滑动承压和压紧支座所用胶料必须满足《公路桥梁板式橡胶支座》（JT/T 4—2004）规定要求。密封橡胶所用胶料，必须满足交通行业标准《公路桥梁橡胶伸缩装置》（JT/T 327—2004）的规定要求。

（5）结构构件使用的黏结剂、聚四氟乙烯板材、不锈钢板、硅脂油等必须满足交通行业标准《公路桥梁板式橡胶支座》（JT/T 4—2004）的规定要求。

五、结构特点

GQF－MZL 型伸缩装置突出特点是，将其承重结构和位移控制系统分开，二者受力时互不干扰，分工明确，这样既保证受力安全，又保证其伸缩位移均匀自如，摩阻力小。同时改变了通常采用的每根中梁分别支承在两个横梁上的传统作法，使所有中梁在一个位移控制箱内均支承在同一根横梁上，减少了横梁根数，使位移控制箱体积减小到最小范围，配件标准化程度高，节约钢材，便于组装。该伸缩装置连动机构等各连接处均采用既能转动又能滑动的结构形式，对弯、坡、斜、宽桥适应能力较强，可满足各种桥梁结构的使用要求。

GQF－C 型伸缩装置的特点是，使用的异型钢材高度仅 50mm，建筑高度低，结构简单，安装方便，具有明显的安全性，舒适性和耐久性。适用于桥面铺装层厚度等于或大于 80mm、伸缩量小于或等于 60mm 的各种桥梁需要。当更换旧桥伸缩装置时，可用到 80mm 伸缩量。

六、伸缩装置的选择和伸缩量计算

1. 伸缩装置结构形式选择

伸缩装置结构形式的选择非常重要，必须根据安装伸缩装置的道路性质、桥梁类型、需要的伸缩量为依据，综合考虑道路、桥梁和伸缩装置整体的耐久性、平整性、排水性和防水性，施工安装方便，维修管理容易，再考虑经济性后，恰当选择伸缩装置形式和型号，是保证伸缩量尽可能延长使用寿命基本条件。

伸缩装置在桥梁结构中所处的位置是结构中最易于损坏的桥面板的部位上，它直接承受车辆荷载作用和直接受到大气、磨耗、油污、雨水泥沙等环境污染，它的机能好坏又直接影响了行车效果，因此，设计人员如何选择性能良好的伸缩装置是极其重要的问题，尤其对弯、坡、斜、宽桥梁更为突出，因此必须选择能够保证具有满足纵向、横向、竖向一定错位的结构形式，并在有错位情况下摩阻力要小，又能保证伸缩自由，位移均匀，但以前很多种伸缩装置，横向位移等性能有限，有些根本不具备这些性能。而 GQF - MZL 型伸缩装置进行了伸缩量 320mm，由 2 个边梁，3 个中梁，3 个横梁，4 条密封橡胶带组成的 6m 长试验段试验，证明了技术性能全面达到了（JT/T 327—2004）标准要求。

试验内容包括：

（1）最大荷载时，中梁、横梁截面应力和垂直变形试验。

（2）拉伸、压缩时伸缩装置摩阻力、变位均匀性试验。

（3）伸缩装置纵向、横向和竖向相对错位试验。

（4）最大水平制动力时，中梁变位、连动机构应力试验。

（5）伸缩装置动力特性试验。

（6）密封橡胶带防水性能与异型钢材连接牢固性试验。

（7）各部件更换、安装方便性试验。

试验测试结果证明该伸缩装置适应性强，性能优于其他型伸缩装置。

对 GQF - MZL 型伸缩装置试验是目前我国伸缩装置中性能试验最全面、规模最大试验之一，试验在专门试验台架上进行。今后凡生产 GQF - MZL 型伸缩装置的工厂，都应具备专门试验台，只要用户提出要求，均可在试验台上进行拉伸、压缩性能试验，以检测产品摩阻力大小和变位均匀性。若用户提供检测费用，可进行其余全部项目的性能试验。

2. 伸缩量计算

选择伸缩量范围时，应考虑下列因素：

（1）温度变化影响。

（2）混凝土桥梁的干燥收缩和徐变影响。

（3）由于恒、活载产生的梁端转动位移影响。

（4）由于制动力引起的支座位移影响。

（5）由于纵坡大而引起的桥梁活动端垂直变位影响。

（6）斜桥和弯桥的接缝方向的变位影响。

（7）其他可能出现因素影响，如伸缩装置安装施工误差、加工产生的误差、安装后的预加应力及预应力损失等影响。

上述各种因素影响，要想都准确计算出伸缩量，目前还是比较困难的事情，所以，设计中应留有足够的富余量是比较合理的。

伸缩装置伸缩量计算值确定后，直接影响对伸缩装置尺寸选择，若伸缩装置尺寸选择不合理，又直接影响伸缩装置使用效果，同时选择伸缩装置尺寸时还应考虑梁、板间伸缩缝间隙量大小，以保证伸缩装置与梁、板两端有充分锚固，才能达到最佳使用效果。所以，在计算确定伸缩装置的伸缩量时，一定要留有足够余量，才能保证伸缩装置使用效果和耐久性。

七、提供工厂加工的设计文件资料

工程技术人员在选择了 GQF - MZL 型、GQF - C 型伸缩装置后，为了便于工厂加工制造，必须向加工厂提供下列设计文件资料：

（1）桥梁的横断面图，包括横坡、人行道、安全带、栏杆的位置尺寸等详细设计资料；

(2)伸缩装置的施工安装时间及安装时温度和变化幅度；

(3)用户有特殊要求时应明确注明；

(4)若用户提供下表(表D-1)参数时，工厂可为用户选择最佳伸缩装置型号，并计算安装压缩值后定位出厂，保证桥梁工程达到最满意使用效果。

这样便于工厂按用户要求加工制造、组装定位出厂，避免不必要的返工，达到优质服务。如不提供安装温度则工厂一律按横向最大缝宽一半压缩定位出厂。

选择伸缩装置时参数 (表D-1)

<table>
<tr><th colspan="2">桥梁结构形式
提供选型资料</th><th>连续梁</th><th>简支梁</th><th>桥面连续结构</th><th>连续刚构</th><th>其他形式结构</th><th>附　注</th></tr>
<tr><td colspan="2">伸缩梁长或桥面连续长度(m)</td><td></td><td></td><td></td><td></td><td></td><td></td></tr>
<tr><td colspan="2">当地平均最高气温(℃)</td><td></td><td></td><td></td><td></td><td></td><td>一般为7～8月份温度</td></tr>
<tr><td colspan="2">当地平均最低气温(℃)</td><td></td><td></td><td></td><td></td><td></td><td>一般为1月份温度</td></tr>
<tr><td colspan="2">安装温度或希望安装时温度变化范围(℃)</td><td></td><td></td><td></td><td></td><td></td><td>变化范围可取5～10℃</td></tr>
<tr><td rowspan="10">以安装温度及安装时混凝土龄期为准计算出的结果(mm)</td><td>由于混凝土收缩引起梁缩短量</td><td></td><td></td><td></td><td></td><td></td><td rowspan="4"></td></tr>
<tr><td>由于混凝土徐变引起梁缩短量</td><td></td><td></td><td></td><td></td><td></td></tr>
<tr><td>由于制动力作用引起梁缩短量</td><td></td><td></td><td></td><td></td><td></td></tr>
<tr><td>部结构挠度引起梁缩短量</td><td></td><td></td><td></td><td></td><td></td></tr>
<tr><td>由安装温度降到最低温度时引起梁的缩短量</td><td></td><td></td><td></td><td></td><td></td><td>若取温度变化范围则应取范围最高温度降到最低温度</td></tr>
<tr><td>其他因素引起梁的缩短量</td><td></td><td></td><td></td><td></td><td></td><td></td></tr>
<tr><td>由于制动力作用引起梁伸长量</td><td></td><td></td><td></td><td></td><td></td><td rowspan="2"></td></tr>
<tr><td>上部结构挠度引起梁伸长量</td><td></td><td></td><td></td><td></td><td></td></tr>
<tr><td>由安装温度升到最高温度引起梁伸长量</td><td></td><td></td><td></td><td></td><td></td><td>若取温度变化范围则应取范围最低温度升到最高温度</td></tr>
<tr><td>其他因素引起梁的伸长量</td><td></td><td></td><td></td><td></td><td></td><td>如纵坡、预应力损失等</td></tr>
<tr><td colspan="2">混凝土的膨胀系数 α</td><td></td><td></td><td></td><td></td><td></td><td rowspan="6"></td></tr>
<tr><td colspan="2">混凝土徐变系数 ϕ_∞</td><td></td><td></td><td></td><td></td><td></td></tr>
<tr><td colspan="2">收缩折减系数 β</td><td></td><td></td><td></td><td></td><td></td></tr>
<tr><td colspan="2">预应力产生的平均应力 σ</td><td></td><td></td><td></td><td></td><td></td></tr>
<tr><td colspan="2">混凝土弹性模量 E_c</td><td></td><td></td><td></td><td></td><td></td></tr>
<tr><td colspan="2">其他</td><td></td><td></td><td></td><td></td><td></td></tr>
</table>

八、加工与施工安装

1. GQF－C型、GQF－MZL型伸缩装置加工生产 GQF－C 型、GQF－MZL 型伸缩装置的工厂，必须按照用户提供的桥梁横断面图纸要求进行加工制造。其分类、结构、规格系列、技术要求、试验方法、检测规则、标志、包装、储存、运输等，均应按照中华人民共和国交通行业标准《公路桥梁伸缩装置》（JT/T 327—2004）的规定执行。

为了保证产品质量，生产厂家必须备有专用成品力学性能试验台和试验设备。产品出厂前应进行 JT/T327 行业标准规定项目的检测，必要时并向用户提供检测报告。如用户要求并提供方便的情况下应到现场指导施工安装。

2. 施工安装

同样优良伸缩装置产品，不同的施工安装质量，使用效果和耐久性会有明显差别。说明伸缩装置的施工安装质量是保证伸缩装置使用效果好坏的一个关键环节。为此，对 GQF－C 型、GQF－MZL 型伸缩装置现场施工安装提出如下要求：

（1）施工单位一定要按照设计图纸提供的尺寸，在梁（板）端与梁（板）端，梁（板）端与桥台处预留安装伸缩装置的预留槽口，并按照图纸要求预埋好锚固钢筋，锚固钢筋应与梁端或桥台有可靠的锚联，如主筋需焊接时，应满足《公路桥涵施工技术规范》（JTJ 041）的有关规定。

（2）工厂组装好的 GQF－C 型、GQF－MZL 型伸缩装置一般应由工厂用专车运往工地。伸缩装置在运输工程中，如因受运输长度限制，或因其他原因需要在工地拼接时，应由生产厂指导下施工。当伸缩装置需在工地存放时，应垫离地面至少 30cm，并且不得露天存放。

（3）伸缩装置上桥之前，必须首先检查施工完成后的主梁（或板）两端缝间隙量与设计值是否一致，预埋的锚固钢筋或构件位置是否准确，若不符合设计要求，就要考虑原来选择的伸缩装置型号是否适合，如不满足要求，并保证不了可靠锚固时，则必须考虑修正伸缩缝间隙的尺寸或更换伸缩装置型号等必要措施，决不能凑合了事。

（4）GQF－C 型、GQF－MZL 型伸缩装置在上桥之前，必须按安装时的实际温度（当与原提供给工厂的安装温度有出入时）调整组装定位值，并由施工安装负责人检查签字后方可用专用卡具将其固定。

（5）伸缩装置吊装就位前，应将预留槽口内混凝土打毛，清扫干净。GQF－C 型、GQF－MZL 型伸缩装置出厂时，装吊点已用明显颜色标明，工地吊装时必须按照吊点的位置起吊，必要时可再作适当的加强措施，以确保安全可靠。安装时伸缩装置的中心线与桥梁中心线应相重合，最大偏差不得超过 10mm，伸缩装置顺桥向的宽度 a 值应对称放在伸缩缝间隙上，并使其顶面标高与设计标高吻合后垫平，然后随即穿放横向的连接水平钢筋，将伸缩装置上的锚固钢筋与梁（或板）上两侧的预埋钢筋最好同时焊牢，如有困难，可先将一侧焊牢，待达到已确定的安装温度时，再将另一侧的锚固钢筋全部焊牢，并放松所有卡具，使其自由伸缩。此时伸缩装置已产生效用。

（6）完成上述工序后，安装必要模板，按照设计图纸要求，在预留槽内浇筑大于 C40 的环氧树脂混凝土或其他特殊混凝土。浇筑混凝土时，应将混凝土振捣密实，并采取必要的措施防止混凝土渗入伸缩装置位移控制箱内，同时不允许将混凝土溅填在密封橡胶带缝中及表面上，如果发生此现象应立即清除，然后进行很好的养护。

（7）桥面防水层和桥面铺装一般是采取整座桥面铺装工程一次完成。所以在桥面铺装前伸缩装置表面应加盖作临时保护，避免撞击或在锚固混凝土未达到设计强度前不应直接承受车辆荷载。桥面铺装完成后，伸缩装置两边的异型钢与桥面铺装之间不应出现脱离开性质的裂缝。

半立面

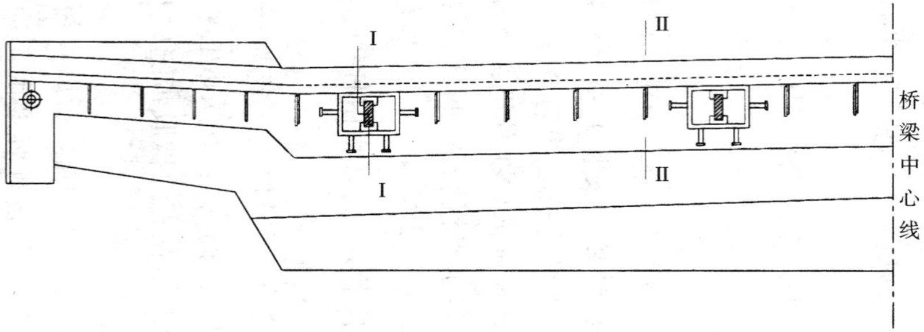

I—I

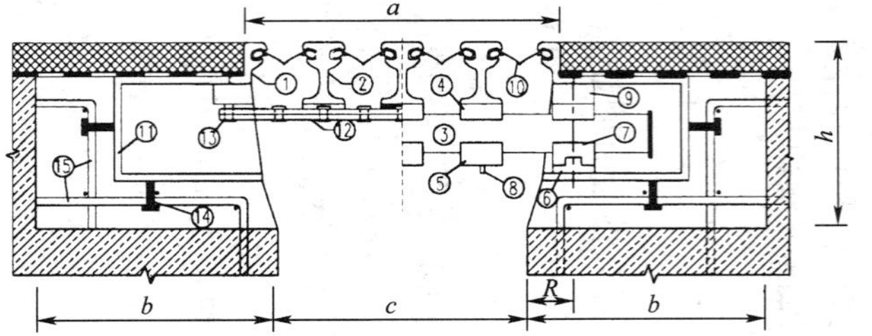

半平面

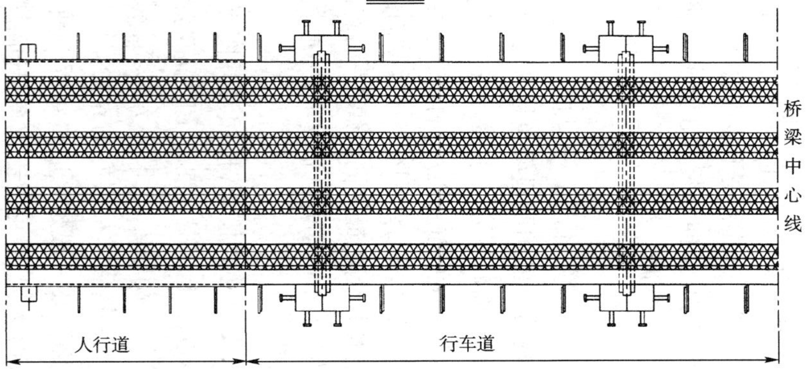

II—II

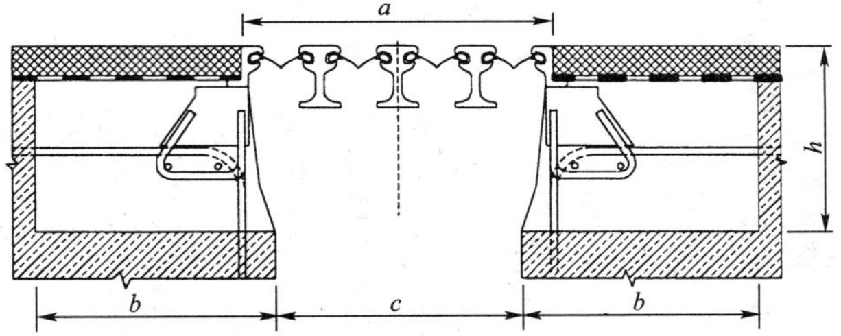

注：1. 本图为构造示意图。

2. 根据实际需要，伸缩装置可两端伸缩，也可一端伸缩，工厂按设计要求加工出厂。

3. 构件编号说明：①边梁；②中梁；③支承横梁；④滑动承压支座；⑤滑动压紧支座；⑥转动支承轴；⑦滑移转动支座；⑧扣架；⑨边梁垫块；⑩密封橡胶带；⑪ 位移控制箱；⑫ 连杆机构；⑬ 位移控制臂；⑭位移控制箱锚固钢筋；⑮板梁端部预埋钢筋。

中交公路规划设计院	GQF-M 型伸缩装置一般构造及构件编号	设计	[signature]	复核	[signature]	审核		日期	2004.06	图号	1

MZL 型、C 型伸缩装置设计参数表

图例	型号	伸缩量 f	支座中心至梁端的距离 R	伸缩装置宽度 a		伸缩缝间隙量 c		预留槽尺寸	
				a_{min}	a_{max}	c_{min}	c_{max}	h	b
	MZL-80	80	—	80	160	50	130	≥250	300
	MZL-160	160	90	160	320	80	240	≥250	340
	MZL-240	240	90	240	480	160	400	400	380
	MZL-320	320	100	320	640	220	540	450	440
	MZL-400	400	100	400	800	300	700	450	500
	MZL-480	480	100	480	960	380	860	450	560
	MZL-560	560	115	560	1120	430	990	450	640
	MZL-640	640	115	640	1280	510	1150	450	700
	MZL-720	720	115	720	1440	590	1310	450	760
	MZL-800	800	140	800	1600	620	1420	500	820
	MZL-880	880	140	880	1760	700	1580	500	880
	MZL-960	960	140	960	1920	780	1740	500	940
	MZL-1040	1040	165	1040	2080	810	1850	500	1000
	MZL-1120	1120	165	1120	2240	890	2010	500	1060
	MZL-1200	1200	165	1200	2400	970	2170	500	1120
	C-20	20	—	80	100	14	34	≥100	≥250
	C-40	40	—	80	120	14	54	≥100	≥250
	C-60	60	—	80	140	14	74	≥150	≥300
	C-80	80	/	80	160	14	94	≥150	≥300

MZL 型示意

半立面

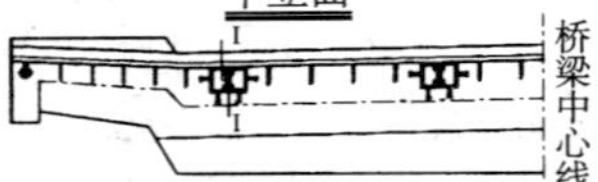

半平面

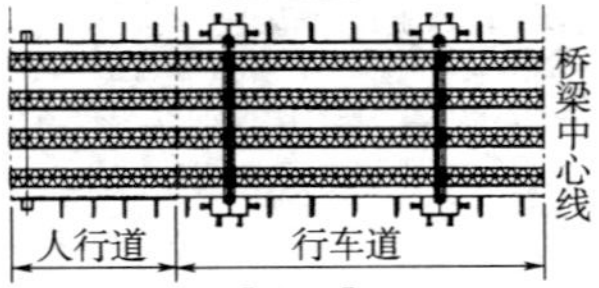

I—I

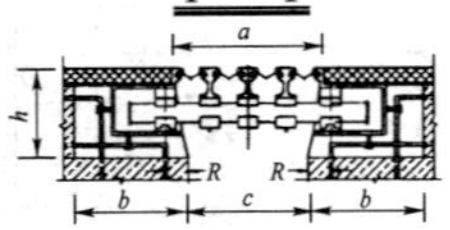

C 型示意

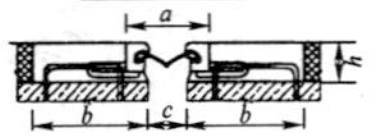

注：
1. 本图尺寸均以毫米为单位；
2. 人行道伸缩装置的预留槽，设计人员可根据具体情况预留，一般深度为 100~170mm，宽度＞250mm；
3. 根据伸缩量大小和中梁悬出长度，决定是否设置托架，若需设置托架时，则其预留槽尺寸如下表：

伸缩量 f	160	240	320	400	480	560	640	720
宽度 b	195	235	275	315	355	395	435	475
深度 h	330	330	330	330	330	330	330	330

伸缩量 f	800	880	960	1040	1120	1200	—	—
宽度 b	515	555	595	635	675	715	—	—
深度 h	330	330	330	330	330	330	—	—

中交公路规划设计院	GQF-MZL、C 型伸缩装置设计参数	设计	郑[illegible]	复核	李[illegible]	审核		日期	2004.06	图号	2

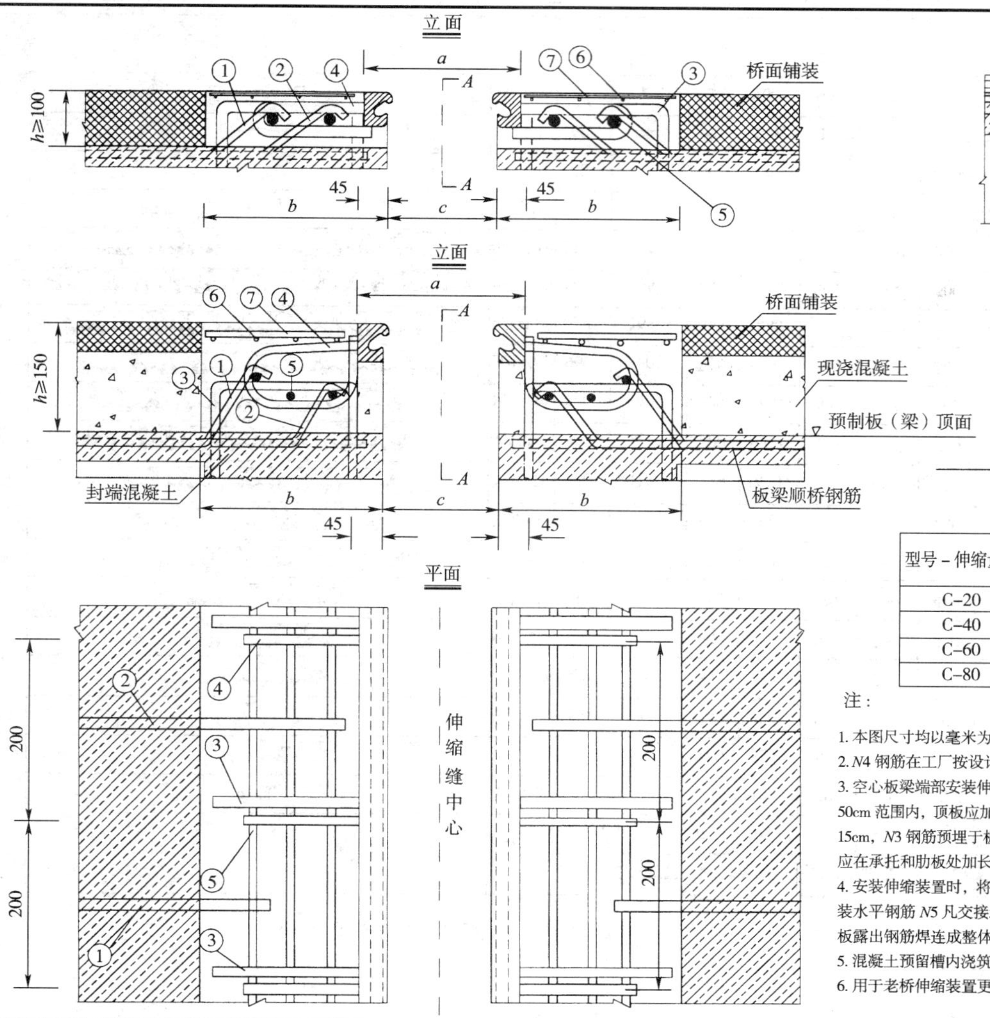

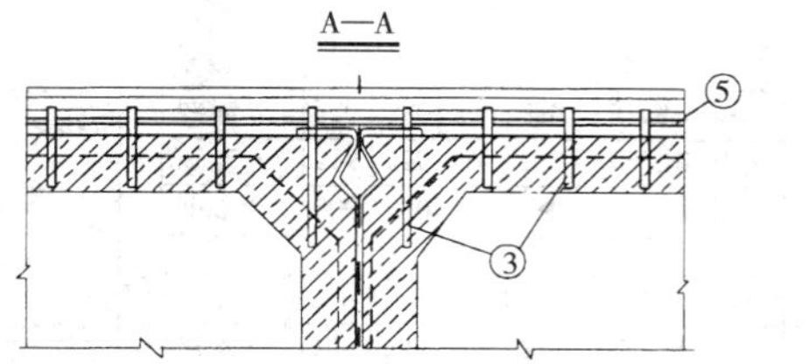

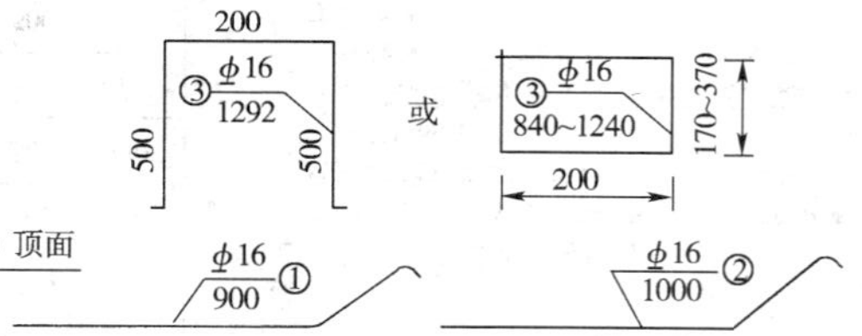

伸缩装置设置参数表

单位：mm

型号－伸缩量	伸缩装置宽度 a		伸缩缝间隙量 c		混凝土预留槽尺寸	
	a_{min}	a_{max}	c_{min}	c_{max}	h	b
C–20	80	100	14	34	≥100	≥250
C–40	80	120	14	54	≥100	≥250
C–60	80	140	14	74	≥150	≥300
C–80	80	160	14	94	≥150	≥300

注：

1. 本图尺寸均以毫米为单位。
2. $N4$ 钢筋在工厂按设计要求与异型钢梁焊接，沿桥宽方向按≤20cm 布置。
3. 空心板梁端部安装伸缩装置处桥面铺装层较薄时，预留槽的深度需要侵占顶板，则板端 50cm 范围内，顶板应加厚，其尺寸不小于 30cm，并应预埋 $N1$、$N2$ 钢筋，交错布置，间距≤15cm，$N3$ 钢筋预埋于板端加厚层和封端混凝土内。若顶板不需加厚时则 $N3$ 钢筋预埋长度应在承托和肋板处加长，现场施工人员自定，但最短埋置深度不得小于 8cm，间距≤20cm。
4. 安装伸缩装置时，将 $N1$、$N2$、$N3$ 预埋钢筋与工厂异型钢梁上锚固钢筋 $N4$，工地现场安装水平钢筋 $N5$ 凡交接地方均应焊牢，并用短钢筋将表层 10cm×10cm ϕ8 的分布钢筋与顶板露出钢筋焊连成整体。防水层由用户自行确定。
5. 混凝土预留槽内浇筑 C40 钢纤维混凝土或环氧树脂混凝土，并振捣密实。
6. 用于老桥伸缩装置更换时，可根据实际情况调整尺寸确保安装牢固。

中交公路规划设计院	GQF–C 型伸缩装置总体构造布置	设计	[signature]	复核	[signature]	审核		日期	2004.06	图号	3

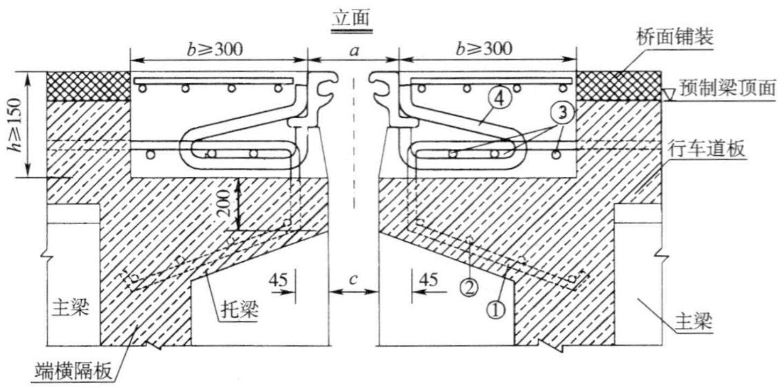

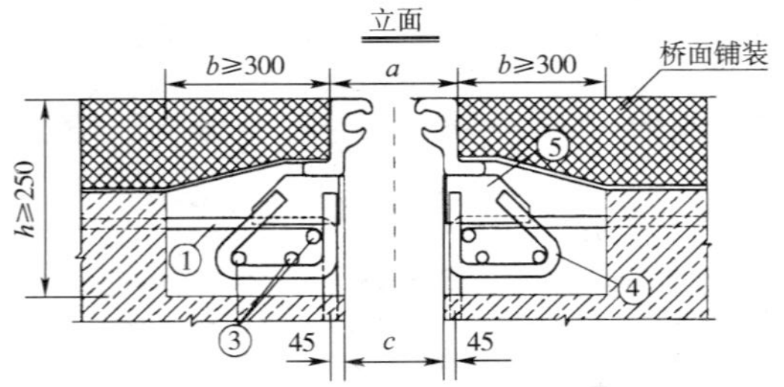

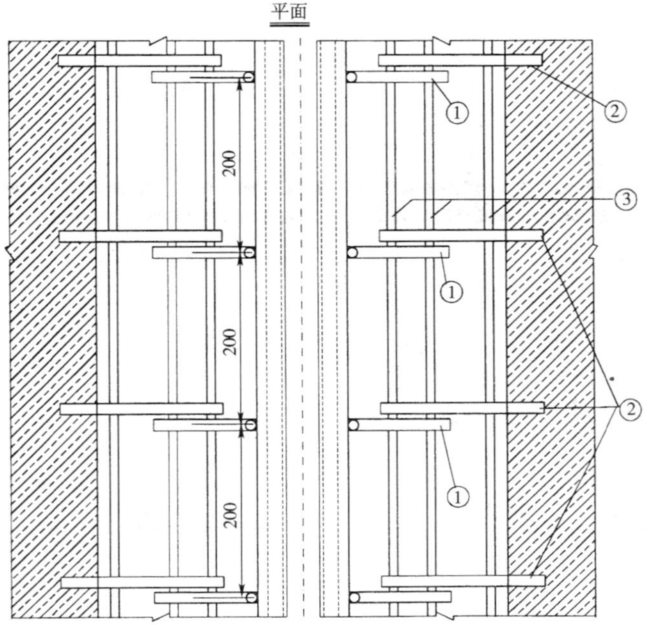

伸缩装置设置参数表

单位：mm

型号－伸缩量	伸缩装置宽度 a		伸缩缝间隙量 c		混凝土预留槽尺寸	
	a_{min}	a_{max}	c_{min}	c_{max}	h	b
MZL-80	80	160	14	94	≥150	≥300
MZL-80	80	160	50	130	≥250	≥300

注：

1. 本图尺寸均以毫米为单位。
2.T 梁端部安装伸缩装置处桥面铺装较薄时，预留槽深度需要侵占行车道板，则应在端横隔板处增设托梁，并应预埋 *N*1、*N*2 钢筋（就地浇筑 T 梁 *N*2 钢筋可取横桥通长），*N*1 钢筋可代替梁端加强钢筋，其间距<20cm，与板顶水平钢筋间隔布置。
3. 安装伸缩装置时，将 *N*1 预埋钢筋与工厂异型钢梁上锚固钢筋 *N*4、工地现场安装水平钢筋 *N*3 凡交接处均应焊牢，并用短钢筋将表层 10cm×10cm，ϕ8mm 分布钢筋网与板顶露出钢筋焊连成整体。
4. 防水层由用户自行确定。
5. 混凝土预留槽内浇筑 C40 钢纤维混凝土或环氧树脂混凝土，并振捣密实。
6. 若采用锚固筋 *N*4 和锚固板 *N*5 锚固型式，则托梁高度据实增加，预埋筋尺寸自定。
7. 用于老桥伸缩装置更换时，可根据实际情况调整尺寸确保安装牢固。

中交公路规划设计院	GQF-MZL80 型伸缩装置总体构造布置	设计	（签名）	复核	（签名）	审核		日期	2004.06	图号	4

半立面

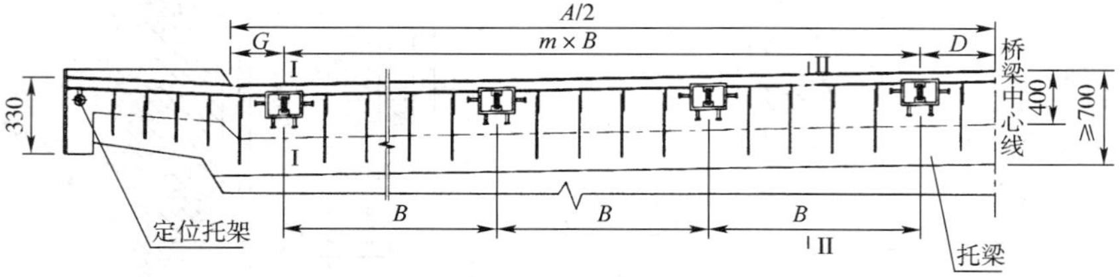

半平面

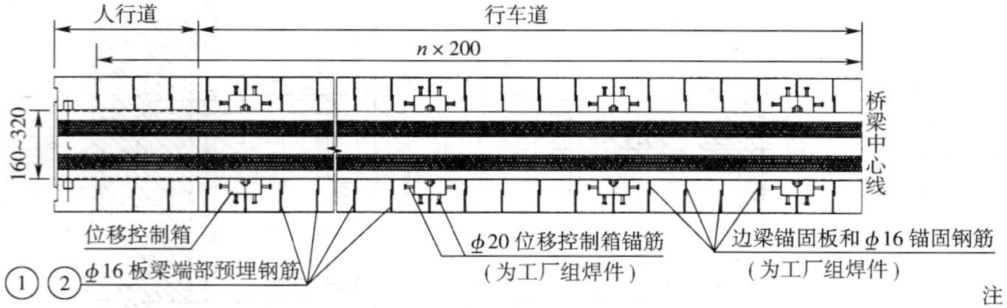

I—I

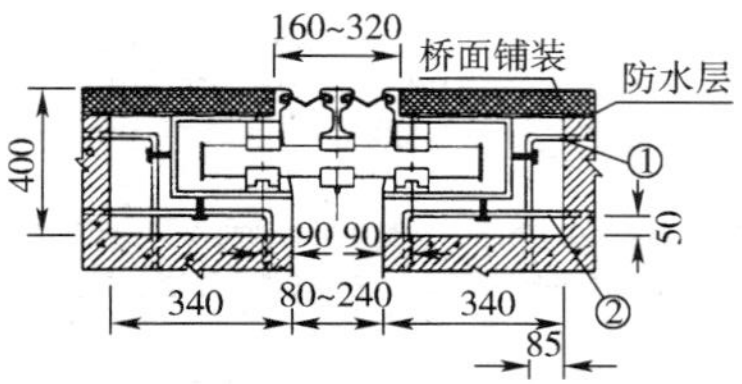

II—II

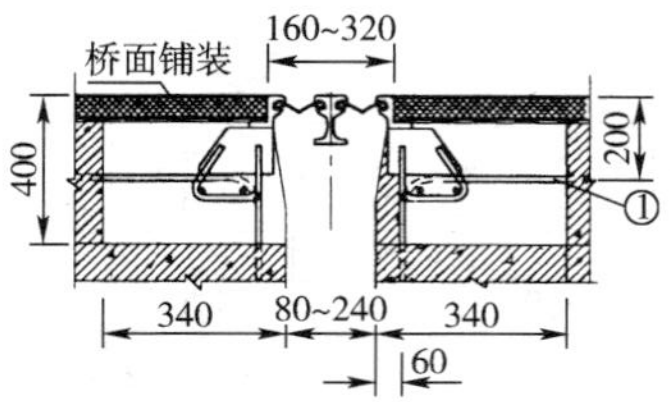

设计参数表

行车道宽度 A(m)	$A/2$ (mm)	B (mm)	G (mm)	D (mm)	m
9.0	4500	1700	500	600	2
10.75	5375	1450	500	525	3
11.00	5500	1500	500	500	3
11.50	5750	1550	500	600	3
12.00	6000	1650	500	550	3
12.50	6250	1650	500	650	3
12.75	6375	1650	600	675	3
21.50	10750	1600	500	650	6
23.00	11500	1700	600	700	6
24.50	12250	1600	500	550	7
26.00	13000	1700	500	600	7

注：

1. 本图尺寸除注明外余均以毫米计。
2. 本图为各种行车道宽度伸缩装置组装及预埋钢筋布置示意图，行车道宽度有变化时，可参照布置，人行道布置根据各桥实际情况确定，混凝土预留槽范围内应设置 10cm × 10cm ϕ8mm 的表层钢筋网，然后槽内用 ≥C40 钢纤维混凝土、环氧树脂混凝土或 ≥C50 高强混凝土填充捣实。
3. 边梁锚固板，锚固钢筋以及位移控制箱锚固钢筋均在工厂与边梁焊联。
4. 板，梁端部工地预埋钢筋尺寸设计人员可根据实际情况自行设计。直径不得小于 ϕ16mm 间距不得大于 20cm，n 为预埋筋的根数。
5. 图中 B 尺寸必须小于等于 180cm。
6. 人行道伸缩装置的预留槽深度 ≥28cm, 宽度 ≥30cm。
7. 不设人行道的桥梁，在行车道的端部应设伸缩装置封端，采用何种防水层由用户自行确定。
8. 1、2 号预埋筋锚固长度应按规范规定设置。受拉钢筋锚固长度 ≥35d。
9. 梁、板端部伸缩装置安装托梁高度应不小于 70cm。
10. 若安装伸缩装置两端伸缩量不等，注意调整两边预留槽 K 口尺寸。

中交公路规划设计院	GQF-MZL160 型伸缩装置总体构造布置	设计	郑学珍	复核	李扬海	审核		日期	2004.06	图号	5

半 立 面

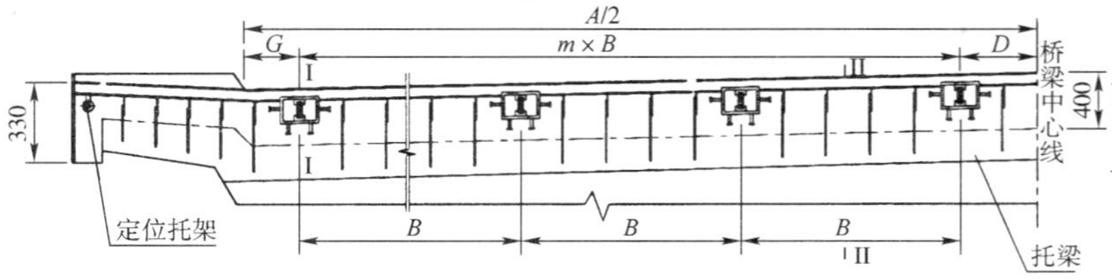

半 平 面

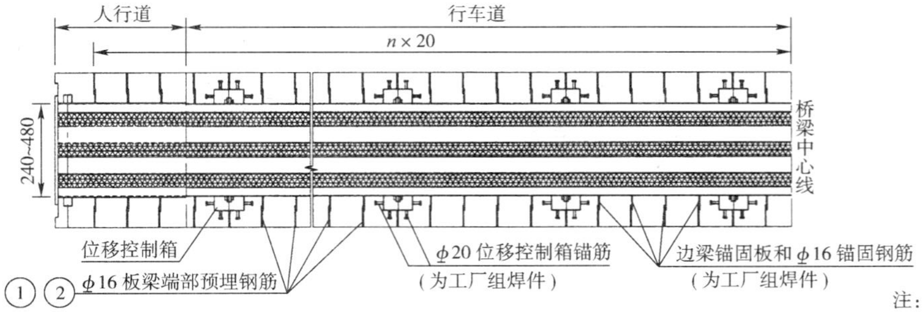

I—I

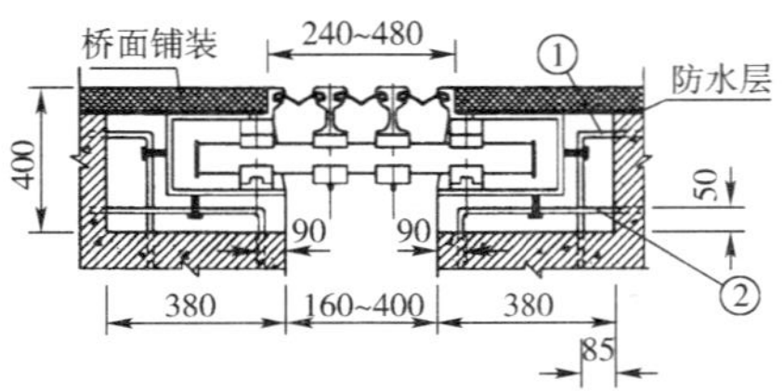

II—II

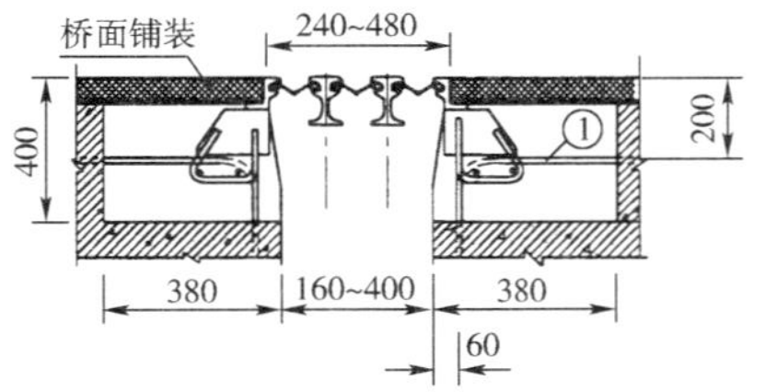

设 计 参 数 表

行车道宽度 A(m)	$A/2$ (mm)	B (mm)	G (mm)	D (mm)	m
9.0	4500	1700	500	600	2
10.75	5375	1450	500	525	3
11.00	5500	1500	500	500	3
11.50	5750	1550	500	600	3
12.00	6000	1650	500	550	3
12.50	6250	1650	500	650	3
12.75	6375	1650	600	675	3
21.50	10750	1600	500	650	6
23.00	11500	1700	600	700	6
24.50	12250	1600	500	550	7
26.00	13000	1700	500	600	7

注：

1. 本图尺寸除注明外余均以毫米计。
2. 本图为各种行车道宽度伸缩装置组装及预埋钢筋布置示意图，行车道宽度有变化时，可参照布置，人行道布置根据各桥实际情况确定，混凝土预留槽范围内应设置 10cm × 10cm ϕ8mm 的表层钢筋网，然后槽内用 ≥C40 钢纤维、环氧树脂混凝土或 ≥C50 高强混凝土填充捣实。
3. 边梁锚固板，锚固钢筋以及位移控制箱锚固钢筋均在工厂与边梁焊联。
4. 板，梁端部工地预埋钢筋尺寸设计人员可根据实际情况自行设计。直径不得小于 ϕ16mm，间距不得大于 20cm，n 为预埋筋的根数。
5. 图中 B 尺寸必须小于等于 180cm。
6. 人行道伸缩装置的预留槽深度 ≥28cm，宽度 ≥30cm。
7. 不设人行道的桥梁，在行车道的端部应设伸缩装置封端，采用何种防水层由用户自行确定。
8. 1、2 号预埋筋锚固长度应按规范规定设置。受拉钢筋锚固长度 ≥35d。
9. 梁、板端部伸缩装置安装托梁高度应不小于 70cm。
10. 若安装伸缩装置两端伸缩量不等，注意调整两边预留槽口尺寸。

中交公路规划设计院	GQF-MZL240 型伸缩装置总体构造布置	设计	郑学珍	复核	李怡波	审核		日期	2004.06	图号	6

半 立 面

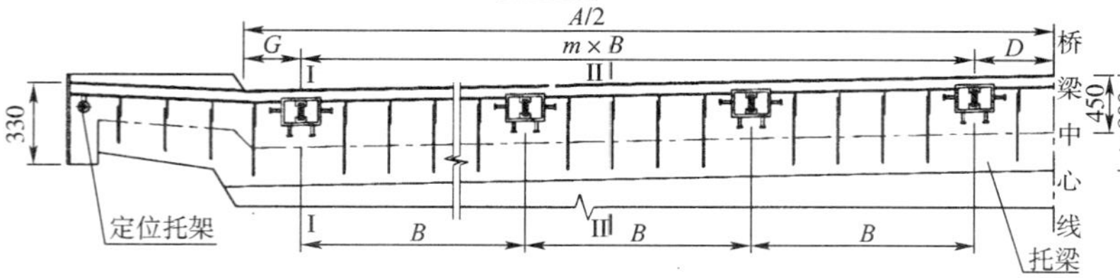

半 平 面

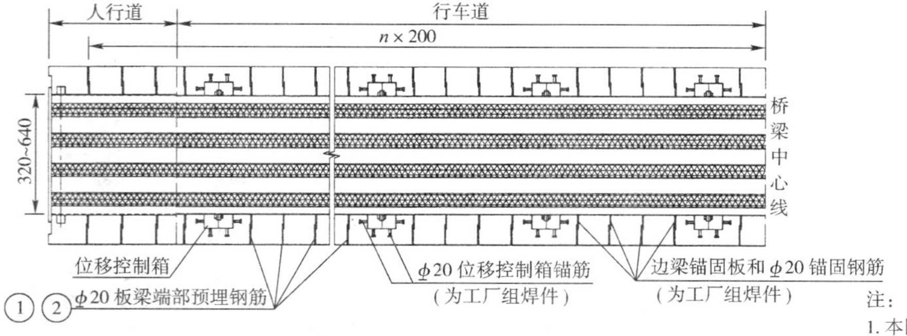

I—I

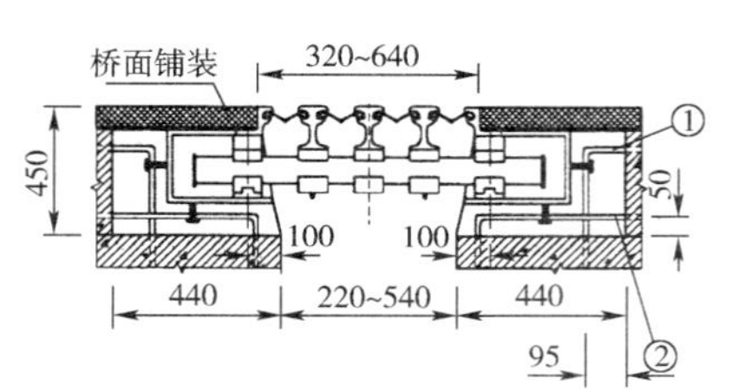

II—II

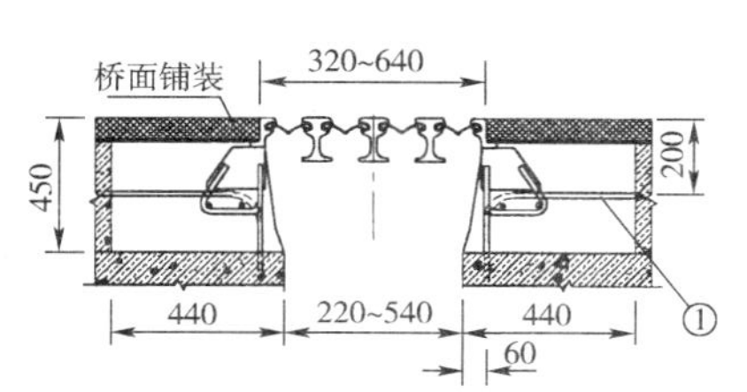

设 计 参 数 表

行车道宽度 A(m)	A/2 (mm)	B (mm)	G (mm)	D (mm)	m
9.0	4500	1700	500	600	2
10.75	5375	1450	500	525	3
11.00	5500	1500	500	500	3
11.50	5750	1550	500	600	3
12.00	6000	1650	500	550	3
12.50	6250	1650	500	650	3
12.75	6375	1650	600	675	3
21.50	10750	1600	500	650	6
23.00	11500	1700	600	700	6
24.50	12250	1600	500	550	7
26.00	13000	1700	500	600	7

注：

1. 本图尺寸除注明外余均以毫米计。
2. 本图为各种行车道宽度伸缩装置组装及预埋钢筋布置示意图，行车道宽度有变化时，可参照布置，人行道布置根据各桥实际情况确定，混凝土预留槽范围内应设置 10cm × 10cm ϕ8mm 的表层钢筋网，然后槽内用 ≥C40 钢纤维混凝土、环氧树脂混凝土或 ≥C50 高强混凝土填充捣实。
3. 边梁锚固板，锚固钢筋以及位移控制箱锚固钢筋均在工厂与边梁焊联。
4. 板，梁端部工地预埋钢筋尺寸设计人员可根据实际情况自行设计。直径不得小于 ϕ20mm，间距不得大于 20cm，n 为预埋筋的根数。
5. 图中 B 尺寸必须小于等于 180cm。
6. 人行道伸缩装置的预留槽深度 ≥28cm，宽度 ≥30cm。
7. 不设人行道的桥梁，在行车道的端部应设伸缩装置封端，采用何种防水层由用户自行确定。
8. 1、2 号预埋筋锚固长度应按规范规定设置。受拉钢筋锚固长度 ≥35d。
9. 梁、板端部伸缩装置安装托梁高度应不小于 70cm。
10. 若安装伸缩装置两端伸缩量不等，注意调整两边预留槽口尺寸。

中交公路规划设计院	GQF-MZL320 型伸缩装置总体构造布置	设计	[签名]	复核	[签名]	审核		日期	2004.06	图号	7

半立面

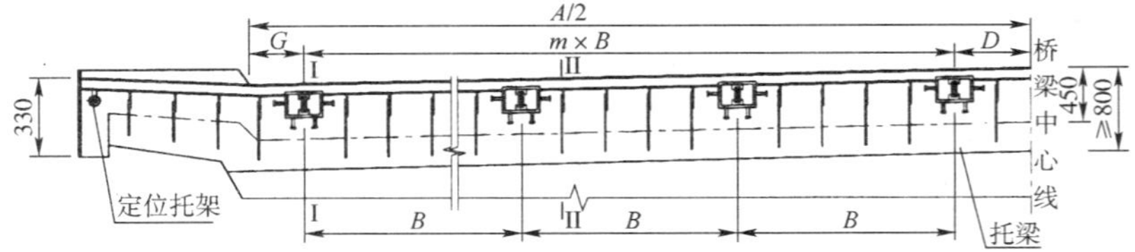

半平面

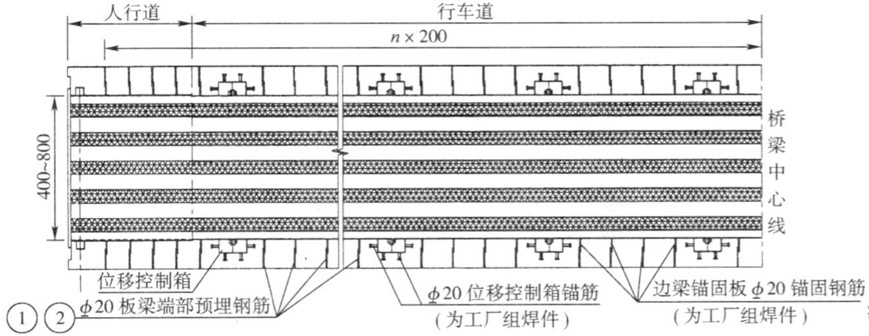

I—I

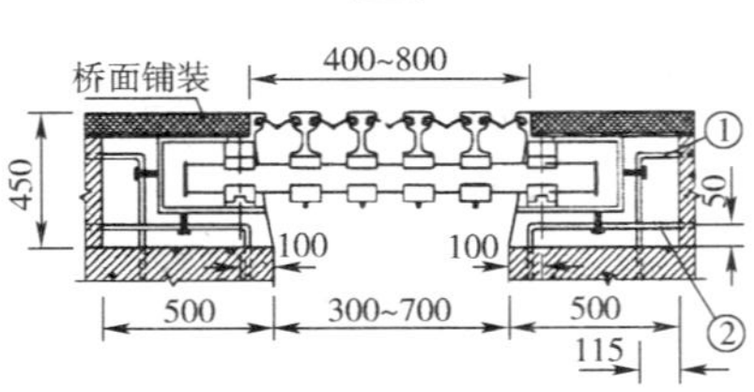

II—II

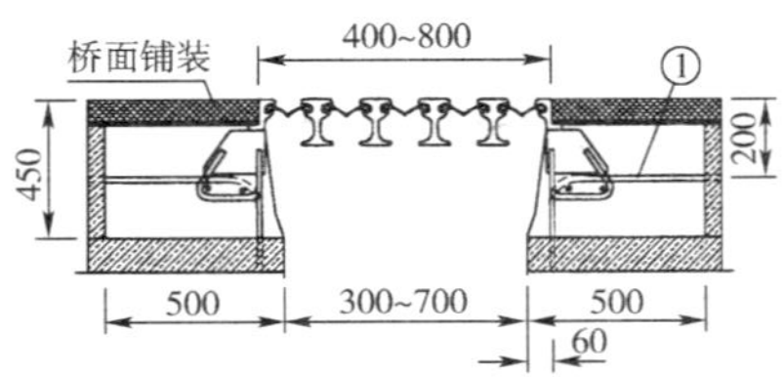

设计参数表

行车道宽度 A(m)	A/2 (mm)	B (mm)	G (mm)	D (mm)	m
9.0	4500	1700	500	600	2
10.75	5375	1450	500	525	3
11.00	5500	1500	500	500	3
11.50	5750	1550	500	600	3
12.00	6000	1650	500	550	3
12.50	6250	1650	500	650	3
12.75	6375	1650	600	675	3
21.50	10750	1600	500	650	6
23.00	11500	1700	600	700	6
24.50	12250	1600	500	550	7
26.00	13000	1700	500	600	7

注：

1. 本图尺寸除注明外余均以毫米计。
2. 本图为各种行车道宽度伸缩装置组装及预埋钢筋布置示意图，行车道宽度有变化时，可参照布置，人行道布置根据各桥实际情况确定，混凝土预留槽范围内应设置 10cm × 10cm ϕ8mm 的表层钢筋网，然后槽内用 ≥C40 钢纤维混凝土、环氧树脂混凝土或 ≥C50 高强混凝土填充捣实。
3. 边梁锚固板，锚固钢筋以及位移控制箱锚固钢筋均在工厂与边梁焊接。
4. 板，梁端部工地预埋钢筋尺寸设计人员可根据实际情况自行设计。但直径不得小于 ϕ20mm，间距不得大于 20cm，n 为预埋筋的根数。
5. 图中 B 尺寸必须小于等于 180cm。
6. 人行道伸缩装置的预留槽深度 ≥28cm，宽度 ≥30cm。
7. 不设人行道的桥梁，在行车道的端部应设伸缩装置封端，采用何种防水层由用户自行确定。
8. 1、2 号预埋筋锚固长度应按规范规定设置。受拉钢筋锚固长度 ≥35d。
9. 梁、板端部伸缩装置安装托梁高度应不小于 80cm。
10. 若安装伸缩装置两端伸缩量不等，注意调整两边预留槽口尺寸。

中交公路规划设计院	GQF-MZL400 型伸缩装置总体构造布置	设计		复核		审核		日期	2004.06	图号	8

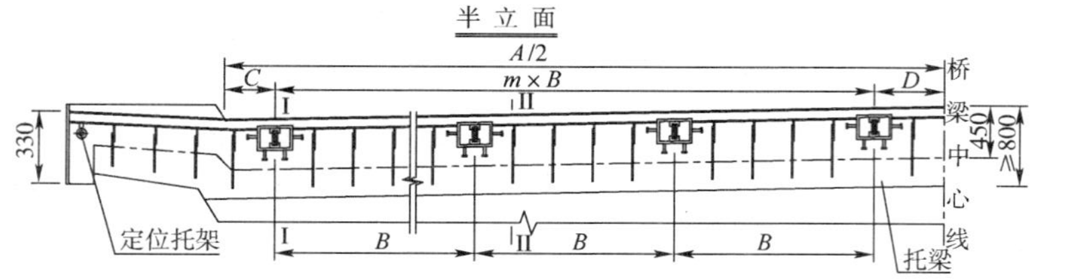

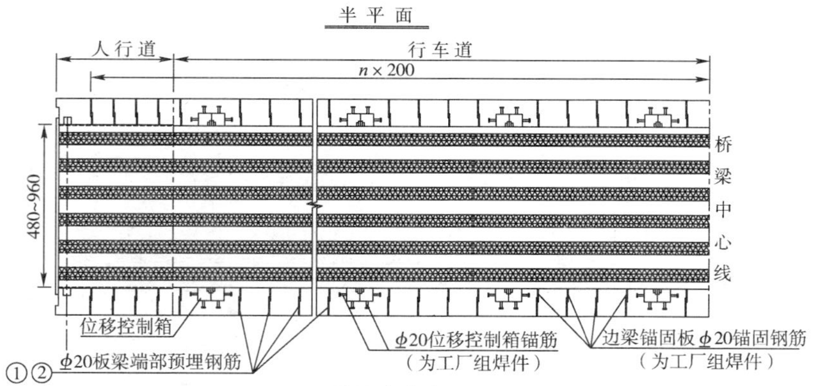

设计参数表

行车道宽度 A(m)	A/2 (mm)	B (mm)	C (mm)	D (mm)	m
9.0	4 500	1 700	500	600	2
10.75	5 375	1 450	500	525	3
11.00	5 500	1 500	500	500	3
11.50	5 750	1 550	500	600	3
12.00	6 000	1 650	500	550	3
12.50	6 250	1 650	500	650	3
12.75	6 375	1 650	600	675	3
21.50	10 750	1 600	500	650	6
23.00	11 500	1 700	600	700	6
24.50	12 250	1 600	500	550	7
26.00	13 000	1 700	500	600	7

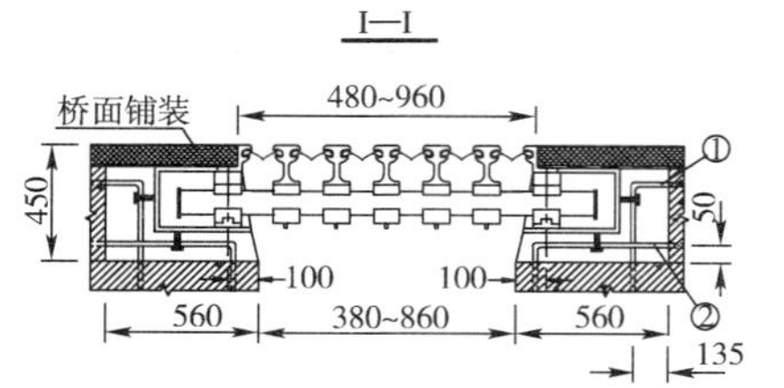

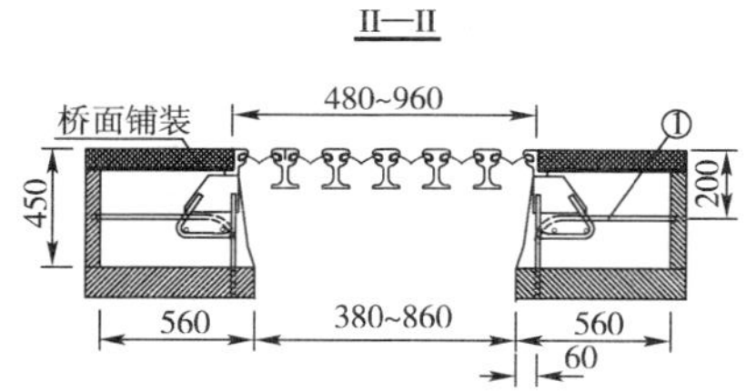

注：
1. 本图尺寸除注明外余均以毫米计。
2. 本图为各种行车道宽度伸缩装置组装及预埋钢筋布置示意图，行车道宽度有变化时，可参照布置，人行道布置根据各桥实际情况确定，混凝土预留槽范围内应设置 10×10cm ϕ8mm 的表层钢筋网，然后槽内用≥C40 钢纤维混凝土、环氧树脂混凝土或≥C50 高强混凝土填充捣实。
3. 边梁锚固板，锚固钢筋以及位移控制箱锚固钢筋均在工厂与边梁焊接。
4. 板，梁端部工地预埋钢筋尺寸设计人员可根据实际情况自行设计。直径不得小于 ϕ20mm 间距不得大于 20cm，n 为预埋筋的根数。
5. 图中 B 尺寸必须小于等于 180cm。
6. 人行道伸缩装置的预留槽深度≥28cm，宽度≥30cm。
7. 不设人行道的桥梁，在行车道的端部应设伸缩装置封端，采用何种防水层由用户自行确定。
8. 1 及 2 号预埋筋锚固长度应按规范规定设置。受拉钢筋锚固长度≥35d。
9. 梁、板端部伸缩装置安装托梁高度应不小于 80cm。
10. 若安装伸缩装置两端伸缩量不等，注意调整两边预留槽口尺寸。

中交公路规划设计院	GQF-MZL480型伸缩装置总体构造布置	设计	[signature]	复核	[signature]	审核		日期	2004.06	图号	9

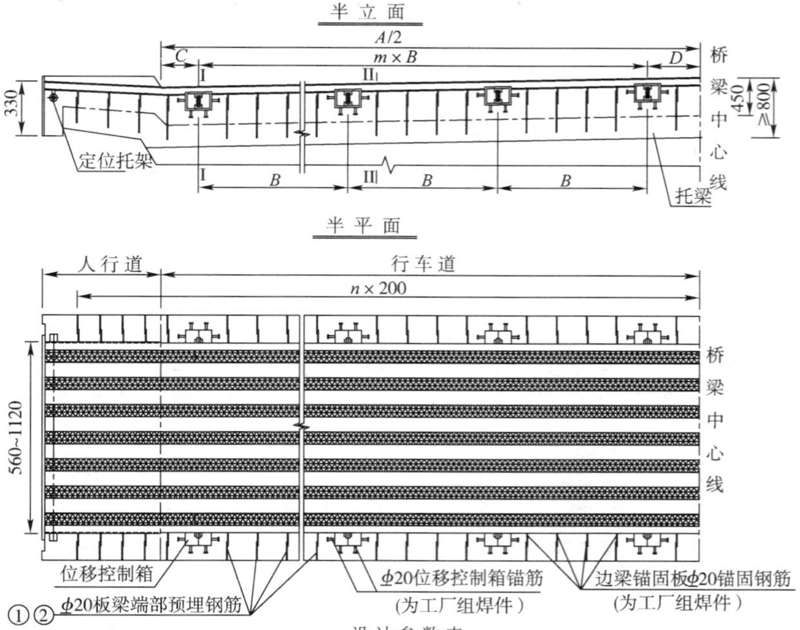

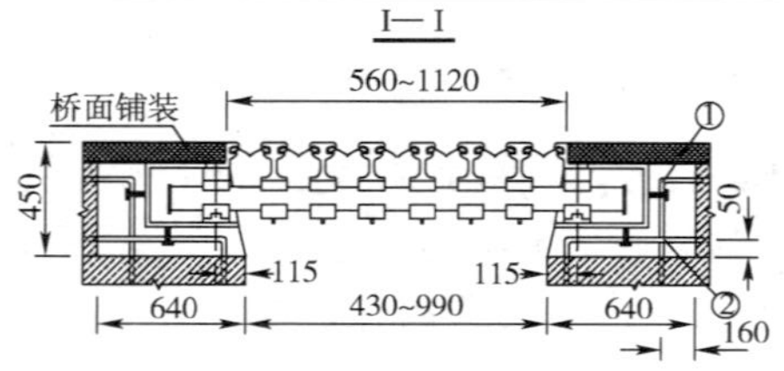

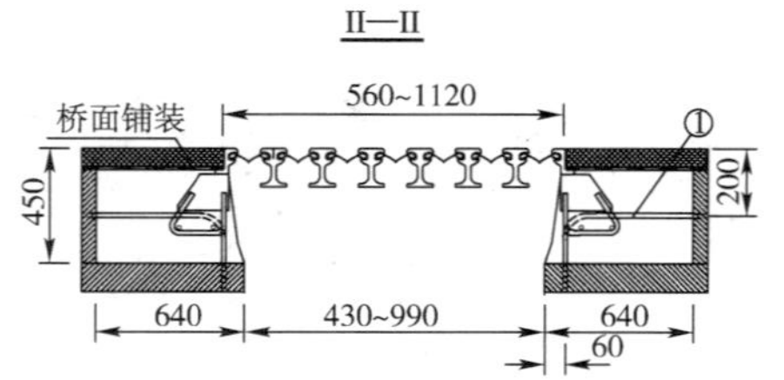

设计参数表

行车道宽度 A(m)	A/2 (mm)	B (mm)	C (mm)	D (mm)	m
9.0	4 500	1 700	500	600	2
10.75	5 375	1 450	500	525	3
11.00	5 500	1 500	500	500	3
11.50	5 750	1 550	500	600	3
12.00	6 000	1 650	500	550	3
12.50	6 250	1 650	500	650	3
12.75	6 375	1 650	600	675	3
21.50	10 750	1 600	500	650	6
23.00	11 500	1 700	600	700	6
24.50	12 250	1 600	500	550	7
26.00	13 000	1 700	500	600	7

注:

1. 本图尺寸除注明外余均以毫米计。
2. 本图为各种行车道宽度伸缩装置组装及预埋钢筋布置示意图，行车道宽度有变化时，可参照布置，人行道布置根据各桥实际情况确定，混凝土预留槽范围内应设置 10cm×10cm ϕ8mm 的表层钢筋网，然后槽内用≥C40 钢纤维混凝土、环氧树脂混凝土或≥C50 高强混凝土填充捣实。
3. 边梁锚固板，锚固钢筋以及位移控制箱锚固钢筋均在工厂与边梁焊接。
4. 板，梁端部工地预埋钢筋尺寸设计人员可根据实际情况自行设计。直径不得小于ϕ20mm, 间距不得大于 20cm, n 为预埋筋的根数。
5. 图中 B 尺寸必须小于等于 180cm。
6. 人行道伸缩装置的预留槽深度≥28cm, 宽度≥30cm。
7. 不设人行道的桥梁，在行车道的端部应设伸缩装置封端，采用何种防水层由用户自行确定。
8. 1 及 2 号预埋筋锚固长度应按规范规定设置。受拉钢筋锚固长度≥35d。
9. 梁、板端部伸缩装置安装托梁高度应不小于 80cm。
10. 若安装伸缩装置两端伸缩量不等，注意调整两边预留槽口尺寸。

中交公路规划设计院	GQF-MZL560型伸缩装置总体构造布置	设计	[signature]	复核	[signature]	审核		日期	2004.06	图号	10

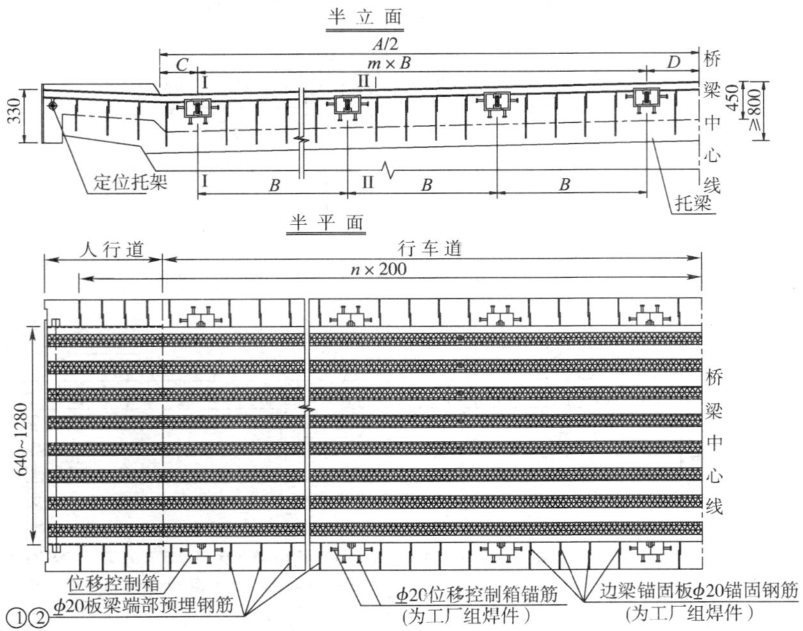

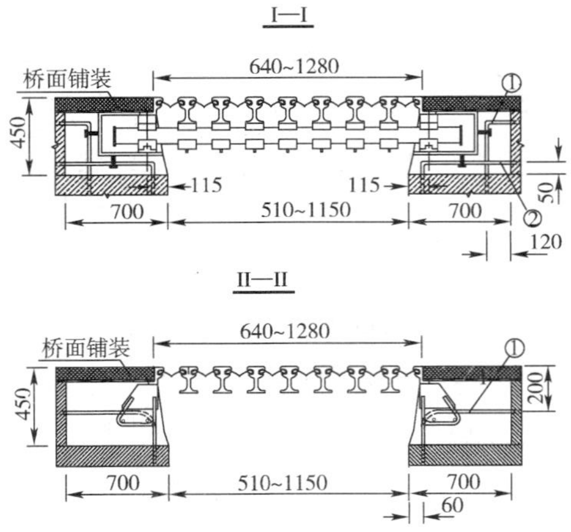

设 计 参 数 表

行车道宽度 A(m)	A/2 (mm)	B (mm)	C (mm)	D (mm)	m
9.0	4 500	1 700	500	600	2
10.75	5 375	1 450	500	525	3
11.00	5 500	1 500	500	500	3
11.50	5 750	1 550	500	600	3
12.00	6 000	1 650	500	550	3
12.50	6 250	1 650	500	650	3
12.75	6 375	1 650	600	675	3
21.50	10 750	1 600	500	650	6
23.00	11 500	1 700	600	700	6
24.50	12 250	1 600	500	550	7
26.00	13 000	1 700	500	600	7

注：

1. 本图尺寸除注明外余均以毫米计。
2. 本图为各种行车道宽度伸缩装置组装及预埋钢筋布置示意图，行车道宽度有变化时，可参照布置，人行道布置根据各桥实际情况确定，混凝土预留槽范围内应设置 10cm×10cm ϕ8mm 的表层钢筋网，然后槽内用≥C40 钢纤维混凝土、环氧树脂混凝土或≥C50 高强混凝土填充捣实。
3. 边梁锚固板，锚固钢筋以及位移控制箱锚固钢筋均在工厂与边梁焊接。
4. 板，梁端部工地预埋钢筋尺寸设计人员可根据实际情况自行设计。直径不得小于 ϕ20mm，间距不得大于 20cm，n 为预埋筋的根数。
5. 图中 B 尺寸必须小于等于 180cm。
6. 人行道伸缩装置的预留槽深度≥28cm，宽度≥30cm。
7. 不设人行道的桥梁，在行车道的端部应设伸缩装置封端，采用何种防水层由用户自行确定。
8. 1 及 2 号预埋筋锚固长度应按规范规定设置。受拉钢筋锚固长度≥35d。
9. 梁、板端部伸缩装置安装托梁高度应不小于 80cm。
10. 若安装伸缩装置两端伸缩量不等，注意调整两边预留槽口尺寸。

中交公路规划设计院	GQF-MZL640 型伸缩装置总体构造布置	设计	郑茆彡	复核	李栩伟	审核		日期	2004.06	图号	11

半 立 面

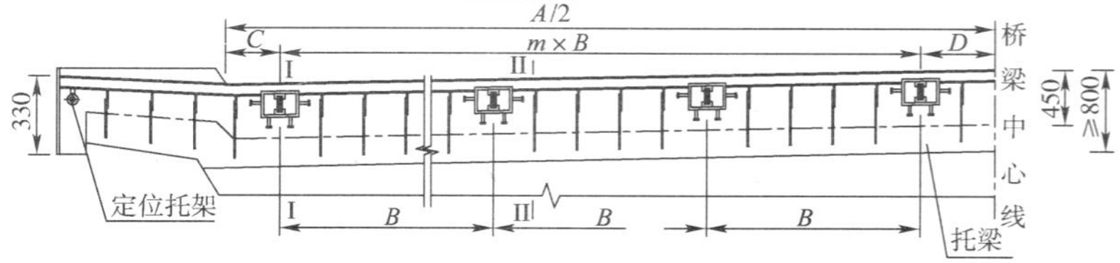

半 平 面

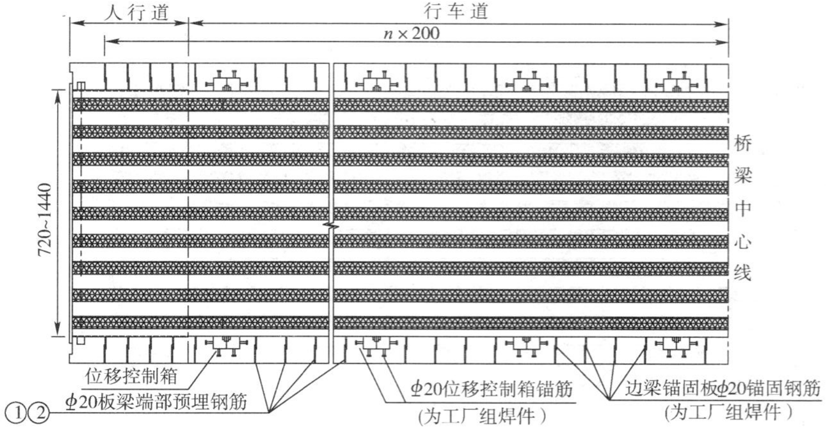

设 计 参 数 表

行车道宽度 A(m)	A/2 (mm)	B (mm)	C (mm)	D (mm)	m	行车道宽度 A(m)	A/2 (mm)	B (mm)	C (mm)	D (mm)	m
9.0	4 500	1 700	500	600	2	12.75	6 375	1650	600	675	3
10.75	5 375	1 450	500	525	3	21.50	10 750	1600	500	650	6
11.00	5 500	1 500	500	500	3	23.00	11 500	1700	600	700	6
11.50	5 750	1 550	500	600	3	24.50	12 250	1600	500	550	7
12.00	6 000	1 650	500	550	3	26.00	13 000	1700	500	600	7
12.50	6 250	1 650	500	650	3						

I—I

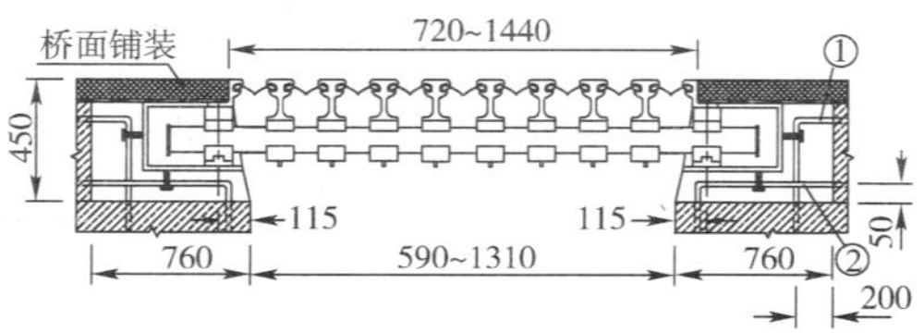

II—II

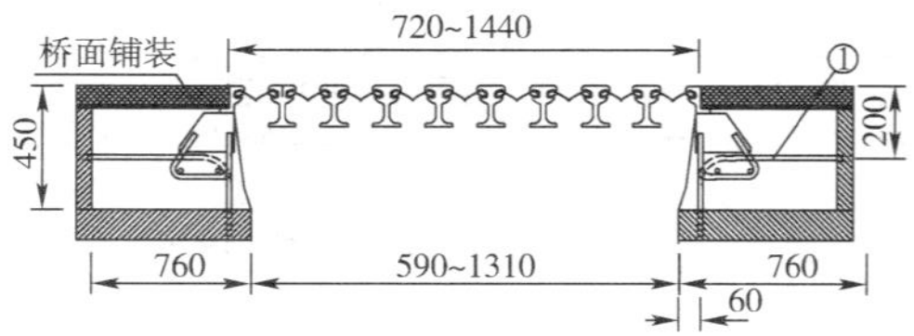

注：

1. 本图尺寸除注明外余均以毫米计。
2. 本图为各种行车道宽度伸缩装置组装及预埋钢筋布置示意图，行车道宽度有变化时，可参照布置，人行道布置根据各桥实际情况确定，混凝土预留槽范围内应设置 10cm × 10cm φ8mm 的表层钢筋网，然后槽内用≥C40 钢纤维混凝土、环氧树脂混凝土或≥C50 高强混凝土填充捣实。
3. 边梁锚固板，锚固钢筋以及位移控制箱锚固钢筋均在工厂与边梁焊接。
4. 板，梁端部工地预埋钢筋尺寸设计人员可根据实际情况自行设计。直径不得小于 φ20mm，间距不得大于 20cm，n 为预埋筋的根数。
5. 图中 B 尺寸必须小于等于 180cm。
6. 人行道伸缩装置的预留槽深度≥28cm，宽度≥30cm。
7. 不设人行道的桥梁，在行车道的端部应设伸缩装置封端，采用何种防水层由用户自行确定。
8. 1 及 2 号预埋筋锚固长度应按规范规定设置。受拉钢筋锚固长度≥35d。
9. 梁、板端部伸缩装置安装托梁高度应不小于 80cm。
10. 若安装伸缩装置两端伸缩量不等，注意调整两边预留槽口尺寸。

中交公路规划设计院	GQF-MZL720 型伸缩装置总体构造布置	设计	（签名）	复核	（签名）	审核		日期	2004.06	图号	12

半立面

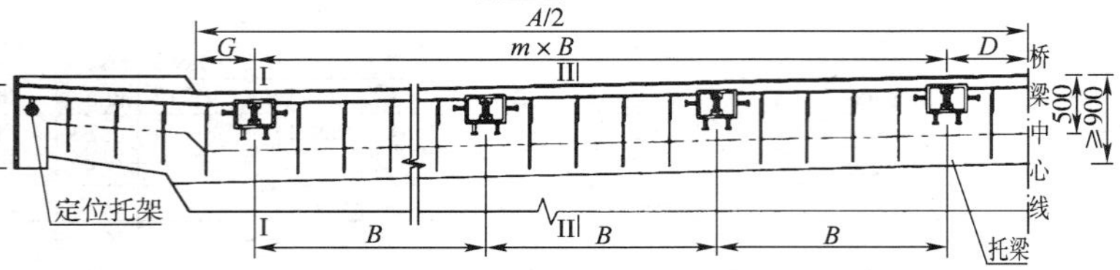

半平面

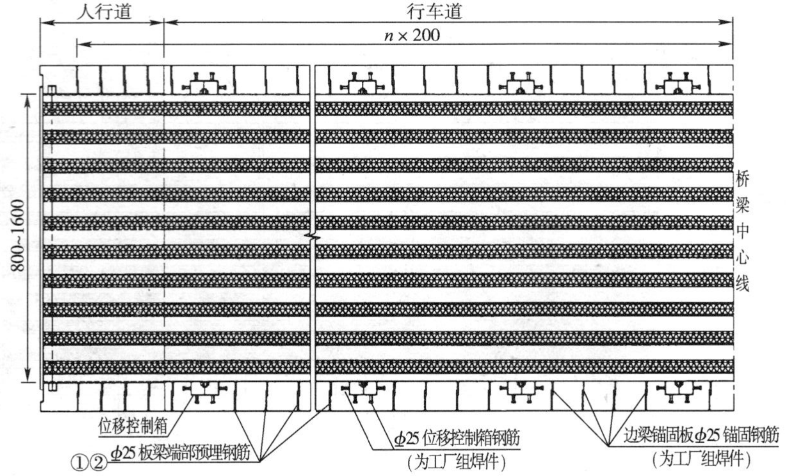

设计参数表

行车道宽度 A(m)	$A/2$ (mm)	B (mm)	G (mm)	D (mm)	m	行车道宽度 A(m)	$A/2$ (mm)	B	G	D (mm)	m
9.0	4500	1700	500	600	2	12.75	6375	1650	600	675	3
10.75	5375	1450	500	525	3	21.50	10750	1600	500	650	6
11.00	5500	1500	500	500	3	23.00	11500	1700	600	700	6
11.50	5750	1550	500	600	3	24.50	12250	1600	500	550	7
12.00	6000	1650	500	550	3	26.00	13000	1700	500	600	7
12.50	6250	1650	500	650	3						

I—I

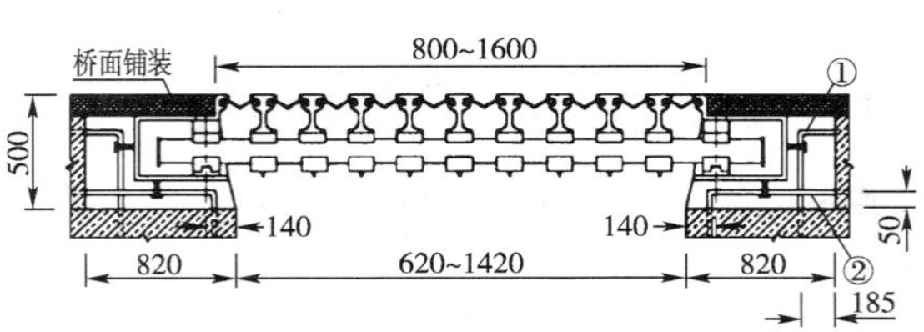

II—II

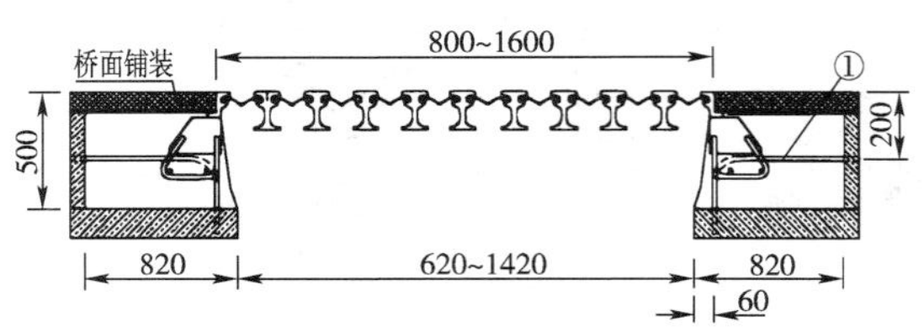

注：

1. 本图尺寸除注明外余均以毫米计。
2. 本图为各种行车道宽度伸缩装置组装及预埋钢筋布置示意图，行车道宽度有变化时，可参照布置，人行道布置根据各桥实际情况确定，混凝土预留槽范围内应设置 10cm × 10cm ϕ8mm 的表层钢筋网，然后槽内用 ≥C40 钢纤维混凝土、环氧树脂混凝土或 ≥C50 高强混凝土填充捣实。
3. 边梁锚固板，锚固钢筋以及位移控制箱锚固钢筋均在工厂与边梁焊接。
4. 板，梁端部工地预埋钢筋尺寸设计人员可根据实际情况自行设计。直径不得小于 ϕ25mm 间距不得大于 20cm，n 为预埋筋的根数。
5. 图中 B 尺寸必须小于等于 180cm。
6. 人行道伸缩装置的预留槽深度 ≥28cm, 宽度 ≥30cm。
7. 不设人行道的桥梁，在行车道的端部应设伸缩装置封端，采用何种防水层由用户自行确定。
8. 1 及 2 号预埋筋锚固长度应按规范规定设置。受拉钢筋锚固长度 ≥35d。
9. 梁、板端部伸缩装置安装托梁高度应不小于 90cm。
10. 若安装伸缩装置两端伸缩不量等，注意调整两边预留槽口尺寸。

中交公路规划设计院	GQF–MZL800 型伸缩装置总体构造布置	设计		复核		审核		日期	2004.06	图号	13

半立面

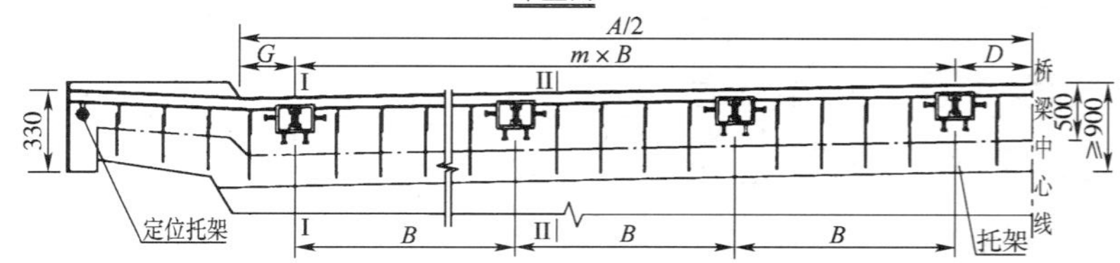

半平面

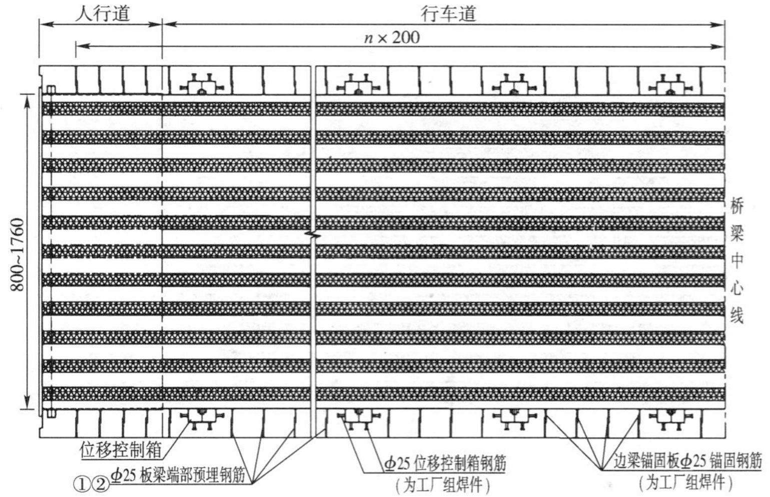

I—I

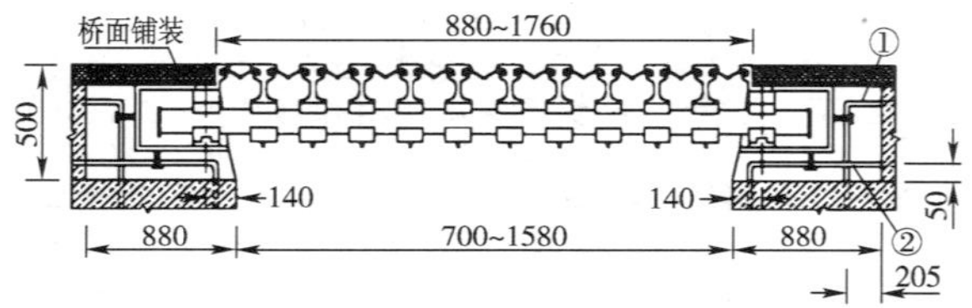

II—II

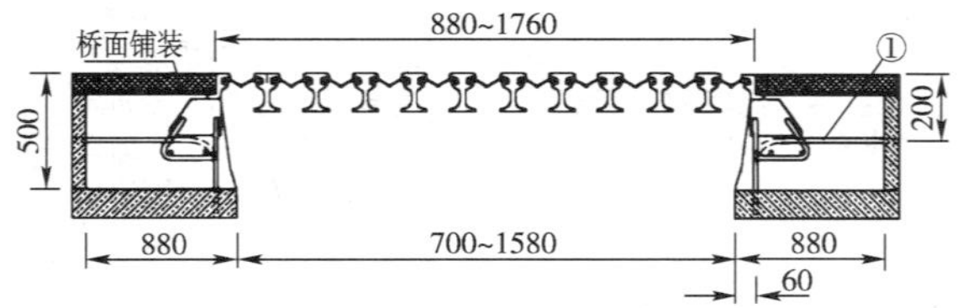

设计参数表

行车道宽度 A(m)	$A/2$ (mm)	B (mm)	G (mm)	D (mm)	m	行车道宽度 A(m)	$A/2$ (mm)	B	G	D (mm)	m
9.0	4500	1700	500	600	2	12.75	6375	1650	600	675	3
10.75	5375	1450	500	525	3	21.50	10750	1600	500	650	6
11.00	5500	1500	500	500	3	23.00	11500	1700	600	700	6
11.50	5750	1550	500	600	3	24.50	12250	1600	500	550	7
12.00	6000	1650	500	550	3	26.00	13000	1700	500	600	7
12.50	6250	1650	500	650	3						

注：
1. 本图尺寸除注明外余均以毫米计。
2. 本图为各种行车道宽度伸缩装置组装及预埋钢筋布置示意图，行车道宽度有变化时，可参照布置，人行道布置根据各桥实际情况确定，混凝土预留槽范围内应设置 10cm×10cm ϕ8mm 的表层钢筋网，然后槽内用≥C40 钢纤维混凝土、环氧树脂混凝土或≥C50 高强混凝土填充捣实。
3. 边梁锚固板，锚固钢筋以及位移控制箱锚固钢筋均在工厂与边梁焊接。
4. 板，梁端部工地预埋钢筋尺寸设计人员可根据实际情况自行设计。直径不得小于 ϕ25mm 间距不得大于 20cm，n 为预埋筋的根数。
5. 图中 B 尺寸必须小于等于 180cm。
6. 人行道伸缩装置的预留槽深度≥28cm, 宽度≥30cm。
7. 不设人行道的桥梁，在行车道的端部应设伸缩装置封端，采用何种防水层由用户自行确定。
8. 1 及 2 号预埋筋锚固长度应按规范规定设置。受拉钢筋锚固长度≥35d。
9. 梁、板端部伸缩装置安装托梁高度应不小于 90cm。
10. 若安装伸缩装置两端伸缩不量等，注意调整两边预留槽口尺寸。

中交公路规划设计院	GQF-MZL880 型伸缩装置总体构造布置	设计	[signature]	复核	[signature]	审核		日期	2004.06	图号	14

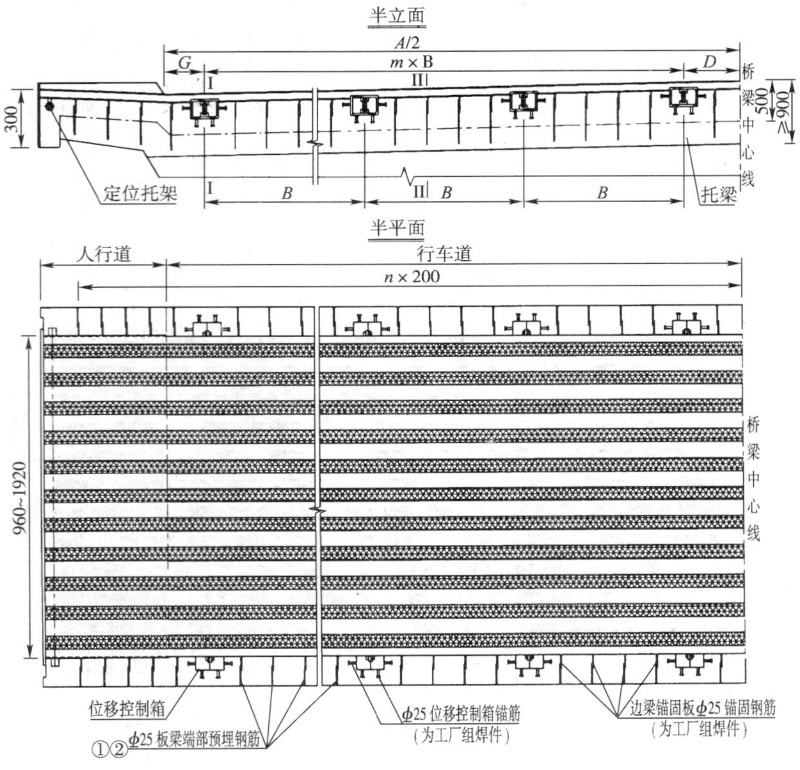

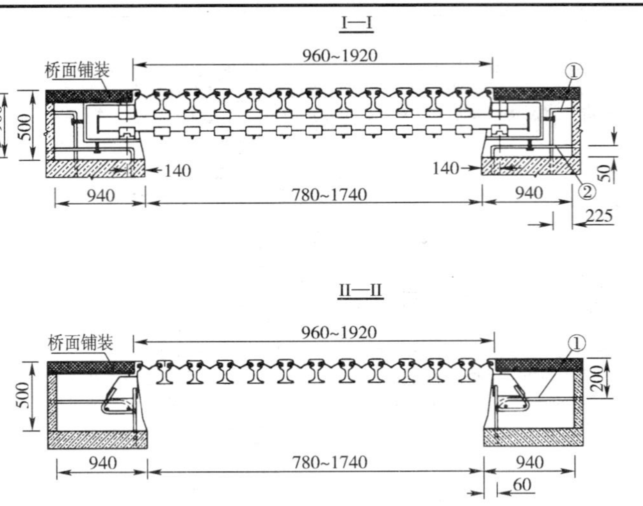

设计参数表

行车道宽度 A(m)	A/2 (mm)	B (mm)	G (mm)	D (mm)	m	行车道宽度 A(m)	A/2 (mm)	B	G	D (mm)	m
9.0	4500	1700	500	600	2	12.75	6375	1650	600	675	3
10.75	5375	1450	500	525	3	21.50	10750	1600	500	650	6
11.00	5500	1500	500	500	3	23.00	11500	1700	600	700	6
11.50	5750	1550	500	600	3	24.50	12250	1600	500	550	7
12.00	6000	1650	500	550	3	26.00	13000	1700	500	600	7
12.50	6250	1650	500	650	3						

注：

1. 本图尺寸除注明外余均以毫米计。
2. 本图为各种行车道宽度伸缩装置组装及预埋钢筋布置示意图，行车道宽度有变化时，可参照布置，人行道布置根据各桥实际情况确定，混凝土预留槽范围内应设置 10cm×10cm ϕ8mm 的表层钢筋网，然后槽内用 ≥C40 钢纤维混凝土、环氧树脂混凝土或 ≥C50 高强混凝土填充捣实。
3. 边梁锚固板，锚固钢筋以及位移控制箱锚固钢筋均在工厂与边梁焊接。
4. 板，梁端部工地预埋钢筋尺寸设计人员可根据实际情况自行设计。直径不得小于 ϕ25mm 间距不得大于 20cm，n 为预埋筋的根数。
5. 图中 B 尺寸必须小于等于 180cm。
6. 人行道伸缩装置的预留槽深度 ≥28cm，宽度 ≥30cm。
7. 不设人行道的桥梁，在行车道的端部应设伸缩装置封端，采用何种防水层由用户自行确定。
8. 1 及 2 号预埋筋锚固长度应按规范规定设置。受拉钢筋锚固长度 ≥35d。
9. 梁、板端部伸缩装置安装托梁高度应不小于 90cm。
10. 若安装伸缩装置两端伸缩不量等，注意调整两边预留槽口尺寸。

中交公路规划设计院	GQF-MZL960 型伸缩装置总体构造布置	设计		复核		审核		日期	2004.06	图号	15

半立面

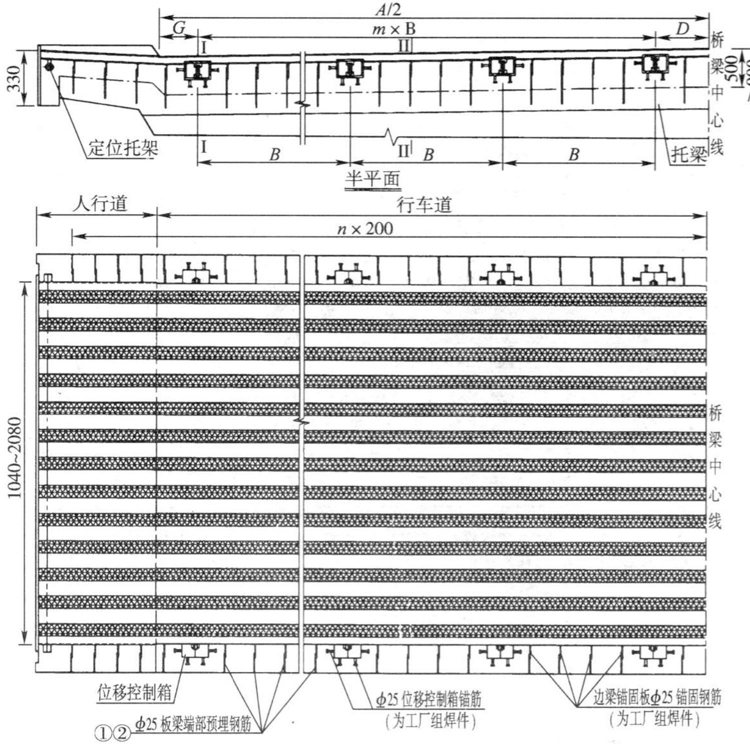

半平面

I—I

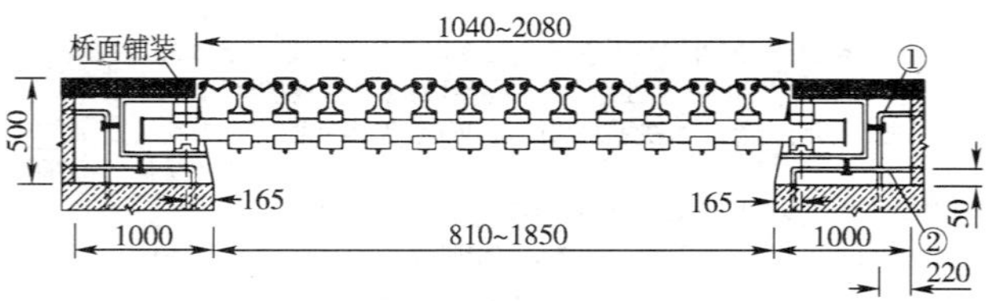

II—II

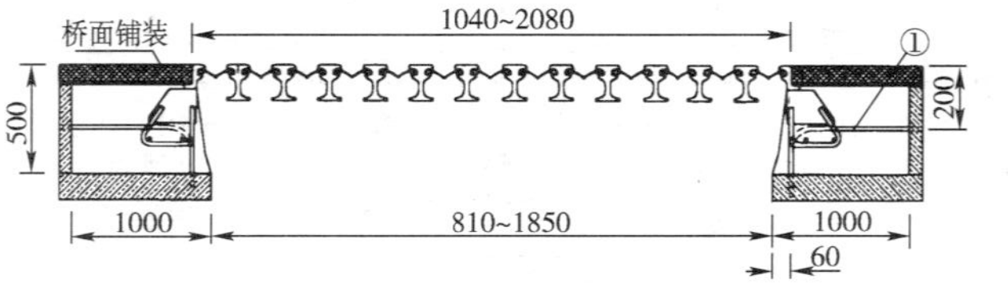

设计参数表

行车道宽度 A(m)	A/2 (mm)	B (mm)	G (mm)	D (mm)	m	行车道宽度 A(m)	A/2 (mm)	B	G	D (mm)	m
9.0	4500	1700	500	600	2	12.75	6375	1650	600	675	3
10.75	5375	1450	500	525	3	21.50	10750	1600	500	650	6
11.00	5500	1500	500	500	3	23.00	11500	1700	600	700	6
11.50	5750	1550	500	600	3	24.50	12250	1600	500	550	7
12.00	6000	1650	500	550	3	26.00	13000	1700	500	600	7
12.50	6250	1650	500	650	3						

注:

1. 本图尺寸除注明外余均以毫米计。
2. 本图为各种行车道宽度伸缩装置组装及预埋钢筋布置示意图，行车道宽度有变化时，可参照布置，人行道布置根据各桥实际情况确定，混凝土预留槽范围内应设置 10cm×10cm ϕ8mm 的表层钢筋网，然后槽内用≥C40 钢纤维混凝土、环氧树脂混凝土或≥C50 高强混凝土填充捣实。
3. 边梁锚固板，锚固钢筋以及位移控制箱锚固钢筋均在工厂与边梁焊接。
4. 板，梁端部工地预埋钢筋尺寸设计人员可根据实际情况自行设计。直径不得小于 ϕ25mm 间距不得大于 20cm，n 为预埋筋的根数。
5. 图中 B 尺寸必须小于等于 180cm。
6. 人行道伸缩装置的预留槽深度≥28cm, 宽度≥30cm。
7. 不设人行道的桥梁，在行车道的端部应设伸缩装置封端，采用何种防水层由用户自行确定。
8. 1 及 2 号预埋筋锚固长度应按规范规定设置。受拉钢筋锚固长度≥35d。
9. 梁、板端部伸缩装置安装托梁高度应不小于 90cm。
10. 若安装伸缩装置两端伸缩不量等，注意调整两边预留槽口尺寸。

中交公路规划设计院	GQF-MZL1040 型伸缩装置总体构造布置	设计	[signature]	复核	[signature]	审核		日期	2004.06	图号	16

半立面

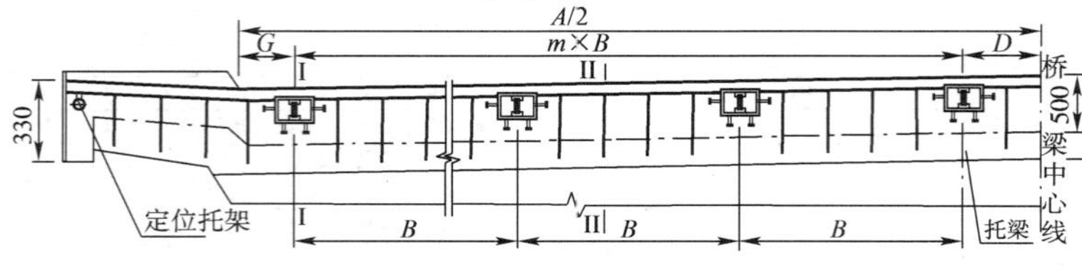

半 I—I　　　半 II—II

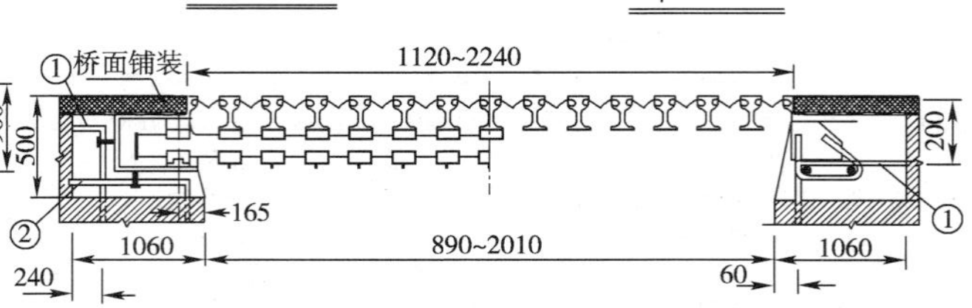

半平面

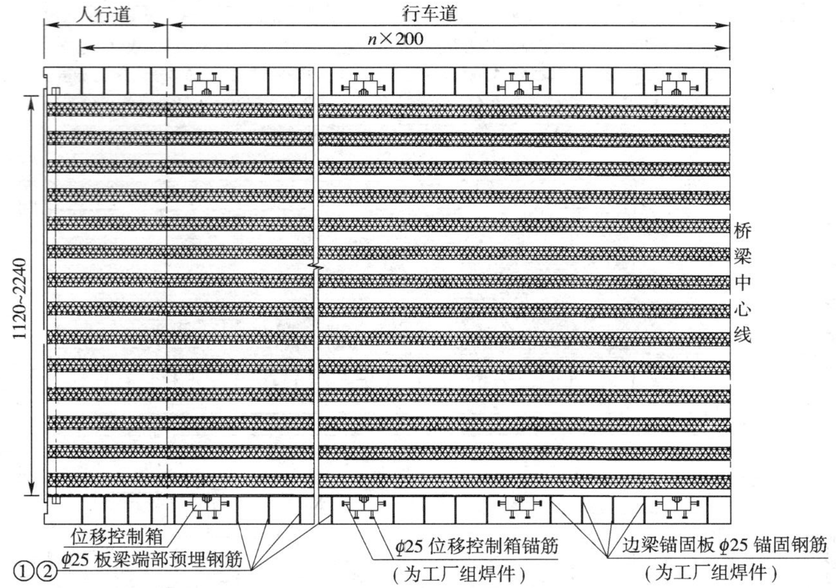

设计参数表

行车道宽度 A(m)	A/2 (mm)	B (mm)	G (mm)	D (mm)	m
9.0	4500	1700	500	600	2
10.75	5375	1450	500	525	3
11.00	5500	1500	500	500	3
11.50	5750	1550	500	600	3
12.00	6000	1650	500	550	3
12.50	6250	1650	500	650	3
12.75	6375	1650	600	675	3
21.50	10750	1600	500	650	6
23.00	11500	1700	600	700	6
24.50	12250	1600	500	550	7
26.00	13000	1700	500	600	7

注：
1. 本图尺寸除注明外余均以毫米计。
2. 本图为各种行车道宽度伸缩装置组装及预埋钢筋布置示意图，行车道宽度有变化时，可参照布置，人行道布置根据各桥实际情况确定混凝土预留槽范围内应设置 10cm×10cmϕ8mm 的表层钢筋网，然后槽内用≥C40 钢纤维混凝土、环氧树脂混凝土或≥C50 高强混凝土填充捣实。
3. 边梁锚固板，锚固钢筋以及位移控制箱锚固钢筋均在工厂与边梁焊接。
4. 板，梁端部工地预埋钢筋尺寸设计人员可根据实际情况自行设计。直径不得小于 ϕ25mm 间距不得大于 20cm，n 为预埋筋的根数。
5. 图中 B 尺寸必须小于等于 180cm。
6. 人行道伸缩装置的预留槽深度≥28cm, 宽度≥30cm。
7. 不设人行道的桥梁，在行车道的端部应设伸缩装置封端，采用何种防水层由用户自行确定。
8. 1 及 2 号预埋筋锚固长度应按规范规定设置。受拉钢筋锚固长度≥d。
9. 梁、板端部伸缩装置安装托梁高度应不小于 90cm。
10. 若安装伸缩装置两端伸缩量不等，注意调整两边预留槽口尺寸。

中交公路规划设计院	GQF–MZL1120 型伸缩装置总体构造布置	设计	(签名)	复核	(签名)	审核		日期	2004.06	图号	17

半立面

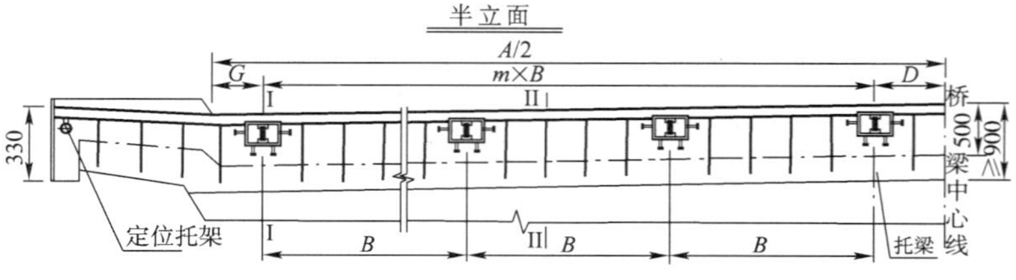

半 I—I　　半 II—II

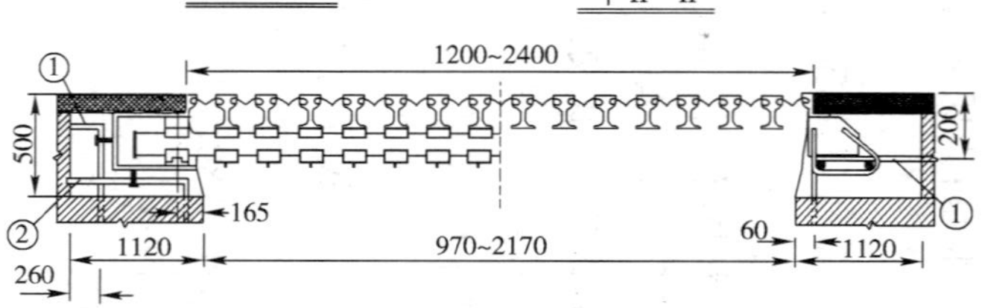

设计参数表

行车道宽度 A(m)	A/2 (mm)	B (mm)	G (mm)	D (mm)	m
9.0	4500	1700	500	600	2
10.75	5375	1450	500	525	3
11.00	5500	1500	500	500	3
11.50	5750	1550	500	600	3
12.00	6000	1650	500	550	3
12.50	6250	1650	500	650	3
12.75	6375	1650	600	675	3
21.50	10750	1600	500	650	6
23.00	11500	1700	600	700	6
24.50	12250	1600	500	550	7
26.00	13000	1700	500	600	7

半平面

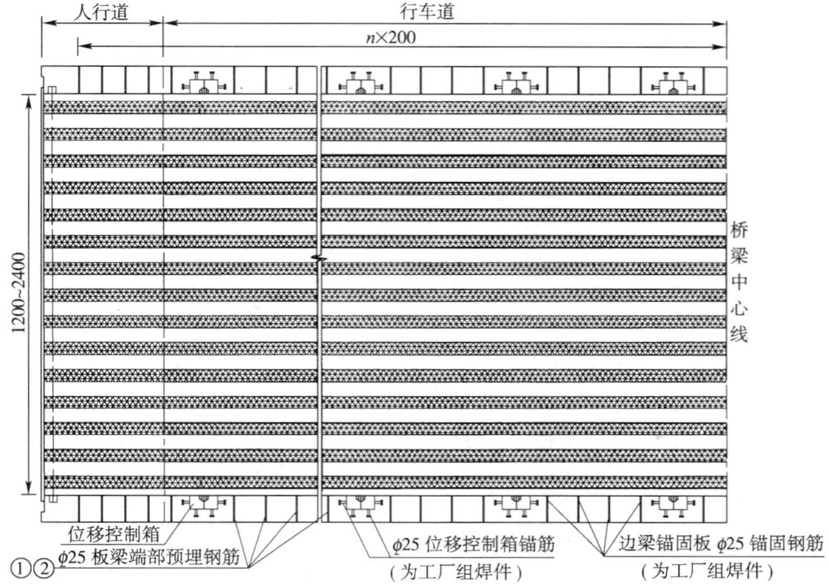

注：
1. 本图尺寸除注明外余均以毫米计。
2. 本图为各种行车道宽度伸缩装置组装及预埋钢筋布置示意图，行车道宽度有变化时，可参照布置，人行道布置根据各桥实际情况确定，混凝土预留槽范围内应设置 10cm×10cmφ8mm 的表层钢筋网，然后槽内用≥C40 钢纤维混凝土、环氧树脂混凝土或≥C50 高强混凝土填充捣实。
3. 边梁锚固板，锚固钢筋以及位移控制箱锚固钢筋均在工厂与边梁焊接。
4. 板，梁端部工地预埋钢筋尺寸设计人员可根据实际情况自行设计。直径不得小于φ25mm，间距不得大于 20cm，n 为预埋筋的根数。
5. 图中 B 尺寸必须小于等于 180cm。
6. 人行道伸缩装置的预留槽深度≥28cm，宽度≥30cm。
7. 不设人行道的桥梁，在行车道的端部应设伸缩装置封端，采用何种防水层由用户自行确定。
8. 1 及 2 号预埋筋锚固长度应按规范规定设置。受拉钢筋锚固长度≥35d。
9. 梁、板端部安装伸缩装置托梁高度应不小于 90cm。
10. 若安装伸缩装置两端伸缩量不等，注意调整两边留槽口尺寸。

中交公路规划设计院	GQF-MZL1200 型伸缩装置总体构造布置	设计	(签名)	复核	(签名)	审核		日期	2004.06	图号	18

参 考 文 献

[1] 中华人民共和国行业标准. JTG D60—2004 公路桥涵设计通用规范. 北京:人民交通出版社,2004.

[2] 中华人民共和国行业标准. JTG D61—2005 公路圬工桥涵设计规范. 北京:人民交通出版社,2004.

[3] 中华人民共和国行业标准. JTG D62—2004 公路钢筋混凝土及预应力混凝土桥涵设计规范. 北京:人民交通出版社,2004.

[4] 中华人民共和国行业标准. JTJ 041—2000 公路桥涵施工技术规范. 北京:人民交通出版社,2001.

[5] 中华人民共和国行业标准. JTG F80—2004 公路工程质量检验评定标准. 北京:人民交通出版社,2004.

[6] 中华人民共和国国家标准. GBJ 124—1988 道路工程术语标准. 北京:人民交通出版社,1991.

[7] 沈华春译. 日本道路协会. 公路桥伸缩装置手册. 北京:人民交通出版社,1980.

[8] 袁伦一. 连续梁桥面简支梁桥墩台计算实例. 北京:人民交通出版社,1998.

[9] 宁平华,鲍卫刚. 公路桥涵设计规范徐变系数的解析. 公路. 1993,(4).

后　记

随着我国公路建设速度的加快和等级的提高,公路桥梁修建规模的不断扩大,对桥梁伸缩装置的要求也越来越高,这就要求我们在桥梁伸缩装置的研制和开发,特别是在国产化方面应该下大力气。而要真正实现我国桥梁伸缩装置的完全国产化及其产品标准系列化,还需对如下方面的问题作进一步的总结和研究,并采取有效措施完善和提高桥梁伸缩装置的使用效果,特别在伸缩装置的耐久性和经济性方面做些调查研究和分析是非常必要的。

1. 相关标准规范体系的建立和完善

1997 年经过多方努力,交通行业标准《公路桥梁橡胶伸缩装置》(JT/T 327—1997)发布实施,基本结束了我国桥梁伸缩装置的设计、生产和施工上处于无章可循、无法可依的局面。但在几年的实施过程中,暴露出来的问题也是显而易见的。为了更加适应公路建设发展的需要和进一步完善 1997 年的标准,2003 年根据交通部交科教[2002]53 号"关于下达 2002 年交通标准化补充计划的通知"要求,对(JT/T 327—1997)行业标准进行了全面修订,并将标准名称调整为《公路桥梁伸缩装置》(JT/T327—2004 代替 JT/T327—1997)于 2004 年 3 月发布,2004 年 6 月开始实施。修订后的标准与原标准相比主要变化如下:

——标准名称改为《公路桥梁伸缩装置》。

——补充了梳齿板式伸缩装置有关内容。

——补充了模数式伸缩装置中采用的压紧支座、承压支座、橡胶位移控制弹簧及聚氨酯位移控制弹簧的技术指标。

——对伸缩装置中使用的异型钢材提出了基本断面尺寸、每延米重量等具体要求,对钢材材质等级根据使用条件不同进行了区分,以便保证组装后伸缩装置的使用效果。

可以说修订后的《公路桥梁伸缩装置》标准更完善更具有指导作用。但有关检测、试验和施工等方面的配套技术标准尚未开展更具体的实质性工作,要尽快扭转这一落后的局面,早日与国际接轨,配套建立这方面的标准体系,可以说是当务之急。

2. 完善和提高试验手段并尽快建立权威性检测机构体系

没有必要的产品技术标准,当然也就谈不上产品性能指标的要求,试验方法也无法统一,各搞各的情况下,试验也只能仅凭工程师从结构等方面提出一些要求,通过简单的试验,稍作分析,即将产品投放市场。即使有了技术标准,往往由于各方面的条件所限,产品也带有一定的局限性和存在不易克服的缺陷。到目前为止,即使是 GQF-MZL 型桥梁伸缩装置,尽管花了极大的精力,也使用了一些相对比较先进的试验手段,试验项目也相对比较全面,但还是觉得不甚完善,试验时的加载方法也相当原始,模拟的精度也还是不够理想等都可以说不尽人意。要真正保证桥梁伸缩装置的性能和质量,没有一套比较完善配套的较为现代化的检测手段,是很难实现的。特别是对伸缩装置的震动试验、疲劳试验、水平制动力(刹车)的加载方法和分析理论等作些深入研究显得很有必要。同时,今后对产品质量必须经过相应的权威检测机构的检测加以认可和控制,这是保证产品质量的一个极其重要的环节。

3. 处理好伸缩装置产品多样化与定型标准化的关系

到目前为止,从我国桥梁伸缩装置的使用情况来看,种类已经相当繁多,品种多可以适应各类桥梁的不同需要,但是,以往的情况是,同一种结构稍作改动即称为新产品,同一种类不同称呼又是新产品,在总体上没有各自特有的特点和突出的优点,而暴露出来的问题也完全相同,带来的后患也大同小异。甚至提出一些结构不尽合理、牺牲强大的锚固系统的所谓薄型或超薄型的品种,给工程带来无穷的后患,这些问题应该引起工程界的足够重视。所以,建议可否考虑在没有更好结构形式来代替目前常用的结构形式的情况下,在原有的基础上,做些定型标准化的工作,集中人力物力搞出几种有中国特色的优质产品,以便较彻底解决公路桥梁伸缩装置的不良使用状况。

4. 公路桥梁伸缩装置结构的合理性与重型化

从最近几年我国公路桥梁伸缩装置出现的严重破坏情况来看,伸缩装置结构的不尽合理是造成破坏的主要原因之一,如果结构不合理,即使加工、施工都比较好,最后还是有问题。特别对大位移量的桥梁伸缩装置的联动机构,可以说是整个伸缩装置的核心部分,即使选用很好的钢材骨架,当其核心一旦失灵,整个结构就近乎处于瘫痪状态。所以,对大位移模数式桥梁伸缩装置,今后应进一步加强这方面的研究。同时,从近几年出现的中梁钢断裂的情况来看,原材料质量存在问题,所以加强生产厂的质量监督,选用好的原材料也是至关重要的。

结构要合理,一般容易被理解和接受,而重型化就不那么容易被理解和接受了。以往总认为轻巧一点,省一点原材料总是好的,也便于运输和安装,经济上也可能有所节省,但是,要知道桥梁伸缩装置长期处于恶劣的使用环境中,一旦出现损坏,修补或更换是相当困难的,带来的影响也是相当大的,正因为如此,作者认为,只要结构合理,整体性能好,多用一些材料,稍为增加一点初期投入从长远的观点来看还是合算的。

5. 施工问题

性能同样优良的桥梁伸缩装置,施工安装质量不同,使用效果和耐久性会有明显差别,这说明良好的施工安装质量是保证桥梁伸缩装置使用效果好坏的一个关键环节。

另外,从施工角度看,对旧桥伸缩装置的更换修复,由于受到交通的影响和其他方面的干扰,特别是交通量大的高等级公路,往往不能在完全中断交通的情况下进行施工,危险性较大,因此,所采用的伸缩装置应能便于快速施工,从而对选型、锚固系统、填料的性质和配方等提出了一系列的高要求。所以,加强伸缩装置这些方面的的研制和开发是必不可少的。

6. 三维变位桥梁伸缩装置的研究

在高速公路的互通式立体交叉和城市快速干道上的互通式立体交叉的匝道桥与主干线桥的过渡处的接缝,不仅有纵向和竖向的变位,还有横向的相对变位,从而常规的二维变位的伸缩装置就很难适应了,这就提出了三维变位桥梁伸缩装置的研制和开发的要求。到目前为止,在我国和日本的个别桥梁上已使用自行研制的三维变位伸缩装置,但其中还有许多问题需要进一步解决。对我国 GQF-MZL 型桥梁伸缩装置,除满足各种规格的纵向伸缩量的要求外,试验证明其对横向和竖向变位有一定的适应性,但其适应量还是有限的。且如果装置的两边端设置了定位装置时,则连这点余量恐怕也难以保证。故非常有必要加强这方面的研究。

7. 关于无接缝化

前面有关章节,对这方面已有所叙述,但更多的是指暗缝型的,仅是接缝不被暴露在桥面上而已。暗缝型伸缩装置的使用范围值得进一步探讨和研究,不能随意扩大其使用范围,应该有所限制,否则接缝处桥面的开裂不可避免,从而带来不良的使用效果。至于真正的无接缝问题,更应需从桥梁结构变位的机理着手,需要做大量的研究分析才能作出确切的回答。

8. 关于局部组件的更换

前面有关章节对桥梁伸缩装置的更换和改造问题作了较大篇幅的介绍,但所涉及的是整体的更换与改造,而对一般个别组件损坏后影响到交通的安全时如何更换、能否更换?提出了要求,这也是必要和合理的要求。问题的提出也是事出有因,也是对伸缩装置的构造提出更高的要求的具体体现。主要是最近一两年来在我国公路桥梁使用的各种类型的伸缩装置中在短时间出现早期的、局部的(个别组件)损坏的现象比较明显,特别在模数式伸缩装置的中梁钢出现脆断的问题常有发现,而且问题越来越严重,尽管个别中梁钢脆断如果不及时进行更换修复也会给交通带来极大的危险。但目前的问题是由于此类伸缩装置的结构形式(特别连动机构)存在难以采取个别更换,要么就整个拆除全面更换的现实,这样增加了工程难度、维修经费和工期等,特别对大型桥梁的伸缩装置的更换更成问题,将带来大量的不必要的浪费。为了合理解决这个问题的想法无疑可从如下方面着手:

(1)首先,生产厂家应从中梁钢原材料的选择上,选用合格的产品外,主要的还是钢材的原产单位应解决轧钢钢坯、工艺、含碳量等金属化学成分的配比问题,以保证原材料产品的合格性,也就是从源头上首先得到保证。

(2)再者,从伸缩装置结构的设计本身应考虑到能采取个别组件更换的构造形式也是今后的设计思路。从伸缩装置的结构来看,主要是解决连动机构应采用易装拆的标准组合构件、承重构件与横梁的接触面应采取有缝接触的标准组合件,而不能采取与横梁焊接固定的结构形式,如果能做到这一点,起码在伸缩装置下面有足够的操作空间就有可能得以实现,特别对大型桥梁的伸缩装置就可以做到,也主要要解决的。从现有的伸缩装置的类型来看,大部分结构类型都难以达到这一要求。目前国内只有采用链条式连动机构、中梁通过扣架及承压和压紧支座与横梁有缝接触的 GQF-MZL 型和采用单元块钢齿板型等具有这一特点的少量的伸缩装置类型,但它们也不是很完善的,有待今后进一步改进和完善。

问题的提出并不等于问题的解决,而仅是为设计者提出一种思路,重要的是应通过广大的技术工作者,在从事实际的工作中不断调查研究、发展与创新,为解决这一难题不断努力,做出有益的贡献。